普通高等教育交通类专业规划教材

现代物流技术

主　编　邓红星

副主编　韩　锐　武慧荣

机 械 工 业 出 版 社

本书分为上下两篇，共10章。上篇为物流通用技术，共4章；下篇为物流作业技术，共6章。物流通用技术部分介绍了现代物流技术的基础知识，主要包括物流管理基础、物流标准化、物流信息技术及绿色物流技术；物流作业技术部分以物流系统的各要素为主线，介绍了物流系统各要素的基本理论及运作方法，主要包括物流包装技术、装卸搬运技术、物流运输技术、物流仓储技术、流通加工技术及物流配送技术。

本书可作为高等院校交通运输、物流管理、汽车服务工程等专业的教材，也可供企业的物流管理人员、从事物流的科研人员、设计人员及高等院校其他相关专业的师生参考。

图书在版编目（CIP）数据

现代物流技术/邓红星主编. —北京：机械工业出版社，2015.10
普通高等教育交通类专业规划教材
ISBN 978-7-111-51595-1

Ⅰ.①现… Ⅱ.①邓… Ⅲ.①物流-高等学校-教材 Ⅳ.①F252

中国版本图书馆 CIP 数据核字（2015）第216427号

机械工业出版社（北京市百万庄大街22号 邮政编码100037）
策划编辑：赵海青 责任编辑：赵海青 版式设计：赵颖喆
责任校对：刘秀芝 封面设计：马精明 责任印制：李 洋
三河市国英印务有限公司印刷
2015年11月第1版第1次印刷
184mm×260mm · 16印张 · 396千字
0001—3000册
标准书号：ISBN 978-7-111-51595-1
定价：45.00元

前　言

2014年6月11日召开的国务院常务会议通过了《物流业发展中长期规划》，确定了12项重点工程，提出到2020年基本建立现代物流服务体系，提升物流业标准化、信息化、智能化和集约化水平，提高经济整体运行效率和效益。随着国家“一带一路”战略的实施，社会物流需求显著增加，有效地推动了物流产业持续、稳定、快速发展，现代物流理论和技术得到了充分应用，并产生了巨大的经济效益和社会效益。

物流技术是物流系统的重要组成部分，与现实物流活动全过程紧密相关。为了实现物流业的健康有序发展，就必须有现代化的物流技术作支撑。本书分为上下两篇，上篇为物流通用技术，下篇为物流作业技术。物流通用技术部分介绍了物流管理基础、物流标准化、物流信息技术及绿色物流技术；物流作业技术部分以物流系统的各要素为主线，介绍了物流包装技术、装卸搬运技术、物流运输技术、物流仓储技术、流通加工技术及物流配送技术的基本理论及运作方法。

本书由邓红星教授任主编，韩锐、武慧荣任副主编。第1、4章由李昕光编写；第2、6章由韩锐编写；第3、9章由王宪彬编写；第5章由庞然编写；第7、10章由邓红星编写；第8章由武慧荣编写。

由于编写人员水平有限，书中难免有疏漏和不妥之处，恳请广大读者提出宝贵意见。

编　者

目　　录

下篇　物流作业技术

上篇　物流通用技术

第1章　绪　　论

【学习目标】

1. 掌握物流的概念及分类。
2. 了解物流管理的研究内容。
3. 掌握物流管理与供应链管理的关系。
4. 了解物流技术的概念及分类。

1.1　物流概述

物流是国民经济的基础，是连接国民经济各部门活动的纽带。任何一个国家都是由众多的产业、部门和企业组成的整体，物流通过不断输送各种物流产品，使生产者不断获得生产所需要的原材料、零部件和燃料，促进生产过程中原材料、在制品、半成品和产成品等在企业内部有序流动，又不断将产品运送给不同的需求者，使其生产、生活得以正常进行。

1.1.1　物流的产生与发展

1. 物流的产生

物流伴随着商品生产而产生，随着流通的出现而不断发展。一般而言，商品生产是物流产生的客观基础。早在商品流通出现之前，物流就已经存在了。自然界中存在的劳动工具的运动以及后来与农业生产相关的另一种形态—仓储，都是物流的雏形。我国在先秦时期就形成了仓储管理的理论和思想，有“储”与“商”两个不同的领域。在早期的物流活动中，运输和仓储成为了物流的主体活动，主要表现在生产领域。

物流一词最早出现在流通领域的营销活动中，是由管理学家德鲁克提出的。1901 年 J. F. Growed 在美国政府工作报告中第一次论述了对农产品配送成本产生影响的种种因素，揭开了人们对物流认识的序幕。第二次世界大战期间，军事后勤的概念形成，其最初是为了保证军需物资供应的快速和合理。战争中，叉车大量采用，装卸、搬运、仓储、包装、运输和保管等独立的功能要素对物流的形成起到了巨大的推动作用。第二次世界大战后，物流理论开始在企业组织机构中得到应用，涉及运输、仓储、包装和物资搬运，已初具物流理论的核心。物流理论到 20 世纪 50 年代后期才被西方的组织广泛采用。

2. 物流的发展阶段

物流的发展过程大体经历了三个阶段，即初级阶段、开发阶段和现代化阶段。

（1）初级阶段　物流的初级阶段主要是在经济发展的初期，即在 20 世纪 50 年代前后。

这一时期，由于整个生产社会化、专业化程度不高，生产和流通之间的联系较为简单，生产企业的精力主要集中在生产上，物流在整个经济社会中的作用不是很大。随着社会经济的不断发展，科学技术的不断进步，生产和生活消费对物质产品需求数量的增加，作为克服生产与消费之间背离关系的物流，与生产不相适应的矛盾日益暴露出来，直接影响着经济的发展，迫使人们逐渐重视物流的研究和加强物流管理工作。例如，第二次世界大战后，日本在国民经济恢复初期，物流尚未被人们认识，运输、储存和包装等物流环节在流通过程中基本上是分散管理，而生产过程中的物流活动更是未能引起人们的重视，仅纳入生产过程附带进行管理。随着战时经济向和平经济的转变，物流管理和货物运输严重落后的情况日益暴露出来，供销、装卸和运输等方面出现了许多问题。为了解决这些问题，日本组织考察团去美国进行实地考察，引进物流管理技术，并首先在国有运输公司中使用集装箱，商社、企业也开始研究改进物流管理工作。

（2）开发阶段　这一阶段时间是20世纪60年代至70年代。物流开发阶段的标志是经济学界和实业界对物流的重要性有了较为深刻的认识，并进行了推动整个社会经济的物流开放。随着生产社会化的迅速发展，单纯依靠技术革新、扩大生产规模和提高生产率来获得利润的难度越来越大，促使人们开始寻求新的途径来提高利润，如通过改进和加强流通管理、降低流通费用等。这些途径相对于降低成本和扩大生产规模来说，较容易获得较高的利润，因此，改进流通、加强物流管理就成为现代企业获得利润的重要源泉之一。在20世纪70年代中期出现的经济衰退，也迫使企业更重视降低成本，以提高商品的竞争力，但其着眼点却从生产领域转向了流通领域，通过对流通领域的研究，改进对顾客的服务和降低运输费用、储存费用来增加利润。这一时期，改进物流工作主要是在各企业内部进行的，尽管在包装、装卸、保管、运输和信息等方面实现了局部的合理化，但由于缺乏从整体上研究、开发物流系统，各部门、行业之间缺乏紧密配合，所以从整个社会来看，物流费用并没有明显地下降，总体上经济效益并不高。

（3）现代化阶段　这一阶段和历史上的石油危机有关。1973年中东战争引起了石油危机以后，世界范围内的原材料和燃料价格猛涨，人工费用不断增加，这使得一向依靠廉价原材料和劳动力来获取利润的企业不能再轻易地从这两个方面获得利润。这种情况，迫使企业在物流方面采取强有力的措施，大幅度降低物流费用，以弥补原材料、燃料和劳动力费用上涨造成的损失。这一时期物流研究的特点是把物流的各项职能作为一个大系统进行研究，从整体上进行开发。

日本建立了专门机构来统筹全国的物流活动，使物流系统化、综合化、协调化有了很大的发展，物流现代化水平明显提高。在运输设施方面，托盘、叉车、传送带、自动分拣机和自动输送机等现代化装卸、搬运机械被普遍运用；在包装方面，积极推行规范化和标准化；在仓库方面建立了一大批自动化立体仓库、恒温仓库、配送中心、流通加工基地和货车终端机集散点等现代化物流基础设施；无人管理车辆和配送过程中高新技术相继应用；商品销售的网络化、系统化逐步实现，批发、代理、专营、百货商店和超市市场在各地相继建立。在物流技术上，在注意改进硬件的同时，十分重视软件的改进和提高，加强现代信息技术和计算机技术的应用，使物流向系统化、整体优化方向发展。

3. 物流的发展趋势

从物流概念产生以来，物流管理的内容和范围从销售物流扩展到整个供应链物流。近年来，随着经济全球化和信息技术的发展，企业面临着尤为激烈的竞争环境，资源在全球范围内的流动和配置大大加强，促使世界各国更加重视物流发展对本国经济发展、民生素质提高和军事实力增强的影响，更加重视物流的现代化，从而使现代物流呈现出一系列新的发展趋势。

（1）物流企业的集约化、协同化　21世纪进入了物流全球化的时代，企业之间的竞争异常激烈。为满足全球化和区域化的物流服务，企业可通过企业合并、企业间的合作和联盟等扩大规模，走集约化、协同化的道路，以提高自身的竞争力和实力。

（2）物流服务的优质化和全球化　物流服务的优质化是物流发展的重要趋势。物流成本已不再是客户选择物流服务的唯一标准，更多的是注重物流服务的质量。“7Right 服务”（Right Time，Right Place，Right Price，Right Quality，Right Quantity，Right Product 和 Right Customer）将会成为物流优质服务的共同标准。

（3）第三方物流　在物流渠道中脱离第一方（供应方）和第二方（需求方）的第三方物流，可以根据客户的不同需要提供各具特色的高效率的物流服务，增强企业的规模效应，使物流服务向专业化发展。

（4）绿色物流　物流虽然促进了经济的发展，但物流发展的同时也给社会环境带来了不利的影响。要持续不断地对物流规划与决策中出现的情况进行控制，建立工业和生活废料处理的物流系统。保持物流业健康、持续发展的前提之一是物流服务必须建立在符合社会利益和经济可持续发展的基础之上。

1.1.2 物流的概念

自20世纪60年代以来，欧美、日本等许多国家的物流协会或学会都给出各自的物流定义，但目前世界上没有统一。美国于1963年成立了物流管理协会，该协会当年对物流的定义是物流管理是为了计划、执行和控制原材料、在制品、库存及成品从起源地到消费地有效率地流动而进行的两种或多种活动的集成。这些活动可能包括但不仅限于顾客服务、需求预测、交通、库存控制、物料搬运、订货处理、零件及服务支持、工厂及仓库选址、采购、包装、退货处理、废弃物回收、运输和仓储管理等。

我国引入物流概念是在改革开放以后。在国家标准《物流术语》（GB/T 18354—2006）中，对物流的定义是物品从供应地向接收地的实体流动过程。根据实际需要，将运输、储存、装卸、搬运、包装、流通加工、配送及信息处理等基本功能实施有机结合。根据物流的定义可以看出传统物流与现代物流的区别，见表1-1。

表1-1　传统物流与现代物流之比较

项　目	传统物流	现代物流
物流服务	各种物流功能相对独立；无物流中心；不能控制整个物流链；限地区内物流服务；被动服务；短期合约；价格竞争；提供标准服务	强调物流功能的整合；采用物流中心；供应链的全面管理；跨区域的物流服务；主动服务；第三方物流的普遍应用；长期战略伙伴关系；降低总物流成本；增值物流服务；定制物流服务
物流信息技术	无外部整合系统；有限或无限 EDI[⊖]联系；无卫星跟踪系统	实时信息系统；广泛应用 EDI；卫星跟踪系统
物流管理	有限或没有现代管理；分散管理	现代化、信息化管理；系统管理；时机管理；全面质量管理

⊖ EDI，全称 Electronic Data Interchange，电子数据交换。

1.1.3 物流的分类

在社会经济的各个领域中，物流活动无处不在。物流活动具有普遍性、客观性，但是，在不同的领域和活动中，物流的表现形态、基本结构、技术特征和运作方式等有诸多差异。构建有效的物流系统，提高物流管理水平，首先必须明确物流的不同类型，了解不同类型的物流的特点。按照物流系统的作用属性及空间范围，可以对物流进行多种角度的分类。

1. 按物流研究范围的大小分类

（1）宏观物流　宏观物流是指社会再生产总体的物流活动，从社会再生产总体角度认识和研究的物流活动。这种物流活动的参与者是构成社会总体的大产业、大集团。宏观物流也就是研究社会再生产总体物流，研究产业或集团的物流活动和物流行为。宏观物流还可以从空间范畴来理解，在很大空间范畴的物流活动，往往带有宏观性，在很小空间范畴的物流活动则往往带有微观性。宏观物流也指物流全体，从总体看物流而不是从物流的某一个构成环节来看物流。因此，在物流活动中，下述若干物流应属于宏观物流，即：社会物流、国民经济物流和国际物流。宏观物流研究的主要特点是综观性和全局性。宏观物流主要研究内容包括：物流总体构成、物流与社会之关系在社会中的地位、物流与经济发展的关系、社会物流系统和国际物流系统的建立和运作等。

（2）微观物流　微观物流是指消费者、生产者、流通企业所从事的实际的、具体的物流活动。此外，在整个物流活动中，一个局部、一个环节的具体物流活动也属于微观物流；在一个小地域空间发生的具体的物流活动也属于微观物流；针对某一种具体产品所进行的物流活动也是微观物流。我们经常涉及的下述物流活动皆属于微观物流，即企业物流、生产物流、供应物流、销售物流、回收物流、废弃物物流和生活物流等，微观物流研究的特点是具体性和局部性。因此，微观物流是更贴近具体企业的物流。

2. 按物流业务活动的性质分类

按物流业务活动的性质分类可以分为供应物流、生产物流、销售物流、回收物流和废弃物流。

（1）供应物流　供应物流是指企业（包括生产企业和流通企业）的物质资料从生产者或中间商的供应开始，到购进来投入生产前的物流活动。它是为确保生产企业正常运转而不断发生的原材料、零件或其他物品的采购、供应等物流活动。

（2）生产物流　生产物流是指从工厂的原材料购进入库起，直到工厂成品库的成品发送为止的这一过程的物流活动。生产物流是制造型企业所特有的物流过程，它和生产加工的工业流程同步，如果生产物流中断，生产过程也随之停顿。生产物流合理化对工厂的生产秩序、生产成本有很大的影响。生产物流均衡稳定，可以保证在制品顺畅流转和设备负荷均衡，压缩在制品库存，缩短生产周期，降低生产成本。

（3）销售物流　销售物流是指在企业成品库、流通仓库或工厂分发销售过程中所产生的物流活动，包括生产厂商直接销售和流通企业销售。销售物流是企业物流系统的最后一个环节，它与企业销售系统相配合，共同完成产品的销售任务。在现实的买方市场中，销售物流活动便带有极强的服务性，以满足买方的要求，最终实现销售。因此，销售物流的空间范围很大，这也是其难度所在。在这种前提下，企业销售物流的特点是通过包装、送货、配送等一系列物流实现销售，这就需要研究送货方式、包装水平和运输路线等，并采取各种诸如少批量、多批次，定时、定量配送等特殊的物流方式达到目的。

（4）回收物流　回收物流是针对在生产、供应和销售过程中产生的各种边角余料、废料、残损品的处理等发生的物流活动。对回收物流的处理如果不当，会造成资源浪费或环境污染。

（5）废弃物流　废弃物流是指将经济活动中失去原有使用价值的物品，根据实际需要进行收集、分类、加工、包装、搬运及储存等，并分别送到专门处理场所时所形成的物品实体流动。废弃物流仅从环境保护的角度出发，不管对象物有没有价值或利用价值，都将其妥善处理，以免造成环境污染。

3. 按照物流作业执行者的角度进行分类

按照物流作业执行者的角度，物流可以分为第一方物流、第二方物流、第三方物流和第四方物流。

（1）第一方物流　第一方物流也称作企业自营物流，是指生产制造企业自行组织的物流。一般来说，工业企业第一方物流包含三个层次。

1）物流功能自备。企业自备仓库、车队等，拥有一个自我服务的体系。其中又包含两种情况：一是企业内部各职能部门彼此独立地完成各自的物流使命；二是企业内部设有物流运作的综合管理部门，通过资源和功能的整合，专设企业物流部或物流公司来统一管理企业的物流运作。

2）物流功能外包。一是将有关的物流服务委托给物流企业去做，即从市场上购买有关的物流服务，如由专门的运输公司负责原料和产品的运输；二是物流服务的基础设施为企业所有，但委托有关的物流企业来进行运作，如请仓库管理公司来管理仓库，或请物流企业来管理现有的企业车队。

3）物流系统组织。企业自己既不拥有物流服务设施，也不设置功能性的物流职能部门，而是通过整合市场资源的办法获得相应的物流服务，包括供应链的设计、物流服务标准的制定、供应商和分销商的选择等，直至聘请第三方物流企业来提供一揽子的物流服务。

（2）第二方物流　第二方物流是指买方（包括销售者或者流通企业）组织的物流活动。这些组织的核心业务是采购并销售商品，为了销售业务需要而投资建设物流网络、物流设施，并进行具体的物流业务运作和管理。严格地说，从事第二方物流的公司属于分销商。

（3）第三方物流　第三方物流是指生产经营企业为集中精力搞好主业，把原来属于自己处理的物流活动，以合同方式委托给专业物流服务企业，同时通过信息系统与物流企业保持密切联系，以达到对物流全程管理的控制的一种物流运作与管理方式。因此，第三方物流又叫合同制物流。

第三方物流既不属于第一方，也不属于第二方，而是通过与第一方或第二方的合作来提供其专业化的物流服务，它不拥有商品，不参与商品的买卖，而是为客户提供以合同为约束、以结盟为基础的系列化、个性化、信息化的物流代理服务。最常见的第三方物流服务包括设计物流系统、报表管理、货物集运、选择承运人、货代人、海关代理、信息管理、仓储、咨询、运费支付和运费谈判等。

（4）第四方物流　第四方物流是1998年美国埃森哲咨询公司率先提出的，专门为第一方、第二方和第三方提供物流规划、咨询、物流信息系统和供应链管理等活动。第四方并不实际承担具体的物流运作活动，而是通过拥有的信息技术、整合能力以及其他资源提供一套完整的供应链解决方案，以此获取一定的利润。

1.1.4 物流活动的作用

物流是增值性经济活动，同时物流又是增加成本、增加环境负担的经济活动。对物流双重性的认识是研究物流管理的一个基本点。因此，物流管理的基本任务是在尽量降低物流占用成本、尽量减轻物流造成的环境负担的基础上，使物流活动能够增值。

1. 物流创造时间价值

时间价值指的是“物”从供给者到需求者之间本来就存在一段时间差，由于改变这一段时间差而创造的价值，称作“时间价值”。时间价值通过物流获得的形式有以下几种：

（1）缩短时间创造价值　缩短物流时间可获得多方面的好处，如减少物流损失、降低物流消耗、增加物的周转和节约资金等。从全社会物流的总体来看，加快物流速度、缩短物流时间，是物流必须遵循的一条经济规律。

（2）弥补时间差创造价值　经济社会中，需求和供给之间普遍存在着时间差。例如，粮食集中产出，但人们的消费是一年 365 天，天天有需求，因而供给和需求之间出现时间差。供给与需求之间存在时间差是一种普遍的客观存在，正是有了这个时间差，商品才能取得自身最高价值，才能获得十分理想的效益。但是商品本身是不会自动弥补这个时间差的，如果没有有效的方法，集中生产出的粮食除了当地少量消耗外，就会损坏、腐烂，而在非产出时间，人们就会找不到粮食吃。物流便是以科学的方法进行弥补，有时是通过改变这种时间差，以实现其“时间价值”。

（3）延长时间差创造价值　物流总体遵循“加快物流速度、缩短物流时间”这一规律，以尽量小的时间间隔来创造价值。某些具体物流中也存在人为地、能动地延长物流时间来创造价值。例如，秋季集中产出的粮食、棉花等农作物，通过物流的储存、储备活动，有意识地延长物流的时间，以均衡人们的需求。

2. 物流创造场所价值

场所价值指的是“物”从供给者到需求者之间有一段空间差，供给者和需求者之间往往处于不同的场所，由于改变“物”的不同场所存在位置所创造的价值。物流创造场所价值是由现代社会产业结构、社会分工所决定的，主要原因是供给与需求之间存在空间差，商品在不同地理位置有不同的价值，通过物流将商品由低价值区转到高价值区，便可获得价值差，即“场所价值”。场所价值有以下几种具体形式。

（1）从集中生产场所流入分散需求场所创造价值　现代化大生产的特点之一，往往是通过集中的、大规模的生产以提高生产效率，降低成本。在一个小范围集中生产的产品可以覆盖一大面积的需求地区，有时甚至可覆盖一个国家乃至若干国家。通过物流将产品从集中生产的低价位区转移到分散于各处的高价位区有时可以获得很高的利益。物流的“场所价值”也依此决定。

（2）从分散生产场所流入集中需求场所创造价值　与上面相反的情况在现代社会中也不少见。例如，粮食是在每亩地上分散生产出来的，而一个大城市的需求却相对大规模集中。又如，一个大汽车厂的零配件生产也分布得非常广，但却集中在一个大厂中装配，这也形成了分散生产和集中需求，物流便依此取得了场所价值。

（3）从低价值生产地流入高价值需求地创造场所价值　现代社会中供应与需求的空间

差比比皆是，十分普遍，除了大生产所决定之外，有不少是自然地理和社会发展因素决定的。例如，农村生产粮食、蔬菜而异地于各地消费等。现代人每日消费的物品几乎都是在相距一定距离甚至十分遥远的地方生产的。这么复杂交错的供给与需求的空间差都是靠物流来弥补的，物流业也从中获得了利益。

在经济全球化的浪潮中，国际分工和全球供应链的构筑，其一个基本选择是在成本最低的地区进行生产，通过有效的物流系统和全球供应链，在价值最高的地区销售，信息技术和现代物流技术为此创造了条件，使物流得以创造价值，得以增值。

3. 物流创造加工价值

“物”通过加工而增加附加价值，取得新的使用价值，这是生产过程的职能。在加工过程中，由于物化劳动的不断注入，增加了“物”的成本，同时更增加了它的价值。在流通过程中，可以通过流通加工的特殊生产形式，使处于流通过程中的“物”通过特定方式的加工而增加附加值，这就是物流创造加工价值的活动。

物流创造加工价值是有局限性的。它不能取代正常的生产活动，而只能是生产过程在流通领域的一种完善和补充。但是，物流过程的增值功能往往通过流通加工得到很大的体现，所以，根据物流对象的特性，按照用户的要求进行这一加工活动，可以对整个物流系统的完善起到很大的作用。

4. 物流占用成本

无论是国民经济领域还是企业经济领域，物流都是构成成本的主要内容，有时在成本构成中占到首位。目前，我国物流成本占国内生产总值（GDP）的比重为18%。即使是发达国家或者地区，物流成本仍然占据重要的角色。

5. 物流增加环境负担

物流对环境有比较大的负面影响，这个负面影响随着物流量的增大而增大，随着物流合理化而降低。物流管理的责任，就是在保证物流满足国民经济和企业经济发展的前提下，尽量减轻环境负担。

1.2 物流管理概述

1.2.1 物流管理的概念

管理是人类共同劳动的客观要求。物流活动作为一种共同劳动，自然需要管理，不论是宏观物流还是微观物流。从一般意义上讲，物流管理主要包括计划管理、质量管理、技术管理和经济管理等各项内容。为了有效地进行物流管理，必须首先清楚物流管理的重要意义、主要内容以及应遵循的基本原则。

1. 物流管理的定义

我国国家标准《物流术语》（GB/T 18354—2006）对物流管理的定义是：“为了以最低的物流成本达到用户所满意的服务水平，对物流活动进行的计划、组织、协调与控制。”物流管理的本质要求就是求实效，即以最少的消耗实现最优的服务，达到最佳的经济效益。物流管理的“管”，是指物流活动要受到一定的限制和约束；“理”则是指物流的各项活动要符合物资实体流动的规律。因此，物流管理就是通过一定的手段和方法，使得物流活动与客观规律的要求相适应，从而求得实效。

2. 物流管理的重要性

（1）积极而有效的物流管理是降低物流成本、提高物流经济效益的关键 搞好管理，可以实现合理运输，使中间装卸搬运、储存费用降低，损失减少；可以使物业进一步开放、搞活；可以协调好物流活动的各个部门、各个环节以及劳动者之间的关系，从而提高物流活动的经济效益。

（2）提高物流管理水平是提高物流安全性的可靠保证 如果物流管理不善，就会造成物流事故的增加，各种损失加大；如果物流不畅，就会使处于流动中的商品受到损失。由于服务质量差，我国物流损失每年不下百亿元。提高物流管理水平将会有效地促进物流活动安全性的提高。

（3）加强物流管理是提高物流效率的捷径 加强物流管理、合理组织物流，可以减少库存、加速货物周转、节约运力和缩短运输距离，从而提高物流效率。

（4）搞好物流管理是改善物流质量的重要手段之一 物流质量对用户来说体现为物流的及时性、经济性和满意性，物流质量好就意味着以较少的消耗实现最优的服务，只有搞好物流管理，才能为社会提供方便、价廉、优质的物流服务。

1.2.2 物流管理的内容

1. 物流管理的分类

对于物流管理的内容可从不同的角度加以划分，如：对物流活动诸要素的管理，包括运输、储存等环节的管理；对物流系统诸要素的管理，即对其中人、财、物、设备、方法和信息等六大要素的管理；对物流活动中具体职能的管理，主要包括物流计划、质量、技术和经济等职能的管理。

（1）对物流活动诸要素的管理 物流活动诸要素的管理内容如下。

1）运输管理。主要内容包括运输方式及服务的选择；运输路线的选择；车辆调度与组织等。

2）储存管理。主要内容包括原料、半成品和成品的库存控制与储存策略；储存统计、养护等。

3）装卸搬运管理。主要内容包括装卸搬运系统的设计、设备规划与配置和作业组织等。

4）包装管理。主要内容包括包装容器和包装材料的选择与研究；包装技术与方法的改进；包装系列化、标准化、自动化等。

5）流通加工管理。主要内容包括加工场所的选定；加工机械的配置；加工技术与方法的研究和改进；加工作业流程的制定与优化。

6）配送管理。主要内容包括配送中心选址及优化布局；配送机械的合理配置与调度；配送作业流程的制定与优化。

7）物流信息管理。主要是指对反映物流活动内容的信息、反映物流要求的信息、反映物流作用的信息和反映物流特点的信息所进行的收集、处理、存储和传输等。信息管理在物流管理中的作用越来越重要。

（2）对物流系统诸要素的管理 从物流系统的角度看，物流管理的内容如下。

1）人的管理。人是物流系统和物流活动中最活跃的因素。对人的管理包括：物流从业人员的选拔与录用；物流专业人才的培训与提高；物流教育和物流人才培养规划与措施的制定等。

2）物的管理。“物”指的是物流活动的劳动对象，即物质资料实体，它是物流活动的客体。物的管理贯穿于物流活动的始终。它包括物流活动诸要素的内容，即物的运输、储存、包装和流通加工等。

3）财的管理。主要是指物流管理中有关降低物流成本、提高经济效益等方面的内容。它是物流管理的出发点，也是物流管理的归宿。主要内容有：物流成本的计算与控制，物流经济效益指标体系的建立，资金的筹措与运用，提高物流经济效益等。

4）设备管理。即物流管理中与设备管理有关的各项内答。主要有各种物流设备的选型与优化配置；各种设备的合理使用和更新改造；各种设备的研制、开发与引进等。

5）方法管理。主要内容有：各种物流技术的研究、推广普及，物流科学研究工作的组织与开展，新技术的推广普及，现代管理方法的应用等。

6）信息管理。信息是物流系统的神经中枢，只有做到有效地处理并及时传输物流信息，才能对系统内部的人、财、物、设备和方法等五个要素进行有效的管理。

7）顾客服务管理。以上各项要素反映出的主要效果就是对于顾客的服务水平。顾客服务管理是指对与物流活动相关服务的组织和监督，例如调查和分析顾客对物流活动的反映，决定顾客所需要的服务水平、服务项目等，以及确定物流服务绩效管理方法等。

(3) 物流活动中的具体职能管理　物流管理的内容，从职能上划分，主要包括物流计划管理、物流质量管理、物流技术管理和物流经济管理等。

2. 物流管理应遵循的基本原则

物流管理的原则是由物流活动的性质及其规律所决定的。物流管理必须遵循以下原则。

(1) 注重社会经济效益的原则　提高物流的社会经济效益既是物流管理的重要目的之一，也是物流管理的一个重要原则。这个原则要求整个物流系统的各环节、各部门都要充分考虑降低物流成本，以获取整个物流过程的最佳社会经济效益。在寻求最佳社会经济效益时，要正确处理好物流管理与宏观经济效益的关系，物流管理必须着眼于整个物流活动，全面分析影响经济效益的因素、条件及相互间关系，从中找出获得最佳社会经济效益的途径。

(2) 用户至上、质量第一的原则　作为连接生产和消费的纽带，物流活动的目的在于使物品流动与生产和消费过程相适应，做到物畅其流。只有这样，才能有利于生产的发展，并在生产发展的基础上满足人民不断增长的物质和文化生活的需要。物流管理应该把为用户服务、达到用户满意作为一条重要原则和目标。这条原则要求物流管理突出服务，扩大服务范围，提高服务质量，赢得信誉，增强竞争能力，增强物流企业的生命力。

(3) 社会化、现代化与合理化的原则　物流社会化要求物流活动应该打破地区、部门限制，面向全社会服务，加强横向经济联合。物流现代化要求随着科学技术的不断发展，更新和引进先进物流设备、物流设施等；不断改进物流技术，学习先进的技术和管理经验；对从业人员进行定期培训，更新知识。通过物流的社会化和现代化，谋求全社会整体的物流合理化，提高综合经济效益。

(4) 经济、行政、法律和教育方法相结合的原则　物流管理是一项极其复杂的系统工程，既涉及生产力范畴，又涉及生产关系范畴，同时与上层建筑有着密切的联系。这就要求物流管理要综合运用经济方法、行政方法、法律方法和教育方法。

1.2.3 物流管理的发展

对于企业物流管理而言，经历了从实体分销物流管理到现代供应链物流管理的发展。

1. 物流管理的起源——实体分销管理（PDM）

在20世纪60年代，当西方管理科学的重心开始从生产领域转到非生产领域时，PDM（Physical Distribution Management，物流管理）的概念开始形成，并受到重视。以前，物流是分散在企事业单位内不同职能中的一系列互不协调的、零散的活动。实体分销管理第一次将企业内部的运输、仓储、库存控制、物料搬运和订货处理等活动集成起来，相互联系、相互协调，从而使得PDM实现三个方面的有益效果。

1）使得企业充分挖掘物流活动之间的相互联系，建立以最小成本满足客户需求的“分销组合”（Distribution Mix）。在设计集成化分销系统中，致力于实现不同物流活动成本之间的最优均衡（Trade-off）。

2）使得实体分销的客户导向性更强。PDM最初由削减成本的愿望所驱动，到了20世纪60年代，实体分销对企业销售、市场占有率、长期的客户忠诚等方面的重要影响作用越来越为人们所认识。在资产平衡表中，分销在成本和收益两个方面同时影响着公司的利润率。因此，新的分销部门开始制定基于订货处理、仓储和配送作业的更为协调、明确的客户服务战略。

3）提高了分销在整个管理阶层中的地位。在公司管理中，分销已开始像生产、营销一样占有一席之地。为此，不少公司专门任命了分销经理来统管所有的分销活动，并负责设计和制定公司的分销战略。

2. 发展中的物流管理——企业集成化物流管理（ILM）

虽然实体分销管理大大增强了企业以客户为导向的意识，有效降低了企业的分销成本，但PDM只涉及产成品的分销物流活动。事实上，物流贯穿于整个企业的运作流程中，不仅包括分销物流，还包括采购物流和生产（服务）物流。因此，实体分销管理的原理后来同样应用到原材料、零部件的购进活动中，即通常所谓的“采购物流管理”；应用到企业生产（服务）的物流活动中，即所谓“生产（制造）物流管理“或“服务物流管理”。这样，将采购物流、生产（服务）物流和分销物流集成起来，形成了企业内部的集成化物流管理（Integrated Logistics Management，ILM）。它能最大限度地降低企业内部物流的总成本。到20世纪70年代末，发达国家的许多企业都设立了“物流部”，全面负责生产经营过程中的采购、物料控制、制造装配、仓储和分销等所有环节的物流活动。

3. 跨企业的物流管理——供应链管理（SCM）

合作竞争时代的到来，使竞争无国界与企业相互渗透的趋势越来越明显。面对变化无常、竞争日趋激烈的市场环境以及客户需要多样化与个性化、消费水平不断提高的市场需求，一方面，企业越来越注重利用自身的有限资源形成自己的核心能力，发挥核心优势；另一方面，充分利用信息网络寻找互补的外部优势，与其供应商、分销商、客户等上下游企业构建供应链网链组织，通过供应链管理，共同形成合作竞争的整体优势。供应链管理意味着跨企业的物流管理，它包括供应商、生产商、批发商和零售商等不同企业在内的整个供应链的计划和运作活动的协调，意味着跨越各个企业的边界，在整个供应链上应用系统观念进行集成化管理。如果供应链上的所有企业都孤立地优化自己的物流活动，那么整个供应链的物流不可能达到最优化。因此，要实现更大范围、整个供应链物流的最优化，就必须从供应链整体出发来协调各成员企业的物流活动。

1.3 物流管理与供应链管理

1.3.1 供应链与供应链管理的概念

1. 供应链

（1）供应链的定义　国家标准《物流术语》（GB/T 18354—2006）中将供应链定义为:" 供应链是在生产及流通过程中，为将货物或服务提供给最终消费者而创造价值，连接上游与下游而形成的组织网络。"

（2）供应链的构成要素　一般来说，构成供应链的基本要素如下。

供应商　给生产厂家提供原材料或零件的企业。

生产商　产品生产的最重要环节，负责产品生产、开发和售后服务等。

分销商及物流中心　为实现将产品送到经营地理范围内每一角落而设计的产品流通代理企业。

零售商　将产品分销给消费者的企业。

终端消费者　最终购买产品的人群。

（3）供应链的类型　供应链可以分为内部供应链和外部供应链。

内部供应链有几种形态结构，一种是指企业根据对客户需求的预测进行生产，然后将产品通过分销商推向市场。其优点是能为供应链上的企业，带来规模经济的好处，还能充分利用库存平衡供需之间失衡的现象；另外一种是拉式结构，即企业按照订单生产，由客户需求来刺激最终产品的生产。制造企业根据客户的需求进行生产，这样既降低了库存量，又满足了客户的个性化需求。其缺点是批量小、设备利用率不高、管理复杂、难以获得规模效益。

外部供应链，是指企业外部与企业生产的产品相关的生产和流通过程中涉及的原材料供应商、生产厂商、储运商、批发商、零售商以及最终消费者组成的供需网络。在经济全球化的条件下，任何一个企业不可能在每个业务上都有优势，它必须联合行业中的其他上下游企业，建立一个利益相关、业务相连的行业供应链来实现优势互补。

2. 供应链管理

（1）供应链管理的定义　国家标准《物流术语》（GB/T 18354—2006）将供应链管理定义为：“利用计算机网络技术全面规划供应链中的商流、物流、信息流、资金流等，并进行计划、组织、协调与控制。”也就是说，供应链是围绕核心企业，通过对信息流、物流、资金流的控制，从采购原材料开始，制成中间产品以及最终产品，最后由销售网络把产品送到消费者手中的将供应商、制造商、分销商、零售商和最终用户连成一个整体的功能网链结构模式。

（2）供应链管理的内涵　供应链管理是基于最终客户需求，对提供某种共同商品或服务的相关企业的信息资源，以 Web 技术的软件产品为工具进行管理，从而实现整个商业流程的优化。供应链管理的内涵包括以下几个方面。

① 供应链管理以最终消费者为管理起点。供应链最为关注的是最终客户所获取的价值。供应链管理以最终客户的价值最大化为管理目标，而最终消费者的价值最大化是以有效需求的最终满足为实现途径的，即在合适的时间和地点，以合适的价格和方式，将合适的产品交给合适的客户。

② 供应链管理以最终客户需求信息在供应链中的获取、应用和反馈为管理内容。供应链管理通过商业流程的动态优化来提高供应链的整体效率和价值增值能力，其作用机理在于通过获取最终客户的需求信息，与企业自身的产品提供能力和商业合作伙伴的产品提供能力进行匹配。对外确定自己的供需计划并传递给相关的商业合作伙伴，对内确定自己的产品提供计划。供需计划和产品提供计划的制定过程就是对最终客户需求的应用和反馈过程。企业在将自己的供需计划传递给自己的商业合作伙伴后，将进一步通过监控相关商业伙伴的活动及时调整和优化自己的产品供需计划和产品提供计划，形成一个以信息加工处理为核心的动态优化过程，减少供应链中的相关企业的等待、重复、错误的行为，凭借信息处理的结果指挥物流和资金流的运转，实现物流、资金流的更有效配置。

③ 供应链以渠道为核心管理范围。供应链管理无法面面俱到，必须集中在最能够创造价值的区域，所以，供应链管理基于最终客户需求，注重优化以核心企业为中心渠道的商业流程，也就是以渠道为核心管理范围。

④ 供应链管理以商业流程的优化为实现策略。供应链关注的不仅仅是某个企业内部的流程效率，更关注企业之间的协同效率。尽管整个供应链的效率在很大程度上取决于单个企业内部流程的效率，但是，按照系统论的观点，供应链的效率主要取决于商业流程的优化程度，而不是单个企业内部的业务流程的优化程度。所以，供应链管理必然以商业流程的优化为实现策略。

⑤ 供应链管理强调价值的整体创造与分享。为最终客户提供价值的不是某一个单独的企业，而是由为提供这种价值的众多企业有机组成的一个价值链。众多企业组成的这个价值链实际上体现了为提供某种共同的产品和服务，通过产品供需关系联结在一起的一个链条。供应链的整体效率和价值创造能力并不是某个单独的企业的效率和价值创造能力，而是整个供应链上的众多企业的效率和价值创造能力，这是决定最终客户所获价值的大小的根本因素。供应链管理是以整个供应链为管理对象，其根本目的是通过协调、优化供应链上的各个环节，以最少的成本为客户创造最大的价值，从而享受最终客户提供的价值回报。最终客户对整个供应链的价值回报并不是平均分配在供应链上的每一个环节，不同环节通过供应链获得的收益并不相同，但这也不是一成不变的。

（3）供应链管理的原则　供应链管理的原则如下。

① 划分客户群。传统意义上的市场划分基于企业自己的状况，如行业、产品和分销渠道等，企业随后对同区域的客户提供相同水平的服务；而现代供应链管理则强调根据客户的状况和需求来决定服务方式和水平。

② 设计企业的后勤网络。设计企业的后勤网络，要根据企业的要求和具体情况，如一家造纸公司发现它的两个客户有着很大的不同，大型的印刷厂允许较长时间的提前期，而小型印刷厂只要求在 24 小时内供货。

③ 调查市场需求信息。销售和运营计划必须监测整个供应链，以便及时发现需求变化，做出早期警报，并据此安排和调整计划。

④ 时间延迟。由于市场需求的剧烈波动，距离接受客户最终产品和服务的时间越早，需求预测就越不准确，因此，企业不得不维持较大的中间库存。

⑤ 与供应商建立双赢的合作策略。迫使供应商压价，固然会使企业在价格上有所收益，但是建立相互协调、相互协作的伙伴关系可以降低整个供应链的成本，给供应链中的所有企业带来收益。

⑥ 在整个供应链领域建立信息系统。

⑦ 建立绩效考核准则。企业应该在整个供应链的范围内建立绩效考核准则，而不应该仅仅依据个别企业建立局部、单一的标准，供应链的最终验收标准是客户的满意程度。

1.3.2 物流管理与供应链管理的关系

1. 物流管理在供应链管理中的地位

从传统的观点看，物流对制造企业的生产是一种支持作用，被视为辅助的功能部门。但是，由于现代企业生产方式的转变，即从大批量生产转向精细的准时化生产，这时的物流，包括采购与供应，都需要跟着转变运作方式，实行准时供应和准时采购等。另一方面，顾客需求的短暂性，要求企业能以最快的速度把产品送到用户的手中，以提高企业快速响应市场的能力。这一切都要求企业的物流系统具有和制造系统协调运作的能力，以提高供应链的敏捷性和适应性。因此，物流管理不再是传统的保证生产过程连续性的问题，而是要在供应链管理中发挥重要作用。物流系统应做到准时交货、提高交货可靠性、提高响应性及库存费用等。现代市场环境的变化，要求企业加速资金周转，快速传递与反馈市场信息，不断沟通生产与消费，提供低成本的优质产品，生产出满足顾客需求的个性化产品，提高用户满意度。因此，只有建立敏捷而高效的供应链物流系统才能达到提高企业竞争力的要求。供应链管理将成为 21 世纪企业的核心竞争力，而物流管理又将成为供应链管理的核心能力的主要构成部分。

2. 供应链管理环境下物流管理的新特点

由于供应链管理下物流环境的改变，使新的物流管理和传统的物流管理相比有许多不同的特点。这些特点反映了供应链管理思想的要求和企业竞争的新策略。传统的物流管理系统如图 1-1 所示。在传统的物流系统中，需求信息和反馈信息（供应信息）都是逐级传递的，因此上级供应商不能及时地掌握市场信息，对市场的信息反馈速度比较慢，从而导致需求信息的扭曲。另外，传统的物流系统没有从整体角度进行物流规划，常常导致一方面库存不断增加，另一方面当需求出现时又无法满足。这样，企业就会因为物流系统管理不善而丧失市场机会。传统物流管理的主要特点表现如下。

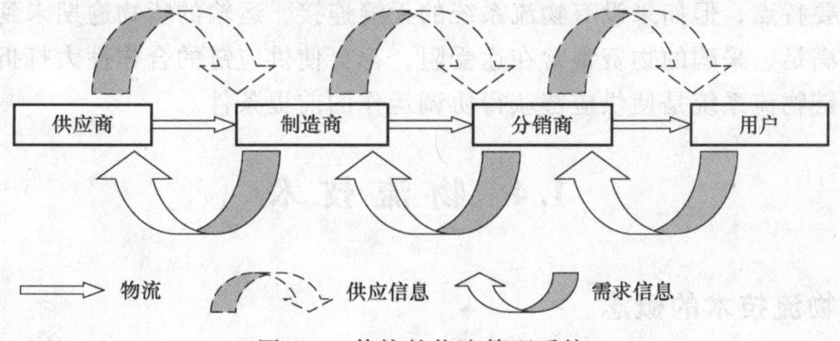

图 1-1 传统的物流管理系统

① 纵向一体化的物流系统。

② 不稳定的供需关系，缺乏合作。

③ 资源利用率低，没有充分利用企业的有用资源。

④ 信息利用率低，没有共享有关的需求资源，需求信息扭曲现象严重。

图 1-2 为供应链管理环境下的物流系统模型。和传统的纵向一体化物流模型相比，信息的流量大大增加。需求信息和反馈信息不是逐级传递，而是网络式传递的，企业通过 EDI/Internet 可以很快掌握供应链上不同环节的供求信息和市场信息。因此在供应链环境下的物流系统有三种信息在系统中运行，即①需求信息；②供应信息；③共享信息。

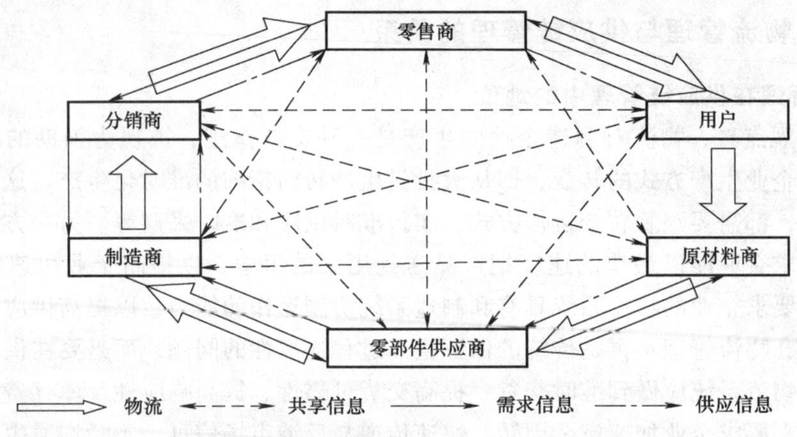

图 1-2　供应链管理环境下的物流系统模型

共享信息的增加对供应链管理是非常重要的。由于可以做到共享信息，供应链上任何节点的企业都能及时地掌握到市场的需求信息和整个供应链的运行情况，每个环节的物流信息都能透明地与其他环节进行交流与共享，从而避免了需求信息失真的现象。对物流网络规划能力的增强，也反映了供应链管理环境下的物流特征。它充分利用第三方物流系统、代理运输等多种形式的运输和交货手段，降低了库存的压力和安全库存水平。作业流程的快速重组能力极大地提高了物流系统的敏捷性。通过消除不增加价值的过程和时间，使供应链的物流系统进一步降低成本，为实现供应链的敏捷性、精细化运作提供了基础性保障。

信息跟踪能力的提高，使供应链物流过程更加透明化，也为实时控制物流过程创造了条件。在传统的物流系统中，许多企业有能力跟踪企业内部的物流过程，但没有能力跟踪企业之外的物流过程，这是因为没有共享的信息系统和信息反馈机制。合作性与协调性是供应链管理的一个重要特点，但如果没有物流系统的无缝连接，运输的货物逾期未到、顾客的需要不能得到及时满足、采购的物资常常在途受阻，都会使供应链的合作性大打折扣。因此，无缝连接的供应链物流系统是使供应链获得协调运作的前提条件。

1.4　物流技术

1.4.1　物流技术的概念

物流技术是指人们在进行物流活动中所使用的各种物质手段、作业程序、实践经验和工作方法等。包括在运输、装卸、储存、运输加工等物流活动中所使用的工具和其他物质设备，以及由科学知识和实践经验总结而成的各种方法、技能以及作业程序等。

严格地讲，物流技术不是一种独立的新技术，它与空间技术、海洋技术、能源技术、材料技术一样，是某些新技术以及某些老技术在新的领域的综合利用。现代物流技术可以理解为包含运输、仓储、包装、装卸搬运、流通加工和配送等诸多功能要素的综合服务技术，物流技术范畴已从流通领域延伸到了生产领域，甚至在工程管理、设备维护等诸多方面都得到广泛应用。

1.4.2 物流技术的分类

随着科学综合化趋势的出现，技术体系自身也向着综合化方向发展。各个领域的技术思想以综合形式获得创造性成果，是当代技术发展的主要特点。物流技术的形成，正是这种趋势的具体体现。物流技术不是其他技术的简单相加或直接应用，而是综合的结果。因而，它具有新的性质，例如机械技术、动力技术、电子技术在运输、装卸、储存作业中综合利用，产生于交通运输技术、自动装卸技术、集装技术、高层货架技术、自动计量技术和安全报警技术等。所产生的这些物流技术具有新的性质和内容。

物流技术按形态可以分为硬技术和软技术。所谓物流硬技术，指组织实物流动所涉及的各种机械设备、运输工具、各种仓库建筑、站场建筑，以及服务于物流活动的电子计算机、通信设备等。在20世纪70年代前，物流活动的近代化以硬技术为主导。那个时期，物流技术发展迅速，例如发展了用于原油、矿石等货物运输的大型专用集装箱；实现了集装箱、托盘、储罐的“门到门”连通型输送，创造了流通中心、自动仓库、高层货架及联运装卸设备；建立了应用电子计算机的物流信息设备等。物流软技术，是指以提高物流系统整体效益为中心的技术方法。具体来讲，就是各种物流设备的最合理的调配使用，流通中心、储运中心、运输终端的合理配置，物流途径的最佳选择等。也就是说，软技术是使硬技术的应用取得最好经济效果的技术。随着物流技术的发展，人们不但注重硬设备的研制，而且开始重视已发展到了较高水平的硬技术的优化组合、搭配和衔接，以充分发挥现有设备能力，获得较好的技术经济效果。主导物流现代化的技术已逐渐由硬技术转移到软技术。

如果按技术思想来源或科学原理分类，物流技术可分为物流机械技术、物流信息技术、物流电子技术、物流自控技术、物流数学方法和计算机技术等。

如果按应用范围分类，物流技术可分为运输技术、装卸技术、包装技术、保管技术和管理技术等。

1.4.3 物流技术的发展趋势

1. 我国物流技术发展现状

(1) 市场广阔，发展快速 2009年《物流业调整振兴规划》的出台，使我国的物流行业发展现代化步伐进一步加快，社会各行业普遍重视物流的保障和促进作用。近年来，企业采用机械化和自动化设备取代人工的物流作业，提升了土地利用率，有些龙头企业在国际市场上也已取得一定声誉。货架、托盘、叉车等传统实用性物流设备以20%～30%的速度增长，明显高于GDP的增速。目前，我国叉车保有量已经超过150万辆，托盘保有量超过9亿片，工业货架年产量超过60万吨；以高架库、立体库、全自动化物流系统、物流配送中心、机械或自动化输送分拣系统为代表的物流系统机械化与自动化设备，连年保持近30%的增长。中国的物流装备市场规模超过了日本、欧洲和美国等，成为世界上最大的市场。

(2) 传统物流装备竞争激烈，产业集中度的提升　货运车辆、叉车、货架作为物流装备中运输、搬运和仓储的传统产品，在市场发展的同时竞争加剧。由于我国企业缺乏核心技术，产品普遍聚焦在中低端市场，导致市场过度集中，销售竞争日趋激烈，利润空间微薄。但激烈的竞争也推动企业市场集中度提高。东风、一汽、重汽等五家商用车企业占整个重型载货汽车市场的80%以上；合力、杭叉、龙工等国内主流叉车企业市场份额接近60%；南京音飞、江苏六维、南京华德等几大货架企业市场占有率超过60%。集中度的提升是行业转型升级发展的关键，可以改变行业小散乱差的局面，有利于行业适度竞争和建立行业自律，对产业的未来长期健康发展具有积极意义。

(3) 企业多角度、多方位寻求创新和升级

1) 以技术创新，推动产品升级。在货运车辆领域，引进国际先进技术快速提升了我国品牌产品的性能。在叉车领域，我国内燃机叉车占比为77%，蓄电池叉车则一直是国际品牌占绝大多数，随着仓储业现代化对电动叉车需求量明显上升，也将推动我国企业蓄电池叉车的开发和应用。

2) 服务多元化，延伸价值链。在激烈竞争下，物流企业也在积极探索多种经营方式，突出表现为：一是对二手市场关注，使得二手市场日趋活跃；二是以租赁代销售，保障高端客户使用装备的最佳生命期，减少维修损耗，保障物流运行；三是重视维修保障，从配件销售等后市场获取利润。

3) 物流系统推动装备上下游集成发展。将货架、自动化库、控制系统、输送分拣有效整合，为客户提供一体化服务，成就了我国物流系统集成的快速发展，2013年，物流系统设备集成的市场需求增长速度超过了30%，每年立体库建设超过300座。另外，运输和装卸作业一体化也是装备系统化的一个方向，典型装备有车辆随车吊产品开发，可以实现运输过程中起重设备的随车使用，以及随车尾板、可调高度的升降平台，以及车辆底盘液压升降技术等，都是为了实现运输和仓储作业的无缝连接。

4) 借助现代物联网信息技术，推动装备智能化。移动互联技术为物流企业带来新的机遇，以现代信息技术融合传统物流装备，行业不断涌现新型产品和技术。典型技术有中国重汽开发的运输车辆车队管理系统是一套集汽车远程控制、汽车运行轨迹、状态实时反馈、汽车故障远程诊断等功能于一体的车辆控制系统。通过分析发动机转速、车速，可以帮助客户评估驾驶水平和操作技巧，从而实现降低车辆油耗的目的；通过实时监控车辆的运行数据，可以更好地实现车辆的控制和管理；通过发动机运行数据的信息传递，可以实现车辆故障的远程诊断，帮助客户快速解决行车故障。车辆主动安全技术，可有效提示车辆行驶路径，防范驾驶人因疲劳驾驶和路况不清造成的危险。永恒力叉车公司开发的智能高位叉车实现叉车行驶取货与仓储管理系统的一体化匹配，减轻仓储管理和叉车驾驶人的劳动强度，通过信息手段规避存取货差错率。

2. 我国物流技术的发展趋势

(1) 市场仍会继续保持快速增长趋势　我国宏观经济的稳定增长将给物流业的稳定增长打下基础，特别是电子商务物流的高速发展，不仅将带动物流信息化与标准化发展，促进物流机械化与自动化发展，同时也将积极促进传统产业物流转型升级，这都为物流技术装备

市场带来新的机遇。

(2) 物流技术的标准化趋势　困扰运输领域资源共享的问题是甩挂运输标准，甩挂运输需要半挂车、牵引车具有相同标准的鞍座、半挂车，这在以往的车辆标准中均未做要求。最近国家《货运车辆外扩尺寸与载荷》(GB 1589) 正在修订中，车辆宽度已经考虑了托盘尺寸，为实现甩挂运输也规定了鞍座标准。当前困扰仓储资源整合的关键是包装的循环共享，而托盘作为基础单元标准首当其冲，我国托盘标准目前尚在执行的就有6个之多，这直接导致我国在托盘使用中基本是企业内部周转，对以托盘为基础的社会包装循环和流通带来了严重制约。

(3) 物流技术的绿色化趋势　由于环境和资源的双重压力，物流发展的绿色化已迫在眉睫，这同时也对物流技术绿色化提出了更高的要求。货运车辆除在发动机燃油技术实现国四标准外，车辆轻量化以及推广使用 LNG（液化天然气）都是未来方向；叉车推广使用蓄电池叉车和天然气叉车；制定货架国家标准，避免货架在钢材方面的过度消耗；减少一次性包装的使用，推动保准化包装机器循环使用是未来的趋势。

(4) 物流技术的专业化趋势　不同专业领域需要不同的物流技术装备做支撑。从今后一个时期看电商、冷链、烟草、汽车等专业物流继续稳定增长，并且对物流技术装备表现出个性化需求。电商因包裹配送的多品种、小批量、高频次特征，要求物流用机械化和自动化的快速分拣技术取代大量的人工分拣，以提高分拣的准确率，降低劳动成本；商品的运输车要求专业化的运输装备；冷链的运输和仓储需要温控，并且保证温控条件下的装备性能必须满足物流要求。传统的物流企业必须将市场细分到每个行业才能将共性和个性更好结合，量身定制，为客户提供满意服务。

3.《物流业中长期发展规划》为物流技术发展提供了方向

2014 年 6 月 11 日国务院常务会议讨论通过的《物流业中长期规划》中提出：支持货物跟踪定位、无线射频识别、可视化技术、移动信息服务、智能交通和位置服务等关键技术攻关，研发推广高性能货物搬运设备、快速分拣技术和自动化仓储物流技术，加强沿海和内河船型、货运车辆等重要运输技术的研发应用。完善物品编码体系，推动条码和智能标签等标识技术、自动识别技术以及电子数据交换技术的广泛应用。推广物流信息编码、物流信息采集、物流载体跟踪、自动化控制、管理决策支持、信息交换与共享等领域的物流信息技术。鼓励新一代移动通信、道路交通信息通信系统、自动导引车辆、不停车自动交费系统以及托盘和包装等集装单元化循环使用等技术的普及。推动北斗导航、物联网、云计算、大数据和移动互联等技术在产品可追溯、在线调度管理、全自动物流配送以及智能配货等领域的应用。

《物流业中长期规划》还提出，加强物流核心技术和装备研发，推动关键技术装备产业化，鼓励物流企业采用先进适用技术和装备。加快食品冷链、医药、烟草、机械、汽车、干散货和危化产品等专业物流装备的研发，提升物流装备的专业化水平。积极发展标准化、厢式化、专业化的公路货运车辆，逐步淘汰栏板式货车。推广铁路重载运输技术装备，积极发展铁路特种、专用货车以及高铁快件等运输技术装备，加强物流安全检测技术，特别是安全预防装备的研发和推广应用。吸收引进国际先进物流技术，提高物流技术自主创新能力。

思考题

1. 物流的概念是什么？
2. 物流有哪些分类？
3. 供应链的含义是什么？
4. 供应链管理的内涵及管理原则是什么？
5. 物流管理和供应链管理的区别和联系是什么？
6. 物流技术的概念是什么？
7. 请简述我国物流技术的发展趋势？

第 2 章　物流标准化

【学习目标】

1. 了解国内外物流标准化的现状和发展趋势。
2. 理解物流标准化的特点和意义。
3. 理解国内外物流相关标准体系及主要物流标准。
4. 掌握物流标准化和物流标准化体系的概念。
5. 理解并掌握国际主要标准规格尺寸。

2.1　物流标准化概述

随着信息技术、电子商务等的快速发展，国际物流业已经进入快速发展阶段，先进国家为了提高物流运作效率都在积极致力于建立相应的现代物流系统并使之标准化。我国物流业尚属起步阶段，物流成本是发达国家的三倍，而且物流标准化工作相对落后于物流业，影响了我国物流一体化和电子商务的发展，不利于我国物流系统之间以及与国际物流系统之间的兼容。

物流标准化是物流发展的基础。在我国实现物流标准化具有非常重要的现实意义。

1）物流标准化是实现物流管理现代化的重要手段和必要条件。物料从厂商的原料供应、产品生产，经市场流通到销售化解，再回收再生，是一个综合的大系统。由于社会分工日益细化，物流系统的高度社会化显得更加重要。

为了实现整个物流系统的高度协调统一，提高物流系统管理水平，必须在物流系统的各个环节制定标准，并严格贯彻执行，只有这样，才能提高物流供应链的效率。例如，在我国，以往同一个物品在生产领域和流通领域的名称和计算方法互相不统一，严重影响了我国的物资流通，国家标准《全国主要产品分类与代码》（GB/T 7635—2002）的发布，使全国物品名称及其标识代码有了统一的依据和标准，有利于建立全国性的经济联系，为物流系统的信息交换提供了便利条件。

2）物流标准化是物流服务的质量保证，物流标准化可以规范物流企业。物流活动的根本任务是将工厂生产的合格物品保质保量并及时地送到用户手中。物流标准化对运输、保管、配送、包装、装卸等各个子系统都制定了相应的标准，形成了物流质量保证体系，只要严格执行这些标准，就能将合格的物品送到用户手中。目前，我国市场上出现了越来越多的物流企业，其中不乏新生企业和从相关行业转行的企业，层出不穷的物流企业也使物流队伍参差不齐。

物流业整体水平不高，不同程度地存在着市场定位不明确、服务产品不合格、内部结构不合理、运作经营不规范等问题，影响了物流业的健康发展。建立与物流业相关的国家标准，对已进入物流市场和即将进入物流市场的企业进行规范化、标准化管理，是确保物流业稳步发展的需要。

3）物流标准化是降低物流成本、提高物流效益的有效措施。物流业是一个综合性的行业，它涉及运输、包装、仓储、装卸搬运、流通加工、配送和信息等各个方面。我国的现代物流是在传统行业的基础上发展起来的。由于传统的物流被人为地割裂为很多个阶段，而各个阶段不能很好地衔接和协调，加上信息不能共享，造成物流的效率不高，这在很多小的医药物流企业表现尤为明显。物流标准化是以物流作为一个大系统，制定系统内部设施、机械设备、专用工具等各个分系统的技术标准，制定系统内各个分领域如包装、装卸、运输等方面的工作标准。以系统为出发点，研究各分系统与分领域中技术标准与工作标准的配合性，统一整个物流系统的标准；研究物流系统与相关其他系统的配合性，进一步谋求物流大系统的标准统一。

4）物流标准化是我国物流企业进军国际物流市场的通行证，可以使国内物流与国际接轨。全球经济一体化的浪潮，使世界各国的跨国公司开始把发展的目光集中到我国，特别是我国加入 WTO 后，物流业正受到来自国外物流公司的冲击。所以，我国的物流业必须全面与国际接轨，接纳最先进的思想，运用最科学的运作和管理方法，改造我们的物流企业，以提高竞争力。从我国目前的情况看，物流的标准化建设是引导我国物流企业与国际物流接轨的最佳途径。

2.1.1 物流标准化的概念

一般意义上的标准化是指为了在预定的领域内获得最佳秩序，对现实和潜在的问题做出供普遍和重复使用的规定的活动。具体来说，这种活动的主要内容由制定、发布和实施标准所构成。标准化的重要意义在于按预期目的改进产品、过程和服务，以利于技术合作和防止贸易壁垒。标准化可以限定在任何对象的特定方面。“产品、过程或服务”是从广义上表达了标准化的对象。

相对于其他领域的标准化，物流领域标准化有其特殊性。如前所述，物流标准的意义在于提高物流效率，也就是说，物流标准化工作主要以提高物流系统效率为目标而开展。而物流又是一个系统，是一个在不同时间和空间内集多种物流资源为一体的复杂大系统。对物流这样复杂的系统而言，只实现系统中某局部要素的标准化，是难以提高整个物流系统效率的。物流标准化效果只有在物流系统各环节、各要素相应标准以及标准应用上都得以充分协调的基础上才能完全显现出来，也就是说，只有整个物流体系都能实现基于协调的标准化，其标准化效果才能真正显现出来。所以，物流标准化应追求的是“物流体系的标准化”。

为了追求物流体系标准化，必然要分析物流系统的体系结构，其中，特别需要关注物流系统体系结构中的管理系统及其功能。标准化是管理之本，所以物流标准化必然是物流系统管理的出发点。也就是要从物流系统管理的角度，分析识别物流标准需求，并形成“物流标准体系”。这样形成的“物流标准体系”才能真正指导物流标准的制订和修订，并确保物流标准的有效性，以提高物流系统效率。而且，也能为标准的使用者，即物流系统设计者和管理者，提供真正有益的参考，也有利于物流标准的普及和应用。

基于上述分析，物流标准化可以定义为：以提高物流系统效率、降低物流成本为目的，为物流系统各要素（如设施、机械装备、专用工具，以及包装、装卸、运输、配送等各类作业、管理活动、信息系统等）制定科学合理的、相互协调的标准并使其得以广泛普及和应用，以实现物流体系标准化的过程。

物流标准化包括以下三个方面的含义。

1）从物流系统的整体出发，制订其各子系统的设施、设备、专用工具等的技术标准，以及业务工作标准。

2）研究各子系统技术标准和业务工作标准的配合性，按配合性要求，统一整个物流系统的标准。

3）研究物流系统与相关其他系统的配合性，谋求物流大系统的标准统一。

以上三个方面是分别从不同的物流层次上考虑将物流实现标准化。要实现物流系统与其他相关系统的沟通和交流，在物流系统和其他系统之间建立通用的标准，首先要在物流系统内部建立物流系统自身的标准。而整个物流系统的标准的建立又必然包括物流各个子系统的标准。因此，物流要实现最终的标准化必然要实现以上三个方面的标准化。

2.1.2 物流标准化的特点

发达国家为了提高物流运作效率和效益，正在积极致力于建立与之相适应的现代物流系统并使该系统标准化和规范化。尤其是随着全球经济一体化和物流国际化的发展，物流标准化和规范化作为实现物流合理化、高效化的基础，对促进我国现代物流发展、提高物流服务质量和效率具有重要意义。

物流标准化具有以下几个特点。

1）物流标准化系统属于二次系统，或称后标准化系统。这是由于物流及物流管理思想诞生较晚，组成物流大系统的各个分系统在没有归入物流系统之前，早已分别实现了本系统的标准化，并且经多年的应用和不断发展巩固已很难改变。在推行物流标准化时，必须以此为依据，个别情况固然可将有关旧标准化体系推翻，按物流系统所提出的要求重建新的标准化系统，这就必然要求从适应及协调角度建立新的物流标准化系统，而不可能全部创新。

2）物流标准化要求体现科学性、民主性和经济性。这是标准的“三性”，由于物流标准化的特殊性，必须非常突出地体现这“三性”，才能搞好这一标准化。

科学性的要求是要体现现代科技成果，以科学实验为基础。在物流中，则还要求与物流的现代化（包括现代技术及管理）相适应，要求能将现代科技成果联结成物流大系统，否则，尽管各种具体的技术标准化水平颇高，十分先进，但如果不能与系统协调，单项技术再高也是空的，甚至还会起相反作用。

民主性指标准的制定要采用协商一致的办法，广泛考虑各种现实条件，广泛听取意见，使标准更具权威，易于贯彻执行。

经济性是标准化的主要目的之一，也是标准生命力的决定因素，物流过程不像深加工那样引起产品的大幅度增值，即使通过流通加工等方式，增值也是有限的，所以，物流费用多开支一分，就要影响到一分效益，但是，物流过程又必须大量投入消耗，如果不注重标准的经济性，片面强调反映现代科技水平，片面顺从物流习惯及现状，引起物流成本的增加，自然会使标准失去生命力。

3）具有较强的国际性。改革开放以来的事实表明，对外贸易和交流对我国经济发展的作用越来越大，而所有的对外贸易又最终靠国际物流来完成。因此，我国的物流标准从运输工具、包装、装卸搬运工具、流通加工等方面都要与国际物流标准相一致。积极采用国际标准，完善国内标准体系，提高运输效率，缩短交货期限，保证物流质量，这样有利于促进对外贸易，降低成本，增加外汇收入。

4）涉及面更广。和一般标准化系统不同，物流系统的标准化涉及面更为广泛，其对象也不像一般标准化系统那样单一，而是包括了机电、建筑、工具、工作方法等许多种类，虽然处于一个大系统中，但缺乏共性，从而造成标准种类繁多，标准内容复杂，也给标准的统一性及配合性带来很大困难。

5）贯彻安全与保险的理念。物流安全问题是近些年来非常突出的问题，往往是一个安全事故就会将一个企业损失殆尽，几十万吨级的油轮、货轮遭受灭顶损失的事例也并不少见。除了经济损失外，人身伤害也是物流中经常出现的，如交通事故的伤害，物品对人的碰撞伤害，危险品的爆炸、腐蚀、毒害等。所以，物流标准化的另一个特点是在物流标准中对物流安全性、可靠性的规定和相关技术、工作标准。

物流保险的规定也是与安全性、可靠性有关的标准化内容。在物流中，尤其在国际物流中，都有公认的保险险别与保险条款，虽然许多规定并不是以标准化的形式出现的，而是以立法形式出现的，但是，其共同约定、共同遵循的性质是通用的，是具有标准化内涵的，其中，不少手续、申报、文件等都具有具体的标准化的规定，保险费用等的计算也受标准规定的约束，因而物流保险的相关标准化工作，也是物流标准化的重要内容。

2.1.3 物流标准化体系模式及主要内容

为保证物流标准化过程有效实施，需要一个管理体系即物流标准化管理体系（简称物流标准化体系）。所谓物流标准化体系可以定义为建立物流标准化方针和目标，并实现这些目标的相互关联或相互作用的一组要素的有机组合。

构筑物流标准化体系的首要工作就是科学合理地识别出有利于提高物流系统效率，降低物流成本的物流系统各要素标准，并形成科学的物流标准体系，以指导物流相关标准的制定和修订。物流标准体系是一种现有的和预计应发展的标准的全面蓝图，是指导标准制定和修订的依据和基础。

物流标准化体系是确保物流标准化过程得以有效落实的一种管理体系。一个有效、统一的物流标准化体系的建立，需要一个共识的管理模式来指导。从目前各国际机构以及各国所采用的物流标准化管理模式来看，虽然有一些差异，但它们都有一个共同趋向，那就是，都趋向于以 ISO 9001 国际标准中基于过程的管理体系模式为依据来建立管理体系。在此即以此模式为基准来说明物流标准化体系模式及主要内容。

基于 ISO 9001 的物流标准化体系模式如图 2-1 所示。

根据体系概念，物流标准化体系的含义是建立物流标准化方针和目标，并实现这些目标的相互关联或相互作用的一组要素的有机组合。其中，图 2-1 中反映的各要素内涵说明如下。

1. 提高物流系统效率为目的的标准化需求

明确物流标准化的目的，正确领会物流标准化的含义，科学分析物流系统的体系结构，并识别物流标准需求，提炼科学的物流标准体系框架来指导物流标准的制定和修订，是物流标准化工作的首要环节，也是确保物流标准化有效性的最关键内容。

2. 管理职责

实现物流体系标准化是物流标准化工作的最大关注点。而实现物流体系标准化的最大难

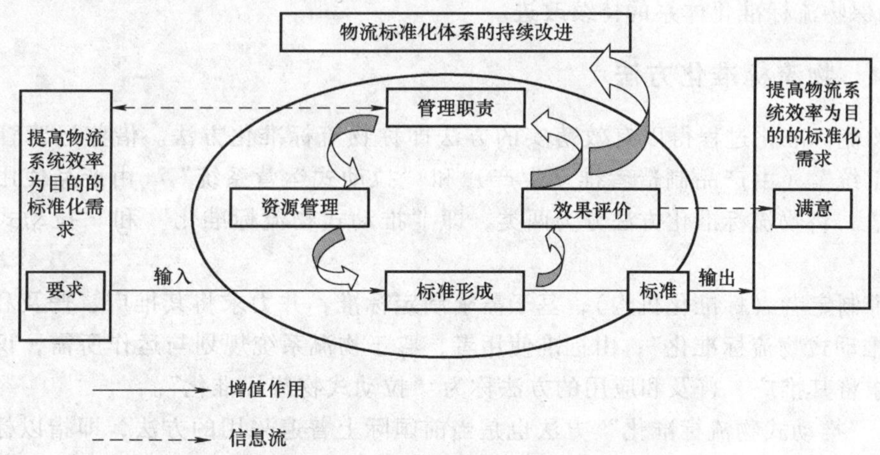

图 2-1　基于 ISO 9001 的物流标准化体系模式

点就是协调。为了做好协调，物流标准化工作必须要设置一个主管机构，而且，主管机构的最高管理者必须要做好以下工作。

1）明确规定相关机构的职责、权限，机构之间沟通畅通。

2）向相关机构及人员传达物流产业发展和法律、法规要求。

3）制定物流标准化方针，并确保管理层对方针理解到位和沟通充分。

4）制定物流标准化目标，并与方针保持一致。

5）有效获得相关资源。

3. 资源管理

物流标准化管理机构应确定并提供实施、保持物流标准化体系并持续改进其有效性所需的资源。包括人力和设施资源，并为人力资源做好适时培训和教育；为设施资源做好适时维护和管理。

4. 标准形成

以物流标准体系框架为导向，不断识别物流标准需求，并通过预备阶段、立项、起草、征求意见、审查、批准和出版等各阶段，制定和修订物流标准。

5. 标准应用与效果评价

物流标准化管理机构必须确保标准的有效推广，使之得到普及和应用，并做好标准化效果评价工作。为此，需要建立物流标准的培训和教育体制，开展基于标准的认证和认可活动，并为效果评价做好评价指标以及评价模型的开发和应用。

总之，根据图 2-1 模式，建立并实施物流标准化体系的主要步骤如下。

1）识别并确定物流标准化需求和期望。

2）建立物流标准化方针和目标。

3）识别并确定实现物流标准化目标所必需的过程和职责。

4）确定并保障实现物流标准化目标所必需的资源。

5）明确测量每个过程的有效性和效率的方法。

6）应用上述测量方法确定每个过程的有效性和效率。

7）确定防止无效标准并消除产生原因的措施。

8）确保物流标准化体系的持续改进。

2.1.4 物流标准化方法

促使物流标准化过程得以有效落实的方法即称物流标准化方法。借鉴运营管理中“推动式运营系统”（由产品制造者推动生产）和“拉动式运营系统”（由产品使用者拉动生产）的概念，将物流标准化方法分为两类，即“推动式物流标准化”和“拉动式物流标准化”。

由标准制定者（标准化机构），基于需求制定标准，并力求将其推广、普及和应用的方法称为“推动式物流标准化”；由标准使用者，鉴于物流系统规划与运作所需，识别有效标准，并力求将其推广、普及和应用的方法称为“拉动式物流标准化”。

其中，“推动式物流标准化”方法也是当前国际上普遍采用的方法，即指以标准化机构为主，通过识别标准需求、开发制定标准、普及与应用标准、标准化效果评价等四个环节来实现标准化的方法。其中，最普遍采用的标准普及方法就是开展认证/认可活动。认证/认可制度一直以来在标准化领域都是一种最活跃的标准化活动，各标准化机构也都认为其是一种最有效手段（大部分国际标准化组织内部都单独设有“合格评定”相关机构）。

“拉动式物流标准化”方法是较新的概念。不是站在标准化机构立场研究如何推进物流标准化，而是站在标准使用者立场研究如何借助有效标准来提高物流系统效率，即标准使用者由原来被动应用标准变为主动研究标准来追求物流体系标准化是“拉动式物流标准化”的焦点。

从理论上讲，相对“推动式物流标准化”方法比较容易侧重于物流标准的普及和应用而言，“拉动式物流标准化”方法更会侧重于物流标准的有效性，继而带来更好的标准化效果。然而，鉴于物流系统的复杂性，特别在全球化物流环境下，“拉动式物流标准化”方法的推广并非易事，如何推广将是物流标准化领域需要解决的重要课题。

标准化工作的作用并不在于是否有标准，而在于制定的标准能否得到广泛应用，得不到应用的标准是毫无存在价值的。

2.2 国际物流标准与标准化

全球经济一体化和供应链管理环境下，全球物流体系标准化的重要性毋庸置疑，日、韩、欧美等国家都纷纷加强物流标准化的研究，并制定了一系列物流标准化发展战略和相关政策。然而物流体系框架实现全球体系的标准化还只是一个发展方向。从世界范围来看，物流标准化在世界各国还都处于初始阶段。无论是发达国家还是主要国际标准化机构，至今都没能系统地将物流标准体系化。因此，实现全球范围的物流标准化必然需要一个漫长的过程。

2.2.1 国际物流标准化的发展

1. 美国

美国作为北大西洋公约组织成员之一，参加了北大西洋公约组织的物流标准制定工作，制定了物流结构、基本词汇、定义，物流技术规范，海上多国部队物流，物流信息识别系统等标准。美国国防部建立了军用和民用的物流数据记录、信息管理等方面的标准规范。美国国家标准协会积极推进物流的运输、供应链、配送、仓储、电子数据交换和进出口等方面的标准化工作。美国与物流相关的标准约有1200余项，其中运输91项、包装314项、装卸8项、流通33项、仓储487项、配送121项及信息123项。

在参加国际标准化活动方面，美国积极加入ISO/TC 104（货运集装箱技术委员会），在其国内设立相应的第一（普通用途集装箱）分委会、第二（特殊用途集装箱）分委会和第四（识别和通信）分委会。美国还加入了ISO/TC 122（包装技术委员会）、ISO/TC 154（管理、商业及工业中的文件和数据源）等委员会。美国参加了ISO/TC 204（智能运输系统标准化）技术委员会并由美国智能运输系统协会作为ISO/TC 204美国技术咨询委员会，负责召集所有制定智能运输系统相关标准的机构成员共同制定美国国内的ITS标准。

美国统一代码委员会（Uniform Code Council，UCC）为给供应商和零售商提供一种标准化库存单元（SKU）数据，早在1996年就发布了UPC数据通信指导性文件，美国标准协会也于同年制定了装运单元和运输包装的标签标准，用于物流单元的发货、收货、跟踪及分拣，规定了如何在标签上应用条码技术，甚至包括用二维条码，通过标签来传递各种信息，实现了EDI报文的传递，即所谓的“纸面EDI”，做到了物流和信息流的统一，为物流一体化发展提供了技术手段。

2. 欧洲

欧洲标准化委员会（European Committee for Standardization，CEN）是1961年由欧盟16国成立的标准化组织。该组织目前设立了第320技术委员会，负责运输—物流和服务的标准化工作，相关的还设立了第278技术委员会，负责道路交通和运输的信息化，分14个工作组和多个子工作组进行与ISO/TC 204内容大致相同的标准制定工作。另外，还有第119技术委员会（联运周转箱）和第296技术委员会（危险品运输罐）等技术委员会。这些委员会共同推进物流标准化进程，在标准制定过程中进行多方面的联系与合作。

在德国，托盘标准、车辆承载标准、物品编码标准等都是通用的，托盘为1.2m×0.8m，集装箱运输设备为20英尺箱、40英尺箱，并且装卸机械化水平非常高。同时，物品无论是进入工厂、商店、建筑工地，还是仓库、码头、配送中心等，都普遍实现托盘、集装箱、运输工具的标准化。系统内部设施、机械装备、专用工具等的技术标准，包装、仓储、装卸、运输等各类作业标准，以及作为现代物流突出特征的物流信息标准，均形成了与国际接轨的标准化体系。

德国统一的托盘和集装箱标准等标准化技术奠定了德国物流业的基础，为多式联运高速发展提供了广阔的空间；货运厢式化和集装箱托盘化充分反映了基础性、通用性标准对提高物流效率的巨大意义。在德国现有的标准体系中，与物流相关的标准有2480项左右，其中运输788项、包装40项、流通124项、仓储500项、配送499项及信息499项。

在英国现有的标准体系中，与物流相关的标准有2500项左右，其中运输733项、包装432项、装卸51项、流通51项、仓储400项 、配送400项及信息400项。

3. 日本

日本是对标准化非常重视的国家之一，标准化的推进速度也很快。日本在标准化体系研究中注重与美国和欧洲进行合作，将研究重点放在标准的国际通用性上。日本政府工业技术院委托日本物流管理协会花了4年的时间对物流机械、设备的标准化进行调查研究。目前已提出日本工业标准（JIS）关于物流方面的若干草案，包括物流模数体系、集装箱的基本尺寸、物流术语、物流设施的设备基准、输送用包装的系列尺寸（包括模数）、包装用语、大型集装箱、塑料制通用箱、平托盘及载货汽车车厢内壁尺寸等。

在日本现有的标准体系中，与物流相关的标准有400条，其中运输24条、包装29条、流通4条、仓储38条、配送20条及信息302条。其中，涉足的主要技术领域如下。

1）包装材料（纸、防锈材料、塑料制的带状物、塑料制的胶卷）。

2）容器（金属碗、圆筒罐等各种金属容器）。

3）托盘（木制、塑料制、金属制、纸制、产业用的架子）。

4）集装箱（车辆、铁路、船舶、航空、柔韧的集装箱）。

5）产业车辆（叉车、无人搬运车等）。

6）起重机（与劳动安全卫生法相关联）。

7）搬运机械（吊车、输送机、自动化仓库）。

8）自动识别（条码、射频标签等）。

目前，日本物流标准化工作关注于物流标准的普及和应用上，特别是流通领域物流信息标准的普及和应用。

部分日本的物流标准见表2-1和2-2。

表2-1　与集装箱相关的主要标准

编　号	名　称
JIS　Z1610	国内用货物集装箱　内部尺寸及一般规范
JIS　Z1611	国内用隔热集装箱
JIS　Z1612	国内用隔热集装测试规范
JIS　Z1614	国际货运集装箱　外部尺寸及额定值
JIS　Z1618	国际贸易用普通货运集装箱
JIS　Z1619	国际贸易用冷藏集装箱
JIS　Z1621	国际贸易用敞口集装箱
JIS　Z1622	带有特定限制的国际贸易用平柜架式集装箱
JIS　Z1624	国际贸易用罐式液体和气体集装箱
JIS　Z1625	国际贸易用平台式集装箱
JIS　Z1626	国际贸易用货运集装箱的运输和加固
JIS　Z1651	散货集装箱
JIS　Z1655	可重复使用的塑料容器

表2-2　涉及装卸搬运设备的主要标准

编　号	名　称
JIS　D1701	冷藏或冷冻车辆的车厢保冷性能的试验方法
JIS　D4001	冷藏冷冻汽车的保温车厢
JIS　D4002	载货汽车车厢的内倾斜度的尺寸
JIS　D6001	叉车　安全规程
JIS　D6011	叉车　稳定性和稳定性实验

（续）

编　　号	名　　称
JIS D6023	叉车　制动性能和制动试验
JIS D6024	叉车　挂钩型货叉及叉架、安装尺寸和结构
JIS D6202	叉车　规范的标准格式
JIS D6802	自动导引车系统　一般安全规范
JIS D8920	手推车
JIS D8924	手动搬运车　主要尺寸
JIS D8925	带升降台的手推车
JIS D8930	托盘搬运车　主要尺寸
JIS D8950	整货用垂直输送机
JIS D8951	托盘堆码机

2.2.2 国际主要物流标准规格尺寸

物流的标准化中，通过制定标准规格尺寸来协调物流各环节之间的配合性，以确保整个物流系统的贯通来提高物流效率，是物流标准化的首要任务。

1. 模数和模数制

模数是指在某种系统（构筑物或制品）的设计、计算和布局中普遍重复应用的一种基准尺寸数。如建筑上用的砖，其尺寸为 24cm×12cm×6cm，故设计房屋的长宽尺寸时，均取 24+1=25cm 的整数倍，即砖长加 1cm 灰口的整数倍。这样，砖的尺寸就成了建筑工程上的最基本尺寸。砖的尺寸是由砖模的尺寸决定的，这便是“模数”的来历。

模数尺寸就是模数乘以正整数或分数所得的尺寸值。模数制实际上是在模数的基础上所制定的一套尺寸协调的标准。

模数的使用起源于建筑业。在对建筑物的设计、规划和布局以及设计和制造建筑物的构件如砖、砌块、窗、门和卫生设备时，按照选定的模数为基础规定它们的尺寸，可以实现设计标准化、构件加工预制工厂化和施工作业机械化。建筑物的模数设计和建筑物构件的模数配合是实现建筑工业化的重要条件。

世界上许多国家把基本模数定为标准。目前的趋向是采用 100mm 作为构件标准化的基本模数。GB/T 4892/ISO 3394《硬质直方体运输包装尺寸系列》以模数 600mm×400mm 为基准，规定了纸、木、塑、金属等各种材质的硬质直方体运输包装件的平面尺寸。

模数理论不仅在建筑业得到普遍推广，还在包装物的标准化，电器、视频和成套装置的组装尺寸的标准化，以及在机械工业产品的单元尺寸和组合尺寸的协调等方面，都涉及模数配合与模数协调的问题，有的已经制定了相应的标准，如印制电路网络模数，而有的正在制定这方面的标准。

随着模数理论应用领域的扩大，模数制的统一问题也提上了日程。如果每个部门都制订自己的一套模数制度，则会使各类尺寸之间的衔接不利。为此应逐步建立起一套综合完整统一的模数系统。国际标准化机构（ISO 和 IEC）已经在进行这方面的工作。

2. 物流模数体系与物流基本模数

制定物流系统标准规格尺寸的主要依据为物流模数体系，如图 2-2 所示。物流模数作为物流系统各环节的标准化的核心，是形成系列化的基础。依据物流模数进一步确定有关系列的大小及尺寸，再从中选择全部或部分，确定为定型的生产制造尺寸，这就完成了某一环节的标准系列。比如日本工业标准 JIS 规定的“输送包装系列尺寸”，就是以 1200mm × 1000mm 推算的最小尺寸为 200mm ×200mm 的整数分割系列尺寸确定的。

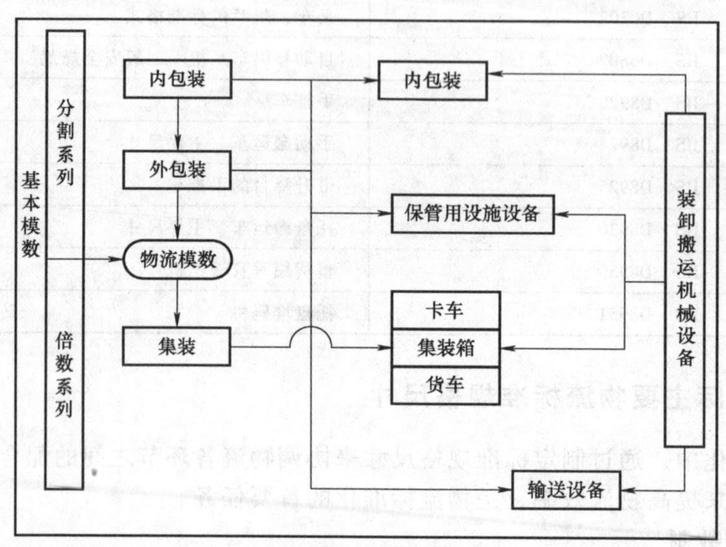

图 2-2　物流模数体系图

其中，物流基本模数尺寸的作用和建筑模数尺寸相似，考虑的基点主要是简单化，是设备的制造、设施的建设、物流体系中各环节的配合协调、物流系统与其他系统配合的依据。目前，ISO 中央秘书处及欧洲各国已经基本认定 600mm ×400mm 为基本模数尺寸。

物流基本模数是物流系统各标准尺寸的最小公约尺寸。在基本模数尺寸确定之后，各个具体的尺寸标准都要以基本模数尺寸为依据，选取其整数倍为规定的尺寸标准，基本模数尺寸确定后，只需在倍数中进行标准尺寸选择，便可作为其他尺寸的标准。

确定物流基本模数尺寸主要考虑目前对物流系统影响最大而又最难改变的事物，即运输设备。采取“逆推法”，由运输设备的尺寸来推算最佳的基本模数。当然，在确定基本模数尺寸时也应该考虑现在已经通行的包装模数和已经使用的集装设备，并从行为科学的角度研究人及社会的影响。从其与人的关系看，基本模数尺寸应适合人体操作的最高限尺寸。

物流建筑模数尺寸标准主要是物流系统中各种建筑所使用的基本模数，它是以物流基本模数尺寸为依据确定的，也可以选择共同的模数尺寸。该尺寸是设计建筑物长宽高尺寸，门窗尺寸，建筑物间距离、跨度及进深等尺寸的依据。集装模数尺寸标准是在物流基本模数尺寸基础上，推导出的各集装设备的基本尺寸，以此作为设计集装设备三向尺寸的依据。在物流系统中，由于集装是起贯穿作用的，集装尺寸必须与各环节物流设施、设备、机具相配合，因此，整个物流系统设计时往往以集装尺寸为核心，然后在满足其他要求的前提下决定设计尺寸。因此，集装模数尺寸影响和决定着与其相关各环节的标准化。

3. 运输包装件规格标准

ISO 于 1975 年公布以 600mm ×400mm 的底面积（模数）为基础，规定了一系列刚性长方形运输包装尺寸。其原则是运输包装的有效外部尺寸（长和宽）可通过用一个整数乘或除标准底面积而求得，见表 2-3。运输包装的高度可根据需要自由选择。

表 2-3 运输包装尺寸 （单位：mm）

模数	倍数	约数
600 × 400	1200 × 1000 1200 × 800 1200 × 600 1200 × 400 800 × 600	600 × 400
		300 × 400
		200 × 400
		150 × 400
		120 × 400
		600 × 200
		300 × 200
		200 × 200
		150 × 200
		120 × 200
		600 × 133
		300 × 133
		200 × 133
		150 × 133
		120 × 133

在表 2-3 中，倍数是以 600mm × 400mm 为模数的大包装尺寸，与托盘尺寸相同；约数为以 600mm × 400mm 标准底面积等分小包装尺寸。等分小包装均可在大包装尺寸以 600mm × 400mm 为模数的集装托盘上组合排列，如图 2-3 所示。

4. 物流托盘标准

托盘是在运输、搬运和存储过程中，将物品规整为货物单元时，作为承载面并包括承载面上辅助结构件的装置。托盘作为物流产业中最为基本的集装单元，随着产品在生产企业、物流企业、零售企业和用户之间流通，它与产品生产线、产品包装、叉车、货架、公路铁路运输车辆、轮船、集装箱和仓储设施等许多方面均有较为严格的尺寸匹配关系。作为重要的物流器具，托盘贯穿于现代物流的各个环节，是最基本的集装单元。因此，托盘的标准化及其推广作用，关系到物流系统现代化的水平。

托盘作业和产品、集装箱、货架、运输车辆的货台以及搬运设施等都有直接关系。因此，托盘的规格尺寸是考虑其他物流设备规格尺寸的基点，也是物流设施标准化的基础。但是物流设施标准化不是只制定个别独立的标准，而必须是各标准之间相互对应配合的一套体系，这样方能将标准化的效益产生出来。其中，托盘标准化是最基本也是最核心的一部分，其他物流设施的标准化与托盘规格直接相关，也就是说，必须先确定托盘规格标准才能制定其他项目标准，物流设施标准化的整套体系应该是以托盘标准化为中心制定出来的，如图 2-4 所示。

国际上，托盘标准化问题由国际标准化机构 ISO/TC 51 托盘标准化技术委员会负责。该机构已经于 2003 年对 ISO 6780《联运通用平托盘 主要尺寸及公差》标准进行了修订，在原有的 1200mm × 1000mm，1200mm × 800mm，1219mm × 1016mm（即 48in × 40in），1140mm × 1140mm 四种规格的基础上，新增了 1100mm × 1100mm，1067mm × 1067mm 两种

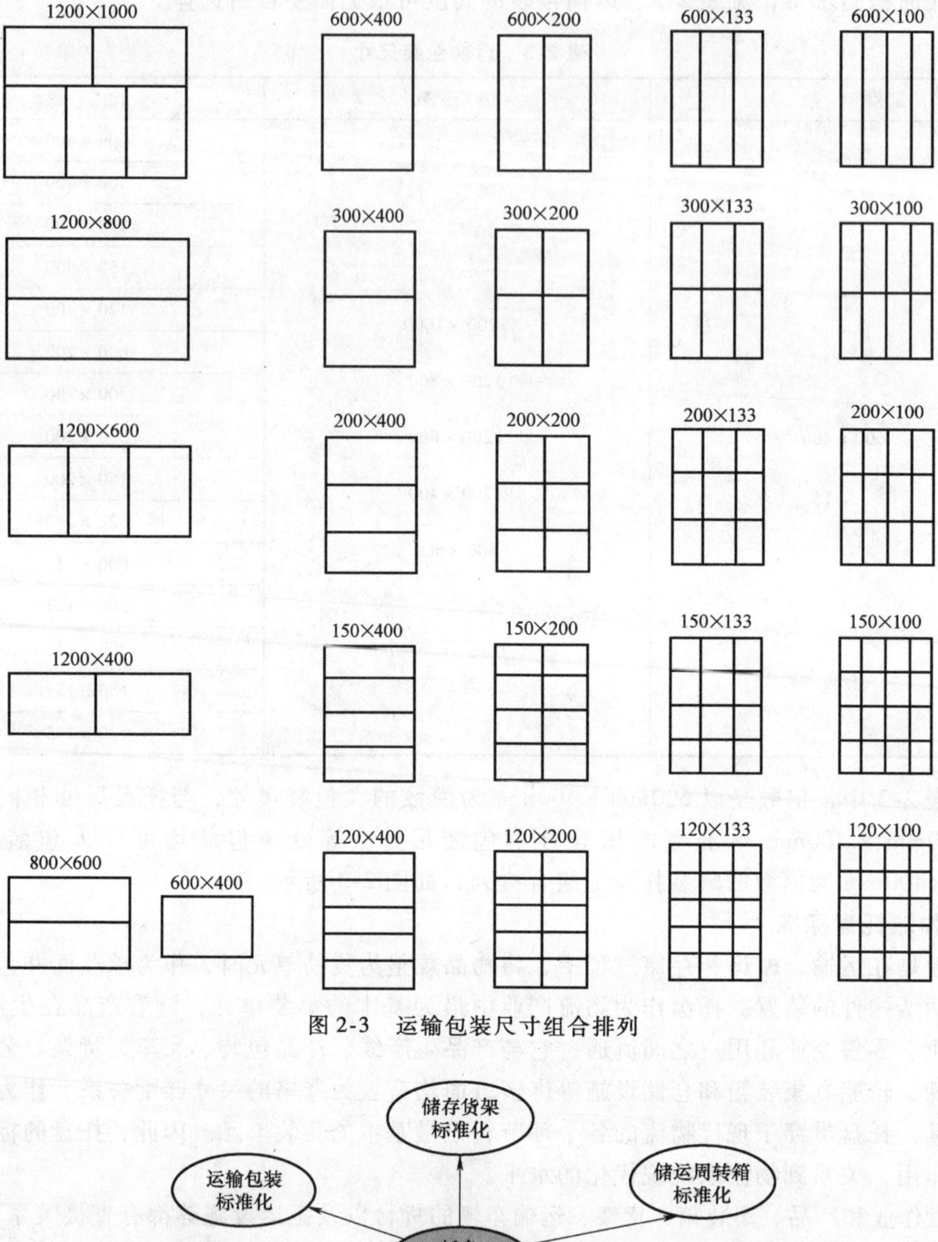

1200×1000 600×400 600×200 600×133 600×100

1200×800 300×400 300×200 300×133 300×100

1200×600 200×400 200×200 200×133 200×100

1200×400 150×400 150×200 150×133 150×100

800×600 600×400 120×400 120×200 120×133 120×100

图 2-3 运输包装尺寸组合排列

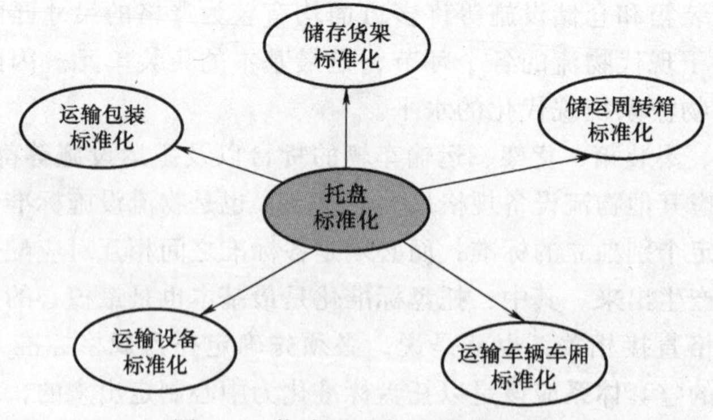

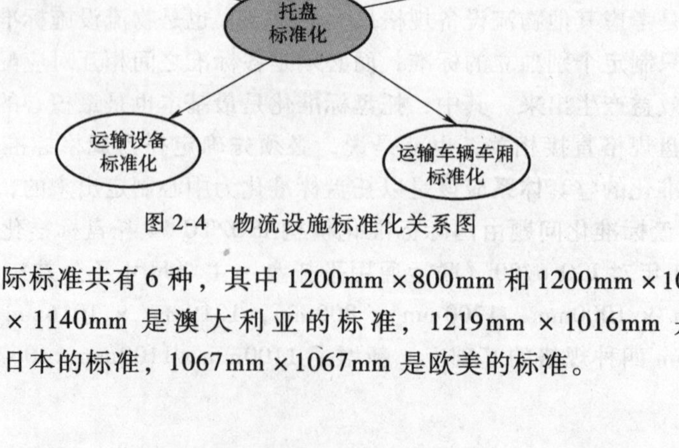

图 2-4 物流设施标准化关系图

规格。现在的托盘国际标准共有 6 种，其中 1200mm × 800mm 和 1200mm × 1000mm 是欧洲常用的标准，1140mm × 1140mm 是澳大利亚的标准，1219mm × 1016mm 是美国的标准，1100mm × 1100mm 是日本的标准，1067mm × 1067mm 是欧美的标准。

平托盘的高度一般在 100～150mm 之间，单面取 140mm，双面取 150mm。一般要求托盘的宽度和长度的制造误差在 3mm 以内，两对角线误差小于 8mm。

托盘是现代物流中最普遍使用的装卸搬运器具，托盘标准化是实现物流托盘化的关键基础之一。目前标准托盘的使用率，澳大利亚为 95%，美国为 55%，欧洲为 70%，日本为 35%，韩国约为 27%。在美国、日本，托盘是一个巨大的产业，政府为推进物流标准化、提高托盘的利用率，相继出台了多项鼓励政策和优惠措施。

5. 物流集装箱标准

集装箱是一种运输设备。一般有如下特点，即具有足够的强度，可长期反复使用；适用于一种或多种运输方式运送，途中转运时，箱内货物不需要换装；具有快速装卸和搬运的装置，特别便于从一种运输方式转移到另一种运输方式；便于货物装满和卸空；具有 1m^3 以上的内容积。

集装箱中，通用集装箱是其主体，对其有专门的定义，通用集装箱是用于运输和储存若干单元货物、包装货物或散装货物的长方形箱体，可以限制和防止发生货损货差，可脱离运输工具作为单元货物进行装卸和运输，不需要倒装箱内货物。

集装箱标准化对集装箱的发展有非常重要的作用，集装箱标准不仅与集装箱本身有关，还与各运输设备、各装卸机具，甚至与车站、码头、仓库的设施有关。为有效开展国际集装箱多式联运，必须做好集装箱标准化工作。

目前集装箱标准按使用范围划分，有国际标准、国家标准、地区标准和公司标准 4 种。

国际标准集装箱是根据国际标准化组织第 104 技术委员会制定的国际标准来制造的标准集装箱。现行的国际标准为第Ⅰ系列共 13 种，宽度相同（2438mm），长度有 4 种（12192mm、9125mm、6058mm、2991mm），高度有 4 种（2896mm、2591mm、2438mm、<2438 mm），见表2-4。

表 2-4　国际标准集装箱规格

规格	箱型	长度	宽度	高度	最大总质量
3m 10ft	1D	2.99m 9ft9.75in	2.44 8 ft0in	2.44m 8 ft0in	10160kg
	1DX			<2.44m 8 ft0in	
6.1m 20 ft	1CC	6.05m 19 ft10.5in	2.44 8 ft0in	2.59m 8ft6in	20320kg
	1C			2.44m 8ft0in	
	1CX			<2.44m 8 ft0in	
9.1m 30ft	1BBB	9.12m 29ft11.25in	2.44 8 ft0in	2.9m 9ft6in	25400kg
	1BB			2.59m 8ft6in	
	1B			2.44m 8ft0in	
	1BX			<2.44m 8 ft0in	

（续）

规格	箱型	长度	宽度	高度	最大总质量
12.2m 40 ft	1AAA	12.2m 40 ft0in	2.44 8 ft0in	2.9m 9ft6in	30480kg
	1AA			2.59m 8ft6in	
	1A			2.44m 8ft0in	
	1AX			<2.44m 8 ft0in	

ISO 体系中的 1CC 型集装箱，是钢制普通货物集装箱中最具有代表性的一种箱型，集装箱作业量统计中所使用的标准箱（TEU）单位，就是以它作为基础的换算单位。一般来说，长 20ft，宽和高均为 8ft 的集装箱作为一个标准箱（TEU），即 1CC = 1 TEU。

2.2.3 国际主要物流相关管理体系标准

自 1987 年 ISO 9000 系列质量管理体系国际标准（以下简称 ISO 9000）发布以来，陆续产生了多种基于 ISO 9000 的适用于不同领域、不同行业及不同管理目标的管理类标准。归纳起来，与物流领域关联比较密切的管理体系标准主要包括 ISO 9000、ISO 14000 系列环境管理体系标准（以下简称 ISO 14000）、ISO 28000 供应链安全管理体系标准（以下简称 ISO28000）、WCO 的全球贸易安全与便利标准框架（以下简称 WCO 标准框架）、IMO 的国际船舶安全营运和防止污染管理规则（以下简称 ISM 规则）和国际船舶保安和港口设施保安规则（以下简称 ISPS 规则）。其中，ISO 的三个标准都是推荐性标准，而 WCO 标准框架、ISM 规则和 ISPS 规则都属于强制性标准。

上述各类管理体系标准都有其明确的管理对象和管理目标。ISO 9000 的管理对象是“产品或服务质量”，其管理目标是满足组织所追求的产品或服务质量要求；ISO 14000 的管理对象是“环境”，其管理目标是满足组织所追求的环境要求；ISO 28000 的管理对象是“供应链安全性”，其管理目标是满足供应链安全要求；WCO 标准框架的管理对象是“供应链安全性和便利性”，其管理目标是满足供应链安全要求和通关的便利要求；ISM 规则的管理对象是“海洋环境”，其管理目标是满足海洋环境要求；ISPS 规则的管理对象是“船舶和港口设施”，其管理目标是满足船舶和港口设施的保安要求。

虽然上述各管理体系标准的管理对象和管理目标都有所不同，也就是各类标准的管理侧重点不同，但各标准都体现出比较雷同的“过程方法”管理模式，即 PDCA 循环，就是策划（Plan）、实施（Do）、检查（Check）和处置（Action）。

为了改变现行各管理体系标准之间存在用语不统一、定义不统一、格式不统一以及结构不统一等状况，为了避免给实施各管理体系标准的实体，以及相关的咨询、培训、认证等有关人士造成的困惑、不便和额外的成本，还有由于理解的不一致造成的实施中的偏差，2013 年，ISO 公布了一个指导文件，即《ISO Directives 2013》。该指导文件中有一个规范性的附件——《附件 SL》（Annex SL）。《附件 SL》其实是一个管理体系标准（Management System Standards）的标准模板（Template），即是一个“标准的标准”。按照 ISO 要求，将来所有的 ISO 管理体系标准，如我们熟知的 ISO 9001、ISO 14001、ISO 28000 等，在今后修改时都要按照《附件 SL》的要求改写。据说新版国际质量管理体系标准 ISO 9001：2015 已经在计划中考虑按照《附件 SL》的要求重新写。

《附件 SL》在世界范围内的影响将是巨大和深远的。其不仅有利于现行管理体系标准的实施，也为今后一致性的管理体系标准的制定建立标准模板。《附件 SL》包含两方面的内容：标准化的管理体系标准通用术语，标准化的管理体系标准通用结构。

《附件 SL》里面列举了 22 个术语，作为管理体系标准的通用术语，包括组织、利益相关者、政策、管理体系、目标及风险等。其中最值得注意的是风险。风险之所以值得注意，是因为这是历史上第一次进入通用术语。由于这些通用术语是在所有的管理体系标准中都要使用的，所以风险进入通用术语标志着对风险的重视，标志着在所有管理体系标准中对风险的强调。例如，在《附件 SL》专门论述“计划”的第六章中，明确要求“计划”应当考量风险，并对相关的风险采取措施。

《附件 SL》提出的管理体系标准的结构，是一个高层次的结构。根据《附件 SL》，一个管理体系标准，除了引言（Introduction）以外，应该包括 10 章，即：

第一章——范围（Scope）

第二章——规范性引用文件（Normative，references）

第三章——术语和定义（Terms and definitions）

第四章——组织的环境（Context of the organization）

第五章——领导（Leadership）

第六章——计划（Planning）

第七章——支持（Support）

第八章——运行（Operation）

第九章——绩效评价（Performance evaluation）

第十章——改进（Improvement）

对管理体系标准的每一章的内容，《附件 SL》都提出了一些一般性的要求。例如，前面提到的在计划中应该包含如何应对风险的要求。

2.3 我国物流标准与标准化

2.3.1 我国物流标准化的进程

我国物流标准化进程可分为以下四个阶段。

第一阶段：20 世纪 90 年代中期到 21 世纪初。这是中国物流业的起步期，这个阶段还没提出物流标准化问题。运输、仓储、商贸、机械、信息等物流相关行业，按照传统流通方式制定本行业的技术装备和作业环节标准，各自形成一套标准体系，没有充分考虑行业衔接与整合运作的需要。在现代物流业发展起来之后，这一阶段形成的标准依然沿用，成为物流标准的主要部分。

第二阶段：2000 年到 2005 年，随着现代物流在中国的快速发展，物流标准化建设滞后问题越来越突出，特别是各行业的标准自成体系，而且标准老化，水平较低，制约了现代物流发展，引起各方面的高度重视与普遍呼吁，并开始采取一些实际步骤，着手予以解决。这期间的主要措施有。

1）在国家有关部委先后于2001年与2004年联合颁发的两个促进物流业发展的文件中，明确提出大力加强物流标准化工作，建立和完善物流技术标准体系，加快制定和推进物流基础设施、技术装备、管理流程、信息网络的技术标准，尽快形成协调统一的现代物流标准体系。

2）2003年9月，SAC批准成立全国物流标准化技术委员会，由SAC直接领导。全国物流标准化委员会由物流业相关的十几个部门、行业的专家组成，初步形成各行业协调配合、共同推进物流标准化的工作机制。鉴于信息化在物流中的重要性与特殊性，同时还成立了全国物流信息管理标准化技术委员会。

3）2005年3月，建立了由国家发展和改革委员会牵头的全国现代物流工作部际联席会议制度，与物流密切相关的国家13个部委、两个行业协会参加。物流标准化已作为一项重要工作列入部际联席会议议题。

4）2005年8月，由SAC牵头，国家九部委联合颁发了《全国物流标准2005年—2010年发展规划》（以下简称“规划”）。规划由SAC于2003年下半年委托全国物流标准化技术委员会和全国物流信息管理标准化技术委员会组建课题组进行研究制定，建立了以“物流技术、物流信息、物流管理、物流服务”为主体结构的物流标准体系，初步规定了中国未来五年内物流标准化的指导思想和物流标准制订/修订的总体框架，并与国家“十一五”计划相衔接，全面提出了物流标准项目规划。

5）从2004年开始，一些社会急需的基础性、通用性物流标准重点项目的研究与编制工作开始筹划，逐步展开，如制定有关“物流企业分类”和修订“物流术语”国家标准。

第三阶段：从2006年开始到2010年，以贯彻落实国家九部委颁布的规划为中心，物流标准化工作由总体性的号召、宣传、规划、推动，进入有计划、有重点、分工合作、深入细致、分行业分具体问题的具体实施阶段。社会急需的基础性、通用性物流标准重点项目的研究与编制全面展开，陆续完成。专业物流标准的制定也开始起步，逐步深入。与此同时，为贯彻落实国务院2009年3月印发的《物流业调整和振兴规划》，以及伴随SAC启动的“国家标准化体系建设工程”的推进，SAC服务业部于2009年5月13日在北京召开了“物流标准专项规划编制工作启动会”，并编制了《2009年~2011年物流标准专项规划》（以下简称“专项规划”）。专项规划进一步明确我国在物流标准化发展方向的基础上，以进一步完善物流标准体系，拓展物流标准制订/修订领域，提高物流标准的实际效果为目的，对原有的物流标准体系表（2004年版）进行修订的同时，重新建立了新的物流标准体系框架（如图2-5和图2-6所示）。

第四阶段：从2011年到至今，以新的物流标准体系框架为依据，在不断补充、完善、修订并制定各类物流标准以及加快公共类、专业类物流标准制定的同时，强化了标准宣贯的实施。为了客观地反映物流标准化的现状，有效地发挥现有标准在行业中的引导和规范作用，让标准的使用方更好地了解物流标准，使用时能可知、可查、可用，中国物流与采购联合会标准工作部组织专家对我国物流标准进行全面收集和整理的基础上，最终完成了《物流标准目录手册》2012版。《物流标准目录手册》2012版共收集了我国已颁布的现行物流国家标准、行业标准和地方标准的目录共计667项。按其内容分为基础性标准、公共类标准、专业类标准和标准化指导性文件四大部分，在每部分中又按基础性标准、物流装备、物流技术、物流服务及管理、物流信息进行分类，以便使用者进行查询。

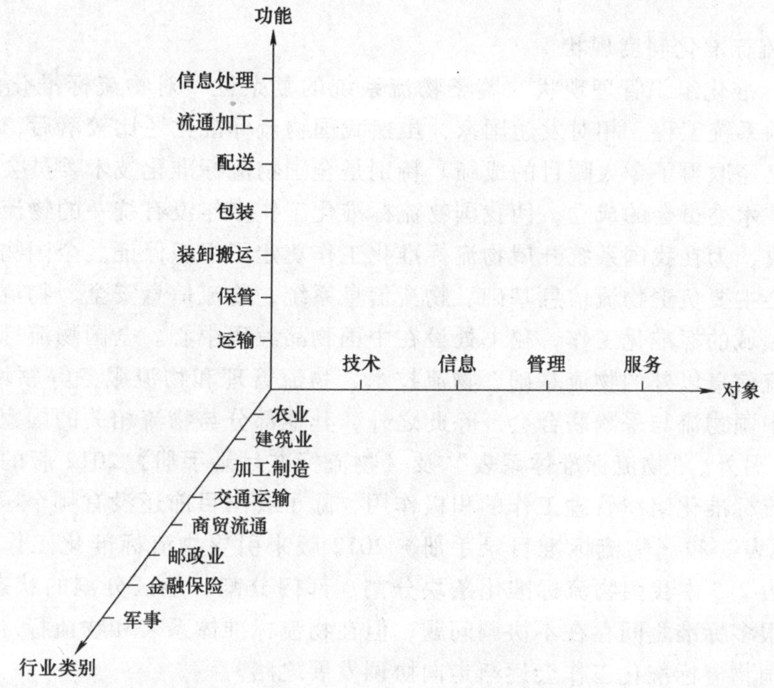

图 2-5　物流标准体系分类三维结构图

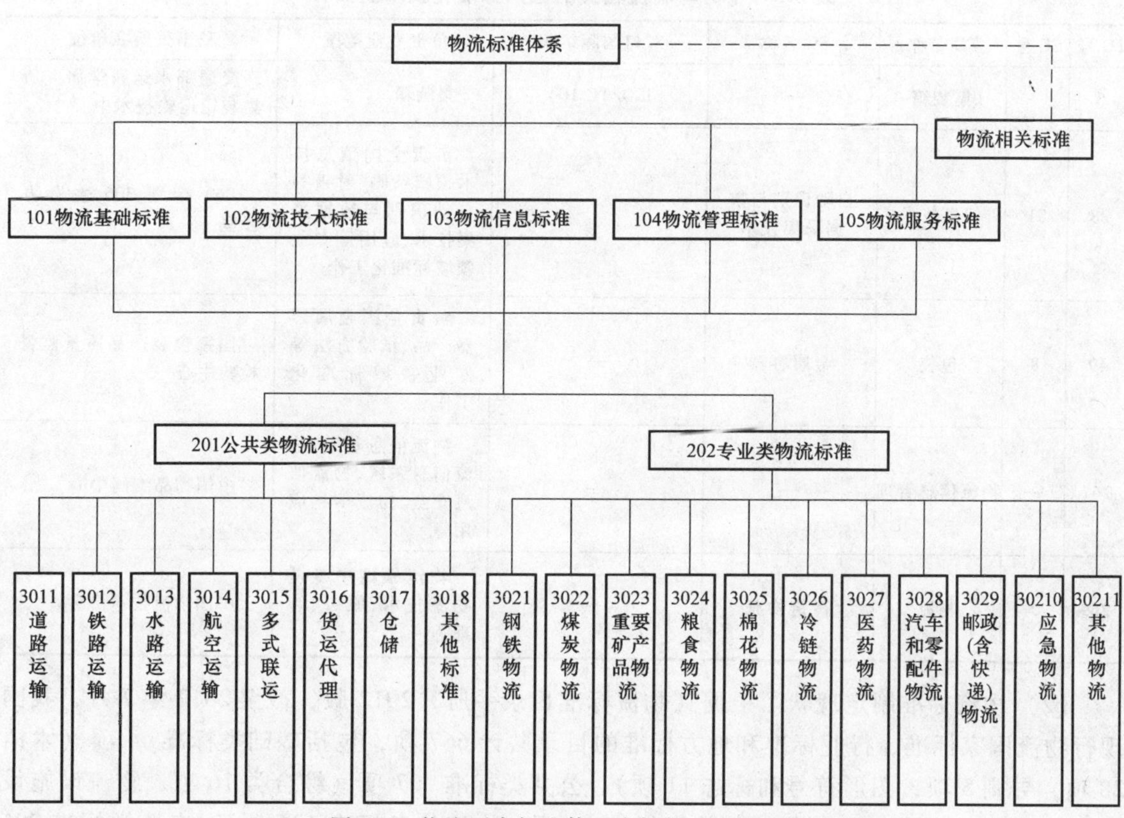

图 2-6　物流国家标准体系表框架（2010 版）

2.3.2 我国标准化制度现状及发展趋势

1. 我国物流标准化制度现状

（1）物流标准化组织管理现状　鉴于物流系统的复杂性，对物流标准化的组织管理固然是一项复杂的系统工程。相对发达国家，虽然我国物流标准化还比较落后，但从组织管理方面，近十年已经取得了令人瞩目的成绩。特别是全国物流标准化技术委员会和全国物流信息管理标准化技术委员会的成立，使我国物流标准化工作多年没有统一的物流标准化归口单位问题终于解决，为在我国系统开展物流标准化工作奠定了组织保证。全国物流信息管理标准化技术委员会主要负责物流信息基础、物流信息系统、物流信息安全、物流信息管理和物流信息应用等领域的标准化工作，秘书处设在中国物品编码中心。全国物流标准化技术委员会主要负责物流信息以外的物流基础、物流技术、物流管理和物流服务等领域标准化工作，秘书处挂靠在中国物流与采购联合会。除此之外，其他部分与物流相关的国家标准化技术委员会见表2-5。另外，“物流标准体系表”及《物流标准目录手册》2012版的编制，也充分反映出我国物流标准化组织管理工作的积极作用，除了我国目前还没有哪个国家，通过编制“物流标准体系表”和《物流标准目录手册》2012版来引导物流标准化工作。虽然因体制性问题，如同表2-5中我国物流标准化条块分割、部门分割、地区分割的状态还比较严重，以致目前仍有很多标准之间存在不协调问题，但在物流标准体系表和物流标准目录手册的不断引导下，我国物流标准化工作会逐渐走向协调发展之路。

表2-5　部分与物流相关的国家标准化技术委员会

TC号	SC号	TC名称	SC名称	对口国际组织	负责专业范围	秘书处所在单位
6	—	集装箱	—	ISO/TC 104	集装箱	交通部水运科学研究所集装箱运输技术中心
28	31	信息技术	自动识别与数据采集技术	—	负责全国信息技术领域条码、射频等自动识别与数据采集技术、应用等专业领域标准化工作	863计划306主题办公室
49	8	包装	金属容器	—	负责全国金属容器产品、试验方法等专业领域标准化工作	国家包装产品质量监督检验中心
267	—	物流信息管理	—	—	物流信息基础、物流信息系统、物流信息安全、物流信息应用等	中国物品编码中心
269	5	物流	冷链物流	—	物流领域中冷链物流技术、服务、管理等	中国物流技术协会

（2）物流标准制定现状　根据《物流标准目录手册》2012版，截至2012年7月，我国现行物流国家标准、行业标准和地方标准的目录共计667项，包括基础类标准44项（术语28项，导则5项，图形符号和标志11项），公共类标准307项（综合类16项，物流设施设备标准99项，物流技术、作业与管理标准56项，物流信息标准136项），专业类标准285

项（冷链物流标准 111 项，汽车物流标准 12 项，医药物流标准 3 项，家电物流标准 1 项，煤炭物流标准 4 项，粮食物流标准 45 项，邮政物流标准 22 项，出版物物流标准 14 项，烟草物流标准 29 项，木材物流标准 14 项，国际货代标准 10 项，危险品物流标准 10 项，其他物流标准 11 项），标准化工作指导性标准 31 项。其中，国家标准 433 项，行业标准 223 项，地方标准 11 项；物流技术标准 210 项，物流信息标准 176 项，物流管理标准 94 项，物流服务标准 19 项。这些标准对于加强物流业规范化管理，提高行业整体发展水平，促进物流业与制造业的联动发展发挥了重要作用。具体细目可参考《物流标准目录手册》2012 版。

（3）物流标准推广现状　标准化的作用并不在于是否有标准，而在于制定的标准能否得到广泛应用，得不到应用的标准是毫无存在价值的。随着国家物流标准化工作的大力推进，企业界和学术界对物流标准化的认识都有了一定的提高，物流企业参与物流标准化的积极性也得到了一定的提高。但相比发达国家，我国物流标准推广力度还非常有限，无论从经费投入上，还是培训、教育及认证等体系建设上都有待于进一步加强和发展。

2. 我国物流标准化发展趋势

（1）积极推进物流标准的国际化　在全球经济一体化和供应链管理环境下，物流系统的国际化是必然趋势。这就是说，服务于物流系统的物流标准也必将走向国际化。

在物流标准全球化趋势的大环境下，我国物流标准化工作应立足于两点，一是充分发挥我国优势，努力制定出具备国际水平的物流标准，并将其逐渐推向国际舞台而成为国际标准，以引领全球物流标准化；二是积极采用国际标准，尽量使国内标准与国际标准接轨，力推我国企业更多参与到全球供应链竞争中。

（2）积极推进全球电子商务数据标准化　进行物流数据的一致性研究，为电子商务打下技术基础，将是未来物流信息标准化的重点。因为，随着电子技术、网络技术的发展，全球经济、全球贸易以及电子商务已成为当今的发展趋势。贸易伙伴之间主数据是商务系统中最基本、最重要的信息，在不同的经济体系中，全球产品与服务主数据能否共享和一致是提高电子商务效率和效益的关键。而电子商务与现代物流又是紧密联系的，针对当前严重影响现代物流建立与发展的物流数据一致性问题，急需展开这方面的标准化工作。

物流数据一致性标准的主要内容包括：全球统一的物流信息分类与编码体系；物流信息采集技术标准；物流业务模型优化标准；物流信息交换标准；现代物流信息维护与管理体系。

（3）积极推进物流公共信息平台标准化　信息化是现代物流发展的必由之路，伴随着国民经济的不断发展和信息技术的不断进步与普及，我国物流业和物流信息化已经进入一个快速发展期。物流信息化的基本任务是解决物流流程的透明化，利用流程的透明化来改善物流的管理水平、决策水平。物流信息化过程主要有三个方面的工作：第一就是企业的信息化，包括物流企业和它所服务的客户，怎么实现信息的对接；第二就是政府监管，比如通关、车辆的监管、危险品的监管、食品和药品的监管等，其中涉及的政府监管也是通过互联网技术来提高透明度和真实性；第三就是公共信息化技术平台提供不同系统的信息交换、信息共享，这一点对于物流行业特别重要，这样一个复合型产业开放的系统会跟各行各业都有关系，物流的流程跨越了很多个领域，这就需要有一个信息共享、信息交换的服务，这个服务就是公共信息平台的作用。另外，它还会促进资源的整合。在互联网技术发展之前，这种资源整合比较多地依赖于资产纽带，比如企业的兼并、重组。有了互联网技术，可以通过信息互联互通来统一标准，来促进物流资源的整合。

从上述企业信息化、公共服务平台信息化和政府监管信息化这三大板块中，从目前我国情况来看，公共服务平台这个领域是整个物流信息化中比较滞后的一个板块，它影响到企业信息化的普及，因为大部分中小企业不可能完全建立自己的信息系统，它可能就是要用公共平台提供的服务来完成自己的管理信息化，所以，公共服务平台建设将是今后一个时期内我国物流业大力推进的一个领域。然而，在公共服务平台建设中确实存在一个问题，就是不能把统一平台建设和统一标准这两件事情绝对化，一方面要通过平台建设促进整合，另一方面又需要有多元化的平台，根据需求进行多元化整合，而又不能做到垄断、单一、绝对的集中。为此，需要有两类标准，一类就是管理标准，是属于各个系统必须形成的符合内部管理需要的一个信息管理的标准，这种标准需要的是多元化的，由不同的系统管理不同的个体会有各自的管理标准；另一类就是大家坐在一起商量的交换标准，各个系统之间能够进行信息共享和传递，需要有一套大家共同遵守的准则和代码，这是交换标准。这两套标准是需要同时并行存在的，并能够互相对应。在企业内部，当它不需要进行对外传递的时候，完全可以采取自己独立的系统；当它需要跟外界进行交换信息、信息共享的时候，可以通过交换标准跟外界进行沟通。这就是说，不能要求全国或者某个地区绝对地用一套标准来整合信息，来建立信息平台，只能根据需要去组织相关的各方来形成所需要的交换标准来促进相互交换。这将是中国物流公共信息平台标准化发展的方向。也就是说，物流公共信息平台标准化关心的是那些用于交换的公共标准，开放的标准，而不是强求所有的系统都按照统一的规则、统一的编码抹杀它的系统特性和自身的管理要求。

目前的国家标准《物流管理信息系统应用开发指南》和《物流公共信息平台应用开发指南》系列标准体现了上述思想，而且今后将继续探索相关标准，以求与国际标准接轨，在致力于相互间的融合和共同发展的同时，确保中国物流竞争优势，推动中国乃至全球物流业的发展。

(4) 推出物流基础标准、作业标准及其他管理和服务标准　物流基础标准主要指计量单位标准和模数尺寸标准。物流专业计量单位标准，是物流作业定量化的基础，目前我国还没有制定统一的标准。它的制定要在国家的统一计量标准的基础上，考虑到许多专业的计量问题和与国际计量标准的接轨问题。物流基础模数尺寸标准是物流系统中各种设施建设和设备制造的尺寸依据，在此基础上可以确定出集装基础模数尺寸，进而确定物流的模数体系。目前，尚未形成国家的统一标准。

其次，当前我国物流系统中已有的标准主要来自于各分系统的国家标准，而且现有标准多集中于技术方面，对于物流各分系统的作业标准涉及不多。作业标准主要是指对各项物流工作制定的统一要求和规范化规定，这方面的标准化也是今后物流标准化的重点。

另外，由于管理和服务在现代经济中的重要地位，今后我们要积极地制定物流管理的相关标准，使管理标准化，并通过一流的服务来加强市场竞争力。由于人与自然存在矛盾，可持续发展成为世界经济发展的潮流，同样物流在发展过程中也要考虑到环境和资源问题，也要建立与之配套的标准。

2.3.3 我国物流标准体系及其发展

如前所述，物流是一个系统，是一个在不同时间和空间内集多种物流资源为一体的复杂大系统。其标准化效果只有在物流系统各环节、各要素相应标准之间都充分得以协调的基础上才能完全显现出来，也就是只有对整个物流体系都能实现标准化时才能真正显现出其标准化效果。然而，由于物流及其物流管理思想在我国诞生较晚，组成物流大系统的各个分系统在没有归入物流系统之前，早已分别实现了各自系统的标准化，这就导致了在标准制定内容上的条块分割、部门分割。同时由于在长期计划经济体制的影响下，各地区各行业各自为政，物流标准不协调现象也比较严重，所以有必要通过建立物流标准体系表来规范现有物流标准，并指导今后物流标准的制订/修订。

1. 我国物流标准体系表编制依据及基本思路

我国物流标准体系表是依据 GB/T 13016《标准体系表编制原则和要求》编制的。GB/T 13016 标准在我国 30 多个行业完成编制标准体系表之后制定，并以科学、技术和实践经验的综合成果为基础，是符合中国国情、具有很强的指导性的标准。我国物流标准体系表的编制，是符合 GB/T 13016 标准中的全面成套、层次恰当、划分明确等原则和要求的。

我国物流标准体系表的编制也充分依据了其他行业的研究成果和物流系统自身的特点，特别是，在物流标准体系分类三维结构（图 2-5）的基础上，结合基于物流系统体系结构的物流标准体系框架，所形成的我国物流标准体系表充分体现出其完整性、协调性、层次性、可扩展性和先进性等特征。

物流标准取自于物流系统，又服务于物流系统。物流标准体系表应能体现物流标准的门类齐全、系统、成套，并能有效服务于现代物流系统运作的完整性、协调性和层次性。而且，伴随物流业的发展，物流标准体系表应能包容现有的、应有的和预计发展的标准，也就是应具备可扩展件和先进性。

2. 我国物流标准体系表框架

我同物流标准体系表采用树形结构，共分 4 层，层与层之间是包含与被包含关系。

体系表第一层可根据图 2-5 所示物流标准体系分类三维结构中的对象维和基于物流系统体系结构的物流标准体系框架，分为物流基础标准、物流技术标准、物流信息标准、物流管理标准和物流服务标准（图 2-6）。

体系表的第二层对物流基础标准、物流技术标准、物流信息标准、物流管理标准和物流服务进一步分层（图 2-7）。在物流基础标准中，分为术语类、指南类和图形符号类等；在物流技术标准中，分为物流设施标准、物流设备标准、物流作业标准等；在物流信息标准中，分为物流信息编码标准、物流信息标识与采集标准、物流信息交换标准、物流信息系统及信息平台标准、物流信息应用标准等；在物流管理标准中，分为物流安全标准、物流统计标准、物流枢纽标准、物流绩效标准等；在物流服务标准中，分为物流服务质量标准、物流服务组织标准、物流服务人员标准、物流服务环境标准等。

体系表的第三层根据物流标准体系分类三维结构中的功能维和行业类别维，分为公共类物流标准和专业类物流标准（图 2-6）。

体系表的第四层对公共类物流标准和专业类物流标准进一步分层（图 2-6）。在公共类物流标准中，分为道路运输、铁路运输、水路运输、航空运输、多式联运、货运代理、仓储等标准；在专业类物流标准中，分为钢铁物流、煤炭物流、铁矿石等重要矿产品物流、石油石化物流、建材物流、粮食物流、棉花物流、冷链物流、医药物流、汽车和零部（配）件物流、邮政（含快递）物流、应急物流等。

2.3.4 我国主要物流标准

1. 基础类标准

在《物流标准目录手册》2012 版中，基础类标准分为三类，即术语、导则、图形符号与标志。其中，术语类标准包括 GB/T 18354—2006《物流术语》在内的 28 项标准；导则类标准包括 GB/T 22263《物流公共信息平台应用开发指南》和 GB/T 23830—2009《物流管理信息系统应用开发指南》在内的 4 项标准；图形符号与标志类标准包括 GB 190—2009《危险货物包装标志》在内的 11 项标准。

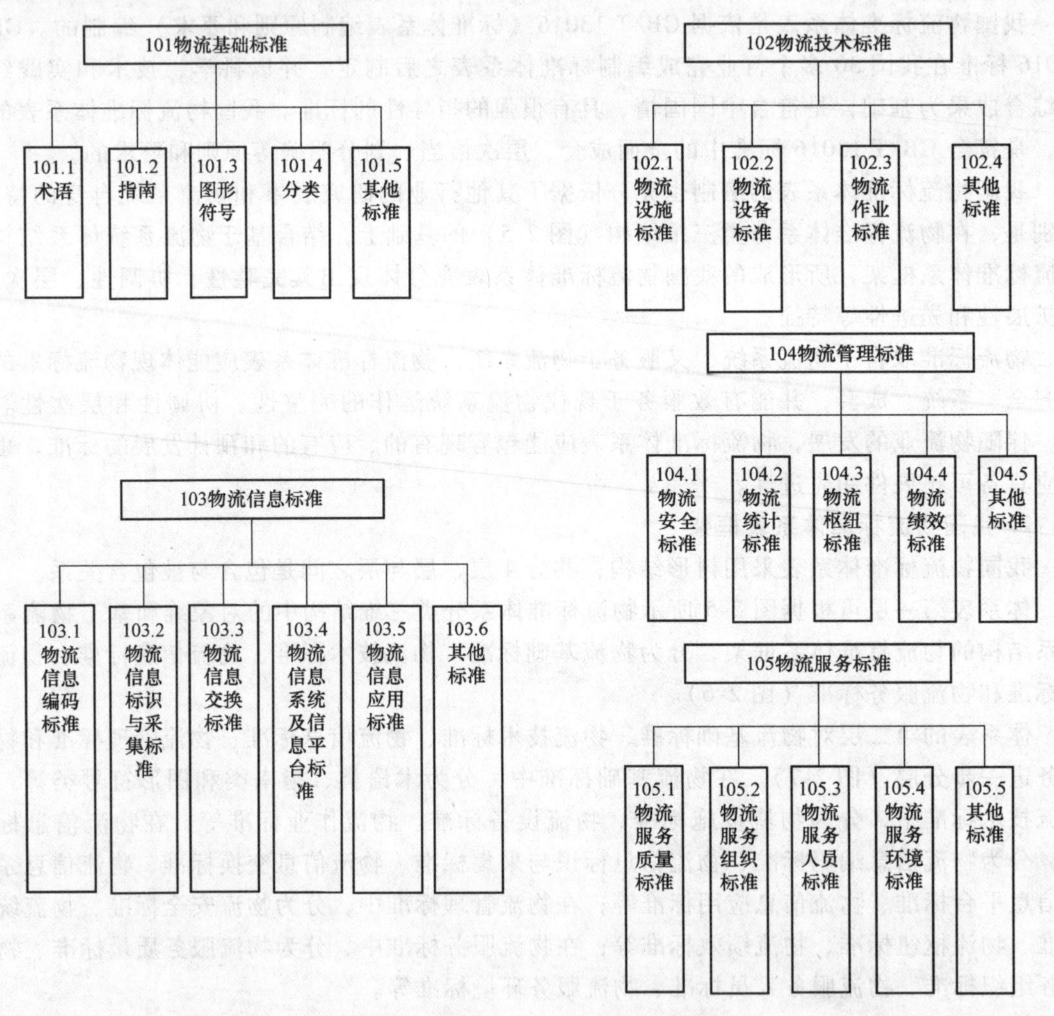

图 2-7 我国物流体系标准第二层框架

(1) 物流术语标准（GB/T 18354—2006）

为了满足物流管理运作和用于规范和说明的需要，2007 年 5 月 1 日，正式实施 GB/T 18354—2006《物流术语》，作为现行物流术语标准。该标准设 6 大类，即物流基础术语、物流作业服务术语、物流技术装备与设施术语、物流管理术语、物流信息术语和国际物流术语，总共包含了 328 条词条的术语及其定义。

在现行物流术语中，一些使用比较频繁或物流业迫切需要澄清的概念术语被提出，如物流园区、物流基地、效益悖反等词条，并对此进行了认真的对比和解释；又如原术语标准中的分拣，实际上是分类和拣选两个操作，这次术语标准中将其拆开并分别作了中英文解释。关于新物流术语中物流信息术语类，作为其独立的一部分被列出，在原来的基础上也增加了许多条目，以适应信息化在现代物流中不可缺少及作用日趋重要的需要。随着国际物流一体化，国际物流相关术语的使用也变得越来越频繁，因此也增加了国际物流术语部分。

（2）GB/T 22263《物流公共信息平台应用开发指南》　该标准适用于行业、区域类型的物流公共信息平台的规划、设计和开发。该标准属系列标准，主要分为以下8个部分。

1）GB/T 22263.1—2008《物流公共信息平台应用开发指南第1部分：基础术语》

2）GB/T 22263.2—2008《物流公共信息平台应用开发指南第2部分：体系架构》

3）《物流公共信息平台应用开发指南第3部分：主要业务过程》

4）《物流公共信息平台应用开发指南第4部分：主要数据元目录》

5）《物流公共信息平台应用开发指南第5部分：主要单证》

6）《物流公共信息平台应用开发指南第6部分：信息编码规则》

7）GB/T 22263.7—2010《物流公共信息平台应用开发指南第7部分：平台服务管理》

8）GB/T 22263.8—2010《物流公共信息平台应用开发指南第8部分：软件开发管理》

第1部分基础术语规定了物流公共信息平台应用开发相关的基本概念术语、物流业务术语、物流平台应用术语、物流平台技术术语及其定义。该部分适用于物流公共信息平台应用开发及相关领域的信息处理和信息交换。

第2部分体系架构给出了物流公共信息平台体系架构、设计要求和体系安全。该部分适用于行业、区域类型的物流公共信息平台的规划、设计和开发。

其中，目前已发布的标准有第1部分基础术语（GB/T 22263.1—2008）；第2部分体系框架（GB/T 22263.2—2008）；第7部分平台服务管理（GB/T 22263.7—2010）；第8部分：软件开发管理（GB/T 22263.8—2010）。

（3）图形符号与标志类标准　物流领域图形符号与标志类标准主要用于储运包装和运输环节。标志即指用图形或者文字（文字说明、字母标记或阿拉伯数字）制作的特定记号和说明事项。使用标志不仅使得货物易于辨认，节省人力与时间，还可以节省制作单据的手续与时间。另外，正确地使用储运包装及运输标志，可以保护货物与作业安全，防止发生货损、货差及危险性事故。

1）包装储运图示标志（GB/T 191—2008）

本标准规定了包装储运图示标志的名称、图形符号、尺寸、颜色及应用方法。本标准适用于各种货物的运输包装。本标准明确标志由图形符号、名称及外框线组成，并分别说明了易碎物品、禁用手钩、向上、怕晒、怕辐射、怕雨、重心、禁止翻滚、此面禁用手推车、禁用叉车、由此夹起、此处不能卡夹、堆码质量极限、堆码层数极限、禁止堆码、由此吊起及温度极限等17种标志名称的含义、图形符号和颜色。

2）危险货物包装标志（GB 190—2009）

本标准规定了危险货物包装图示标志的分类图形、尺寸、颜色及使用方法等。本标准适用于危险货物的运输包装。本标准将标志分为标记和标签，标记图形4个，标签图形26个。其图形分别标示了爆炸性物质或物品、易燃气体、非易燃无毒气体、毒性气体、易燃液体、易燃固体、易于自燃的物质、遇水放出易燃气体的物质、氧化性物质、有机过氧化物、毒性物质、感染性物质、一级放射性物质、二级放射性物质、三级放射性物质、裂变性物质、腐蚀性物质、杂项危险物质和物品等危险货物的主要特性。而且，本标准明确了标记和标签的使用要求。

2. 公共类标准

在《物流标准目录手册》2012 版中，公共类标准分为四类：综合类标准，物流设施设备标准，物流技术、作业与管理标准，物流信息标准。其中，综合类标准包括 GB/T 19680—2013《物流企业分类与评估指标》和 GB/T 20523—2006《企业物流成本构成与计算》在内的 16 项标准；物流设施设备标准包括 GB/T 2934—2007《联运通用平托盘主要尺寸及公差》和 GB/T 1413—2008《系列 1 集装箱分类、尺寸和额定质量》在内的 99 项标准（其中，货架 5 项，仓库 7 项，货运场站 2 项，托盘 15 项，叉车 7 项，集装箱袋 10 项，装卸搬运设备 20 项，包装设备 23 项，运输设备 10 项）；物流技术、作业与管理标准包括 GB 11602—2007《集装箱港口装卸作业安全规程》和 GB/T 4892—2008《硬质直方体运输包装尺寸系列》在内的 56 项标准（其中，仓储方面标准 4 项，装卸搬运方面 13 项，包装方面 19 项，运输方面 20 项）；物流信息标准包括 GB 12904—2008《商品条码零售商品编码与条码表示》在内的 136 项（其中，单证 12 项，编码 43 项，信息系统 13 项，报文 57 项，信息交换 11 项）。

除此之外，截至 2014 年 1 月 1 日新发布标准还包括 GB/T 30333—2013《物流服务合同准则》等多项公共类标准。

1）物流服务合同准则（GB/T 30333—2013）。该标准规定了物流服务合同的基本要求、条文编排和主要内容，规定了物流服务合同的基本构成要素、物流服务内容的条款设计、物品验收内容、费用与结算表述、违约条款设计、不可抗力处理及保险的约定等物流服务合同的各主要方面和关键事项，适用于企业编写包括运输、储存、装卸、搬运、包装、流通加工、配送、信息处理及方案设计和规划等主要的物流服务的合同文件。标准的发布对于规范物流服务合同行为，减少物流服务过程中的法律纠纷和由此产生的损失，保护物流服务合同相关方合法权利，从而进一步规范我国物流市场，创造良好的市场竞争环境，对引导物流行业健康有序的发展具有重要意义。

2）尺寸类标准。《物流标准目录手册》2012 版的公共类标准中，尺寸类标准分别归入物流设施设备标准和物流技术、作业和管理标准。以（GB/T 2934—2007）《联运通用平托盘主要尺寸及公差》为例。

在借鉴国际标准及发达国家标准的同时，根据中国国情，新的联运通用平托盘国家标准定为两种规格，即 1200mm × 1000mm 和 1100mm × 1100mm，并明确优先推荐1200mm × 1000mm。

该标准主要确定了托盘平面尺寸及其公差，以及托盘叉孔的竖向尺寸、托盘叉孔的水平尺寸、底铺板倒棱尺寸、托盘铺板突出尺寸、底铺板支承面、对角线偏差和平面度等。

3）物流信息类标准。《物流标准目录手册》2012 版将物流信息标准分为单证、编码、信息系统、报文、信息交换等类别。目前，我国单证类标准主要聚焦于国际贸易用单证、集装箱运输用单证以及电子商务用单证；编码类标准主要聚焦于商品条码相关编码、运输工具和方式相关编码、集装箱运输相关代码、统计指标相关编码、物流服务相关编码；信息系统类标准主要聚焦于智能运输系统、射频识别系统和风险防范系统；报文类标准主要聚焦于集装箱运输相关报文、电子商务相关报文、运输设备进出场相关报文、国际物流相关报文、物流业务相关报文；信息交换类标准主要聚焦于电子数据交换、数据元等相关标准。

从应用范围和对象，我国公共类物流标准中的物流信息标准可以分为两大类体系。

一是参照全球第一商业组织（GS1）制定的《GS1 通用规范》，制定/修订的有关“商品条码”方面的标准，主要包括：

① GB/T 16828—2007 商品条码 参与方位置编码与条码表示。

② GB 12904—2008 商品条码 零售商品编码与条码表示。

③ GB/T 18348—2008 商品条码 条码符号印制质量的检验。

④ GB/T 18283—2008 商品条码 店内条码。

⑤ GB/T 16830—2008 商品条码 储运包装商品编码与条码表示。

⑥ GB/T 16986—2009 商品条码 应用标识符。

⑦ GB/T 14257—2009 商品条码 条码符号放置指南。

⑧ GB/T 23832—2009 商品条码 服务关系编码与条码表示。

⑨ GB/T 23833—2009 商品条码 资产编码与条码表示。

⑩ GB/T 18127—2009 商品条码 物流单元编码与条码表示。

二是国家交通运输物流公共信息平台标准体系，参见 2.3.5。

2.3.5 交通运输物流公共信息平台标准体系

2011 年 5 月在日本东京召开了第 4 次中日韩领导人会议，会上三国承诺在多个方面加强务实合作，物流行业是合作的重点之一，建立东北亚物流信息服务网络是中日韩三国无缝物流合作的重要举措。在交通运输部领导下，16 个省运管部门、多个协会（中国物流采购联合会、中国交通运输协会等）、多个国家级研究院所（中国物品国家编码中心、交通运输部公路科学院、交通部科学院等）、多个大型龙头企业（中国远洋物流有限公司、中国外运股份有限公司、招商物流集团公司、中国电信集团等）主要的物流信息平台运营商、软件开发商共同参与，形成了多国共建、多层共建、多省共建、多方共建交通运输物流公共信息共享平台。

作为一个国家级管理服务系统，国家交通运输物流公共信息平台（又称物流电子枢纽，以下简称 LOGINK 平台，网址：http：//www.logink.org）是以提高社会物流效率为宗旨，以实现物流信息高效交换和共享为核心功能，由交通运输部和省级交通运输主管部门共同推进，连通各类物流信息平台、企业生产作业系统，统一信息交换标准、消除信息孤岛的面向全社会的公共物流信息服务网络。浙江省道路运输管理局牵头负责 LOGINK 建设和运维，LOGINK 也代表中方参加东北亚物流信息服务网络（NEAL - NET，网址：http：//www.neal-net.org）建设。

1. LOGINK 平台简介

LOGINK 平台名字采用了 logistics 和 link 两个单词组成，LOGINK 平台的标志由三个“L”（logistics）组成，意为推进物流信息化的链接，致力建设围绕物流信息服务的物流电子枢纽。

LOGINK 平台的总体建设目标是构建覆盖全国、辐射国际的物流信息基础交换网络和国家平台门户，实现 LOGINK 平台与相关物流信息系统和平台之间可靠、安全、高效、顺畅的信息交换，实现行业内相关信息平台交换标准统一，提供公正、权威的物流相关公共信息服务，有效促进物流产业链各环节信息互通与资源共享。

LOGINK 平台基本特征是公益性，不以营利为目的，主要为各物流信息服务需求方提供基础性公共服务；开放性，向全社会提供服务，不局限于特定行业、特定作业环节和特定服务对象；共享性，实现不同部门、不同行业、不同地区、不同物流信息系统间信息交换与共享，减少信息孤岛和重复建设。

LOGINK 平台是衔接相关行业和国际物流信息平台，包括区域平台（特指各地方交通运输主管部门主导建设的、提供区域性物流公共信息服务的平台）、企业平台（由企业主导建设，以满足企业自身物流业务需求或者向物流市场提供有偿信息服务为目的的企业物流信息平台）、相关政务信息系统（包括交通运输行业各类政务信息系统和其他行业相关政务信息系统）和相关国际物流信息系统（比如日本 COLINS 平台以及韩国 SP-IDC 平台）等，负责全网有效协调运行、实现信息交换与资源共享的桥梁。

LOGINK 平台布局方案如图 2-8 所示。

LOGINK 平台技术框架包括 4 个层面、2 套体系。其服务对象包括各类平台及最终用户两部分，为物流行业相关信息平台提供数据交换与服务整合功能，并通过国家平台门户为相关企业直接提供各类信息服务。其技术框架如图 2-9 所示。

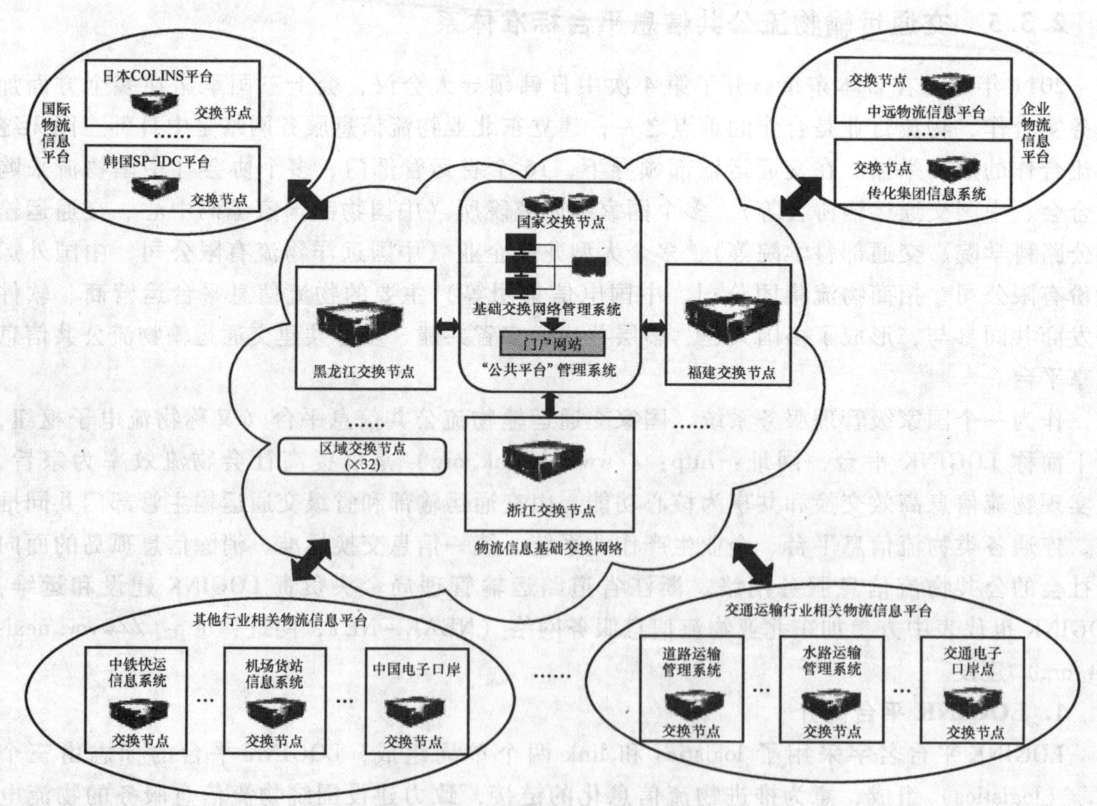

图 2-8 LOGINK 平台布局图

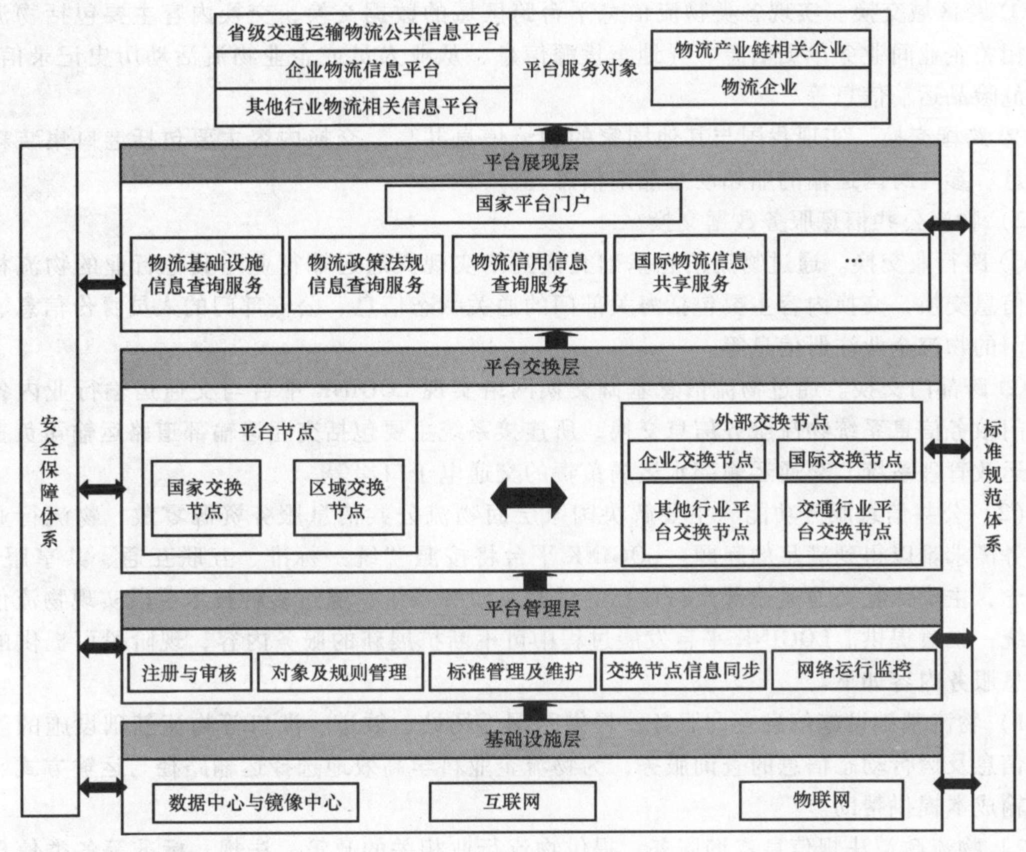

图 2-9 LOGINK 平台技术框架图

平台展现层是指国家平台门户，是物流公共信息服务资源的集中展现。平台交换层是指物流信息基础交换网络所能覆盖的平台节点与外部交换节点。平台管理层是指基础交换网络管理系统，包括注册审核、交换对象及规则管理、标准管理及维护、交换节点信息同步、网络运行监控等功能。基础设施层是支撑平台运行的信息化基础设施，包括数据中心及镜像中心，以及所依托的互联网、物联网等网络基础设施。

标准规范体系是为实现 LOGINK 平台基础交换功能所必须明确制定并要求各参与方遵循的技术应用和管理保障规范的集合。

随着 LOGINK 平台的不断发展，涉及的领域及受众面越来越广泛，需要从技术及管理等方面建立完善的安全保障体系，以维护 LOGINK 平台正常运作、保证数据安全。根据《信息安全等级保护管理办法》，结合 LOGINK 平台的主要功能及所涉及的信息内容，LOGINK 平台国家级管理服务系统安全保护级别定为三级，区域交换节点安全保护级别定为二级。

2. LOGINK 平台总体功能和主要服务内容

LOGINK 平台主要完成基础交换和公共信息服务两大功能。

（1）基础交换功能　主要解决跨国、跨行政区域、跨行业、跨部门的各类物流公共信息平台和物流产业链上下游企业之间缺乏统一数据交换标准、信息孤岛、信息传递效率低、集成能力低、交换成本高等问题。具体功能如下。

1）物流业务数据交换

① 跨区域交换。实现各类物流信息平台跨区域的数据交换，交换内容主要包括物流产业链相关企业间业务单据信息、异地车货源信息、从业人员或企业物流活动历史记录信息、异地危险品运输信息等。

② 跨国交换。实现我国与其他国家的物流信息共享，交换内容主要包括港口集装箱状态信息、参与跨国运输的船舶动态船期信息等。

2）物流公共信息服务数据交换

① 跨行业交换。通过物流信息基础交换网络实现交通运输行业与其他行业的物流相关服务信息交换，交换内容主要包括海关部门的通关状态信息、公安部门的人员身份信息、工商部门的物流企业注册信息等。

② 跨部门交换。通过物流信息基础交换网络实现 LOGINK 平台与交通运输行业内各相关部门政务信息系统物流服务信息交换，所连接系统主要包括交通运输部道路运输司负责的道路运政管理系统、交通运输部水运局负责的交通电子口岸等。

（2）公共信息服务功能　主要解决国家层面物流公共信息服务资源零散、物流行业信息服务需求难以得到满足的问题。LOGINK 平台将按照“统一标准、互联互通、共享服务”的理念，主要依托交通运输部及行业已有的相关政务系统，通过多种技术手段实现物流信息服务统一渠道提供。LOGINK 平台发展过程中可不断扩展新的服务内容，现阶段可提供的公共信息服务内容如下。

1）物流基础设施信息查询服务。提供路网、场站、航道、港口等物流基础设施的静态基础信息及运行动态信息的查询服务，为物流企业科学高效地选择运输路径与运输方式、降低运输成本提供帮助。

2）物流政策法规信息查询服务。提供物流行业相关的政策、法规、标准等各类信息查询服务，为物流产业链各类企业及时掌控行业发展方向及动态优化企业经营战略方针提供帮助。

3）物流信用信息查询服务。提供物流活动相关方（如运输经营业户、驾驶员、营运车辆等）的身份、资质、信用信息查询服务，从而打破物流市场交易中的信息不对称、不透明，为物流业诚信体系的逐步构建奠定基础。

4）国际及港澳台物流信息共享服务。提供国际及港澳台物流信息共享服务功能，实现包括港口集装箱状态、船期动态等信息的共享交换功能。

3. LOGINK 平台标准体系

LOGINK 平台上开发和应用了众多的物流相关信息系统，涉及不同的业务和服务范围，包括集装箱运输、散货运输、小件快运、仓储、货物运输代理和物流基地等，还提供货物跟踪、车货交易、集装箱双重系统、公共信息发布、信用中心、危险品运输监管、园区通和订舱报文传递等一系列应用和服务。为了实现各系统之间互联互通，制定了一系列的标准和规范，供参与方开发系统和接入平台时遵循。

LOGINK 平台标准总体框架如图 2-10 所示。

（1）物流信息交换基础标准　该标准适用于交通运输物流行业和共建各省。该标准在广泛采用 ISO、UN/CEFACT 等国际标准组织推荐的物流信息化标准以及国家和行业信息化、物流信息化相关标准基础上，围绕物流服务信息交换的需求，经过总结和扩展进行编制。

物流信息交换基础标准主要包括数据元、数据元代码集、服务函数和交换单证。

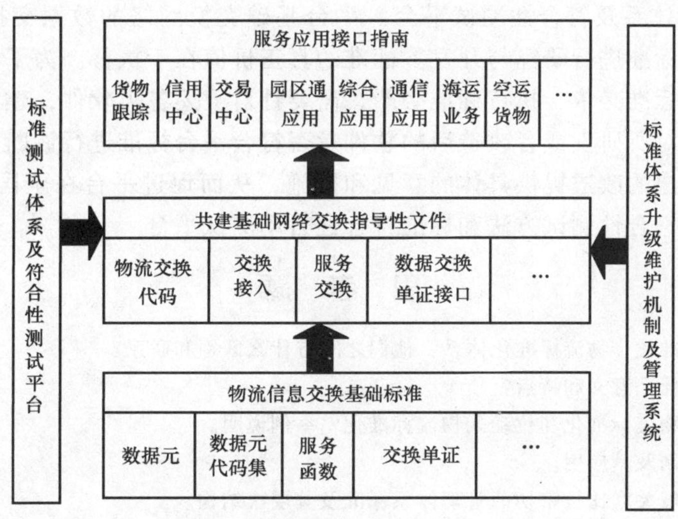

图 2-10　LOGINK 平台标准总体框架

1）数据元。数据元是用一组属性描述其定义、标识、表示和允许值的数据单元。在特定的语义环境中被认为是不可再分的数据最小单位。定义数据元主要能统一数据交换标准和规范，为不同系统的数据交换构筑数据共享的基础。

2）数据元代码集。数据元代码集是代码型数据元值域取值范围的约定，分为采标基础代码集和自定义基础代码集两类。

3）主要单证。主要单证规定了物流行业中企业间业务协作过程中交换的主要电子单证的报文结构和 XML 定义。业务包括国际集装箱道路运输、普通道路运输、普通仓储、国际货代等。

（2）物流信息交换共建指导性文件　通过共建基础网络为社会提供一个免费、开放与公益的数据交换和服务交换共享平台，为行业提供物流数据交换和服务整合的功能。共享平台网络由一个根服务器和若干个交换服务器组成，其中，根服务器对标准、用户、数据路由、服务登记和检索等进行管理，交换服务器为企业提供数据交换功能，服务整合服务器为企业提供服务注册索引、信息服务中介的功能。共建指导文件适用于交通运输物流行业和共建各省，给共建单位提供技术导向。共建指导文件主要包括申请物流交换代码、交换技术接入和标准代码接口。

（3）服务与应用接口指南　物流信息交换服务和应用接口是针对平台提供的公共服务调用的接口规范。根据平台上不同的应用，包括货物跟踪应用、信用中心应用、交易中心应用、园区通应用、综合应用及通信业务应用等分别提供相应的服务接口，供各接入系统调用。

（4）标准体系升级维护机制及管理系统　LOGINK 平台涉及道路运输企业、仓储企业、货代企业、船公司、港口、场站及海关等多种类型的角色，服务的范围覆盖全国，面向国际。为适应信息化方方面面的要求，平台的标准应具有需求驱动并对需求做出快速应答的能力。而要具备这一特点和能力，仅靠传统意义上的标准制订/修订模式是难以实现的。需要建立新型的标准维护管理模式，有效地支持共享平台对标准化提出的要求。具体内容包括建立标准维护管理体系和标准维护管理平台。

（5）标准测试体系及符合性测试平台　平台基础交换网络的数据交换中心、服务交换中心需要严格按照标准进行研究与开发。标准的真正价值在于执行。为了对标准的执行进行检查监督，做到有标准必依，执行标准必严，需要针对上述各类软件，建立一套行之有效的测试程序和方法，对所研发或者改造后的软件是否符合平台标准进行诊断，给出标准符合程度的结论，并为用户的改进提供具体的意见和措施，从而促进平台在全国范围的推广应用。具体内容包括标准符合性测试方法和标准符合性自动测试平台。

思考题

1. 什么是物流标准化、物流标准化体系？他们之间有什么区别和联系？
2. 物流标准化有什么意义和特点？
3. 什么是推动式物流标准化和拉动式物流标准化？举例说明。
4. 简述物流模数制及其应用。
5. 简述与物流领域关联比较密切的管理体系标准及其层次结构。
6. 简述我国物流标准体系表框架。

第3章 物流信息技术

【学习目标】

1. 掌握条形码的结构、分类和特点。
2. 掌握射频识别技术的工作原理及组成。
3. 掌握配送中心选址的决策方法。
4. 了解实现电子数据交换技术的核心技术。
5. 了解常用的物流系统三维虚拟仿真软件。

3.1 条形码识别技术

3.1.1 条形码识别技术概述

条形码（Barcode）通常是指将宽度不等的多个黑条和空白条，按照一定的编码规则进行排列，以表达一组信息的图形标识符（图3-1）。常见的条形码由反射率相差很大的黑条（简称条）与白条（简称空）排成的平行线图案。条形码包含物品的生产国家或地区、制造厂家、商品名称、生产日期、邮件起止地点、图书分类号、类别和日期等信息，因而在商品流通、银行系统、图书管理和邮政管理等许多领域都得到了广泛的应用。

条形码技术最早产生于20世纪20年代，威斯汀豪斯（Westinghouse）实验室中一位名叫约翰·科芒德（John Kermode）的发明家想对邮政单据实现自动分捡，提出了科芒德码。

图3-1 条形码

由于科芒德码所包含的信息量相当低，并且很难编出十个以上的不同代码。之后不久，道格拉斯·杨（Douglas Young）在科芒德码的基础上进行了改进，提出了杨码。杨码使用了更少的条，但利用条之间空的尺寸变化，就如同当今的UPC条码使用的四个不同条空尺寸。新的条码可在相同的大小空间对一百个不同的地区编码，科芒德码却仅能对十个不同的地区编码。

在专利文献中，1949年才第一次有记载了诺姆·伍德兰（Norm Woodland）和伯纳德·西尔沃（Bernard Silver）发明的全方位条形码符号。

Iterface Mechanisms公司于1970年开发出了“二维码”之后，逐步出现了适于销售的二维矩阵条码打印设备和识别设备。那时二维矩阵条形码用于报社排版过程的自动化。

不久之后，（发光二极管LED）、激光二极管和微处理器的逐步发展，新的标识符号（象征学）得到了极其广泛的应用，称之为“条码工业”。

从20世纪80年代中期开始，国内一些科研院所、高等院校以及一些进出口企业把条形码技术的研究与推广逐步提上议事日程。一些行业如邮电行业、图书行业、物资管理行业和外贸行业开始逐步推广使用条形码技术。

3.1.2 条形码的结构

(1) 条形码的编码规则

① 唯一性。同一种规格的同一种产品对应于同一个产品代码，同一种产品不同规格则对应于不同的产品代码。根据产品的性质不同，如：包装、重量、规格、颜色和气味等，赋予不同商品不同的代码。

② 永久性。产品代码一旦分配，便不再改变，并且是终身的。当此产品不再生产时，对应的产品代码就只能搁置，不得重复利用分配给其他商品。

③ 无含义。为保证代码有足够容量来适应产品频繁更新换代的需求，宜采用无含义的顺序码。

(2) 条形码符号的结构　一个完整的条形码符号通常是由两侧静区、起始字符、数据字符、校验字符（可选）和终止字符组成，如图 3-2 所示。

图 3-2　EAN-13 码示意图

① 静区。无任何印刷符或条形码信息。其通常为白色，位于条形码符号两侧。静区的作用为提示阅读器（即扫描器）准备扫描条形码符号。

② 起始字符。排在条形码符号第一位的字符为起始字符。其特殊条、空结构用于识别条形码符号的开始。阅读器首先需要确认此字符的存在，然后才能处理由扫描器获得的脉冲。

③ 数据字符。是由条形码字符组成的，代表一定的原始数据信息。

④ 终止字符。排在条形码符号最后一位的字符为终止字符。其特殊条、空结构用于识别一个条形码符号的结束。阅读器识别到终止字符，就可知道条形码符号已经扫描完毕。遇到条形码符号结束，阅读器便向计算机系统传送数据，同时提供“有效读入”的反馈。

⑤ 校验字符。条形码制中定义了校验字符。有些码制中的校验字符为必需的，而有些码制中的校验字符则为可选项。校验字符一般利用对数据字符进行算术运算确定。符号中各个字符首先由解码器进行算术运算，然后将结果与校验字符对比，若两者一致，则说明读入信息有效。

3.1.3 条形码分类

(1) 按条形码码制分类

① UPC 码。UPC 码为一种长度固定的、连续型数字式的码制，字符集为数字 0 ~ 9。其采用 4 种元素宽度，每个条或空是 1、2、3 或 4 倍单位的元素宽度。UPC 码各种版本如表 3-1所示。

表 3-1 UPC 码的各种版本

版　本	应用对象	格　式
UPC-A	通用商店	S××××× ×××××C
UPC-B	医药卫生	S××××× ×××××C
UPC-C	产业部门	S××××× ×××××C×
UPC-D	仓库批发	S××××× ×××××C××
UPC-E	商品短码	××××××

注：S—系统码，X—数据码，C—校验码。

② EAN 码。1977 年，欧共体各成员国按照 UPC 码的标准，制定了欧洲物品编码，即 EAN 码。EAN 码与 UPC 码相互兼容，且两者具有一致的符号体系。EAN 码的字符编号结构和 UPC 码相同，同样为长度固定的、连续型的数字式码制，其字符集也是数字 0 ~ 9。它采用的 4 种元素宽度，每个条或空也是 1、2、3 或 4 倍单位元素宽度。EAN 码有两种类型：EAN-8 码和 EAN-13 码。

③ 交叉 25 码。交叉 25 码是一种长度可变的、连续型的自校验数字式码制，字符集为数字 0 ~ 9。其采用两种元素宽度，各个条和空为宽或窄元素。编码字符位数为偶数，奇数位置上的数据为条编码，偶数位置上的数据则为空编码。若数据编码位数为奇数，就在数据前补一位 0，使数据位数为偶数。

④ 39 码。39 码一种可表示数字、字母等信息的字母数字式码制。其为长度可比的、离散型自校验字母数字式码制。字符集是数字 0 ~ 9、26 个大写字母以及 7 个特殊字符（-、。、Space、/、+、%、￥），共计 43 个字符。每一个字符由 9 个元素组成，其中有 5 个条（3 个窄条、2 个宽条）和 4 个空（3 个窄空、1 个宽空），为一种离散码。

⑤ 库德巴码。库德巴码是一种长度可变的、连续型自校验数字式码制。字符集为数字 0 ~ 9以及 6 个特殊字符（-、:、/、。、+、￥），共计 16 个字符。通常用于仓库、血库和航空快递包裹运输。

⑥ 128 码。128 码是一种长度可变的、连续型自校验数字式码制。采用 4 种元素宽度，每个字符有 3 个空以及 3 个条，共计 11 个单元元素宽度，故又称（11，3）码。其有 106 个不同的条形码字符，各个条形码字符均有 3 种含义不相同的字符集，分别为 A、B 和 C。利用这 3 个交替的字符集将 128 个 ASCⅡ码编码。

⑦ 93 码。93 码是一种长度可变的、连续型字母数字式码制。字符集包括数字 0 ~ 9、26 个大写字母、7 个特殊字符（-、。、Space、/、+、%、￥）和 4 个控制字符。每个字符有 3 个空和 3 个条，共计 9 个元素宽度。

⑧ 49 码。49 码是一种多行的连续型、长度可变韵字母数字式码制。其主要用于小物品

的标签。利用多种元素宽度。字符集为数字 0 ~ 9、26 个大写字母和 7 个特殊字符（-、。、Space、/、+、%、¥)、3 个功能键（F1、F2、F3）和 3 个变换字符，共计 49 个字符。

⑨ 其他码制。除上述码以外，还有其他码制，例如 25 码，其主要用于电子元器件标签；矩阵 25 码则为 11 码的变形；Nixdorf 码目前已被 EAN 码所取代；Plessey 码则主要用于图书馆。

（2）按维数分类

① 一维条形码。其信息容量很小。例如商品上的条形码仅能容下 13 位阿拉伯数字，更多商品信息仅能依靠数据库支持。如果离开数据库，该条形码则变成了无源之水。所以其应用范围受到一定限制。按条形码的长度来划分，分为非定长和定长条形码两种；按排列方式来划分，分为非连续型和连续型条形码两种；按校验方式来划分，可分为非自校验型和自校验型条形码。

② 二维条形码。其具有信息容量大、保密和防伪性强、可靠性高、便于制作和成本低等优点。1991 年美国 Symbol 公司正式推出 PDF417 二维条形码，简称 PDF417 条形码（即便携式数据文件）。PDF417 条形码为一种密度高、信息含量大的便携式数据文件格式，是实现证件以及卡片等大容量高可靠性信息的自动存储和携带，并可利用机器自动识别的理想方式。二维条形码根据其构成原理和结构形状差异分为两种类型：一种为行排式二维条形码（2D stacked bar code）；一种为矩阵式二维条形码（2D matrix bar code）。

③ 多维条形码。进入 20 世纪 80 年代，人们就如何提高条形码的信息密度开始进行研究，多维条形码与集装箱条形码成为研究、发展和应用的主要方向。信息密度是描述条形码符号的重要参数之一，即单位长度条形码符号中可编写的字母数量，其通常记作：字母个数/cm。影响信息密度的主要因素包括条、空的结构和窄元素的宽度。128 码与 93 码是提高密度进行的成功尝试。128 码于 1981 年推荐应用，93 码则于 1982 年投入使用。这两种码的信息密度均比 39 码高近 30%。随着条形码技术的不断发展和条形码三层制种类的增加，条形码的标准化显得越发重要。为此，美国先后制定了军用标准 1189、交叉 25 码、39 码以及 Coda Bar 码 ANSI 标准 MH10. 8M 等。与此同时，一些行业也逐步建立了行业标准来适应发展需要。此后，戴维·阿利尔又研制出了 49 码。49 码比其他条形码符号拥有更高的密度，是一种非传统的条形码符号。1988 年，特德·威廉姆斯（Ted Williams）推出了 16 K 码，其结构类似于 49 码，是一种较新型的码制，通常适用于激光系统。

3.1.4 条形码技术的特点

条形码是一种迄今为止最经济、最实用的自动识别技术。具有以下几方面的优点。

1）输入速度快。其与键盘输入相比，条码的速度是键盘的 5 倍，并能实现“即时数据输入”。

2）可靠性高。键盘输入数据出错率通常为三百分之一，利用光学字符识别出错率则为万分之一，而条码技术误码率则低于百万分之一。

3）采集信息量大。传统的一维条码一次能采集几十位字符信息，二维条码则可携带数千个字符信息，并具有一定的自动纠错能力。

4）灵活实用。条码标识既可作为一种识别手段单独使用，也可和有关识别设备一起组成系统，实现识别的自动化，还可与其他控制设备连接实现自动化管理。

此外，条形码标签易于制作，对于设备和材料无特殊要求，识别设备容易操作，无需要特殊培训，设备相对便宜。

3.1.5 条形码识别技术

（1）条形码识读原理　条形码识读的基本原理为光源发出的光线经光学系统照射在条形码符号表面。被反射回来的光经光学系统成像在光电转换器上，产生电信号。信号经电路放大后产生模拟电压。它和照射到条形码上反射回来的光成正比，再经过滤波和整形，形成与模拟信号相对应的方波信号，经过译码器解释为计算机可直接识别的数字信号。

（2）条形码识读扫描器　条形码识读扫描器通常包括 CCD 扫描器、激光扫描器、小滚筒式、手持式以及平台式条形码扫描器。

3.1.6 条形码的制作

通常利用印刷或条码打印机来打印条形码。条码打印机与普通打印机最大的区别是，条码打印机是以热为基础，碳带为打印介质（或直接使用热敏纸），配合不同材质的碳带能实现高质量打印和无人看管情况下高速连续打印。

3.2 射频识别技术

3.2.1 射频识别技术的概述

射频识别技术（Radio Frequency Identification，简称 RFID），是一种射频信号通过空间耦合（交变磁场或电磁场）实现的无接触信息传递，并利用传递的信息达到自动识别目的的技术。

RFID 技术直接继承了雷达的概念，并由此发展出一种 AIDC 新技术——RFID 技术。1948 年，哈里·斯托克曼发表了“利用反射功率的通信”，奠定了射频识别技术的理论基础。

20 世纪中期，无线电技术理论及其应用研究是科学技术发展最重要的成就之一。RFID 技术的发展可按 10 年进行划分：

1941 ~ 1950 年，雷达技术的改进和应用催生了 RFID 技术，并奠定了该技术的理论基础。

1951 ~ 1960 年，RFID 技术的早期探索阶段，主要为实验室实验研究。

1961 ~ 1970 年，RFID 技术理论得到发展，逐步开始了一些应用尝试。

1971 ~ 1980 年，RFID 技术和产品研发处于一个高速发展的时期，各种 RFID 技术测试加速，并出现了最早的 RFID 应用。

1981 ~ 1990 年，RFID 技术和产品进入了商业应用阶段，各种规模的应用开始逐步出现。

1991 ~ 2000 年，RFID 技术标准化问题得到重视，产品得到广泛应用，成为人们生活中的一部分。

2001年至今，标准化问题为人们所重视，RFID技术产品种类更加丰富，有源电子标签、无源电子标签以及半无源电子标签都得到了发展，电子标签的成本不断降低，规模应用的行业扩大。

3.2.2 射频识别技术的工作原理及组成

(1) 工作原理 当标签进入磁场后，如果接收到阅读器的特殊射频信号，即可凭借感应电流获得的能量发送存储在芯片中的产品信息（即 Passive Tag，无源标签或被动标签），或者主动发送某一频率的信号（即 Active Tag，有源标签或主动标签），阅读器读取信息并解码后，送至中央信息系统进行有关数据处理。

(2) RFID系统的组成 射频识别系统至少包括两个部分，一是读写器，二是电子标签（或称射频卡、应答器等，本文统称为电子标签）。此外，射频识别系统还应包括天线和主机等。RFID系统在具体应用过程中，根据不同的应用目的和环境，系统组成会有差别。但从其工作原理看，系统一般都由信号发射机、信号接收机和发射接收天线组成。

3.2.3 射频识别系统的分类

根据射频识别系统所完成的功能不同，可以把RFID系统分成四种类型，即EAS系统、网络系统、便携式数据采集系统和定位系统。

3.2.4 射频识别技术特点及优势

射频识别技术是一项操控方便、简单实用、灵活性强，并特别适用于自动化控制的应用技术。其识别工作无需人工干预，支持只读工作模式和读写工作模式，并且无需接触或瞄准。其可以工作在各种恶劣环境下，短距离射频产品不怕油渍和灰尘污染等，可以替代条形码，如在工厂流水线上跟踪物体。长距射频的产品多用于交通中，识别距离可以达几十米，如自动收费或者识别车辆身份等。

(1) 读取方便快捷 数据读取无需光源，可以通过外包装读取。其有效识别距离更长，若采用自带电池的主动标签，有效识别距离可以达到30m以上。

(2) 识别速度快 标签一旦进入磁场，阅读器可即时读取其中信息，且能同时处理多个标签，实现批量的识别。

(3) 数据容量大 数据容量最大的二维条形码最多能存储2725个数字，如果包含字母，存储量会减少。RFID标签可根据用户需要扩充到数十千字节。

(4) 使用寿命长，应用范围广 无线电通信方式使其可应用于粉尘和油污等高污染环境或放射性环境，且其封闭式包装使其寿命远超过印刷的条形码。

(5) 标签数据可动态更改 利用编程器可向电子标签写入数据，赋予RFID标签交互式便携数据文件的功能，且写入时间比打印条形码时间短。

(6) 更好的安全性 RFID电子标签不仅能嵌入或者附着在不同形状和类型产品上，还能为标签数据的读写设置密码，具有更高的安全性。

(7) 动态实时通信 标签能以50～100次/s的频率与阅读器进行通信，因此一旦RFID标签所附着的物体出现在解读器的识别范围内，就能对其进行动态追踪和监控。

3.3 电子数据交换技术

电子数据交换（Electronic Data Interchange，简称 EDI）是信息技术渗透向流通领域的新产物。EDI 在物流系统中的应用，主要表现在利用计算机网络传递信息，包括日常查询、询价、计划以及合同等信息的交换。

3.3.1 电子数据交换技术简介

1. 定义

它是一种在企业公司间传输订单和发票等商业文件的电子手段，因为其发展和实施方法的不同，并无统一的解释。目前较为权威的定义有：

（1）国际标准化组织（ISO）的定义　商业或行政事务处理，按照一个公认的标准，形成结构化的事务处理或信息数据结构，从计算机到计算机的数据传输。

（2）美国国家标准局 EDI 认证标准委员会的定义　独立组织之间通过计算机，以标准的语意结构来传输明确的业务或策略性信息。

（3）UN/EDIFACT 定义　贸易伙伴计算机系统之间，以最少的人工介入方式交换标准格式的资料。

（4）ISO 9735《用于行政商业运输业电子数据交换的应用级语法规则》（GB/T 14805）中 EDI 的定义　在计算机之间以商务的标准格式进行的商业或行政业务数据的电子传输。

2. EDI 的作用

（1）节约时间和降低成本　由于单证在贸易伙伴间的传输完全是自动的，所以不需要重复输入、传真以及电话通知等重复性工作，从而可以提高企业的工作效率，降低运营成本，使沟通更准、更快。

（2）提高管理和服务质量的手段之一　将 EDI 技术与企业的仓储管理系统、订单处理系统和自动补货系统等企业管理信息系统（MIS）集成之后，可实现商业单证的快速交换和自动处理，简化采购程序、减少营运资金及存货量、改善现金流动等，使企业更快地响应客户需求。

（3）业务发展的需要　很多国际和国内的大型制造商、零售企业和船公司对贸易伙伴都有 EDI 技术的使用需求。这些企业评价新的贸易伙伴时，其是否具有 EDI 能力已成为是一个重要指标。某些国际的企业甚至会减少和取消没有 EDI 能力的供应商的订单。因此，采用 EDI 技术是企业提高竞争力的重要手段之一。

3. EDI 的特点

（1）EDI 在企业之间传输商业文件数据。

（2）EDI 传输的文件数据均采用相同的标准。

（3）EDI 通过数据通信网络来传输数据，一般是增值网和专用网。

（4）EDI 数据的传输是计算机之间的自动传输，不需人工介入。

3.3.2 电子数据交换技术的产生和发展

1. 电子数据交换技术的产生背景

随着科学技术与社会经济的发展，国际贸易市场竞争愈发激烈。由于买卖双方处于不同的国家和地区，所以大多数情况不是面对面的买卖，因而必须以银行担保，以纸面单证为凭证，才能完成商品与货币交换。这样，纸面单证就代表了货物所有权的转移，从某种意义上讲“纸面单证就是外汇”。

全球贸易额的增长带来了贸易单证和文件数量的激增。计算机及其他办公自动化设备的出现虽然可以在一定程度上减轻人工处理的劳动强度，但由于计算机不能完全兼容，实际上增加了对纸张的需求。此外，在各类商业贸易单证中，相当大一部分数据是重复的，需要反复输入。重复输入会使出错的概率增加，同时浪费人力和时间，降低效率。所以，纸面贸易文件变成了阻碍贸易发展的突出因素。

此外，市场竞争也出现了新特征。价格因素在竞争中占的比重逐渐减小，服务性因素所占比重增大。销售商为减少风险，通常要求批量小、品种多、供货快，以适应市场行情。但在整个贸易链中，绝大多数企业既是供货商又是销售商，所以提高商业文件的传递速度与处理速度成为贸易链中成员的共同需求。同样，现代计算机的普及和应用及功能的不断提高，已使计算机应用从单机走向系统；与此同时，通信条件和技术的改善，以及网络的普及也为EDI应用提供了坚实的基础。

在这样的背景下，以计算机应用、通信网络和数据标准化为基础的EDI技术应运而生。EDI技术一经出现便迅速在世界各主要工业发达国家和地区广泛应用。20世纪60年代末，美国和欧洲几乎是同时提出的EDI概念。

2. 电子数据交换技术的发展

（1）电子数据交换（EDI）技术在国外的发展　EDI技术最初由美国于20世纪60年代后期提出，主要为解决运输业中大量货物运输数据的电子传输问题，减少交货和付款周期。首先是在美国工业交通同盟以及美国运输协会内实现电子数据传输；1984年成立了美国效能运输数据协调委员会，开发并制定了美国运输业的电子数据标准；1985年美国国家标准局交通运输数据协调委员会成立了联合电子数据委员会，推出了美国的EDI国家标准；1986年，欧洲和北美代表在纽约会晤，成立了联合国电子数据交换小组以合作开发EDI国际标准；1986—1989年，该组织推出了一系列有关EDI标准应用规则和草案。自美国以后，法国、英国、德国、日本、比利时、澳大利亚、荷兰、韩国、新加坡等国家或地区均相继建立了自动通关的EDI系统。世界上许多港口也都建立了直接为港航服务业服务的EDI中心。有些国家政府则对不使用EDI的行业和企业采取一定的限制或制裁措施，如美国与澳大利亚等国规定必须使用EDI方式报关的船舶才能靠港装卸，否则将推迟受理和增加费用，而船舶延误损失由船东负责。目前，美国位列前100位的大企业中约97%、前500家大企业中约86%均应用EDI技术，EDI技术应用按年100%的速度增加。而欧洲发达国家则将EDI广泛应用到各个行业。

1994年8月，新加坡要求我国停靠的船舶均要提供电子船图，并以EDI方式进行报关，否则将处以罚款。

此外，很多国家的船舶公司开辟航线，对挂靠在我国港口提出的首要条件便是要有EDI。

（2）我国应用电子数据交换技术的情况　1987年，中国远洋公司下属的集装箱船舶运输公司在成立之初，就面临着所代理的美洲航线上美国海关均要求以EDI报关，并可以此获得优先处理和审批优势，否则将被列入黑名单。换而言之，不改变书面单证与随船携带的传递方式，将给船东及货主带来经济上的损失，并带来不利影响。1990年，亚洲电子数据交换标准理事会正式成立，我国便申请参加了该组织。1993年，北京召开的EDI应用发展国际研讨会上，有关领导要求经过3～5年努力，在一些重要的经济和工业部门中有计划、有步骤地建立起初具规模的EDI应用系统。在1997年交通部制定的《公路、水运交通信息化"九五"规划和2010年远景目标（纲要）》中，EDI的应用已列入交通信息化重点建设内容，要求加快建设交通运输EDI信息网的步伐，做到有计划、有步骤地将港航EDI系统与公路货运EDI系统相互联网，形成较为完整的运输业务EDI系统，以有效地提高交通运输质量和服务水平。

我国已建成了一系列的EDI系统。如国家贸易许可证EDI系统和中国外运（海运、空运）EDI系统，并在上海、宁波、天津、青岛、中远建立了五个EDI业务中心。同时，电子商务也运用EDI技术实现网上电子订购和结算。

3.3.3 实现电子数据交换技术的三项核心技术

EDI技术涉及的技术广泛，概括起来，实现EDI的技术主要包括三个方面，即数据通信网络技术、标准化和计算机应用技术。

1. 数据通信网络

一个计算机数据通信系统可由主计算机、计算机终端、数据传输和数据交换装置四部分组成。它们利用通信线路连接成为一个广域网络。计算机及其各类终端作为用户端出现在网络之中，它可以访问网上其他任一节点，以达到共享网上硬件以及软件资源的目的。计算机及终端既是资源子网，也是整个计算机网络的端点。这些节点之间完成通信线路的连接，并在通信线路中完成信息的交换。实现EDI的通信功能，受到通信技术的制约，随着通信技术与条件的多样化而呈现出多样化的特点，但它最终必然要统一于国际标准。目前，最重要的通信协议标准是ISO-OSI（International Standards OrganizatiOn-Open System Interconnection，国际标准化组织开放系统互连参考模型）。

EDI的网络环境多种多样，可以适应各种通信网络，如综合业务数字网（ISDN）、分组交换数据网络（Ps-DN）、卫星数据网（VAST）、电话交换网（IDN）和移动数据通信网等。实现EDI通信有如下两种方式：直接EDI方式和增址网通讯方式。

图3-3中的Point To Point（简称PTP）的E-mail、EDI等功能实现电子数据交换。增值网（图3-4）是建立在数据通信网的基础上，附加EDI业务功能实现的是逻辑意义上的网络，在Internet、CHI-NAAPC网基础上建立增值网实现EDI是完全可行的，其不是一个独立的物理网络。

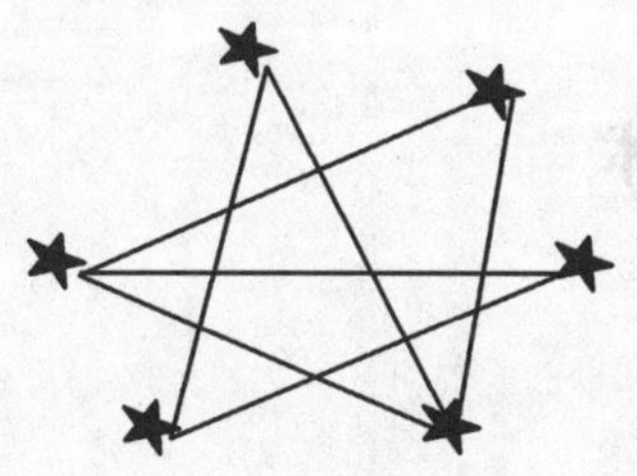

图3-3 直接EDI方式

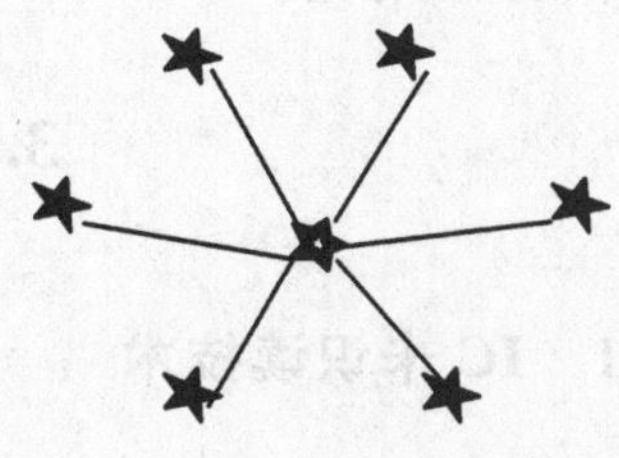

图3-4 增值网通信方式

同样可以在现有网络的基础上建立一个 EDI 服务中心，自身建立一个 EDI 信箱系统，提供第三方服务。可以看出，使用增值网不仅能够减少网络建设的费用，减少接入端口的个数，还对数据的有效安全传输，降低故障率有显著作用。

2. 数据标准化

数据标准化是实现 EDI 互通和互联的前提与基础。EDI 一经产生，其标准的国际化便成为人们关注的焦点之一。EDI 早期使用的大都是行业标准，因此不能进行跨行业的 EDI 互联，严重影响了 EDI 发挥作用，阻碍了全球 EDI 的发展。如美国就存在汽车工业的 AIAG 标准、货栈、零售业的 UCS 标准以及冷冻食品贮存业的 WINS 标准等。日本有连锁店协会的 JCQ 行业标准、电子工业协会的 EIAT 标准以及全国银行协会的 Aengin 标准等。

为促进 EDI 的发展，世界各国都在大力促进 EDI 标准的国际化，最大限度发挥 EDI 的作用。目前，在 EDI 标准上，国际上最有名的是联合国欧洲经济委员会（UN/ECE）下属第四工作组（WP4）于 1986 年制定的《用于行政管理、商业和运输的电子数据互换》标准—EDIFACT（Electronic Data Interchange for Administration，Commerce and Trans port）标准。EDIFACT 已被国际标准化组织 ISO 接收为国际标准，编号为 ISO 9735。与此同时，由美国国家标准化协会（ANSI）X. 12 鉴定委员会（AXCS. 12）于 1985 年制定的 ANSI X. 12 标准也较为有名，广泛应用于北美地区。

主要有以下四类标准。

1）通信标准。即 EDI 通信网络是建立在何种通信协议之上以保证网络互联。

2）EDI 报文标准。又称为文电标准，即各种报文类型格式、数据元编码、字段和语法规则及报表生成用的程序设计语言等。

3）EDI 处理标准。即研究 EDI 报文同其他管理信息系统、数据库的接口标准。

4）各行业的数据交换标准。目前国际上流行的两大标准是：

① 美国国家标准化委员会第 12 工作组制定的 ANSI.12 标准。

② 联合欧洲经济委员会（UN/ECE）制定颁布的《行政、商业和运输电子数据交换规则》——UN/EDIFACT 标准。

我国有关部门和专家确定只用 UN/EDIFACT 标准。

3. 计算机综合应用

有了通信网络和标准，就可以开展相应的 EDI 工作。但 EDI 的成功应用，还取决于单位、行业甚至整个社会的计算机应用水平。必须把 EDI 和管理自动化、办公自动化、各种 MIS 和 EDP 系统、数据库系统以及 CAD、CIMS 等结合起来，才能更好地应用 EDI 技术，发挥 EDI 技术的巨大作用。

3.4 其他信息技术

3.4.1 IC 卡识读技术

1. IC 卡的定义

IC 卡指集成电路卡，通常使用的公交车卡就是 IC 卡的一种。一般的 IC 卡采用射频技术与 IC 卡读卡器进行通信。IC 卡与磁卡的区别为，IC 卡通过卡内的集成电路存储信息，而磁卡则通过卡内的磁力记录信息。IC 卡的成本通常比磁卡高，但是保密性更好。

2. IC 卡的工作原理

射频读卡器向 IC 卡发送一组固定频率的电磁波。IC 卡片内有一个 LC 串联协振电路，其频率与 IC 卡读卡器发射的频率相同。在电磁波激励下，LC 协振电路产生共振，使电容内产生电荷。在该电荷的另一端，接有单向导通的电子泵，将电容内的电荷送到另一个电容内存储。当积累的电荷达到 2V 时，此电容能作为电源为其他电路提供工作电压，将卡内数据发射出去或者接收读写器的数据。

3. IC 卡的分类

（1）按照 IC 卡与读卡器的通信方式分类　IC 卡分为接触式 IC 卡和非接触式 IC 卡。接触式 IC 卡通过卡片表面 8 个金属触点与读卡器进行物理连接，来完成通信与数据交换。非接触式 IC 卡则通过无线通信方式，与读卡器进行通信，通信时非接触 IC 卡不需要和读卡器进行物理连接。

（2）按照是否带有微处理器分类　IC 卡可分为存储卡和智能卡。存储卡仅包含存储芯片而无微处理器，一般的电话 IC 卡即属于此类。将指甲盖大小的、带有内存和微处理器芯片的大规模集成电路，嵌入到塑料基片上，就制成了智能卡。银行的 IC 卡通常是智能卡。智能卡也称为 CPU（中央处理器）卡，它具有数据读写和处理功能，因而具有安全性高、可以离线操作等突出优点。所谓离线操作是和联机操作相对而言的，它可以在不联网的终端设备上使用。离线操作不仅减少了通信时间，还能在移动收费点（如公共交通）或者通信不顺畅的场所使用。

（3）按照应用领域分类　IC 卡可以分为金融卡和非金融卡。金融卡又分为现金储值卡和信用卡；非金融卡指应用于医疗、交通和通信等非金融领域的 IC 卡。

3.4.2　POS 系统

POS 系统即销售时点信息系统，是指自动读取设备（如收银机）在销售商品时直接读取商品销售信息（如商品名、单价、销售数量、销售时间、销售店铺和购买顾客等），并通过通信网络和计算机系统传送至有关部门进行分析加工以提高经营效率的系统。POS 系统最早应用于零售业，后来逐渐扩展至其他如金融、旅馆等服务行业，利用 POS 系统的范围也从企业内部扩展到整个供应链。POS 系统收银框如图 3-5 所示。

POS 应用系统的核心部件为 POS 机。其硬件结构一般包括微处理器、人机接口部分（即输入键盘和显示模块）、与系统相连的通信模块、IC 卡/磁卡读写模块、数据存储器、票据打印机，有些还带有安全模块（或用户密码键盘/显示屏，或 SAM 模块）、条形码阅读器等。在实际设计过程中，针对系统应用特点和安全考虑，可以采用分体式设计，也可以采用一体式设计，其结构示意如图 3-6 所示。

从 POS 机的结构示意图可以看出，POS 机的基本功能如下。

1）对卡片（IC 卡、磁卡，甚至条码）有读写功能。

2）具有与单机或者系统网络（有线或无线）进行双向通信的功能。

3）具有对使用过程中的相关信息（例如黑名单、交易记录等）进行存储和处理的功能。

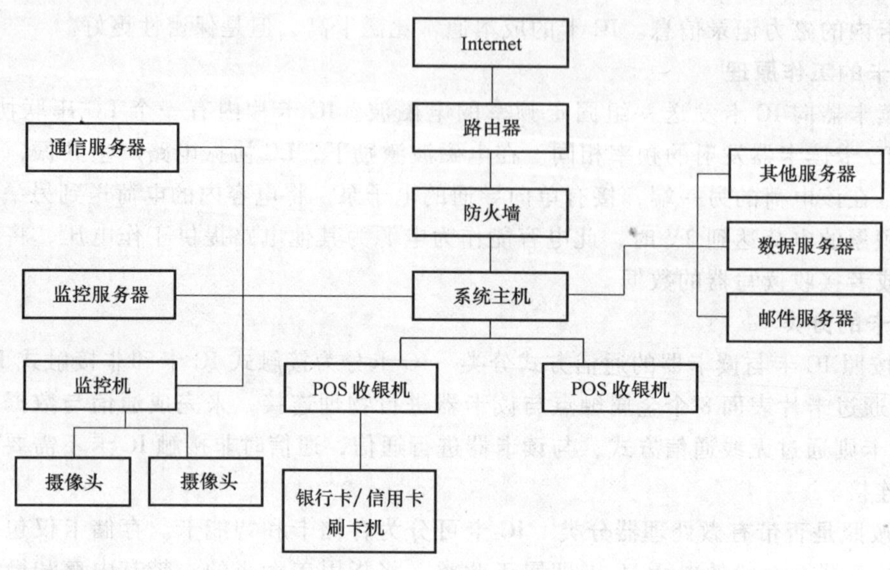

图 3-5　POS 系统收银框图

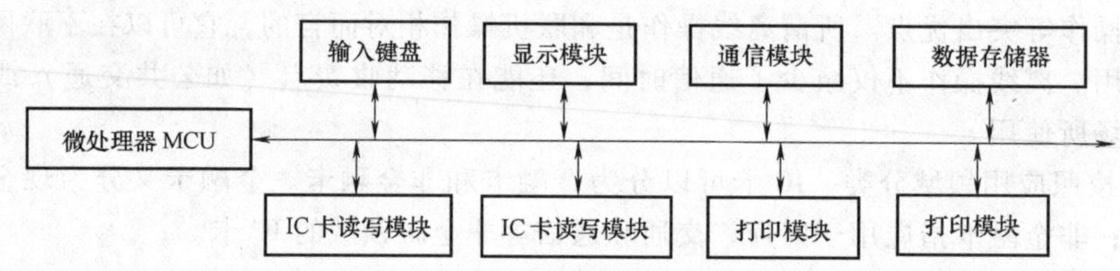

图 3-6　POS 机结构示意图

4）具有交易过程中的安全认证机制，能够对持卡人、卡片的合法性进行检验，同时对敏感信息具有加密、解密功能，可以确保交易过程数据信息的保密性和完整性，以及交易双方之间的不可抵赖性。

5）具有人机交互功能（输入键盘与显示模块）。

6）具有对交易结果凭证的打印功能。

从 POS 机的基本功能可以看出，POS 机是一个功能齐全的智能终端。与此同时，由于 POS 机具有多种通信方式和数据存储功能，POS 机可以在脱机交易模式和实时交易模式。同时，POS 机可以设计成固定台式形式和移动手持形式，适用于各种应用环境。

3.5　物流仿真技术

物流仿真技术是基于计算机技术、网络技术和数学等手段，采用虚拟现实的方法，对物流系统进行模仿的一种应用技术。其需要借助计算机仿真技术对现实物流系统进行系统的建模与求解算法的分析，通过仿真得到各种动态活动及其过程的瞬间模拟记录，进而研究物流系统的性能与输出效果。

3.5.1 物流仿真技术概述

物流仿真是评估对象系统（仓库存储系统、配送中心、拣货系统和运输系统等）的整体能力的一种评价方法。例如，美国 UPS（United Parcel Service，联邦包裹快递）公司想在满足客户服务质量的前提下，在人员与车辆的配置和成本之间获得最佳平衡的时候，它求助的方法是物流仿真技术。再如，宝洁（P&G）总部提出要设计一个覆盖北美的高效的供应链网络，该网络不仅要满足客户日常的订单处理和配送要求，还要具有极强的抗波动性，宝洁公司采用的解决办法同样是物流仿真技术。物流仿真技术在复杂物流系统的分析和决策中的巨大价值在欧美已成为不争的事实，每年创造着数以千亿美元的经济效益。

物流仿真的主要特点表现：在不管实际物流系统存在与否，均可通过建立系统模型，将实物数据输入仿真模型系统，通过数据运算和图形模拟，产生贴近实际物流系统的信息输出。仿真试验具有良好的无破坏性、可控性和可重复性。仿真过程经济、安全，不受场地环境和气象条件的限制。仿真的实时性使实时系统的仿真应用成为可能，为仿真应用奠定了良好的基础。物流仿真软件的仿真过程，即是建立物流系统模型，并通过模型在计算机上的运行来对模型进行检测和修正，使模型不断趋于完善的过程。目前，物流仿真软件主要应用于企业内部生产物流仿真，企业仓储、运输和配送流程仿真，物流咨询仿真以及高校物流专业仿真研究学习等。

随着物流的发展，物流系统已经变得越来越复杂，内部的关联也随之变得越来越强。仿真已成为企业检测其物流系统及决策是否有效或高效的重要途径之一；另外，企业设计新的物流系统，或对已有的系统添加新技术或新装备，对原有系统进行升级改造，均需要物流仿真技术与仿真软件的应用。

3.5.2 物流系统三维虚拟仿真软件

1. 物流系统应用三维虚拟仿真技术的必要性

随着物流行业生产自动化水平不断提高，生产系统越发复杂，生产节奏愈来愈快，管理者对生产改进的决策，均需要谨慎考虑。如果措施不当，则需要付出高昂代价。正是由于系统的复杂性、快节奏以及柔性特征，预测决策对系统带来的影响，人类大脑已经无法完成。而计算机仿真技术弥补了这一不足，成为自动化物流系统管理者的有用工具，成为生产系统规划设计人员的得力助手。

在自动化物流系统中应用计算机仿真技术，不仅能够避免建立物理实验模拟系统的投资，降低设计成本，还能够利用计算机技术进行计算、验证和分析，提高系统设计方案的可行性。根据物流中心的工艺设备参数以及工艺流程建立的计算机仿真系统，能够形成直观的三维仿真动画，提供生产系统的生产量，锁定瓶颈位置，统计资源利用率。其还可用来支持投资决策，校验物流系统设计的合理性。即通过对不同物流策略进行仿真实验寻找最优解。仿真运行结束后，可以根据统计数据生成仿真分析报告，显示各个物流设备的空闲率、利用率和阻塞率等数据。这样就可以根据仿真报告提供的数据对物流系统的优缺点进行判断，做出科学决策。

2. 物流仿真软件介绍

（1）Flexsim　1993 年起，Flexsim 软件即进入了仿真软件市场。它是迄今为止世界上唯

——一个在图形建模环境中集成了 C + + IDE 和编译器的仿真软件。该软件环境中，C + + 能够直接用来定义模型，且不会在编译中出现问题。这样，就不再需要用户定义变量的复杂链接和动态链接库。

Flexsim 有广阔的应用范围，还能应用在更高层次的仿真工程上。Flexsim 能应用于建模、仿真以及实现业务流程可视化。

（2）Witness　Witness 是 Lanner 集团的仿真平台，融汇了多年的计算机仿真开发经验。在全世界范围内大约 6000 多 Witness 系统在使用。应用领域包括制造业、银行和机场等。具体应用涵盖：有规律地运行模型、资产项目评估、更改提案评估、测试生产计划、更改管理和物流咨询。

Witness 能应用于下列领域：汽车工业、食品、银行和财务、造纸、化学工业、电子、政府、航空、工程和运输。

（3）AutoMod　Automod 是由 Autosumulation 旗下的 Brooks 软件部门开发的，目前市面上较为成熟的三维物流仿真软件。主要包括三个模块：AutoMod、AutoStat 和 AutoView。AutoMod 模块能提供给用户一系列物流系统模块用以仿真现实的物流自动化系统。主要包括输送机模块（辊道、链式）、自动化存取系统（立体仓库、堆垛机）、基于路径的移动设备（AGV 等）和起重机模块等。AutoStat 模块为仿真项目提供增强的统计分析工具，由用户定义测量和实验的标准，自动在 AutoMod 的模型上执行统计分析。

其主要特点是：提供基于发展策略运算法则的最优化分析，能够为用户得到更好的模型来定义输出审核，以及多 CPU 并行计算等。AutoView 允许用户通过 AutoMod 模型定义场景和摄像机的移动，产生高质量的 AVI 格式动画。用户可以缩放或者平移视图，或者使摄像机跟踪一个物体的移动，如叉车或托盘的运动。AutoView 可以提供动态的场景描述和灵活的显示方式。

（4）SIMAnimation　SIMAnimation 是美国 3i 公司设计开发的集成化物流仿真软件。SIMAnimation 使用的是基于图像的仿真语言。这种语言能够简化仿真模型的创建过程。由于其采用面向对象（OOP）的编程方法，仿真系统可以简单地创建模型。许多的先进软件工具都合成为一种语言，它包括布局编辑器、路线优化软件、完整的二维和三维的动画、曲线拟合、试验编辑器以及完整的用户报表编辑器。同时，仿真模型还具有交互特点，允许使用者改变参数输入，其目的是通过模拟实际生产情况以及市场波动对系统造成的冲击，进而避免在理想化状态下，系统设计无法预料的各种因素。这对系统的堵塞提供了形象和直观的解决方案。

SIMAnimation 不同于其他的仿真系统。它可以处理系统物理元素与逻辑元素。SIMAnimation 允许用户仿真复杂的运动，如动力学和速度，具体的如车床、机器人、传输通道以及特殊空间中的显示，包括传输、有形物体、旋转、视角记忆不断运动视觉。在算法上，SIMAnimation 在保证出库量有限的情况下，按路径最短原则进行自动定位与设计路径，实现多回路运输。

SIMAnimation 采用 OpenGL 三维建模技术，集三维实体光照、材质视点变换、漫游于一体，提供真正的三维动画和虚拟的现实世界，使仿真模型更加容易理解，同时使管理、生产、工程人员的意见交流更加容易。

SIMAnimation 使用 Petri 网模型技术。它包含两个程序：建模部分是针对物理和逻辑模型。在用户定义物理和逻辑模型后，就可以编辑成一个可执行模型。在这个模型中，仿真和动画同时运行，并且运行快，实现了完全交互化。此外，它可以随时停下来观察统计和模型状态。

（5）ShowFlow ShowFlow 是来自英国的仿真软件。它可以为物流业和制造业提供建模、仿真、动画和统计分析工具。ShowFlow 可以提供生产系统的生产量，确定瓶颈位置，估测提前期和报告资源利用率。ShowFlow 还可以被用来支持投资决策，校验制造系统设计的合理性，通过对不同的制造策略进行仿真实验来找出最优解。

ShowFlow 主要包括六大模块，即建模、仿真、统计、分析、动画和文档输出。

（6）RaLC RaLC（乐龙）软件，是上海乐龙人工智能软件有限公司提供的。它是面向对象的物流配送中心所使用的基本搬运器械设备，即对象事物，包括各种传送带、自动立体仓库和平板车等，以及工作人员的装卸、分拣和叉车搬运等，全部以按钮的形式摆放在工具栏上，而且可以按对象物体的配置来进行设计，用于对各类对象物体的形状和规格建模也十分直观。

RaLC 乐龙系列软件在建模速度、建模操作简便性、模拟和仿真精确度等方面都处于世界领先水平。

（7）Arena Arena 是美国 System Modeling 公司开发的可视化的通用交互集成的仿真软件，很好地解决了计算机仿真与可视化的有机集成问题，具备高级仿真器的易用性和专用仿真语言的柔性。

在物流中的主要运用有：①在生产过程中进行设备布置，实现工件加工轨迹的可视化仿真等；②在生产管理中，进行生产计划、库存管理、生产控制和产品市场的预测与分析等；③在生产价值分析方面，可进行生产系统经济性和风险性分析，从而改进生产、降低成本或辅助企业投资决策；④可实现企业流程再造可视化仿真优化，实现敏捷供应链管理的可视化仿真决策等。

（8）Supply Chain Guru Supply Chain Guru 是来自美国的供应链战略规划仿真软件，它允许用户输入或导入供应链网络信息，并使用人工智能和嵌入的知识库，用以自动建立强大的离散事件仿真和网络优化模型。用户可以测定改变供应链结构或策略所带来的影响，优化模型以选择改进的供应源关联，仿真多个供应链设计方案以评估服务和费用之间的折中，预测库存投资、运输费用以及生产情况，为企业提供预算功能。

（9）Classwarehouse Classwarehouse 是来自英国的仓库物流仿真软件，一种专门用于仓库设计的仿真软件，通过在虚拟的计算机环境来进行设计、改进和测试复杂的仓库解决方案。它还能帮助公司评估产品的产量、人员的组织以及设备情况，来量化成本、效率以及服务水平。Classwarehouse 所解决的实际问题范围很广，从对新建仓库的设计、评估，到对已有仓库的某个具体生产工艺的改进，再到如何在改变供应链和客户需求时保证成本、服务和效率三者间的平衡和优化。

除了 Arena 和 Supply Chain Guru ，其他都为三维软件，其中 Flexsim 和 RaLC 有很好的面向对象性，Supply Chain Guru 是专门的供应链仿真软件，Classwarehouse 是专门的仓库仿真软件。

思考题

1. 什么是条形码技术？其有哪些特点？
2. 条形码的结构和分类有哪些？
3. 什么是射频识别技术？其工作原理及组成是什么？
4. 简述射频识别技术特点及优势。
5. 什么是电子数据交换技术？
6. 实现电子数据交换技术的核心技术有哪些？
7. IC 卡识读技术的工作原理是什么？
8. 什么是 POS 系统？POS 机的基本功能有哪些？

第4章　绿色物流技术

【学习目标】

1. 了解物流系统对环境的影响。
2. 掌握绿色物流的概念及特征。
3. 了解绿色物流的国内外发展现状。
4. 掌握绿色物流系统的构成。
5. 掌握逆向物流的分类及特征。

4.1　绿色物流概述

4.1.1　物流系统对环境的影响

信息经济、网络经济等新经济的产生，赋予了物流领域新知识、新技术和新的管理思想，促进了物流产业向专业化、规模化和国际化发展。随着物流量和物流速度的增加、物流管理的变革以及物流设施和工具的大型化，物流系统对环境的影响也越来越严重。物流系统是一个跨地域、跨时域的复杂大系统，它由多个功能环节构成；物流系统的运行还需要物流基础设施、政策、法规等外部条件的支撑。与一般的工业企业活动不同的是，物流系统对环境的接触是广域性的，几乎所有的系统要素都会导致与环境有关的问题。这就使得物流过程中的管理更加困难，但同时也更为重要。图4-1是物流系统功能要素和支撑要素构成示意图。

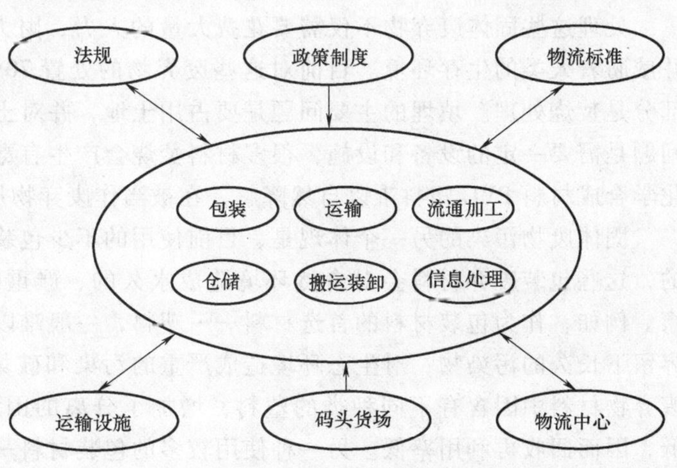

图4-1　物流系统功能要素和支撑要素构成示意图

1. 包装对自然环境的影响

包装既是产品生产的终点，又是物流过程的起点。包装具有保持商品品质、提高物流效率、促进销售等功能。包装是造成环境污染的主要原因之一。

(1) 包装对资源的消耗　产品的包装有不同的层次。与产品直接接触的包装是内包装或个装，一般是一次性包装；为了运输、储存及装卸作业的方便，有时还需要对产品进行二次包装甚至三次包装。物流包装容器种类很多，有不同的材料、结构形式，典型的如托盘、集装箱、集装袋、瓦楞箱、罐、桶等器具。无论是商品的个装，还是物流包装，都需要消耗大量的资源，产生大量的固体废弃物，因而，包装对环境的影响是非常大的。

为了达到方便使用和促进销售的目的，目前市场上的商品包装越来越追求方便性和豪华性，因此，越来越多的商品包装是一次性的。大量精美豪华的一次性包装、过度包装将消耗更多的自然资源，加剧了自然资源匮乏的矛盾。例如，大量精美的纸制品包装，会消耗大量的木材，造成森林资源减少、热带雨林被毁坏、地表绿色面积减少、生态平衡破坏等后果。另外，随着物流量的增加，物流包装（例如托盘、储存罐等）在总包装中所占的比重也越来越大。例如，在美国，每年使用的托盘超过了16亿个，每年新生产的托盘达4亿多个，目前托盘最常用的材料是木材，塑料托盘占据的比例非常小。数额巨大的托盘消耗的木材资源是十分巨大的。

（2）包装产生的环境污染

1）固体废弃物污染。大量地包装、大量地消耗资源，必定产生大量的废弃物。从世界范围来看，包装产生的废弃物是固体垃圾的重要构成部分。目前，全球每年的固体废弃物产量约是10亿吨，包装废弃物约占总量的1/3。据资料统计，在城市垃圾构成中，包装废弃物所占的比例是：美国约为33%；日本约为40%；欧盟各国占30%～50%；我国大中城市为30%～40%。废弃的包装材料中包含纸、塑料、金属、玻璃等成分，表4-1是世界一些国家城市生活垃圾中的包装废弃物含量的统计数字。

表4-1　城市生活垃圾中包装废弃物含量

含量（%）	美国	英国	法国	德国	荷兰	瑞士	中国
塑料	5	2.5	4	3	4	3	3
纸	40	38	34	28	25	45	10
金属	9	9	8	7	3	5	1.2
玻璃	9	9	8	9	10	5	1.4
其他	37	41.5	46	53	58	42	84.4

处理这些固体废弃物不仅需要花费大量的人力、财力，还会造成自然环境的严重污染，并威胁着人类的生存环境。目前对这些废弃物的处置70%以上是通过填埋来处理，也有少部分是焚烧处理。填埋的主要问题是要占用土地，并对土壤成分造成污染破坏；焚烧的主要问题是需要一定的设备和设施，很多材料焚烧会产生有毒气体，污染空气。例如，新开发的化学合成材料PVC塑料难以自然降解，在被当作废弃物加以焚烧时会污染空气。

固体废物污染的另一个体现是，目前使用的不少包装材料是不可降解的或难以综合利用的，这些包装废弃材料会对自然环境造成永久的、严重的污染，威胁着人类生存环境和健康。例如，作为包装材料的首选材料——塑料，一般难以自然降解，废弃填埋后，会给自然界留下长久的污染物，对生态环境造成严重的污染和破坏；而塑料的综合利用又较为复杂，废弃物材料中因含有不同种类的塑料，增加了分离的困难，使其回收和再生利用的价值降低，因而回收再利用率低。另一种使用较多的包装材料——复合包装材料，虽然可以克服使用单一材料带来的缺陷和功能不足的问题，但废弃物的综合利用更加困难。

2）液体污染和气体污染　尽管液体和气体排放不是包装产品的主要问题，但有时也会产生严重影响。一个典型的例子就是运输液态化学品所使用的钢筒。长期以来，处置这些钢筒时一般都要丢弃相当多的化学品残留物，处置不当会对周围环境造成严重的污染。要避免这样的污染，可取办法是对盛装化学品的容器进行结构改进设计，保证在处置前，容器内的所有化学品被完全倒空；若能重复使用包装容器则更好。

另外，在包装生产过程中，也会产生液体污染或气体污染。例如，传统的印刷油墨中含有重金属，这就可能造成包装生产和处置过程中的重金属污染，其中的重金属会渗入地下，对地下水或地表水体造成污染。在生产发泡性衬垫塑料的过程中，含氯氟烃（CFCs）发泡剂的使用会破坏臭氧层，危害人类的生存环境。

2. 运输对环境的影响

物流节点之间的运输，既需要大型的运输工具，如船舶、汽车、火车等，还需要具备完善的全国性的基础设施，如公路、铁路、货场等。这些基础设施的建设必然会消耗大量资源，而且运输工具在使用过程中还会产生很多的污染。因此，运输也是造成物流过程中环境问题的主要原因之一。

（1）运输功能的资源代价

1）基础设施对土地资源的占用。土地是人类赖以生存和发展的物质基础和环境条件，是社会生产中最基础的生产资料。物资空间距离的高效流动，依赖于发达完善的运输基础设施。随着社会物流量的增加，作为运输中两种最重要的运输手段——公路运输和铁路运输的规模也有了巨大的发展。而公路、铁路的建设对土地资源的占用量是十分巨大的，尤其是高等级公路或高速公路平均每公里的占地数量相对更大。另外，沿着铁路或公路布局的货运站场也会占用大量的耕地或占用有经济价值的土地资源。

2）运输过程中的能源消耗。运输工具的驱动需要消耗很多的能源，没有了能源，一切运输方式都将陷于瘫痪。按照能源消费后是否造成环境污染，可以将工业领域使用的能源分为污染型能源和清洁型能源。煤炭、石油类能源使用后会对环境造成污染，属于污染型能源；水能、太阳能、沼气能则属于清洁型能源。尽管可利用能源种类较多，但是，由于技术成熟性以及经济性等原因，除了铁路运输的电力牵引方式外，其他几种运输方式几乎完全依赖石油作为能源。从国外的统计资料看，在各种运输方式中，公路运输的能源消耗最大，其次是航空运输，铁路运输和内河运输的能源消耗最少。如果运输工具技术设备落后、线路等级低、车辆换代缓慢，将导致能源的使用效率低下，引起严重的能源浪费。

3）运输工具对矿产资源的消耗。运输工具（包括火车、汽车、轮船、飞机和管道）的制造需要消耗大量的铁矿、铜矿、铝矿等矿产资源。实际上，矿产资源在运输业中的消耗量会高于其他许多部门，只是由于运输业对矿产资源的需求量远远小于对能源的需求量，因而被忽视了。

（2）运输产生的环境危害　运输污染环境主要有以下几种方式。

1）运输设施的修建需要占用大量土地；如果考虑不周，也会破坏沿线的自然风景，破坏几千年形成的地形地貌或历史古迹；甚至影响动植物迁徙或生物种群数目，破坏生态系统的功能结构。

2）对在主要运输基础设施附近生活、工作或娱乐的人们施加了许多局部环境成本，包括噪声、视觉侵扰、局部空气污染（例如颗粒物、铅和一氧化碳）以及废弃车辆堆积。运输过程产生的空气污染、土壤污染、水域污染、噪声污染等各种污染，会改变人类生活的环境质量，甚至对人类身体健康产生不良影响。另外，交通运输事故还可以直接造成人身伤亡。这里的主要问题是，与其他形式的环境侵害不同，无论是客运还是货运，运输设施一般难以迁离敏感区域，因为用户要求便于搭乘，有时要求运输站点接近居民点。

3）存在超越界限的影响，例如，运输车辆在行驶中的排放物（氧化氮）会对地球大气圈的结构和物理特性产生影响，引起酸雨；海运溢出物会影响运输活动本身以外一定距离的水域。

4）运输会导致全球变暖（如二氧化碳的排放）和大气层臭氧消耗尽（特别是氯氟碳化合物的排放）等全球性的环境问题。表4-2中列出的一些环境问题指标，反映了在工业化国家，运输对环境问题产生的影响。下面从噪声污染、大气污染、交通事故三个方面分析运输产生的环境影响。

表4-2 运输对环境问题产生的影响

空气污染	北美	OECD
	运输排放物占总排放物的百分比(%)	
氧化氮(NO_X)	47	48
一氧化碳(CO)	71	75
氧化硫(SO_X)	4	3
颗粒物	14	13
碳氢化合物(HC)	39	40
噪声污染	受阻道路交通65dB以上噪声侵扰的人口数/百万	
	19	110

注：OECD——经济合作与发展组织国家。

① 噪声污染。噪声污染与空气污染、水污染被认为是当今世界三大公害。对于城市环境，其噪声的70%来自交通噪声。汽车、火车、飞机等运输工具都是活动的噪声源；交通工具的行驶、振动、喇叭声等是产生噪声主要原因。载货汽车、拖拉机等重型车辆的行进噪声分贝值较高。

噪声干扰的影响不仅取决于噪声的强度，还取决于噪声发生的频率。国际上曾采用一种基于分贝读数的加权平均方法来度量噪声的干扰程度，用“A加权分贝等级”来表示。表4-3是用A加权分贝等级测量的不同运输方式所引起的噪声干扰程度的比较。观察对比表中的数据，值得注意的是重型货车产生的噪声影响是很严重的。

表4-3 不同运输方式产生的相对噪声

噪声源	A加权分贝等级
喷气式飞机发动机的噪声	130
超音速飞机起飞5英里以内航线下方的噪声	125
摇滚乐队	110~125
金属板工厂的铆接机器	115
机场附近的房舍	100
重型货车	88~92
火车	90~92
大型汽车	77~83
运输繁忙的干道	63~75
只在本地车辆过往的居民区道路	56~65

② 大气污染。运输是产生许多有害气体的根源。相对于其他的大气污染源，运输是污染物的主要制造者之一。运输过程中会排放多种有毒物质，按照这些有毒物质对大气的影响程度和作用范围的不同，可将大气污染依次分为：废气、空气污染、森林破坏、大气破坏，其中，废气是暂时的、局部的；空气污染是区域性的；森林破坏是更大范围的（如国家范围或地区范围的）；而大气破坏的影响则是全球性的、长期性的。当然，大范围的大气污染

并非完全由运输产生，但运输量的迅猛发展是不可忽视的重要原因。

③ 交通事故。运输导致的事故包括两个方面：一是运输车辆相撞导致人员伤亡和财产损失；二是运输危险品和有毒物质时因发生泄漏而造成的灾害。从统计的角度看，公路运输发生交通事故最频繁，几乎每天都有许多严重的事故发生；火车、轮船和飞机的灾难虽然发生得不那么频繁，但一旦发生，造成的危害程度更为严重、更为可怕。近年来，运输有害废物的数量不断增多，导致废物泄漏污染的情况经常发生。

除上述环境危害外，运输尤其是公路运输的增加是导致城市交通拥挤的重要原因，给人们的生活造成不便；而且，车辆在等候的时候，发动机都是在工作的，怠速造成的空气污染也不可忽视。具体可参见表4-4的数据对比。

表4-4　驾驶过程中不同阶段产生的空气污染

污染物		废气物含量(每百万的含量)			
		空转	加速	慢性	减速
汽油机	一氧化碳	69000	29000	27000	39000
	烃	5300	1600	1000	10000
	氧化氮	30	1020	650	20
	乙醛	30	20	10	290
柴油机	一氧化碳	微量	1000	微量	微量
	烃	400	200	100	300
	氧化氮	60	350	240	30
	乙醛	10	20	103	30

(3) 物流变革加剧了运输对环境的影响　运输对环境的上述影响是一般性的，既包含货运过程，也包括客运过程中的影响。随着现代物流的发展，物流管理思想也经历着不断地发展和变革，一些变革，如集中库存、JT准时制配送，使运输呈现出一系列新的特点和趋势。其中，有些变革加剧了运输过程中的环境影响。

1) 集中库存产生的环境影响。库存管理是现代物流管理的重要内容之一。在各仓库安全库存不变的条件下，随着仓库数量的增加，总的库存量将增加，这样不仅增加了固定投资费用，还使与库存相关的费用大幅度上升。因此，为了降低库存费用和企业经营成本，就出现了集中库存的趋势。

集中库存相对于分散库存经营情况而言，虽然可以降低企业库存占用的费用，但是，连接工厂与中心仓库之间的一次运输的次数和运输的距离大大增加了。一般来说，工厂与仓库之间的运输多是在主干高速公路上的长距离的大型货车运输。一次运输量的增加，必然会增加大型载货汽车的运输量，这就会增加燃料消耗，进而增加对大气环境的污染，增加对道路面积的需求。至于中心仓库与零售店之间的最终配送（即二次运输），主要是由于小型货车来完成的，所以，受集中库存的影响并不大。

2) 准时配送带来的环境问题。准时配送强调准时与及时，追求零库存的经营模式。然而，实施准时制配送，就必然要求供应商为下游企业提供更多频次的、小批量的、门到门的配送服务，这种服务只能通过公路运输来实现。因此，准时制配送大大增加了公路货物运输量，一方面，这会加大燃油消耗量和对道路面积的需求量，因而必然会增加空气污染源，加快资源消耗的速度；另一方面，在途货车的增加还会加重城市交通拥挤程度，加重噪声污染，也可能导致交通事故发生率的增加。因此，准时配送服务的发展，加重了运输环节对环境的影响。从环境的角度看，准时配送服务适合供应商在生产企业附近的近距离配送，这样，可以尽量减少载货汽车运输行驶的里程，控制污染发生源。

(4) 不合理的物流决策造成的环境问题　尽管运输是造成环境问题的主要原因，但是国民经济的发展离不开运输，通过有效的决策和措施可以降低运输对环境污染的程度。如果物流决策不合理，则运输中的环境污染和资源消耗会加剧。具体分析如下。

1) 物流网络节点（如货运网点、配送中心等）布局不合理，会导致货物迂回运输、重复运输、过远运输或倒流运输等不合理现象的发生。这些不合理现象会造成很多不必要的无效运输，人为地增加在途货车行驶里程，既增加了能源消耗和运输费用，也增大了货损概率，加重了城市交通的阻塞。

2) 运输系统规划与运输决策的不合理，会出现运输工具选择不当、运力不足、非满载运输等现象。例如，弃水走陆、铁路和大型船舶的过近运输等，都会导致运输工具的使用效率不能充分发挥、能源利用率低等问题，增加了能源消耗。

3) 运输需求信息的不共享以及物流管理理念的落后，会因调运不当、货源计划不周或不采用社会化物流服务等原因，导致大量的车辆空载行驶，造成资源的极大浪费。尤其在我国，第三方物流、社会化物流的市场发育尚不完善，很多企业倾向于拥有自己的运输车队，这是大量货车空载行驶的主要原因。另外，社会上的物流需求信息和运力供应信息不能相互交流，也是导致车辆空载行驶的另一个重要原因。

4) 货车在物流节点的怠速等待加剧了空气污染。由于认识上的偏差，多数司机在物流节点等待装货、卸货的时候，经常出现车辆长时间怠速等待，这不仅增加了燃油消耗，还加剧了废气污染。

3. 其他功能要素对环境的影响

包装和运输是物流对环境影响最严重的两个功能环节，除此之外，物流系统的其他功能环节如存储、装卸搬运、流通加工等，如果操作管理不善，也会造成资源浪费和环境污染问题。

(1) 存储保管对环境的影响　物品通过存储保管，克服了产品生产与需求之间的时间差异，从而使产品具有更好的效用。因此，存储保管是物流创造时间价值的重要手段。当然，为实现存储功能，被储存物品的质量及其使用价值必须得到保证。现代物流系统已经拥有很多有效地维护商品质量、保证商品价值的技术手段和管理手段，也正在探索物流系统的全面质量管理问题，即希望通过物流过程的控制和提高工作质量来保证被存储物品的质量。

储存环节产生的环境影响主要表现在以下三方面。

1) 为保证储存的物品不丧失其使用价值，必须对存储物品进行维护保养，其中对部分储存物采取的技术措施，如物品表面的喷涂防护和化学药剂，会对仓库周围的生态环境造成不良影响。

2) 如果保管不当，有可能造成储存的物品变质、损坏，从而被丢弃，造成废弃物污染；有些危险储存物的泄漏，会对周围环境造成不良影响。

3) 仓储设施是重要的基础设施，占用大量土地资源。

(2) 装卸搬运对环境的影响　在物流系统功能活动中，装卸搬运虽不产生新的效用或价值，但却是伴随着包装、仓储、运输所必须进行的活动；并且在采购物流、企业内部物流、销售物流等整个供应链物流过程中占有较大的比重，是物流各项活动中发生频率最高的活动。装卸搬运作业质量的好坏和效率的高低不仅影响物流成本，还与物品在装卸搬运作业过程中的损坏、污染等损失有关系，并与是否能及时满足客户的服务需求相关联。

装卸搬运过程中可能存在的环境影响主要有以下三方面。

1）不恰当的作业方式造成无效装卸、无效搬运次数的增加，造成人力资源和能源动力的浪费。

2）过多的装卸搬运次数，增加了物品在装卸搬运作业过程中破损、散失和损耗的概率，造成自然资源的浪费和废弃物的增加。

3）装卸机械在作业过程中排出的冷却液、润滑液对周围环境的污染。

（3）流通加工对环境的影响　流通加工可以使商品的使用价值更加完善，并在不进行大的改动情况下，使商品产生增值。目前，在日本、美国等物流发达国家的物流中心或仓库经营中，都大量存在着流通加工业务，其规模也很大。合理的流通加工对于节约资源、避免物品在物流中的损失、降低环境污染等具有积极的作用。

（4）信息处理的影响　现代物流不只是生产、销售部门的事情，还包括供应商、批发商、零售商等整体统一的活动。信息已经成为现代物流管理的核心，尤其是在全球物流活动中，信息量更大，信息来源更广。因此，物流信息在现代企业经营战略中的地位越来越重要。

物流信息处理能促进物流活动更加有效地进行，促进各环节的有效衔接，避免重复和浪费，因而，对于节约资源、提高作业效率是有积极作用的，一般认为物流信息处理对生态环境没有负面影响。但是，一些先进的信息技术，如射频技术（RF）、全球卫星定位系统（GPS）等，会产生程度不同的电磁波辐射污染，长期处于这种情况下，也会对人体产生不良影响。这是信息社会出现的新的污染。

4.1.2　发展绿色物流的必要性

随着世界经济的不断发展，人类的生存环境也在不断恶化。物流活动与社会经济的发展相辅相成。一方面，现代物流是经济发展的支柱，另一方面，经济的发展又会引起物流总量的增加。物流活动的频繁以及物流管理的变革，会增加燃油消耗、加重空气污染和废弃物污染、浪费资源、引起城市交通堵塞等，因此，对社会经济的可持续发展产生了消极影响，发展绿色物流是现代物流可持续发展的必然之策。绿色物流发展的必要性体现在以下方面。

1）绿色物流适应了世界社会发展的潮流，是全球经济一体化的需要。全球经济一体化使绿色物流成为世界社会发展的潮流，而国外物流企业起步早，物流经营管理水平相对完善，势必给国内物流企业带来巨大冲击。进入 WTO 后，我国物流企业要想在国际市场上占一席之地，必须发展绿色物流。

2）绿色物流是可持续发展的一个重要环节。绿色物流与绿色制造、绿色消费共同构成了一个节约资源、保护环境的绿色经济循环系统。绿色制造是制造领域的研究热点，是指以节约资源和减少污染的方式制造绿色产品，是一种生产行为。绿色消费是以消费者为主体的消费行为。三者之间是相互渗透、相互作用的。

3）绿色物流是最大限度降低经营成本的必由之路。专家分析认为，产品从投产到销出，制造加工时间仅占10%，而几乎90%的时间为储运、装卸、分装、二次加工、信息处理等物流过程。因此，物流专业化无疑为降低成本奠定了基础。绿色物流强调的是低投入、大物流的方式。绿色物流不仅使一般物流的成本降低，更重要的是绿色化和由此带来的节能、高效、少污染。

4）绿色物流有利于企业取得新的竞争优势。日益严峻的环境问题和日趋严格的环保法规要求企业必须积极解决经济活动中的环境问题，改变危及企业生存和发展的生产方式，建立并完善绿色物流体系，通过绿色物流来追求高于竞争对手的相对竞争优势。

4.1.3 绿色物流的概念及特征

1. 绿色物流的概念

绿色物流是近些年被提出的一个新课题，目前还没有形成较为成熟的定义。这里以可持续发展的原则为指导，再结合现代物流的特征，给出绿色物流的内涵。所谓绿色物流（Environmental Logistics），是指以降低对环境的污染、减少资源消耗为目标，利用先进的物流技术，规划和实施的运输、储存、包装、装卸、流通加工等物流活动。绿色物流的行为主体主要是专业物流企业，同时也涉及有关生产企业和消费者。

绿色物流的目标不同于一般的物流活动。一般的物流活动主要是为了实现物流企业的盈利、满足客户需求、扩大市场占有率等，这些目标最终均是为了实现某一主体的经济利益。而绿色物流的目标在上述经济利益目标之外，还有追求节约资源、保护环境这一既具经济属性、又具有社会属性的目标。尽管从宏观角度和长远利益看，节约资源、保护环境与经济利益的目标是一致的，但对某一特定的物流企业却是矛盾的。

绿色物流是一个多层次的概念，它既包括企业的绿色物流活动，又包括社会对绿色物流活动的管理、规范和控制。从绿色物流活动的范围来看，它既包括各个单项的绿色物流作业（如绿色运输、绿色包装、绿色流通加工等），还包括为实现资源再利用而进行的废弃物循环物流。

2. 绿色物流的特征

绿色物流除了具有一般物流所具有的特征之外，还具有学科交叉性、多目标性、多层次性、时域性和地域性。

（1）学科交叉性　绿色物流是物流管理与环境科学、生态经济学的交叉。由于物流与环境之间的密切关系，在研究社会物流与企业物流时必须考虑环境问题和资源问题；又由于生态系统与经济系统之间的相互作用和相互影响，生态系统也必然会对经济系统的子系统——物流系统产生作用和影响。因此，必须结合环境科学和生态经济学的理论、方法进行物流系统的管理、控制和决策，这也正是绿色物流的研究方法。学科的交叉性使得绿色物流的研究方法复杂，研究内容十分广泛。

（2）多目标性　绿色物流的多目标性体现在企业的物流活动要顺应可持续发展的战略目标要求，注重保护生态环境和节约资源，注重经济与生态的协调发展，追求企业经济效益、消费者利益、社会效益与生态环境效益四个目标的统一。根据系统论，绿色物流的多目标之间通常是相互矛盾、相互制约的，一个目标的增长将以另一个或几个目标的下降为代价，如何取得多目标之间的平衡正是绿色物流要解决的问题。从可持续发展的观念看，生态环境效益的保证将是前三者效益得以持久保证的关键所在。

（3）多层次性　绿色物流多层次性体现在三个方面，从对绿色物流的管理和控制主体看，可分为社会决策层、企业管理层和作业管理层三个层次的绿色物流活动，或者说是宏观层、中观层和微观层的绿色物流活动。其中，社会决策层的主要职能是通过政策、法规的手段传播绿色理念；企业管理层的任务则是从战略高度与供应链上的其他企业协同，共同规划和控制企业的绿色物流系统，建立有利于资源再利用的循环物流系统；作业管理层主要是指物流作业环节的绿色化，如运输的绿色化、包装的绿色化、流通加工的绿色化等。

（4）时域性和地域性　时域性指的是绿色物流管理活动贯穿于产品的生命周期全过程，包括从原材料供应，生产内部物流，产成品的分销、包装、运输，直至报废、回收的整个过程。地域性体现在两个方面：一是指由于经济的全球化和信息化，物流活动早已突破地域限制，呈现出跨地区、跨国界的发展趋势。相应地，对物流活动绿色化的管理也具有跨地区、跨国界的特性。二是指绿色物流管理策略的实施需要供应链上所有企业的参与和响应。例如，欧洲一些国家为了更好地实施绿色物流战略，对于托盘的标准、汽车尾气排放标准、汽车燃料类型等都进行了规定，其他国家的不符合标准要求的货运车辆将不允许进入本国。时域性和地域性也说明了绿色物流系统是一个动态的系统。

4.2　绿色物流系统

4.2.1　绿色物流系统的构成

绿色物流系统是按照系统的基本原理，运用系统的一般模式，首先对构成绿色物流系统的要素和各要素之间的关系进行分析研究，以确定系统的边界范围和结构，从而为系统分析奠定基础，然后再根据系统分析的一般原则，按照系统分析的步骤，确定系统目标，进行系统规划、系统设计、系统实施，以及对系统实施的效果进行评价。

1. 绿色物流系统的功能要素

绿色物流系统包括六大基本功能要素，即运输配送、储存保管、装卸搬运、现代包装、流通加工和物流信息。其中，运输配送、储存保管、现代包装、流通加工对环境的影响较大。因此，绿色物流系统的功能要素主要有绿色运输、绿色仓储、绿色包装和绿色流通加工。

（1）绿色运输　运输过程中的燃油消耗和尾气排放，是物流活动造成环境污染的主要原因之一。因此，要想打造绿色物流，首先要对运输线路进行合理布局与规划。通过缩短运输路线、提高车辆装载率等措施，实现节能减排的目标；其次，还要注重对运输车辆的养护，使用清洁燃料，减少能耗及尾气排放。

（2）绿色仓储　仓储过程本身会对周围环境产生影响，例如，保管、操作不当引起货品损坏、变质，甚至危险品泄漏等，此外，仓库布局不合理也会导致运输次数的增加或运输的迂回。绿色仓储一方面要求仓库选址要合理，有利于节约运输成本；另一方面，仓储布局要科学，使仓库得以充分利用，实现仓储面积利用的最大化，减少仓储成本。

（3）绿色包装　包装是物流活动的一个重要环节，绿色包装可以提高包装材料的回收利用率，有效控制资源消耗，避免环境污染。物流系统影响环境的主要因素之一是包装要消耗大量的资源，产生大量的共同废弃物，包装绿色化是物流系统绿色化的重要内容。绿色包装指的是以节约资源、降低废弃物排放为目的的一切包装方式。按其构成，可进一步分解为包装材料的绿色化、包装方式的绿色化和包装作业过程的绿色化三个方面。其中，包装方式的绿色化可以从简化的包装结构、可重复利用的包装结构等途径实施。

(4) 绿色流通加工　绿色流通加工实现的途径包括专业化集中式流通加工，以规模作业方式提高资源利用效率；流通加工废料的集中处理，与废弃物物流顺畅对接，降低废弃物污染及废弃物物流过程的污染。绿色流通加工实施的途径有两条：一是专业化集中式流通加工，以规模作业方式提高资源利用效率；二是流通加工废料的集中处理，与废弃物物流顺畅对接，降低废弃物污染及废弃物物流过程的污染。

2. 绿色物流系统的行为主体

绿色物流系统的行为主体包括政府、企业和社会公众。

(1) 政府部门是绿色物流系统中的组织管理者　政府部门是绿色物流系统中的组织管理者，因此，政府部门应当负责物流硬件设施和物流基础服务平台的运作管理、信息管理和环境管理，以及相关物流技术的提供。其中，运作管理包括对物流系统所涵盖的行为主体管理、日常事务管理，也包括政策制度的监督管理。信息管理主要是负责准确、实时地发布信息，发布的信息包括货运信息、车辆信息以及交通信息、政策信息等。环境管理是通过各种手段来协调现代物流发展与环境保护的关系，处理物流各部门、各企业集团与社会公众的有关环境问题的关系，创造一个新的物流生态系统。此外，政府部门对于绿色物流的作用还有通过制定各种环保法规和政策手段实现监督和控制，将节约能源、保护环境的要求制度化。政府通过开展绿色物流的宣传教育，对物流中的经济主体——工商企业、物流企业以及末端消费者，大力宣传绿色物流的内涵和意义，也有利于促进绿色物流战略的全面实施和快速发展。

(2) 企业是绿色物流系统中的直接实施主体　在物流市场中，最大的需求来自工商企业，物流的提供方也是生产企业自身或第三方物流企业，所以，企业物流是全社会物流系统中最重要的组成部分。企业物流的绿色化是企业环境战略的重要组成部分，它不仅能改善企业本身经营活动对环境的影响，还能推动企业产品所在的供应链的绿色化，进而推动全社会物流系统的绿色化。因此，企业是绿色物流的直接实施者，是可持续发展战略最核心的行为主体；没有工商企业的行动，一切环境保护计划都将无法实现。绿色物流系统为企业实施“绿色”战略提供了广阔的空间，可以在平等、公正的环境下进行物流活动，实现有效竞争，从而可以提高有效资源的利用率，形成一个良性竞争的环境。

(3) 社会公众是绿色物流系统中的推动者　社会公众的环境意识及其相应的行为对环境保护计划的全面展开具有特别重要的意义，对绿色物流战略的实施同样具有不可替代的推动作用。坚持绿色消费方式的公众更愿意购买有利于生态环境的产品或服务。可以说，正是公众的绿色消费观念，促使企业积极、主动地提供绿色产品、绿色包装和绿色服务。对于物流企业来说，物流系统的绿色化将为企业赢得良好的环境声誉，从而得到广大公众的认可，赢得更多的客户。

4.2.2　绿色物流系统的特征

绿色物流系统具有一般系统所共有的特点，即开放性、区域特性、多环节特性、行为主体的多样性和层次性。

1. 开放性

绿色物流系统由多个要素构成，其内部要素之间、系统与外部大环境之间不断地进行物质、能量和信息的交换，从而形成一个动态的、系列的、层次的、具有自我调节和反馈能力的相对独立体系。开放性的另一个体现，是绿色物流系统内部要素之间存在着协同与竞争的复杂关系。

2. 区域特性

绿色物流系统有一定的空间范围，在谈论物流发展时，总将它放在特定的空间去考虑。区域作为某种特定范围的地域综合体，有其特定的自然、社会、经济、生态环境等要素。因此，绿色物流系统也必须考虑区域这一特征。

3. 多环节特性

绿色物流系统也就是物流系统的绿色化，既包括物流系统的"绿色"状态，同时也包括为使物流系统变得"绿色"所进行的调整和行动过程。由于物流系统的多环节特性，绿色物流系统也具有多环节的特点。社会物流、城市物流和企业物流、绿色物流系统都应包括绿色运输、绿色仓储、绿色包装、绿色流通加工等功能环节。

4. 行为主体的多样性

绿色物流系统的行为包括广大公众（消费者）以及各行业的生产企业、分销企业、物流企业、批发零售业等。这些行为主体的环境意识和环境战略对它们所在的供应链物流的绿色化起着重要的推动和制约作用。

5. 层次性

层次性表现为绿色物流系统本身可以分成若干子系统，各子系统还可以进一步分成更小的子系统。绿色物流系统的层次性有不同的体现。按对绿色物流系统管理和控制的主体划分，将其分为社会决策层、企业战略层和企业作业层。

4.3 逆向物流

4.3.1 逆向物流的概念及成因

1. 逆向物流的概念

我国国家标准《物流术语》（GB/T 18354—2006）中的所讲的"逆向物流"就是狭义的逆向物流，它不包括废弃物物流，具体表述为：逆向物流（Reverse Logistics）是指物品从供应链下游向上游的运动所引发的物流活动。例如回收用于运输的托盘和集装箱、接受客户的退货、收集容器、原材料边角料、零部件加工中的缺陷在制品等的销售方面物品实体的反向流动过程。

2. 逆向物流的成因

（1）主要驱动因素　在那些已经运用逆向物流系统的公司中，高级管理人员过度地将它的管理推给了运营层，这已经不再是有效的方法。有许多有力的因素迫使企业将逆向物流的管理提高到战略程度的高级管理日程上。带来这些变化的主要驱动因素有：政府立法、新型的分销渠道、供应链中的力量转换和产品生命周期的缩短。

（2）主要动机　对于企业而言，逆向物流往往出于以下动机，即环境管制、经济利益

（体现在废弃物处理费用的减少、产品寿命的延长、原材料零部件的节省等方面）和商业考虑。因而，管理者首先应认识到逆向物流的重要性和价值；其次，在实际运作中如何给予逆向物流以资源和支援，才是发挥竞争优势的关键。近年来，随着电子商务的快速发展，物流业已从传统的流通业中独立出来并日益受到人们的关注。而随着人们环保意识的增强，环保法规约束力度的加大，逆向物流的经济价值也逐步显现。在我国，经济发展水平较为落后的时期和地区理所当然是厉行节约的首要选择，传统经济生活中的废品收购，如空桶、空瓶、空盘、废旧钢铁、纸张、衣物等的重复利用都是司空见惯的社会生活现象，因而，服务于废品回收再利用的逆向物流并不是什么新事物。另外，对产品零部件的回收再利用或将上述包装回收后清洗再利用都比买新的要便宜。只不过，由于过去十年中对环境保护的高度重视，逆向物流有了新的含义，如耐用产品和耐久消费包装。后来，新的资源再生利用技术的研究与推广大大降低了处理回收物品的成本，使逆向物流不仅仅意味着成本的增加，由于它能带来资源的节约，而这就可能意味着经济效益、社会效益和环境效益的共同增加。

4.3.2 逆向物流的分类及特征

1. 逆向物流的分类

1）按照回收物品的渠道，可将逆向物流分为退货逆向物流和回收逆向物流两部分。退货逆向物流是指下游顾客将不符合订单要求的产品退回给上游供应商，其流程与常规产品流向正好相反。回收逆向物流是指将最终顾客所持有的废旧物品回收到供应链上的各节点企业。

2）按照逆向物流材料的物理属性，可将逆向物流分为钢铁和有色金属制品逆向物流、橡胶制品逆向物流、木制品逆向物流、玻璃制品逆向物流等。

3）按成因、途径和处置方式及产业形态的不同，可将逆向物流分为投诉退回、终端退回、商业退回、维修退回、生产报废与副产品回收，以及包装物回收六大类别。

2. 逆向物流的特征

逆向物流作为企业价值链中特殊的一环，与正向物流相比，既有共同点，也有各自不同的特点。二者的共同点在于都具有包装、装卸、运输、储存、加工等物流功能。但是，逆向物流与正向物流相比又具有其鲜明的特殊性。

（1）分散性　逆向物流产生的地点、时间、质量和数量是难以预见的。废旧物资流可能产生于生产领域、流通领域或生活消费领域，任何领域、任何部门、任何个人都会涉及，它日夜不停地在社会的每个角落发生。正是这种多元性使逆向物流具有分散性，而正向物流则不然，按量、准时和指定发货点是其基本要求。这是由于逆向物流发生的原因通常与产品的质量或数量的异常有关。

（2）缓慢性　人们不难发现，开始的时候逆向物流数量少，只有在不断汇集的情况下才能形成较大的流动规模。废旧物资也往往不能立即满足人们的某些需要，它需要经过加工、改制等环节，甚至只能作为原料回收使用，这一系列过程的时间是较长的。同时，废旧物资的收集和整理也是一个较复杂的过程。这一切都决定了逆向物流缓慢性这一特点。

（3）混杂性　回收的产品在进入逆向物流系统时往往难以划分为产品，因为不同种类、不同状况的废旧物资常常是混杂在一起的。当回收产品经过检查、分类后，逆向物流的混杂性随着废旧物资的产生而逐渐衰退。

(4) 多变性　由于逆向物流的分散性及消费者对退货、产品召回等回收政策的滥用，有的企业很难控制产品的回收时间与空间，这就导致了多变性。

4.3.3　逆向物流的有效管理

1. 逆向物流管理策略

(1) 分层次实施逆向物流目标　逆向物流追求不同层次的目标，即资源缩减、重复利用、再循环、废弃处理。因此，企业实施逆向物流活动计划，应首先强调产品生命周期的资源缩减计划，通过环境友好的产品设计，实现原材料消耗和废弃物排放量最少化，使得正向物流和逆向物流量最低化；其次是重复利用，尽量使产品零部件以原材料本身的形态被多次利用、重复使用，这样必须改变传统的单向物流方式，便于处理双向物流流动；然后尽可能大范围地“再循环”；最后进行“废弃处理”的选择。

(2) 压缩逆向物流处置时间　绝大多数回收的产品并没有完全“老化”，需要尽快处理，所以应进行快速分类，确定正确的处理方式，然后尽快行动。零部件的回收处理越快，就越能给企业带来更多的利益。处置产品时，需要谨慎制定决策机制，企业更应该实行有效的客户响应，减少各个环节的处理时间。

(3) 从供应链的范围构建企业逆向物流系统　逆向物流并不等于废品回收，它涉及企业原材料的供应、生产、销售、售后服务等各个环节，因而不能作为一个独立的过程来考虑。企业要实施逆向物流，必须与供应链上的其他企业合作。此外，企业采取宽松的退货制度，将下游客户的风险转向给企业自身，因为供应链存在着“牛鞭”效应，上游企业所获得的信息将严重失真。为了实现风险的共担、利益的共享，企业必须与供应链上的企业信息共享，建立战略合作关系，通过对退货商品的跟踪，测量处理时间，给卖方业绩做出评价，方便与上下游企业更好地协作。

2. 企业逆向物流实施的障碍

(1) 企业管理层对逆向物流的意识不强，重视度不够　主要表现在生产企业对回收责任的意识淡薄，还继续持有以往卖方市场的陈旧观点，认为产品一旦售出，所承担的责任就结束；企业认为逆向物流不仅不能带来经济效益，还会造成资源和时间的浪费；企业没有认识到逆向物流活动的复杂性，不重视对逆向物流的管理，认为只要投入很少的时间和精力就可以处理产品的逆向物流。

(2) 逆向物流与正向物流相冲突　回收品业务流程包括逆向物流和正向物流两部分，其中正向物流部分与常规业务流程重叠。在紧急情况下，常规业务和回收品业务在加工、库存、配送等环节都可能会相互冲突，企业为了确保常规业务正常运作，不得不放弃回收品业务。

(3) 逆向物流使供应链风险逐级扩大，加大了企业自身风险　逆向物流虽然能使下游客户减少或规避经营风险，但由于采取宽松的回收策略而加大了自身的风险，即风险由下游往上游转移。另外，供应链也存在需求信息逐级放大效应，即“牛鞭效应”，致使上游所获信息严重失真。上述两方面因素的共同作用，导致供应链的风险逐级放大效应更加明显。

(4) 经济利益与环境效益产生矛盾　由于环保法规的约束，企业必须通过产品回收减少产品对环境的危害，以达到国家的环保标准。然而，产品回收却不一定能带来经济利益，甚至可能造成亏损。在这种情况下，企业即使意识到逆向物流的重要性，也不愿意为之。

（5）产品回收的不确定性增加了那些使用逆向物流回收材料进行新产品生产企业的成本　在逆向物流系统中，回收产品的供应通常不由生产企业决定。回收产品的数量、质量及回收时间等通常是由产品的拥有者决定的，他们不会像物料供应商一样，在制造商有需求时提供所需的物料，而是要等到不再使用这个产品的时候，才会把这些回收产品提供出来。这种供应的不确定性导致的非经济批量流，会增加企业的运输和处理成本，也使那些使用逆向物流回收材料来生产新产品的企业，难以制定完整、连续的生产计划。

思考题

1. 物流系统对环境都有哪些影响？
2. 绿色物流的概念及特征是什么？
3. 我国实施绿色物流存在哪些问题？
4. 绿色物流系统的功能要素包括哪几个方面？
5. 如何实现逆向物流的有效管理？

下篇　物流作业技术

第5章　现代物流包装技术

【学习目标】

1. 掌握包装的概念作用和分类。
2. 理解包装与物流之间的关系。
3. 了解包装材料的类型和包装容器的类型。
4. 了解包装标记的概念及种类。
5. 掌握包装通用技术的内容和主要方法。
6. 掌握包装标准化的概念。
7. 掌握包装标志的分类。

5.1　概　　述

5.1.1　包装的概念与分类

1. 包装的概念

包装是物流系统中的一个子系统，它是生产过程的终点，也是物流过程的起点。同时也是保证物流流动顺利进行的重要条件。合适的包装能够保护商品实体，便于物资的集中、分割及重新组合，以适应多种装运条件及分货要求。包装材料的选用及包装技术的正确运用，是包装合理化的基本条件。

我国的国家标准《包装通用术语》（GB 4122.1—2008）中，包装的定义是为在物流过程中保护产品，方便储运，促进销售，按一定技术方法而采用的容器、材料及辅助等的总体名称，也指为达到上述目的而采用的容器、材料及辅助等的总体名称，也指为达到上述目的而采用的容器、材料和辅助过程中施加一定技术等的操作活动。不同国家或组织对包装的含义有不同的表述和理解，但基本意思是一致的，都以包装功能和作用为其核心内容，一般有两重含义。

① 关于盛装商品的容器、材料及辅助物品，即包装物。

② 关于实施盛装和封缄、包扎等的技术活动。

2. 包装的作用与功能

包装的作用有以下几个方面。

1）实现商品价值和使用价值，并是增加商品价值的一种手段。

2）保护商品，免受日晒、风吹、雨淋、灰尘沾染等自然因素的侵袭，防止挥发、渗漏、溶化、沾污、碰撞、挤压、散失以及盗窃等损失。

3）给流通环节贮、运、调、销带来方便，如装卸、盘点、码垛、发货、收货、转运及销售计数等。

4）美化商品、吸引顾客，有利于促销。比如对人或物进行形象上的装扮、美化，使其更具吸引力或商业价值。包装也可吸引人们的眼球。

改革开放以来，在社会主义市场经济体制下，包装行业得以迅速发展，正在形成一个以纸、塑料、金属、玻璃、印刷及机械为主要构成，拥有一定现代化技术与装备，门类较齐全的现代工业体系。

包装已成为产品的一个重要的组成部分，在产品中具有重要的功能，具体的可归纳为以下三种。

1）保护功能。保护功能是包装中最基本的功能，不仅要保护商品在运输过程中不易产生质量和数量上的损失，同时也可以起到防止外界环境对包装物造成的危害的作用。例如，包装中的内衬和隔板的设计，就是为了防止在流通过程中，一些易受损害的物品受到震荡和挤压。

2）方便功能。科学的包装更利于使用。例如一些食品包装，为了便于开封而添加的锯齿设计。好的包装还要考虑是否便于人们运输或有效利用空间。例如商品包装是否可以合理排列，方便拆分、组装等。

3）提高商品整体形象的功能。包装提高了商品的整体形象，可以直接刺激消费者的购买欲望，使其产生购买行为；同时还起到了宣传的效应，促进销售。

3. 包装的分类

包装的类型很多，按不同包装目的、包装形态、包装方法、包装材料及使用次数有不同的分类。

（1）按包装目的分类　按包装目的可分为运输包装和销售包装两大类。运输包装以满足运输、储存、装卸的需要为主要目的，具有保障产品安全，方便运输、储存、装卸，加速交接、点验等作用。运输包装又称工业包装、外包装，以保护功能为主，兼具便利功能；销售包装以商品销售为主要目的，与内装物一起到达，具有保护、美化、宣传和促销商品的作用。

（2）按形态不同分类　按形态不同可分为个包装、内包装、外包装三大类。个包装是指物品按个进行的包装，目的是为了提高商品的价值或保护物品；内包装是指包装货物的内部包装，目的是为了防止水、湿气、光热和冲击碰撞对物品造成的损坏；外包装是指货物的外部包装，其目的是方便物品的运输、装卸和保管，保护物品。

（3）按包装方法分类　按包装方法可分为缓冲包装、防锈包装、真空包装、充气包装、灭菌包装、贴体包装和组合包装等。

（4）按包装材料分类　按包装材料可分为纸类包装、塑料类包装、金属类包装、玻璃和陶瓷类包装、木材和复合材料包装等五大类。

（5）按包装使用次数分类　按包装使用次数可分为一次性包装（如纸盒、塑料袋）、复用性包装（如能直接消毒、灭菌再使用的玻璃瓶，或回收再复制的金属、玻璃容器等）两大类。

5.1.2 包装和物流的关系

包装是物流系统的构成要素之一，与运输、装卸搬运、贮存保管、加工均有密切的关系。在现代物流观念形成以前，包装被看成是生产的终点，是属于生产领域的活动，包装的设计往往主要从生产终结的要求出发，因而常常不能满足流通的要求。现代物流认为，包装与物流的关系，较之与生产的关系，更加密切，其作为物流始点的意义较之作为生产终点的意义更大。因此，包装应纳入物流系统之中，这是现代物流对包装的定位。

物流是指商品从供给者向需要者的物理性移动，是创造时间性、场所性价值的经济活动。它除包括包装、装卸、保管、库存保管、流通加工、运输、配送等诸种活动外，还包括连接这些活动的信息流动。商品从供给者到需要者，要经过多次分装、配送、运输、搬运、保管和物流信息的传递，在这些物流活动中，商品会发生损失，商品损失包括机械、物理、化学和信息等诸方面。为保证整个物流活动的安全，必须分析商品损失产生的原因。据统计，我国每年因包装不善造成的商品损失，其数字是相当惊人的。因此，加强商品损失机理研究，减少商品在物流过程中的损失具有重大意义。包装在整个物流活动中具有特殊的地位。在生产和流通过程中，包装处于生产过程的末尾和物流过程的开头，即既是生产的终点，又是物流过程的始点。包装是物流活动的基础，没有包装几乎不可能实现物流的其他活动（散货物流除外）。

因此，包装贯穿于整个物流过程，它的材料、形式、方法以及外形设计都对其他物流环节产生重要的影响。包装除了对物流活动的经济性产生影响以外，还对物流活动的安全性也产生重要的影响。

5.1.3 现代物流包装的基本要求

现代物流包装应符合以下三个方面的基本要求。

1）流动要求。流动要求是指包装应能满足提高物流装卸、搬运、储存、配送效率的要求。流动中，包装将发挥防护、操作功能。防护功能是指通过包装防止商品在流通过程中发生不可接受的破损。操作功能是指通过包装使商品在市场上更方便流通，减少流通费用。

2）市场要求。市场要求是指要求包装能使产品更加吸引人，使产品具有附加值。首先，要求包装及产品上都有必要的、符合规范要求的信息或说明，如产品性能、使用说明、维修方法、注意事项及条码等，起到向顾客传递信息的作用。其次，要求包装采用符合美学的装潢设计、先进技术的结构方案及满足与顾客直接交流等其他吸引消费者的方法，以起到促进销售的作用。最后，包装应注重产品安全、接触产品及使用产品者的人身安全，即满足安全生产、安全消费的要求，例如做到防伪包装、防偷换包装和儿童安全包装等。

3）环境要求。环境要求即绿色包装，是要求包装必须致力于减缓物流对环境的压力。为此，包装应重视提高资源的利用率，尽量不用或少用有害物料，物料能重复利用或形成的废物最少等。

随着物流标准化的推进与包装技术的提高，现代物流对包装技术提出了新的发展方向。

1）包装绿色化。能够循环复用、再生利用或降解腐化，且在产品的整个生命周期中对人体及环境不造成公害的适度包装，称为绿色包装。绿色包装最重要的含义是保护环境，同时兼具资源再生的意义。具体言之，它应具备以下的含义：实行包装减量化（Reduce）；包装应易于重复利用（Reuse），或易于回收再生（Recycle）；包装废弃物可以降解腐化（Degradable）；包装材料对人体和生物应无毒无害；包装制品从原材料采集、材料加工、制造产品，产品使用、废弃物回收再生，直到最终处理的生命全过程均不应对人体及环境造成公害。前面四点应是绿色包装必须具备的要求。最后一点是依据生命周期分析法（LCA），用系统工程的观点，对绿色包装提出的理想的最高要求。

2）智能化。物流信息化发展和管理的一个基础条件就是包装的智能化。因为在物流活动过程中，信息的传递大部分是包装来携带的。也就是说，如果包装上信息量不足或错误，将会直接影响物流管理活动的进行。随着物流信息化程度提高，包装上除了标明内装物的数量、重量、品名、生产厂家、保质期及搬运储存所需条件等信息外，还应粘贴商品条形码、流通条码等，以便实现电子数据交换（EDI）。智能化的信息包装是形成物流信息化管理的有利媒介。

3）包装系统化。包装作为物流的一个部分，必须把包装置于物流系统加以研究。如果只片面强调节省包装材料和包装费用，虽然包装费用降低了，但由于包装质量低，在运输和装卸搬运等物流过程中造成破损，物流大系统及其他子系统是相互联系、相互制约的。所以，只有把作为物流基础的包装子系统与它们紧密衔接，密切配合，才能为物流大系统的经济效益创造最佳条件。

4）包装标准化。在生产技术活动中，对所有制作的运输包装和销售包装的品种、规格、尺寸、参数、工艺、成分、性能等所做的统一规定，称为产品包装标准。产品包装标准是包装设计、生产、制造和检验包装产品质量的技术依据。商品包装标准化主要内容是使商品包装适用、牢固、美观，达到定型化、规格化和系列化。对同类或同种商品包装，需执行“七个统一”，即统一材料，统一规格、统一容量、统一标记、统一结构、统一封装方法和统一捆扎方法等。

5）包装合理化。包装与物流各环节都有密切的联系。关于包装的合理化，国内外开展了广泛的研究。我们认为，包装合理化的要点是：从物流总体角度出发，用科学方法确定最优包装以及防止包装不足和包装过剩。目的是做到轻薄化、单纯化、作业简单、集装化和标准化、机械化、自动化、其他环节的配合以及有利环保等。

5.2 包装材料和包装容器

5.2.1 包装材料

常用的包装材料有纸、塑料、木材、金属、玻璃等。使用最为广泛的是纸及各种纸制品，其次是木材、塑料等材料。

1. 包装用纸和纸制品

纸和纸板具有很多优良性能，如适宜的坚牢度、耐冲击性、耐摩擦性、易于消毒、易于成型、经济、重量轻、便于加工等。

（1）常用的包装用纸　常用的包装用纸种类较多，主要如下。

① 普通纸张，如牛皮纸、纸袋纸、中性包装纸、玻璃纸、羊皮纸等。

② 特种纸张，如高级伸缩纸、保光泽纸、防油脂纸、袋泡茶滤纸等。

③ 装潢用纸，如胶版纸、铜版纸、压花纸、表面涂层纸等。

④ 二次加工纸，如石蜡纸、沥青纸、防锈纸、真空镀铝纸等。

（2）常用的包装用纸板　主要有普通纸板，如箱纸板等；二次加工纸板，如瓦楞纸板。

2. 塑料

塑料在包装中的应用是现代商品包装的重要标志。塑料在包装中的用途十分广泛，在整个包装材料中的比例仅次于纸和纸板，且有逐步取代纸、木材、金属和玻璃的趋势。

（1）塑料包装材料的特点

① 物理机械性能良好。具有一定的强度、弹性、耐折叠、耐摩擦、抗振动、防潮、隔气等。

② 化学稳定性好，耐酸碱、化学药剂和油脂，防腐蚀，无毒。

③ 质量轻。

④ 易加工成型，工艺简单，多样。可制成薄膜、片材、管材、带材，又可纺织成布，还可用作发泡材料等。其成型工艺有吹塑、挤压、注塑、铸塑、真空、发泡、吸塑、热收缩、拉伸等，可创造出适合不同产品的新型包装。

⑤ 具有优良表面光泽度和透明性，印刷和装饰性能良好，在传达和美化商品上具有良好的效果。

⑥ 属于节能材料，具有一定的价格竞争力。

但是，塑料用作包装材料也有不足之处，如强度不如钢铁；耐热性不如玻璃；在外界因素长期作用下易老化；有些还带有异味；有些内部低分子物有可能渗入内装物；易产生静电；废物处理难，易产生公害；价格受石油价格波动影响大等。

（2）常用做包装材料的塑料

① 聚乙烯（PE）。使用最普遍的塑料包装材料，分高密度聚乙烯、中密度聚乙烯和低密度聚乙烯三类。

② 聚丙烯（PP）。无毒、无臭、防潮、隔气性好，耐酸、碱及多种有机物的腐蚀，机械强度高，广泛用于食品、糖果、香烟、茶叶、果汁、牛奶、纺织品、化妆品等包装领域。

③ 聚氯乙烯（PVC）。分为软质和硬质两类，软质的多用于制作各种包装袋，硬质的可塑制成各种瓶、杯、盘、盒等包装容器。

④ 聚苯乙烯（PS）。坚硬、无色、透明，强度高，印刷性较好，无味，用于制作盛装食品以及酸碱类的容器。但易破裂，聚静电，熔点低，不宜在高温下使用。

⑤ 聚酯（PET）。聚酯塑料常用来吹塑成各种包装瓶。聚酯薄膜经常与聚乙烯、聚丙烯等制成复合薄膜作为冷冻食品及加热杀菌食品的包装材料。

⑥ 脲醛塑料（VF）。俗称电玉，在包装上主要用于制作精致的包装盒、化妆品容器盒、瓶盖等。但在醛酸中浸泡时，有游离的有毒物质析出，不适宜用做包装食品。

⑦ 聚酰胺（PA）又名尼龙（Nylon）。主要用于食品的软包装，特别适用于油腻性食品的包装，也常用于农药、化学试剂等的包装。

⑧ 聚偏二氯乙烯（PVDC）。综合阻隔性能优良，是一种阻气、阻湿皆优的高阻隔性能材料。

⑨ 酚醛塑料（PP）。俗称电木，广泛用作电器绝缘材料。在包装上主要用于制作瓶盖、箱盒及盛装化工产品的耐酸容器。

3. 木材

木材是一种优良的结构材料，长期以来一直用于制作运输包装，近年来，虽有逐步被其他材料所替代的趋势，但仍在一定范围内使用，在包装材料中占有一定的比重。

木材作为包装材料的特点如下：

① 资源分布广，便于就地取材。

② 硬度/质量比优良，有一定的弹性，受冲击、振动、重压作用较强，木制包装是装载大型、重型物品的理想容器。

③ 加工方面，木制容器使用简单工具就能制成，不需要复杂的机械设备。

④ 可加工成胶合板等，提高木材的均匀性，可减轻包装重量，改善外观，扩大了木材包装材料的应用范围。

⑤ 包装可以回收重复使用，成本较低，是绿色包装材料。

但是，木材易于吸收水分，易于变形开裂，易腐烂，易受白蚁蛀蚀，有的还有异味，不利于成批机械化加工。受资源的限制，国家已采取限制使用木材的措施。因此，应尽量少用木材作为包装材料，积极广泛地发掘和采用其他包装材料。

4. 金属包装材料

金属包装材料是指把金属压制成薄片，用作产品包装的材料。常用的金属材料有钢材和铝材，形成薄板和金属箔，前者为刚性材料，后者为软性材料。

（1）金属包装材料的特点

① 牢固结实，不易破碎、不透气、防潮、避光，能有效地保护内装物。

② 延展性好，易加工成型，加工技术工艺成熟，能自动化连续生产，钢板表面能镀锌、锡、铬等，提高其抗腐蚀的能力。

③ 易于再生使用。

（2）常用于包装的金属材料

① 镀锡薄板（俗称马口铁）。是在普通钢板的表面镀上锡层，以增强其抗腐蚀性。因其钢基成分和钢板工艺不同，所以有不同的加工性能，可以加工成各种形状的容器。

② 镀锌薄钢板（白铁皮）。是在钢板的表面镀上锌保护层，以增加抗腐蚀能力。它具有强度高、密封性能好等优点。

③ 镀铬薄钢板。主要用于腐蚀性较小的啤酒罐、饮料罐及食品罐的底盖等。

④ 铝合金薄板。是铝镁、铝锰等合金经一系列工序制成底薄板，具轻便、美观、抗腐蚀性强、无毒、美观等特点。

⑤ 铝箔。由电解铝经延压而成，极富延展性，厚薄均匀。铝箔能隔绝水、气，外观好，易于装饰美化。

5. 玻璃包装材料

玻璃作为传统的包装材料沿用至今，以其本身的优良特性及制造技术的不断改进．能适应现代包装的需要，仍是现代包装的主要材料之一。

玻璃包装材料的特点：

① 玻璃的保护性能较好，不透水、不透气，有紫外线屏蔽性，化学稳定性强，无毒无异味，有一定强度，能有效地保护内装物。

② 透明性好，易造型，有特殊的传达和美化商品的效果。

③ 易加工，可制成各种规格式样，适应性较强。

④ 玻璃的强化、轻量化技术及复合技术的发展，加强了对产品包装的适应性，尤其在

一次性使用的包装材料中有较强的竞争力。

⑤ 能反复回收使用，易于再生，一般不会造成公害。

⑥ 资源丰富。价格便宜稳定。但是，玻璃包装材料存在耐冲击强度低，碰撞时易破裂，自身重量大。运输成本高，能耗大等缺点，限制了它的应用。

玻璃制成大型容器或制成玻璃纤维复合袋，用于强酸类、化工产品和矿物粉料的运输包装。也可以制成玻璃瓶、玻璃罐，用于酒类、饮料、食品、药品、化学试剂、化妆品和文化用品的销售包装。

6. 纤维包装材料

天然的纤维材料有黄麻、红麻、大麻、青麻、罗布麻、棉花等；轻工业加工的有合成树脂、玻璃纤维等。纤维包装材料用于制成各种袋装容器。

7. 复合包装材料

将两种和两种以上具有不同特性的材料，通过各种方法复合在一起，以改进单一包装材料的性能，形成更优良的包装材料，称为复合包装材料。一般可分为基层、功能层和热封层。基层主要起美观、印刷等作用。复合膜能使包装内含物具有保湿、保香、美观、保鲜、避光、防渗透、延长货架期等特点，因而得到迅猛发展。常见的复合包装材料有三四十种，使用最广泛的有塑料与玻璃纸复合，塑料与塑料复合，金属箔与塑料复合，金属箔、塑料、玻璃纸复合，纸与塑料复合等。

5.2.2 包装容器

1. 包装容器的概念

包装容器是以方便储存、运输、销售为目的而使用的任何容纳、限制或封闭物品（或内包装件）的器具，例如袋、盒、瓶、罐和箱等。

2. 常见的包装容器

（1）包装袋　包装袋是用有较高韧性、抗拉强度和耐磨性的挠性材料制成的管状结构的包装容器。包装袋是柔性包装中的重要手艺，包装袋材料是挠性材料，有较高的韧性、抗拉强度和耐磨性。包装袋广泛适用于运输包装、贸易包装、内装、外装，使用较为广泛。包装袋可根据盛装产品的重量、尺寸、性质及使用要求设计制造，自身重量轻，所占空间少，运输成本低。但是包装袋比较柔软，缺乏一定的硬度，在运输过程中，易于损坏，没有盒、箱等容器坚固。一般将包装袋分为集装袋、一般运输包装袋和小型包装袋（或称普通包装袋）三种类型。

① 集装袋是一种大容积的运输包装袋，盛装重量在1000kg以上。一般采用聚丙烯、聚乙烯等聚酯纤维纺织而成，顶部一般装有金属吊架或吊环等，以便于铲车或起重机的吊装、搬运。卸货时可打开袋底卸货孔进行卸货。适于装运颗粒状、粉状的货物。

② 一般运输包装袋大部分由植物纤维或合成树脂纤维纺织而成的织物袋，或由几层挠性材料构成的多层材料包装袋。如麻袋、草袋和水泥袋等，盛装重量在5～100kg。一般运输包装袋主要用于粉状、颗粒状和个体小的货物包装。

③ 小型包装袋（普通包装袋）。盛装重量较少，通常用单层材料或双层材料制成，对某些具有特殊需要的包装袋，一般以塑料薄膜、牛皮纸、玻璃纸或蜡纸等材料制成。这种包装袋应用范围较广。液状、粉状、块状和异型物等都可以采用小型包装袋包装。

上述几种包装袋中，集装袋适于运输包装，一般运输包装袋适于外包装及运输包装，小型包装袋适于内装及贸易包装。

(2) 包装盒　通常用纸板、金属、硬质塑料以及纸板与塑料、铝箔等的复合材料制成，是一种刚性或半刚性的容器，呈规则几何状，一般为长方体，但也有制成尖角形或其他外形的。它不易变形，有较高的抗压强度，容积较小，一般在10L以下，有关闭装置。包装操作一般采用码入法或装填法，然后将开闭装置闭合。包装盒整体强度不大，包装量也不大，不宜做运输包装，宜于作为块状及各种形状物品的销售包装盒内包装。包装盒的外观可以运用多种印刷技术进行有效的装饰美化，以促进商品销售。包装盒一般可以分为固定式包装盒和折叠式包装盒两种类型。

(3) 包装箱　包装箱是一种刚性或半刚性包装容器，有较高的强度且不易变形。它的包装结构与包装盒相同，但容积、外形都大于包装盒，两者的容积分界为10L。包装操作主要为码放，然后将开闭装置闭合或将一端固定封死。包装箱整体强度较高，抗变形能力强，包装量也较大，适宜做运输包装和外包装，包装范围较广，主要用于固定货架包装。

重要包装箱有以下几种。

① 瓦楞纸箱。瓦楞纸箱是用瓦楞纸板制成的箱形容器。按瓦楞纸箱的外形结构分类，有折叠式瓦楞纸箱、固定式瓦楞纸箱和异形瓦楞纸箱三种。按组成瓦楞纸箱体的材料来分类，有瓦楞纸箱和钙塑瓦楞箱。

② 木箱。木箱是常用的一种包装容器，其用量仅次于瓦楞箱。木箱主要有木板箱、框板箱和框架箱三种。

③ 塑料箱。个别用做小型运输包装容器，好处是自重轻，耐蚀性好，可装载多种商品，整体性强，强度和耐用性能满足多次操作的要求，可制成多种色彩以对装载物分类，手握搬运便利，没有木刺，不轻易伤手。

(4) 集装箱　集装箱是由钢材和铝材制成的大容积物流装运设备。从包装角度看，它是一种大型包装箱，属于运输包装的类别，是大型反复使用的周转型包装容器。

(5) 包装瓶　包装瓶是瓶颈与瓶身尺寸有较大差别的小型容器，是刚性包装中的一种。它的制造材料有较高的抗变形能力，刚性、韧性要求一般较高。个别包装瓶的材料介于刚性与柔性材料之间。瓶的形状在受外力时虽可发生一定程度的变形，外力一旦撤除，仍可恢复原来的形状。包装瓶的包装量一般不大，适合美化装潢，主要用于液体、粉状物体的销售包装和内包装，包装液体、粉状货。

(6) 包装罐　包装罐罐颈短，罐颈内径比罐身内颈稍小或无罐颈的一种包装容器，是刚性包装的一种。包装材料强度较高，罐体抗变形能力强。包装操作是装填操作，而后将罐口关闭，可做运输包装、外包装，也可做贸易包装、内包装用。

5.3 包装技术

5.3.1 通用包装技术

通用包装技术指完成包装操作活动的技术与方法。其中，防伪包装技术也归为通用包装技术。

1. 充填技术

将内装物按要求的数量装入包装容器的操作称为充填。充填技术是如何将内装物准确充填到包装容器中的技术。充填技术主要用于销售包装，但在运输包装中也有应用。

（1）固体内装物充填方法　固体物料的范围很广，按形态可分为粉末、颗粒和块状三类；按黏性可分为非黏性、半黏性和黏性物料三类。非黏性物料，如干谷物、种子、大米、砂糖、咖啡、粒盐、结晶冰糖和各种干果等；半黏性物料，如面粉、粉末味精、奶粉、绵白糖、洗衣粉和青霉素粉剂等；黏性物料，如红糖粉、蜜饯果脯和一些化工原料等。

固体物料的充填方法可分为三大类。

① 称量充填法，即以重量来计量充填物料的数量，适用于易吸潮、易结块、粒度不均匀，比重比较大的物料的充填。分净重充填和毛重充填两种。

② 容积充填法，以容积来计算充填物料的数量，结构简单，充填速度高，但精度低。有两种控制方式，一是控制充填物料的流量或时间来保证充填容积；二是用相同的计量容器量取物料，保证充填容积。

③ 计数法，这一类通常用于集合包装，块状、颗粒状固体物料的充填，是以块状、颗粒状固体物料的数量或包装单件的数量来计量。

固体物料计量的方法分为两大类：第一类是包装物品有一定规则的整齐排列，其中包括预先就具有规则而整齐的排列，或经过供送机构将杂乱包装物品按一定形式排列计数的方法；第二类是从杂乱包装物品的集合体中直接取出一定个数的计数方法。

（2）液体内装物充填方法　液体内装物的充填，又称灌装。液体物料的化学物理性质各不相同，故灌装方法也不同。其方法按原理可分为重力灌装、等压灌装、真空灌装和机械压力灌装四大类。

2. 装箱技术

装箱技术是指对于已完成小包装的产品，为了使其在运输过程中不受损坏，便于储运而将小包装的产品按一定方式装入箱内，并把箱口封好的技术。按制箱材料可分为：木板箱、胶合板箱、纤维板箱、硬纸板箱、瓦楞纸箱、钙塑瓦楞箱和塑料周转箱等。其中，供长时间贮存，在大范围内运输用的，以瓦楞纸箱为最多；供临时性贮存，在小范围内流通的，以塑料周转箱为最多。它们都具有重量轻、成本低的优点。常见的箱体形式如图 5-1 所示。

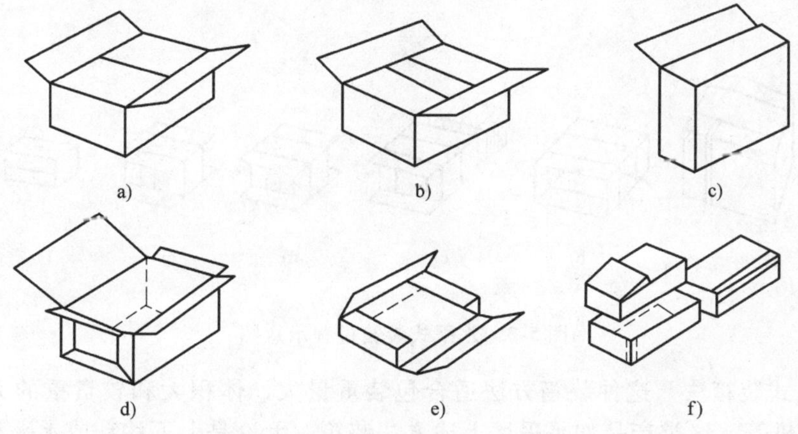

图 5-1　常见的箱体形式

a）通用开缝箱（RSC）　b）盖片翼片对合箱（CSSC）　c）盖片全重叠箱

d）端面钉合箱　e）书本式裹包箱　f）三件插套箱

装箱技术可采用手工操作、半自动和全自动机械操作三种。手工操作装箱是先把箱坯撑开成筒状，然后把一个开口处的翼片和盖片依次折叠并封合作为箱底；产品从另一开口处装入，必要时先后放入防振、加固等材料；最后封箱。用粘胶带封箱可用手工进行，如有生产线或产量较大时，宜采用封箱贴条机。用捆扎带封箱，一般均用捆扎机，较用手工捆扎时可节省接头箍和塑料带，且效率较高。半自动与全自动操作装箱是利用机器的动作多数为间歇运动方式，高速全自动装箱机也有采用连续运动方式的。半自动操作装箱，取箱坯、开箱、封底均为手工操作。

按产品装入方式可分为装入式装箱法、套入式装箱法和箱装袋法。

（1）装入式装箱法　产品可以沿铅垂方向装入直立的箱内，垂直式装箱过程示意图如图 5-2 所示，所用的机器称为立式装箱机；产品也可以沿水平方向装入横卧的箱内或侧面开口的箱内，水平式装箱过程示意图如 5-3 所示，所用机器称为卧式装箱机。

通常适用于圆形的和非圆形的玻璃、塑料、金属和纤维板制成的包装容器包装的产品，分散的或成组的包装件均可。广泛用于各种商品，如饮料、酒类、食品、玻璃用具、石油化工产品和日用化学品等。

常见的立式装箱机均为间歇运动式，提高速度会受到一定限制。为了提高速度，有的设计成多列式，即在同一台装箱机上，每次装几个箱，速度可提高到 60 箱/min；新型的立式连续装箱机，适合于瓶装或罐装产品，生产率可达 75 箱/min，但不宜经常变换产品品种。

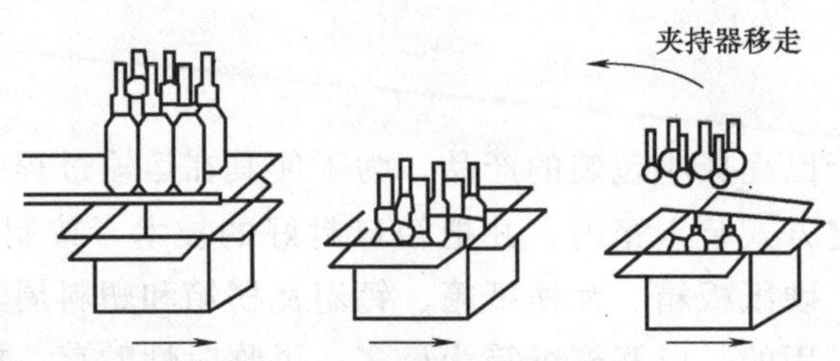

图 5-2　垂直式装箱过程示意图

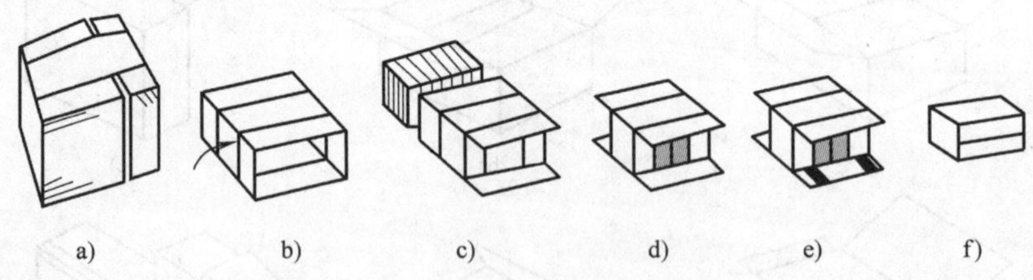

图 5-3　水平式装箱过程示意图

（2）套入式装箱法　这种装箱方法适合包装重量大、体积大和较贵重的大件物品，如电冰箱、洗衣机等。这类产品如果采用上述方法装箱，无论是上下移动或水平移动，既费能量又容易出事故。为此，采用套入式，其特点是纸箱采用两件式，一件比产品高一些，箱坯撑开后先将上口封住，下口没有翼片和盖片；另一件是浅盘式的盖，开口向上也没有翼片和盖片，长宽尺寸略小于高的那一件，可以插入其中形成一个倒置的箱盖。其装箱过程如图

5-4 和图 5-5 所示。装箱时，先将浅盘式的盖放在装箱台板上，里面放置防振垫。再将高的那一件纸箱从上部套入，直到把浅盘插入其中。最后用塑料带捆扎。

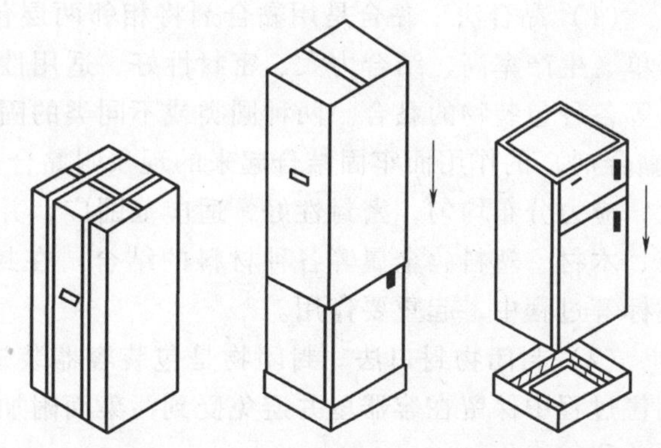

图 5-4　套入式装箱过程示意图

(3) 箱装袋　除以上的装箱方法外，还有一种特殊的装箱方式，称箱装袋（bag-in-box）。箱装袋顾名思义，就是在瓦楞纸箱内装一个塑料或复合材料的袋子。袋上有灌袋口，可以装封口盖或带管的阀门。一般为手工装箱，将空袋先装在空箱内，灌满料液后，将袋上的盖或阀门旋紧，然后封箱。灌满后的袋，形状和容积正好填满箱的空间。取用时，不必开封，只需将露在箱外的放液盖或阀门开启即可，如婴儿食品等。因此，很受家庭、快餐店和饭店的欢迎。

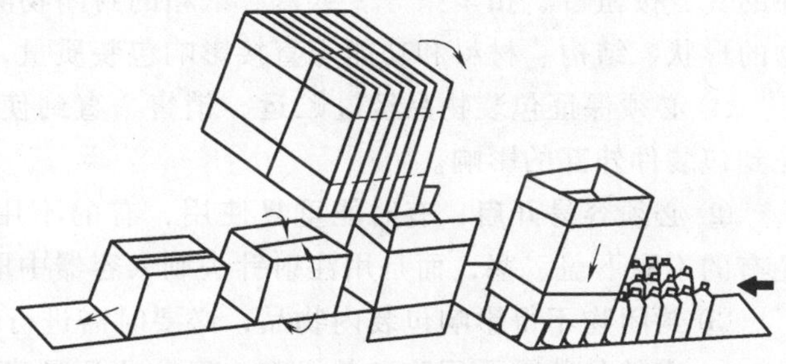

图 5-5　筒状箱坯套装多件产品

箱装袋是二十多年前开始出现的，由于塑料薄膜和多层复合材料的性能不断改进，近年来箱装袋的应用范围不断扩大，主要用来包装各种黏度的液体物，如饮料、酒类、食用油、酱油等。包装容器，小袋为 4 ~ 25cm^3，大袋可达 200 ~ 1000cm^3。

箱装袋有许多优点，空箱和袋都是可折叠的，贮运占地少，并可重复使用；箱为长方形，堆叠起来占地面积比圆桶少；装袋之前，袋可进行灭菌处理，灌满液体物料之后袋中无空气，使用过程中袋逐渐压瘪，空气不能进入袋中，可一直保持袋中物料不与空气接触。由此可见，箱装袋可节省包装和贮运费用，并可延长物品的保存期，使用也很方便。箱装袋也有缺点，在堆放过程中，万一有一个箱中袋泄漏，将污染和损坏其下层的箱。所以，箱要有足够的强度，袋的质量必须保证。新产品包装要经过严格的测试。

3. 裹包技术

裹包是人类最早采用的包装方式。裹包就是在物品外面包上天然或人工制造的柔性材料，通过打褶、折叠、扭结等方法将开口端闭合，再用加热、黏结、捆扎等方法形成封闭型的包装物。裹包技术最早用于裸装物品，后来发展到用于已经过初步包装的箱、盒、托盘货物，形成集装式和加固式的最终包装。捆扎的动作比裹包要简单得多，故也常用于货物最外层的加固和集装。随着商品品种范围的不断扩大，新型透明材料和阻隔性材料不断出现，加上包装机械自动化技术的支持，商品裹包技术得到迅速发展，具有高速、高效的特点，适合于各种产品形态的新型裹包机械可完成各种较为复杂的折叠与裹包工序。

4. 封口技术

封口是指将产品装入包装容器后，封上容器封口部分的操作。常用的封口方法有黏合法和封闭物封口法两种。

（1）黏合法　黏合是用黏合剂将相邻两层包装材料表面结合在一起的方法，具有工艺简单、生产率高、结合力大、密封性好、适用性广等优点。常用于纸、布、木材、塑料、金属等各种包装物的黏合。两种同类或不同类的固体，由于介于两者表面之间的另外一种物质（黏合剂）的作用而牢固结合起来的现象叫黏合。其特点是工艺简单，生产率高，结合强度大，应力分布均匀，密封性好，适应范围广，并具有增加绝热、绝缘性能。主要应用在纸、布、木材、塑料、金属等各种材料的结合。在封口、复合材料的制造、封箱（盒）、贴条、贴标等过程中，起重要作用。

（2）封闭物封口法　封闭物是包装容器装进产品后，为了确保内装物在运输、储存和销售过程中保留在容器里并避免受到污染而附加在包装容器上的盖、塞等封闭物或复盖器材的总称。

封闭物封口法用于瓶、罐类包装件的封闭物，主要是盖（如螺丝盖、快旋盖、易开盖、滚压盖等）和塞（如软木塞、橡胶塞和塑料塞等）。用于袋包装件的封闭物主要有夹子、带环的套、按钮带、扣紧条等。纸盒、纸箱的封闭物除用胶带黏合外，还可用卡钉钉合。封闭物的形状、结构、材料和功能等直接影响包装质量，因此，对封闭物的要求是多方面的。

① 必须保证包装物品经过贮运、销售、直到使用时无滴漏和逸散等情况，同时也不会受到包装件外部的影响。

② 必须容易开启，有时能重复使用，有的不用取下盖、塞就能取用包装件内部物品，还有的不取下盖、塞，而是用注射针头刺入容器中取用等。

③ 封闭物不得影响包装内物品，必要时需进行消毒灭菌等过程。

④ 有的包装需要用防盗盖、塞，以防止假冒商品，或在销售时开启封闭物，破坏包装件的无菌或真空状态，造成商品损坏。

⑤ 特殊的商品要求气密性包装，以防潮、防挥发等；也有的商品要保持一定真空或压力。

⑥ 除保护商品质量，方便使用外，还要具有较好的可印刷性和装饰性，以达到美观和宣传商品的作用。

总之，封闭物往往都是些很小的零件，但对商品的作用和影响却很大，不可忽视。

5. 捆扎技术

捆扎通常是指直接将单个或数个包装物用绳、钢带、塑料带等捆紧扎牢以便于运输、保管和装卸的一种包装作业。它是包装的最后一道工序。捆扎可以将包装物捆紧、扎牢并压缩，既增加外包装强度，减少散包所造成的损失，又便于提高装卸效率，节省运输时间、空间和成本。常用的捆扎形式，有单道、双道、交叉和井字等多种形式。

6. 防伪包装技术

利用包装技术防伪是目前大多数生产厂家采用的主要防伪措施。防伪包装的定位要点。

1）商品本身的经济价值和社会价值。

2）所采用的防伪包装的技术开发费用和生产成本。

3）商品的属性特点和消费层次。

4）所采用的防伪包装技术应有对应的识别检测方法。

5）流通中防伪辅助管理手段的有效选择。

6）产品生产规模化、自动化和标准化的程度，使伪造商难以生产价格更低更有利可图的伪劣品。

7）所采用的防伪包装技术手段的可改进性和升级换代的可能性。

防伪包装手段名目众多且层出不穷，大体上分为防伪标识、特种材料与工艺、印刷技术、包装结构等。

5.3.2 包装保护技术

1. 防振保护技术

防振保护技术是指为减缓内装物受到冲击和振动，使其免受损坏，而在包装过程中所采取的一定防护技术措施，也称缓冲包装。产品从生产出来到开始使用要经过一系列的运输、保管、堆码和装卸过程，在任何环境中都会有力作用在产品上，有可能使产品发生机械性损坏。为了防止产品遭受损坏，就要采取防振保护技术，设法减少外力的影响。防振包装在各种包装方法中占有重要的地位。内装物受到冲击或振动而产生的损伤主要有两种，一是产品表面受物理作用破坏或某一部位，特别是外侧突缘部位，受到的外力超过本身的强度，产生了变形或破坏；二是产品的原粘接部件受外力作用而脱落，或滑动部件受外力作用，使其固定设施失效，发生滑动、撞击而破坏，为了防止损伤，就需要采用缓冲材料，使外力先作用于缓冲材料上，起到“缓和冲击”的作用。

（1）部分防振包装方法　对于整体性好的产品和有内装容器的产品，仅在产品或内包装的拐角或局部地方使用防振材料进行衬垫即可。所用包装材料主要有泡沫塑料防振垫、充气型塑料薄膜防振垫和橡胶弹簧等。此法能够根据内装物结构特点、重量、缓冲材料的特性以及最佳防振效果等来确定缓冲面积，材料花费合理，适用于大批量产品的包装。

（2）悬浮式防振包装方法　对于某些贵重易损的物品，为了有效保证在流通过程中不被损坏，外包装容器比较坚固，然后用绳、带、弹簧等将被装物悬吊在包装容器内。在物流过程中，无论是什么操作环节，内装物都被稳定悬吊而不与包装容器发生碰撞，从而减少损坏。

2. 防破损保护技术

缓冲包装有较强的防破损能力，因而是防破损包装技术中最有效的一类。此外还可以采取以下几种防破损保护技术。

（1）捆扎及裹紧技术　捆扎及裹紧技术的作用，是使杂货、散货形成一个牢固整体，以增加整体性，便于处理及防止散堆来减少破损。

（2）集装技术　利用集装，减少流通过程中与货体（物）的直接接触，从而防止破损。

（3）选择高强度保护材料　通过外包装材料的高强度来防止内装物受外力作用而产生破损。

3. 防湿、防水包装

采用防湿、防水包装的目的有二，其一是为阻隔外界水分的侵入，其二是减少、避免由于外界湿、温度的变化，而引起包装内部产生反潮、结露和霉变现象。防湿、防水包装的材料必须具有抵御外力作用和防止水分进入内部两种保护性能，因此要求防湿、防水包装应由两种材料构成：一种用于抵御外力的框架外壁材料，另一种是具有防湿、防水性能的内衬材料。

4. 防锈包装技术

防锈包装技术是一种将防锈蚀材料，采用一定的工艺，涂在被包装的金属制品上，以防止锈蚀损坏的包装方法。常用的防锈包装技术有防锈油包装、防锈蚀包装和气相防锈包装。

（1）防锈油防锈蚀包装技术　大气锈蚀是空气中的氧、水蒸气及其他有害气体等作用于金属表面引起电化学作用的结果。如果使金属表面与引起大气锈蚀的各种因素隔绝（即将金属表面保护起来），就可以达到防止金属大气锈蚀的目的。防锈油包装技术就是根据这一原理将金属涂封防止锈蚀的。用防锈油封装金属制品，要求油层有一定厚度，油层的连续性好，涂层完整。

（2）气相防锈包装　气相防锈包装是用气相缓蚀剂（挥发性缓蚀剂），在密封包装容器中对金属制品进行防锈处理的技术。气相缓蚀剂是一种能减慢或完全停止金属在侵蚀性介质中的破坏过程的物质，在常温下具有挥发性。它在密封包装容器中，在很短的时间内挥发或升华出的缓蚀气体就能充满整个装容器内的每个角落和缝隙，同时吸附在金属制品的表面上，从而起到抑制大气对金属锈蚀的作用。

5. 防霉腐包装技术

在运输包装内装运食品和其他有机碳水化合物货物时，货物表面可能生长霉菌，在流通过程中如遇潮湿，霉菌生长繁殖极快，甚至伸延至货物内部，使其腐烂、发霉、变质，因此要采取特别防护措施。包装防霉烂变质的措施，通常是采用冷冻包装、真空包装或高温灭菌方法。冷冻包装的原理是减慢细菌活动和化学变化的过程，以延长储存期，但不能完全消除食品的变质；高温杀菌法可消灭引起食品腐烂的微生物，可在包装过程中用高温处理防霉。有些经干燥处理的食品包装，应防止水汽浸入以防霉腐，可选择防水汽和气密性好的包装材料，采取真空和充气包装。真空包装法也称减压包装法或排气包装法。这种包装可阻挡外界的水汽进入包装容器内，也可防止在密闭着的防潮包装内部存有潮湿空气，在气温下降时结露。采用真空包装法，要注意避免过高的真空度。以防损伤包装材料。防止运输包装内货物发霉，还可使用防霉剂，防霉剂的种类甚多，用于食品的必须选用无毒防霉剂。机电产品的大型封闭箱，可酌情开设通风孔或通风窗等相应的防霉措施。

6. 防虫包装技术

防虫包装通常是使用驱虫剂驱杀虫害，即在包装中放入有一定毒性和臭味的药物，利用药物在包装中挥发的气体杀灭和驱除各种害虫。常用驱虫剂有萘、对位二氯化苯、樟脑精等，也可采用真空包装、充气包装、脱氧包装等技术，使害虫无生存环境，从而达到防止虫害的目的。此外，用于包装的包装材料（如木材、竹片等）必须经过防虫处理，糊纸盒的糨糊应放入防腐剂，以防止蛀虫的滋生。

7. 危险品包装技术

危险品是有毒、有害、易燃、易爆物品的总称。危险品有上千种，按其危险性可分为十大类，即爆炸性物品、氧化剂、压缩气体和液化气体、自燃物品、遇水燃烧物品、易燃液体、易燃固体、毒害品、腐蚀性物品、放射性物品等，有些物品同时具有两种以上危险性能。危险品包装就是根据危险品的特点，按照有关法令、标准和规定专门设计的包装。在其包装上，尤其运输包装上必须标明不同类别和性质的危险货物标志。

5.3.3　其他包装技术

1. 充气包装

充气包装又称气体置换包装技术，是采用二氧化碳气体或氮气等不活泼气体置换包装容器中空气的一种包装技术方法。它是根据好氧性微生物需氧代谢的特性，在密封的包装容器中改变气体的组成成分，降低氧气的浓度，抑制微生物的生理活动、酶的活性和鲜活商品的呼吸强度，达到防霉、防腐和保鲜的目的。

2. 收缩包装

收缩包装是用收缩薄膜裹包物品（或内包装件），然后对薄膜进行适当加热处理，使薄膜收缩而紧贴于物品（或内包装件）的包装技术方法。收缩薄膜是一种经过特殊拉伸和冷却处理的聚乙烯薄膜，由于薄膜在定向拉伸时产生残余收缩应力，这种应力受到一定热量后便会消除，从而使其横向和纵向均发生急剧收缩，同时使薄膜的厚度增加，收缩率通常为30%～70%，收缩力在冷却阶段达到最大值，并能长期保持。

收缩包装通常用于不规则形状的货物；需长期在室外存放或需防水的环境条件的货物；像发动机机体这种货物需要牢靠固定的托盘上，只有收缩式包装才能很好地适合于这一类；收缩式包装能够做到完全防水；此外，还有耐太阳紫外辐射的收缩薄膜可供选用。裹包方式主要有两端开放式（如电池、胶卷、卷纸、酒瓶口）、一端开放式和全封闭式（如碗面）。

3. 拉伸包装

拉伸包装是依靠机械装置在常温下将弹性薄膜围绕被包装件拉伸、紧裹，并在其末端进行封合的一种包装方法。因为拉伸包装不需进行加热，所以消耗的能源只有收缩包装的1/20。拉伸包装可以捆包单件物品，也可用于托盘包装之类的集合包装。

拉伸包装的货物应用范围较广，例如袋、箱、瓶、罐、整齐排列的货物、金属拉伸材料、轧制材料、板材、农产品以及器械用具等。一般来说，由于能耗差异，许多货运商都是首先考虑拉伸式，然后在必需时再考虑收缩式包装。

4. 真空包装

真空包装是将物品装入气密性容器后，在容器封口之前抽真空，使密封后的容器内基本没有空气的一种包装方法。维持袋内处于高度减压状态，空气稀少相当于低氧效果，使微生物没有生存条件，以达到果品新鲜、无病腐发生的目的。一般的肉类商品、谷物加工商品以及某些容易氧化变质的商品都可以采用真空包装，即可避免或减少脂肪氧化，又可抑制某些霉菌和细菌的生长。同时在对其进行加热杀菌时，由于容器内部气体已排除，因此加速了热量的传导，提高了高温杀菌效率，也避免了加热杀菌时，由于气体的膨胀而使包装容器破裂。

脱氧包装是继真空包装和充气包装之后出现的一种新型除氧包装方法。脱氧包装是在密封的包装容器中，使用能与氧气起化学作用的脱氧剂与之反应，从而除去包装容器中的氧气，以达到保护内装物的目的。脱氧包装方法适用于某些对氧气特别敏感的物品，使用在那些即使有微量氧气也会促使品质变坏的食品包装中。脱氧包装有着许多其他包装技术无可比拟的特点，脱氧包装克服了真空包装和充气包装去氧不彻底的缺点，同时脱氧包装还具有所需设备简单、操作方便、高效、使用灵活等优点。

5.4 包装标记与包装标志

5.4.1 包装标记

1. 包装标记的概念

包装标记是根据货物本身的特征，用文字和数字等在包装上标明规定的记号。

2. 一般包装标记

一般包装标记即包装基本标记，在包装上必须标明货物的名称、规格、型号、计量单位、重量（毛重、净重、皮重）、尺寸（长、宽、高）、出厂时间等说明。对于时效性较强的货物，还要说明储存期或保质期，如食品、胶卷等。

3. 表示收发货地点和单位的标记

在运输包装上注明商品起运、到达的地点和收发货单位的文字记号，反映的内容是收货、发货具体地点（收货人地点、发货人地点、发货站港、收货到站、到港等）以及收发货单位的全称。

4. 商品条码

商品条码是指印刷在或贴在商品包装上的、由一组规则排列的条、空及其对应代码组成的、表示特定信息的全球统一商品标识，包括零售商品条码、非零售商品条码和物流单元条码。商品条码的应用有利于商品和物流信息数据的录入和建立有效的产品跟踪与追溯系统。

5.4.2 包装标志

包装标志是为了便于货物交接、防止错发错运，便于识别，便于运输、仓储和海关等有关部门进行查验等工作，也便于收货人提取货物，在进出口货物的外包装上标明的记号。包装标志是用来指名被包装物质的性质和物流活动安全以及理货分运的需要进行的文字和图像的说明。图示标志的颜色一般为黑色。如果包装件的颜色使图示标志显得不清晰，则可选用其他颜色印刷，也可在印刷面上选用适当的对比色。一般应避免采用红色和橙色。粘贴的标志采用白底印黑色。

在国际物流中则要求在包装上正确绘制货物的运输标志和必要的指示性标志。

1. 运输标志，即唛头（Shipping Mark）

运输标志是贸易合同、发货单据中有关标志事项的基本部分。它通常是由一个简单的几何图形和一些英文字母、数字及简单的文字组成。运输标志的作用是使货物在运输过程中的每个环节便于识别，以免发生错装、错运、错转、错交和无法交付等情况；当由于某种原因发生票货分离时，也便于港航工作人员能很快地确认货物所有人。

运输标志的内容包括目的地名称或代号，收货人或发货人的代用简字或代号、件号（即每件标明该批货物的总件数）。体积（长×宽×高），重量（毛重、净重、皮重）以及生产国家或地区等。按国际标准化组织（ISO）的建议，包括四项内容；收货人名称的英文缩写或简称；参考号，如订单、发票或运单号码；目的地；件号。

运输标志在国际贸易中还有其特殊的作用。按《公约》规定，在商品特定化以前，风险不转移到买方承担。而商品特定化最常见的有效方式，是在商品外包装上标明运输标志。此外，国际贸易主要采用的是凭单付款的方式，而主要的出口单据如发票、提单、保险单上，都必须显示出运输标志。商品以集装箱方式运输时，运输标志可被集装箱号码和封口号码取代。

2. 指示性标志

指示性标志是用来指示运输、装卸、保管人员在作业时需要注意的事项，以保证安全的包装标志。按商品的特点，对于易碎、需防湿、防颠倒等商品，在包装上用醒目图形或文字，标明“小心轻放”“防潮湿”“此端向上”等。指示标志用来指示运输、装卸、保管人员在作业时需要注意的事项，以保证物资的安全。这种标志主要表示物资的性质，物资堆放、开启、吊运等的方法。

根据国家标准 GB 190—2009 规定，在有特殊要求的货物外包装上粘贴、涂打、钉附以下不同名称的标志。如向上、防潮、小心轻放、由此吊起、由此开启、重心点、防热和防冻等。在国际物流中则要求在包装上正确绘制货物的运输标志和必要的指示标志。

部分的包装储运图示标志见图 5-6，其使用示例如图 5-7 所示。

标志说明	图示	标志说明	图示
1. 易碎物品 运输包装件内装易碎品，因此搬运时应小心轻放		2. 禁用手钩 搬运运输包装时禁用手钩	
3. 向上 表明运输包装件的正确位置是竖直向上		4. 怕晒 表明运输包装件不能直接照射	
5. 怕辐射 包装物品一旦受辐射便会完全变质或损坏		6. 怕雨 包装件怕雨淋	
7. 重心 表明一个单元货物的重心		8. 禁止翻滚 不能翻滚运输包装	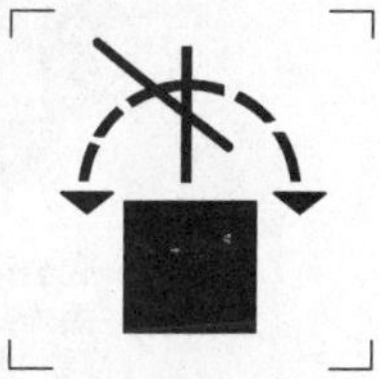
9. 此面禁用手推车 搬运货物时此面禁放手推车	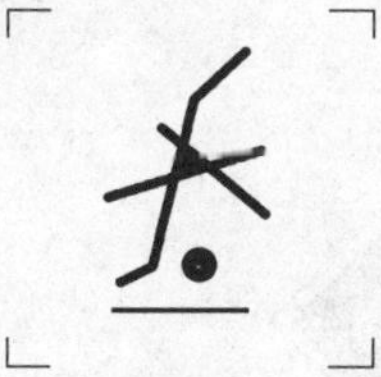	10. 堆码层数极限 相同包装的最大堆码层数，n 表示层数极限	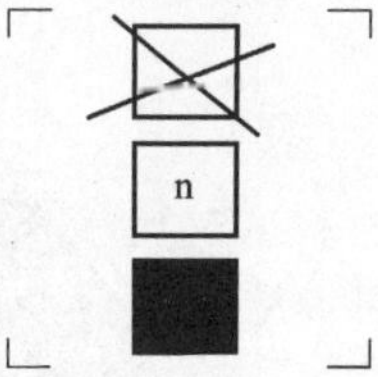 n
11. 堆码重量极限 表明该运输包装件所能承受的最大重量极限	 $-kg_{max}$	12. 禁止堆码 该包装件不能堆码并且其上也不能放置其他负载	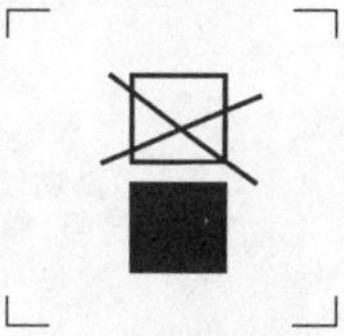

图 5-6 包装储运图示标志

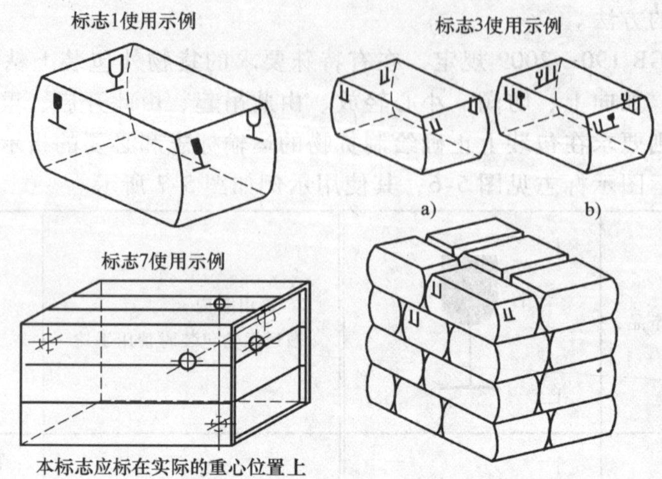

图 5-7　包装储运图示标志使用示例

3. 警告性标志

业务中往往根据货物的特性，如怕热、怕湿、怕振、怕倾斜等，在货物的外包装上刷制一些提示人们注意的标志，这就是指示性的标志（上图）。它通常用图形或文字表示。还有些特殊物品，如爆炸品、易燃物品、腐蚀物品、氧化剂和放射物质等，需在外包装上用图形或文字等标志表示其危险性，以便搬运人员注意，保障货物和操作人员的安全，所以称其为警告性标志（详见图 5-8）。

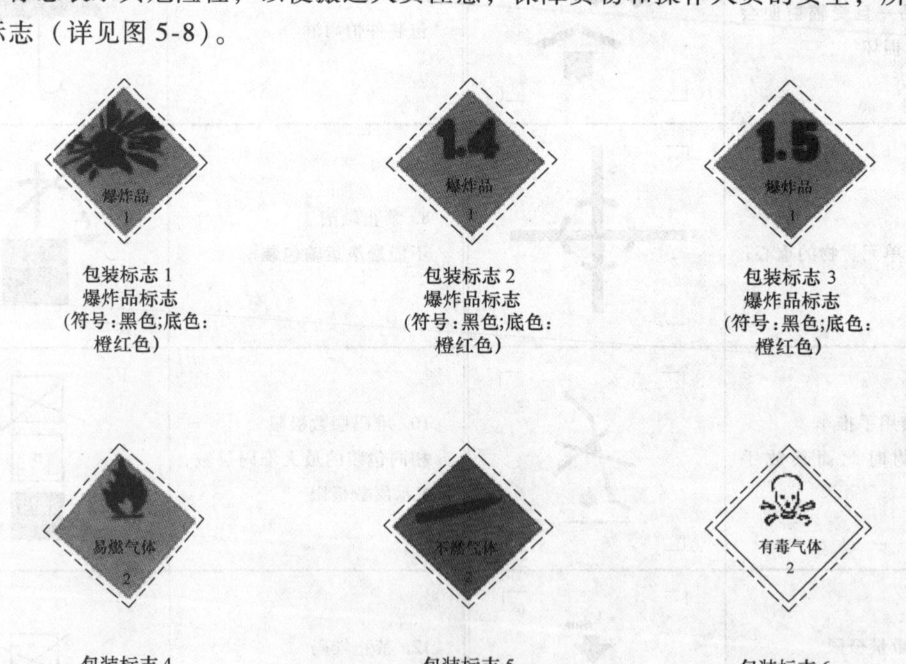

图 5-8　警告性标志

包装标志 7
易燃液体标志
(符号:黑色或白色;底色:正红色)

包装标志 8
易燃固体标志
(符号:黑色;底色:白色红条)

包装标志 9
自燃物品标志
(符号:黑色;底色:上白下红)

包装标志 10
遇湿易燃物品标志
(符号:黑色或白色;底色:蓝色)

包装标志 11
氧化剂标志
(符号:黑色;底色:柠檬黄色)

包装标志 12
有机过氧化物标志
(符号:黑色;底色:柠檬色)

包装标志 13
剧毒品标志
(符号:黑色;底色:白色)

包装标志 14
有毒品标志
(符号:黑色;底色:白色)

包装标志 15
有害品标志
(符号:黑色;底色:白色)

包装标志 16
感染性物品标志
(符号:黑色;底色:白色)

包装标志 17
一级放射性物品标志
(符号:黑色;底色:白色,附一条红竖线)

包装标志 18
二级放射性物品标志
(符号:黑色;底色:上黄下白,附二条红竖线)

包装标志 19
三级放射性物品标志
(符号:黑色;底色:上黄下白,附三条红竖线)

包装标志 20
腐蚀品标志
(符号:上黑下白;底色:上白下黑)

包装标志 21
杂类标志
(符号:黑色;底色:白色)

图 5-8　警告性标志（续）

5.4.3 包装标记与包装标志的使用要求

1. 包装标记与包装标志的使用要求

1）必须按照国家有关部门的规定办理。我国对物资包装标记和标志所使用的文字、符号、图形以及使用方法，都有统一的规定。

2）必须简明清晰、易于辨认。包装标记和标志要文字少，图案清楚，易于制作，一目了然，方便查对。标记和标志的文字、字母及数字号码的大小应和包装件的标记与标志的尺寸相称，笔画粗细要适当。

3）涂刷、拴挂、粘贴标记和标志的部位要适当。所有的标记和标志，都应位于搬运、装卸作业时容易看得见的地方。为防止在物流过程中某些标志和标记被抹掉或不清楚而难以辨认，应尽可能在同一包装物的不同部位制作两个相同的标记和标志。

4）要选用明显的颜色作标记和标志。制作标记和标志的颜料应具备耐温、耐晒、耐摩擦等性能，以致不发生褪色、脱落等现象。

5）标志的尺寸一般分为三种。用于拴挂的标志为 74mm ×52.5mm；用于印刷与标打的标志为 105mm ×74mm 和 148mm ×105mm 两种。须说明特大和特效的包装不受此尺寸限制。

标志的尺寸一般分为 4 种，见表 5-1。

表 5-1　标志尺寸

宽　尺　寸	号别	长
1	70	50
2	140	100
3	200	150
4	280	200

注：如遇特大或特小的运输包装件，标志的尺寸可以按表 2 的规定适当扩大或缩小。

2. 包装标记与包装标志的使用方法

1）标志的标打，可采用印刷、粘贴、拴挂、钉附及喷涂等方法。印刷时，外框线及标志名称都要印上；喷涂时，外框线及标志名称可以省略。

2）箱状包装，位于包装明显处；袋、捆包装，位于桶身或桶盖；桶形包装，位于桶身或桶盖；集装箱、成组货物，粘贴四个。

3）标志的文字书写应与底边平行；出口货物的标示，应按外贸的有关规定办理；粘贴的标志应保证在货物储运期内不脱落。

4）运输包装件需标打何种标志，应根据货物的性质正确选用。

5）标志由生产单位在货物出厂前标打。出厂后如改换包装，则由改换包装单位标打。

思　考　题

1. 包装的作用有哪些？
2. 如何看待包装与物流的关系？
3. 现代物流对物品包装提出了哪些要求？
4. 什么是包装标志？包装标志有哪些类型？

第6章　装卸搬运技术

【学习目标】

1. 了解装卸搬运的方法和意义。
2. 理解装卸搬运的概念和特点。
3. 了解装卸搬运作业和设备配置。
4. 掌握配装技术。

6.1　概　述

6.1.1　装卸搬运的概念

装卸搬运是指同一地域范围内（通常指某一个物流节点，如仓库、车站或码头等）进行的、以改变物的存在状态和空间位置为主要内容和目的的活动。具体地说，包括装上、卸下、移送、拣选和分类等。

“装卸”是指以改变“物”的存放、支承状态的活动，以垂直位移为主的实物运动形式；“搬运”是指以改变“物”的空间位置的活动，以水平方向为主的位移，两者合称装卸搬运。有时候在特定场合，单称“装卸”或“搬运”也包含了“装卸搬运”的完整含义。在习惯使用中，如铁路运输常把装卸搬运活动称为“物资装卸”（或货物装卸），而生产领域常将这一整体活动称为“物料搬运”。实际上，活动内容都是一样的，只是领域不同而已。

在实际操作中，装卸与搬运是密不可分的。两者是伴随在一起发生的。因此，在物流科学中并不过分强调两者差别而是作为一种活动来对待。

搬运的“运”与运输的“运”区别之处在于，搬运是在同一地域的小范围内发生的，而运输则是在较大范围内（通常是两个物流结点之间）发生的，两者是由量变到质变的关系，中间并无一个绝对的界限。

6.1.2　装卸搬运的特点

1）装卸搬运是附属性、伴生性的活动。装卸搬运是物流每一项活动开始及结束时必然发生的活动，因而时常被人忽视，有时被看作其他操作不可缺少的组成部分。例如，一般意义上的“汽车运输”，实际就包含了相随的装卸搬运，仓库中泛指的保管活动，也含有装卸搬运活动。

2）装卸搬运是支持、保障性活动。装卸搬运的附属性不能理解成被动的，实际上，装卸搬运对其他物流活动有一定决定性。装卸搬运会影响其他物流活动的质量和速度，例如，装车不当，会引起运输过程中的损失；卸放不当，会造成货物转换成下一步运动的困难。许多物流活动在有效的装卸搬运支持下，才能顺利进行。

3）装卸搬运是衔接性的活动。各种物流活动互相过渡时，都通过装卸搬运来衔接，因而，装卸搬运往往成为整个物流“瓶颈”，是物流各功能之间能否形成有机联系和紧密衔接的关键，而这又是一个系统的关键。建立一个有效的物流系统，关键是看这一衔接是否有效。联合运输方式就是着力解决这种衔接的比较先进的系统物流方式。

6.1.3 装卸搬运的意义

装卸搬运活动的作业量大，方式复杂，作业不均衡，对安全性的要求高。但它是物流活动不可缺少的环节，对物流发展和增加效益意义重大。

1）装卸搬运在物流活动中起着承上启下的作用。物流的各环节和同一环节不同活动之间，都必须进行装卸搬运作业。正是装卸活动把物流运动的各个阶段连接起来，使之成为连续的流动过程。在生产企业物流中，装卸搬运成为各生产工序间连接的纽带，它是从原材料、设备等装卸搬运开始，到产品装卸搬运为止的连续作业过程。在物流运输中，装卸搬运成为生产企业、仓储、消费者等各个环节的连接纽带。

2）装卸搬运在物流成本中占有重要地位。在物流过程中，装卸活动是不断出现和反复进行的，它出现的频率高于其他各项物流活动。而且每次装卸活动都要花费很长时间，所以往往成为决定物流速度的关键。装卸活动所消耗的人力也很多，所以装卸费用在物流成本中所占的比重也较高。

以我国为例，铁路运输的始发和到达的装卸作业费用大致占运费的20%左右，船运占40%左右。我国对生产物流的统计显示，机械加工企业每生产1吨成品，需进行252吨次的装卸搬运，其成本为加工成本的15.5%左右。因此，降低物流费用，装卸是个重要环节。

3）装卸搬运是提高物流系统效率的关键。装卸活动的基本动作包括装车（船）、卸车（船）、堆垛、入库、出库以及联结上述各项动作的短程输送，是随运输和保管等活动而产生的必要活动。

此外，进行装卸操作时往往需要接触货物。因此，这也是在物流过程中造成货物破损、散失、损耗、混合等损失的主要环节。例如，袋装水泥纸袋破损和水泥散失就主要发生在装卸过程中；玻璃、机械、器皿、煤炭等产品在装卸时也最容易造成损失。

据我国统计，火车货运以500km为分界点，运距超过500km，运输在途时间多于起止的装卸时间；运距低于500km，装卸搬运时间则超过实际运输时间。美国与日本之间的远洋船运，一个往返需25天，其中运输时间13天，装卸搬运时间12天。由此可见，装卸活动是影响物流效率、决定物流技术经济效益的重要环节。

6.2 装卸搬运作业和设备配置

6.2.1 装卸搬运作业的准备

1）决定装卸搬运作业方式。根据“物”的种类、体积、重量、到货批量、运输车辆或其他设施状况确定装卸搬运作业方式，确定装卸搬运设备及设备能力的选用。

2）决定装卸搬运场地。预先规划好装卸地点及装卸货物的摆放位置及放置状态，预先确定站台及车辆靠接位置等。

3）准备吊具、索具等附属工具。配合装卸搬运方式，选择和准备有效的吊索具，是提高装卸效率，加快装卸搬运速度及减少装卸损耗的重要一环。

4）进行装卸搬运作业。

6.2.2　装卸搬运机械及设施的配置

装卸搬运活动的种类很多，在不同领域为配合不同活动所进行的装卸搬运工作，机械的选用有较大区别，现分述如下。

1. 在物流设施内的装卸搬运活动及机械配置

在物流设施内的装卸搬运活动是很频繁的。一般而言，物流设施都有特定的用途，如铁道站、场、机场、港口、转运站、配送中心等，这些有特定用途的物流设施都是根据处理货物的种类、方式，根据物流设施与物流线的衔接运输方式设计和建造的专用物流设施，如立体或平面仓库、高站台、低站台、铁道专用线及站台、汽车站台等。同时，在特定的物流设施中，往往配置最理想的专用物流机器。这样一来，在这一特定物流设施中，便可以进行专业化的装卸搬运，形成一个完善的装卸搬运工艺，使这种特定物流设施中的装卸搬运活动有很高的工作效率和很完善的机械配置。

所以，在物流设施中的装卸设施和机具的特点是：有按设计建成的专用性强的设施和专用装卸搬运设备。由于设施的针对性、专业性强，如果这种设施移做他用，则有较大困难。

1）卡车站台。在物流设施内，不同领域、不同货物处理对象所选用的卡车站台不同。处理多品种、少批量、多次数的货物（如配送中心的货物处理），一般采用高站台的设计，即站台高度与汽车货台高度相同，站台平面与配送处理场连成一体，配送处理的货物可以方便地水平装入车内；处理少品种、大批量的货物，一般采用低站台，即站台面和地平面等高，有利于铲斗车、叉车、吊车进行装卸。

2）火车站台。一般散杂货及包装货装卸采用高站台，高站台的站台与车厢底板等高，各种作业车辆、小型叉车及人力可方便地从站台进出车厢从事装卸作业；集装箱、托盘等大型物体，采用吊车或大型叉车作业，一般采用和地面平行的低站台。

物流设施内的高站台和低站台适宜的装卸方法、装卸机械及对象货物见表6-1。

2. 在物流设施外的装卸搬运活动及机械配置

在物流设施外的装卸搬运是经常遇到的，在物流设施外，如家庭、商店、一般工厂等，不可能有专门的设施和专用装卸机具，在这种情况下装卸方式有三种。①人力装卸，人力配合移动机具搬运；②随车的装卸工具装卸；③临时租用一般的装卸机械装卸。

一般而言，这个领域的装卸搬运，由于不具备专业的装卸搬运条件及设备，因而成本必然较高，装卸搬运水平又会比较低，在物流过程中是制约物流总水平提高的领域。

第一种装卸方式，除去全部利用人力外，还可采用手动叉车、移动式输送机升降台车和手推车等机具配合。

第二种装卸方式，主要有三种装置，第一种是随车起重运输车，可有效完成设施外装卸；第二种是车尾部升降板；第三种是自动翻卸、自动收集垃圾、自动吸排污物、带辊道输送带等专用车辆，到目的地后可完成一部分装卸搬运的操作。

租用装卸机械，也是常用的办法，尤其是不经常发生的重型货物装卸，则需要租用专用吊车。租用装卸机械会造成装卸费用的大幅度上升，是设施外装卸很难克服的缺点。

物流设施内外装卸方法及机械选用见表6-1。

表 6-1　设施内外装卸方法及机械选用

<table>
<tr><th colspan="2">场所</th><th>装卸方法</th><th>装卸机组</th><th>对象货物</th></tr>
<tr><td rowspan="6">物流设施内</td><td rowspan="3">高站台</td><td>人力装卸</td><td></td><td>少量货物</td></tr>
<tr><td>利用搬运装卸机器装卸</td><td>手推车、手车、搬运车、手推平板车、电动平板车、带轮的箱式托盘</td><td>一般货物、托盘货物、箱装货物</td></tr>
<tr><td>输送机装卸</td><td>动力式输送机</td><td>箱装货物、瓦楞纸箱、散粒货物</td></tr>
<tr><td rowspan="3">低站台</td><td rowspan="2">叉车装卸</td><td>叉车 + 侧面开门的车身</td><td rowspan="2">托盘货物</td></tr>
<tr><td>叉车 + 托盘等带移动装置的车体</td></tr>
<tr><td>输送机装卸</td><td>动力式输送机</td><td>箱装货物、瓦楞纸箱、散粒货物</td></tr>
<tr><td colspan="2" rowspan="3">物流设施外</td><td>人力装卸</td><td>重力式输送机并用</td><td>一般杂货</td></tr>
<tr><td rowspan="2">机械装卸(利用货车上装设的装卸机械)</td><td>随车起重运输车</td><td>托盘货物、建筑材料</td></tr>
<tr><td>自动升降板装置随车吊具自动翻卸</td><td>桶罐、储气罐、小型搬运车、托盘、捆装货物、集装袋</td></tr>
</table>

6.2.3　装卸作业方法

1. 单件装卸

单件装卸指的是对非集装的、按件计的货物逐个进行装卸操作的作业方法。

单件作业对机械、装备、装卸条件要求不高，因而机动性较强，可在很广泛的地域内进行而不受固定设施、设备的地域局限。

单件作业可采取人力装卸、半机械化装卸及机械装卸。由于逐件处理，装卸速度慢，且装卸要逐件接触货物，因而容易出现货损，反复作业次数较多，也容易出现货差。

单件作业的装卸对象主要是包装杂货，多种类、少批量货物及单件大型、笨重货物。

2. 集装作业

集装作业是对集装货物进行装卸搬运的作业方法。每装卸一次是一个经组合之后的集装货载，在装卸时对集装体逐个进行装卸操作。它和单件装卸的主要异同在于，都是按件处理，但集装作业“件”的单位大大高于单件作业每件的大小。

集装作业由于集装单元较大，不能进行人力手工装卸，虽然在不得已时，可用简单机械偶尔解决一次装卸，但对大量集装货载而言，只能采用机械进行装卸。同时也必须在有条件的场所进行这种作业，不但受装卸机具的限制，而且受集装货载存放条件的限制，因而其机动性较差。

集装作业一次作业装卸量大，装卸速度快，且在装卸时并不逐个接触货物，而仅对集装体进行作业，因而货损较小，货差也小。

集装作业的对象范围较广，一般除特大、重、长的货物和粉、粒、液、气状货物外，都可进行集装。粉、粒、液、气状货物经一定包装后，也可集合成大的集装货载。特大、重、长的货物，经适当分解处置后，也可采用集装方式进行装卸。集装作业有以下几种方法。

1）托盘装卸。托盘装卸利用叉车对托盘集装的货载进行装卸，属于“叉上叉下”方式。由于叉车本身有行走装置，所以，在装卸的同时可以完成小搬运，而不需落地过渡，再等待用其他办法进行搬运，因而有水平装卸搬运的特点。托盘装卸受叉车运动的局限性影响，常需叉车与其他设备、工具配合，这样才能有效完成全部装卸过程。例如，使用叉车叉上之后，由于货叉的前伸距离有限，有时需要利用托盘搬运车或托盘移动器来解决托盘水平短距离移动。由于叉车货叉的升高有限，有时又需与升降机、电梯、巷道起重机等设备配套，以解决托盘垂直位移的问题。

2）集装箱装卸。集装箱装卸主要使用港口岸壁吊车、龙门吊车等各种垂直起吊设备进行“吊上吊下”式的装卸，同时，各种吊车还可以做短距离水平运动，因此可以同时完成小范围的搬运。如需超越吊车运动范围，进行一定距离的搬运，则还需与搬运车相配合。小型集装箱也可以和托盘一样采用叉车进行装卸。港口装卸，可利用叉车或半挂车进行“滚上滚下”式装卸。

3）货捆装卸。货捆装卸主要采用各种类型的起重机进行装卸，货捆的捆扎工具可与吊具、索具有效配套进行“吊上吊下”式装卸。短尺寸货捆还可采用一般叉车装卸，长尺寸货捆则可采用侧式叉车进行装卸。货捆装卸适于长尺寸货物、块条状货物、强度较高无需保护的货物。

4）集装网、袋装卸。集装网、袋装卸主要采用各种类型的吊车进行“吊上吊下”作业，也可与各种搬运车配合进行吊车所不能及的搬运。

货捆装卸与集装网、袋装卸有一个共同的突出优点，即货捆的捆具及集装袋、集装网本身重量轻，又可折叠，因而无效装卸少，装卸作业效率高；且相对其他集装货物而言，货物捆扎与集装网、袋相比成本较低，装卸后又易返运，因而在装卸搬运方面有独特的优势。

5）挂车装卸。它是指利用挂车的可行走机构，连同车上组合成的货载一起拖运到火车上或船上的装卸方式。这种方式可以充分利用挂车机动性的优点，使挂车能够做到“门到门”，货物只需要经过一次装卸便可以依托于挂车完成复杂的物流过程。挂车装卸属水平装卸，采用“滚上滚下”的装卸方式实现水平装卸。

其他集装装卸方式还有：滑板装卸、无托盘集装装卸和集装罐装卸等。

3. 散装作业

散装作业指对大批量粉状、粒状货物进行无包装的散装、散卸的装卸方法。装卸可连续进行，也可采取间断的装卸方式。但是，都需采用机械化设施、设备。在特定情况下，且批量不大时，也可采用人力装卸，但是会有很大的劳动强度。散装作业方法主要有以下几种：

（1）气力输送装卸　主要设备是管道及气力输送设备，以气流运动裹携粉状、粒状物沿管道运动而达到装、搬、卸的目的，也可采用负压抽取的办法，使散货沿管道向负压方向运动。管道装卸的特点是密封性好，装卸能力高，容易实现机械化、自动化。

（2）重力装卸　它是指利用散货本身重量进行装卸的方法。这种方法必须与其他方法配合，首先将散货提升到一定高度，具有一定势能之后，才能利用本身重力进行下一步装卸。

（3）机械装卸　它是指利用能承载粉粒货物的各种机械进行装卸，有两种主要方式：

1）用吊车、叉车改换不同机具或用专用装载机，进行抓、铲、舀等形式的作业，完成装卸及一定的搬运作业。

2）用皮带、刮板等各种输送设备，进行一定距离的搬运卸货作业，并与其他设备配合实现装货。

6.3 装卸搬运合理化及现代化

6.3.1 防止无效装卸

无效装卸的含义是消耗于有用货物必要装卸劳动之外的多余装卸劳动。一般装卸操作中，无效装卸具体反映在以下几方面。

1. 过多的装卸次数

物流过程中，货损发生的主要环节是装卸环节，而在整个物流过程中，装卸作业又是反复进行的，从发生的频数来讲，超过物流过程中的任何其他活动，所以过多的装卸次数必然导致损失的增加。从发生的费用来看，一次装卸的费用相当于几十公里的运输费用，因此，每增加一次装卸，费用就会有较大比例的增加。此外，装卸又会大大延缓整个物流的速度，过多次数的装卸是降低物流速度的重要原因。

2. 过大的包装装卸

包装过大、过重，在装卸搬运时反复在包装上消耗较大的劳动，这一消耗不是必需的，因而形成无效劳动。

3. 无效物质的装卸

进入物流过程的货物有时混杂着没有使用价值或对用户来讲使用价值不对路的各种掺杂物，如煤炭中的矸石、矿石中的表面水分、石灰中的未烧熟石灰及过烧石灰等，在反复装卸时，对这些无效物质反复消耗劳动，因而形成无效装卸。

由此可见，装卸搬运如能防止上述无效装卸，则能大大节约装卸劳动，使装卸合理化。

6.3.2 充分利用重力和消除重力影响以进行少消耗的装卸

在装卸时考虑重力因素，可以利用货物本身的重量，进行有一定落差的装卸，以减少或根本不消耗装卸的动力，这是合理化装卸的重要方式。

例如，从载货汽车、铁路货车卸放物时，利用汽车与地面或小搬运车之间的高度差。使用溜槽、滑板之类的简单工具，可以依靠货物本身的重量，从高处自动滑到低处，这就不需要消耗动力。如果采用吊车、叉车将货物从高处卸到低处，其动力消耗虽比从低处装到高处小，但是仍然需要消耗动力。两者比较，利用重力进行无动力消耗的装卸显然是更为合理的。

在装卸时尽量消除或削弱重力的影响，也会减轻体力劳动及其他劳动消耗。例如，在进行两种运输工具的换装时，可以采取落地装卸方式，即将货物从甲工具卸下并放到地上，一定时间之后，或搬运一定距离之后再从地上装到乙工具之上，这样起码再“装”时，要将货物举高，这就必然消耗改变势能的动力。如果进行适当安排，将甲、乙两工具进行靠接，从而使货物平移，从甲工具转移到乙工具上，就能有效消除重力影响，实现合理化。

在人力装卸时，一装一卸是爆发力，而搬运一段距离负重行走，要持续抵抗重力的影响，人的体力消耗很大。所以，人力装卸时如果能配合简单机具，做到“持物不步行”，则可以大大减轻劳动强度。

6.3.3 充分利用机械实现“规模装卸”

规模效益早已是大家所接受的。在装卸时也存在规模效益问题，主要表现在一次装卸量或连续装卸量要达到充分发挥机械最优效率的水准。为了更多降低单位装卸工作量的成本，对装卸机械来讲，也有“规模”问题，利用装卸机械达到一定规模，才会有最优效果。追求规模效益的方法，主要是通过各种集装实现间断装卸时一次操作的最合理装卸量，从而使单位装卸成本降低，也可通过散装实现连续装卸的规模效益。

6.3.4 提高“物”的装卸搬运活性和装卸搬运速度

1. 装卸搬运活性

装卸搬运活性的含义是，从物的静止状态转变为装卸搬运运动状态的难易程度。如果很容易转变为下一步的装卸搬运而不需过多做装卸搬运前的准备工作，则活性就高；如果很难转变为下一步的装卸搬运，则活性低。

2. 装卸搬运活性的量化

为了对装卸搬运活性有所区别，并能有计划地提出活性要求，使每一步装卸搬运都能按一定活性要求进行操作，对于不同放置状态的货物做出不同的活性规定，这就是“活性指数”。常见装卸搬运活动的活性指数见表6-2。

表6-2 常见装卸搬运活动活性指数表

活性指数	物品放置状态	整理	需要进行的作业			需要作业次数
			架起	提起	拖运	
0	散放于地上	√	√	√	√	4
1	置于一般容器	×	√	√	√	3
2	集装化	×	×	√	√	2
3	无动力车	×	×	×	√	1
4	动力车辆或传送带	×	×	×	×	0

由于装卸搬运是在物流过程中反复进行的活动，因而其速度可能决定整个物流速度，若每次装卸搬运的时间缩短，多次装卸搬运的累计效果则十分可观。因此，提高装卸搬运活性对装卸合理化是很重要的因素。

6.3.5 提高“物”的运输活性

装卸搬运操作有时是直接为运输服务，下一步直接转入运输状态，因而只有进行合理的装卸操作，将货物预置成容易转入运输的状态，装卸搬运才称得上合理。对这种活性的质量用货物的运输活性指数（见表6-3）表示。

表6-3 货物的运输活性指数

活性指数	货 物 状 态
0	散放，要运输时必先集装或一件件地处理，在运输工具上还需采取固定、苫盖、防振等保护
1	事先预垫，可直接穿吊索或用叉车装上运输工具，或预先放于企业内部的集装箱、托盘上

（续）

活性指数	货物状态
2	事先将货物置于集装工具上，运输时装上运输工具即可转入本行业范畴的运输
3	事先将货物全部置于集装工具中，装到运输工具上后就可以转入全面的运输
4	不但事先将货物装入全部集装工具中，而且将集装工具放在运输工具上，一起动就可以开始运输

很明显，运输活性越高，货物越容易进入运输状态，可能带来直接缩短运输时间的效果。

6.3.6 选择最好的搬运方式以节省体力消耗

在物流领域，即使是现代化水平已经很高了，也仍然避免不了要有人力搬运的配合，因此，人力搬运合理化问题也是很重要的。

根据科学研究的结论，采用不同搬运方式和不同移动重物的方式，其使用体力的效果是不同的。在搬运小件物品时，以肩挑方式最省力，而以单手提重方式最费力；在移动重物时以软牵引后移拖拽的方式可能移动的重量最大，而以软牵引肩拉方式可能移动的重量最小。

科学地选择一次搬运重量和科学地确定包装重量也可促进人力装卸的合理化。

6.4 配装技术

6.4.1 货物配装注意事项

① 为了减少或避免差错，尽量把外观相近、容易混淆的货物分开装载。

② 重不压轻，大不压小，轻货应放在重货上面；包装强度差的应放在包装强度好的上面。

③ 不将散发臭味的货物与具有吸臭性的食品混装。

④ 尽量不将散发粉尘的货物与清洁货物混装。

⑤ 切勿将渗水货物与易受潮货物一同存放。

⑥ 包装不同的货物应分开装载，如板条箱货物不要与纸箱、袋装货物堆放在一起。

⑦ 具有尖角或其他突出物的货物应和其他货物分开装载或用木板隔离，以免损伤其他货物。

⑧ 装载易滚动的卷状、桶状货物，要垂直摆放。

⑨ 货与货之间，货与车辆之间应留有空隙并适当衬垫，防止货损。

⑩ 装货完毕，应在门端处采取适当的稳固措施，以防开门卸货时，货物倾倒造成货损或人身伤亡。

⑪ 尽量做到“后送先装”。

6.4.2 运用动态规划解装货问题

设车辆的载质量上限为 G，可用于运送 n 种不同的货物，货物的质量分别为 W_1，W_2，…，W_n。每种货物分别对应一个价值系数，用 P_1，P_2，…，P_n 表示（可用货物价值、

运费或质量等指标表示)。设 X_k 表示第 k 种货物的装入数量，则装货问题可表示为

$$\max f(X) = \sum_{k=1}^{n} P_k X_k \tag{6-1}$$

约束条件为

$$\sum_{k=1}^{n} W_k X_k \leqslant G \tag{6-2}$$

$$所有\ X_k \geqslant 0 \tag{6-3}$$

可以用动态规划思想求解上述问题，即把每装入一件货物作为一个阶段，把装货问题转化为动态规划问题。动态规划问题求解过程是从最后一个阶段开始由后向前推进。由于装入货物的先后次序不影响最优解，所以求解过程可从第一阶段开始，由前向后逐步进行。具体步骤为：

第一步，装入第一种货物 X_1 件，其最大价值为

$$f_1(W) = \max P_1 X_1 \tag{6-4}$$

其中，$0 < X_1 < [G/W_1]$，方括号表示取整数。

第二步，装入第二种货物 X_2 件，其最大价值为

$$f_2(W) = \max\{P_2 X_2 + f_1(W - W_2 X_2)\} \tag{6-5}$$

其中，$0 < X_2 < [G/W_2]$。

第三步，装入第三种货物 X_3 件，其最大价值为

$$f_3(W) = \max\{P_3 X_3 + f_2(W - W_3 X_3)\} \tag{6-6}$$

其中，$0 < X_3 < [G/W_3]$。

……

第 n 步，装入第 n 种货物 X_n 件，其最大价值为

$$f_n(W) = \max\{P_n X_n + f_{n-1}(W - W_n X_n)\} \tag{6-7}$$

其中，$0 < X_n < [G/W_n]$。

例：载质量为8t的载货汽车，运输四种机电产品，其质量分别为3t、3t、4t、5t，见表6-4，试问如何配装才能充分利用货车的运载能力？

表6-4　四种货物的质量和价值系数

物　品　号	质量/t	价 值 系 数
1	3	3
2	3	3
3	4	4
4	5	5

注：本例中的价值系数即货物质量。

解：按上述方法，分成四个阶段进行求解，计算结果列成四个表格，见表6-5至表6-8。

表 6-5　第一阶段计算表

W	X_1	P_1X_1	$f_1(W)=\max P_1X_1$
0	0	0	0
1	0	0	0
2	0	0	0
3	1	3	3
4	1	3	3
5	1	3	3
6	2	6	6
7	2	6	6
8	2	6	6

表 6-6　第二阶段计算表

W	X_2	$W-W_2X_2$	$P_2X_2+f_1(W-W_2X_2)$	$f_2(W)=\max\{P_2X_2+f_1(W-W_2X_2)\}$
0	0	0	$0+0=0$	0
1	0	1	$0+0=0$	0
2	0	2	$0+0=0$	0
3	0	3	$0+3=3^*$	3
	1	0	$3+0=3^*$	
4	0	4	$0+3=3^*$	3
	1	1	$3+0=3^*$	
5	0	5	$0+3=3^*$	3
	1	2	$3+0=3^*$	
6	0	6	$0+6=6^*$	6
	1	3	$3+3=6^*$	
	2	0	$6+0=6^*$	
7	0	7	$0+6=6^*$	6
	1	4	$3+3=6^*$	
	2	1	$6+0=6^*$	
8	0	8	$0+6=6^*$	6
	1	5	$3+3=6^*$	
	2	2	$6+0=6^*$	

表 6-7　第三阶段计算表

W	X_3	$W-W_3X_3$	$P_3X_3+f_2(W-W_3X_3)$	$f_3(W)=\max\{P_3X_3+f_2(W-W_3X_3)\}$
0	0	0	$0+0=0$	0
1	0	1	$0+0=0$	0
2	0	2	$0+0=0$	0
3	0	3	$0+3=3^*$	3
4	0	4	$0+3=3$	4
	1	0	$4+0=4^*$	
5	0	5	$0+3=3$	4
	1	1	$4+0=4^*$	
6	0	6	$0+6=6^*$	6
	1	2	$4+0=4$	
7	0	7	$0+6=6$	7
	1	3	$4+3=7^*$	
8	0	8	$0+6=6$	8
	1	4	$4+3=7$	
	2	0	$8+0=8^*$	

表 6-8　第四阶段计算表

W	X_4	$W-W_4X_4$	$P_4X_4+f_3(W-W_4X_4)$	$f_4(W)=\max\{P_4X_4+f_3(W-W_4X_4)\}$
8	0	8	$0+8=8^*$	8
	1	3	$5+3=8^*$	

寻找最优解方案的次序与计算顺序相反，由第四阶段到第一阶段进行。

在第四阶段计算表 6-8 中，价值（本例为载质量）最大值 $f_4(W)=8$t，对应两组数据，其中，一组中 $X_4=0$，另一组中 $X_4=1$。

当 $X_4=1$ 时，即第四种物品装入 1 件。表 6-8 中第 3 列数字表示其余种类货物的载质量。当 $X_4=1$ 时，其他三种货物装载质量为 3t；按相反方向，在第三阶段计算表 6-7 中，查 $W=3$t 时得装载质量最大值 $f_3(W)=3$t 对应 $X_3=0$，查表 6-7 中第 3 列数字，当 $W=3$t，$X_3=0$ 时，其余两类货物装入质量为 3t；在第二阶段计算表 6-6 中，查 $W=3$t，$f_2(W)=3$t，对应两组数据：$X_2=0$ 或 $X_2=1$，其余量为 3t 或 0t，即其他（第一种）货物装入量为 3t 或 0t；再查第一阶段计算表 6-5，当 $W=3$t 时，$X_1=1$；当 $W=0$t 时，$X_1=0$。

因此得到两组最优解：

$X_1=1$，$X_2=0$，$X_3=0$，$X_4=1$

$X_1=0$，$X_2=1$，$X_3=0$，$X_4=1$

装载质量为　$f(X)=1\times3+1\times5=8$t

当 $X_4=0$，则余项 $W-W_4X_4=8$t；在第三阶段计算表 3-6 中，查 $W=8$t 一栏，$f_3(W)=8$t 对应 $X_3=2$，因此得到第 3 组最优解。

③ $X_1=0$，$X_2=0$，$X_3=2$，$X_4=0$

装载质量为　$f(X)=2\times4=8$t

这三组解，都使装载质量达到汽车的最大载质量。

6.4.3　品种混装问题

储运仓库（或货运车站）要把各个客户所需的零担货物组成整车，通过铁路运往各地。整装零担车内装有多个客户的货物，要分别在一站或多站卸货。一些外观相近的货物，例如金属管材、线材，很容易混淆，到站卸货容易出现错卸现象。有时因为捆扎包装不牢而散捆破包，更容易造成差错。这种差错将给客户和仓库造成经济损失，也给铁路运输带来混乱。为了减少或避免这种差错，可以把外观相近、容易混淆的货物分开装载，尽量不要配装在一个车厢内。为了解决这个问题，可以把货物进行分类，按品种、形状、颜色和规格把货物分为若干类，分别称为 1 类，2 类，…，m 类。设共有 N 件（捆）待运货物，其中 1 类货物有 N_1 件（捆），它们的质量分别为 G_{11}，G_{12}，…，G_{1N_1}；2 类货物有 N_2 件（捆），它们的质量分别为 G_{21}，G_{22}，…，G_{2N_2}；依此类推。即

$$N=\sum_{s=1}^{m}N_s \tag{6-8}$$

设

$$X_{rs}=\begin{cases}1 & r\text{ 类第 } s\text{ 件货物装入}\\ 0 & r\text{ 类第 } s\text{ 件货物不装入}\end{cases} \tag{6-9}$$

品种混装要求在同一货车内每类货物至多装入一件（捆），同一客户的多件（捆）同类货物可以记作1件（捆）。品种混装问题可以表示为

$$\max G = \sum_{r=1}^{m}\sum_{s=1}^{N_r} G_{rs}X_{rs} \tag{6-10}$$

约束条件为

$$\sum_{s=1}^{N_r} X_{rs} \leqslant 1 \quad r = 1,2,\cdots,m \tag{6-11}$$

$$\sum_{r=1}^{m}\sum_{s=1}^{N_r} G_{rs}X_{rs} \leqslant G_0 \tag{6-12}$$

其中 G_0 表示货车的载质量上限。

上述问题是一个整数线型规划问题，可以用单纯形法和 COMORY 方法求解。

下面介绍另一种求解方法。图6-1表示8件货物分为4类，在图中同一列的方框表示同一类货物。方框内的数字（符号）表示货物质量。上述品种混装问题就是在网络中自右向左寻找一条路线，使路线所经过的方框中的质量之和达到极大，但又不超过货车的载质量的上限 G_0。

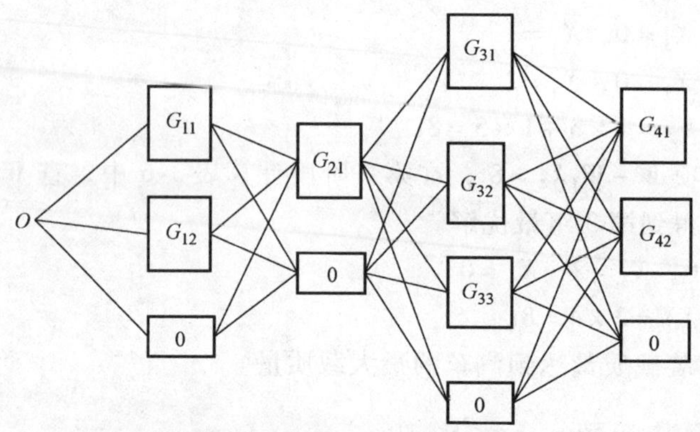

图6-1　混装问题的网络表示图

这种问题可以用穷举法求解，即比较各条路线的载质量从而求出不超过 G_0 的最大装载量的路线。四类货物也可以看作四个阶段，上述问题化为动态规划问题求解。

例：货车额定载质量 $G_0=50$；第一类货物2件，$G_{11}=20$，$G_{12}=11$；第二类货物1件，$G_{21}=13$；第三类货物3件，$G_{31}=6$，$G_{32}=11$，$G_{33}=8$；第四类货物2件，$G_{41}=19$，$G_{42}=17$。计算过程见表6-9至表6-12。

解：

表6-9　第四阶段计算表

W	50		
G_4	0	19	17
$W-G_4$	50	31	33

表6-10　第三阶段计算表

W	50				31				33			
G_3	0	6	11	8	0	6	11	8	0	6	11	8
$W-G_3$	50	44	39	42	31	25	20	23	33	27	22	25

表 6-11　第二阶段计算表

W	50		44		39		42		31		25		20		23		33		27		22		25	
G_2	0	13	0	13	0	13	0	13	0	13	0	13	0	13	0	13	0	13	0	13	0	13	0	13
$W-G_2$	50	37	44	31	39	26	42	29	31	18	25	12	20	7	23	10	23	20	27	14	22	9	25	12

表 6-12　第一阶段计算表

W	50	37	44	31	39	26	42	29	31	18	25	12	20	7	23	27	14	22	9
G_1	20	20	20	20	20	20	20	20	20	11	20	11	20	0	20	20	11	20	0
$W-G_1$	30	17	24	11	19	6	22	9	11	7	5	1	0	7	3	7	3	2	9

寻求最优解次序与计算顺序相反。要使装载量达到极大，则对应的余量应当最小。

在第一阶段计算表6-12中，余量 $W-G_1$ 的最小值为零，$G_1=20$ 对应的 W 值为20；第一阶段 W 值对应于第二阶段计算表6-11中的余项 $W-G_2$，对应余项 $W-G_2=20$ 的有两项，它们所对应的 W 值分别为20和33；查第三阶段计算表6-10，余项 $W-G_3$ 为20（或对应 $G_2=0$）时，$G_{33}=11$，$W=31$，余项 $W-G_3$ 为33（或对应 $G_2=13$）时，$G_3=0$，$W=33$；再查第四阶段计算表6-9，余项 $W-G_4$ 为31（或对应 $G_3=11$）时，$G_4=19$，余项 $W-G_4$ 为33（或对应 $G_3=0$）时，$G_4=17$。寻找过程可以表述为：

$$G_1=20 \longrightarrow G_2=0 \longrightarrow G_3=11 \longrightarrow G_4=19$$

$$G_1=20 \longrightarrow G_2=13 \longrightarrow G_3=0 \longrightarrow G_4=17$$

这就是所求的两组最优解。每组装载量都是50，达到满载，充分地利用了货车的装载能力。

6.4.4　货区分区组合法

在大型储运仓库和货运站里，一般都有几十个货区，每个货区有几百个或几千个货位，存放着不同货主的货物。要把这些货物配装成整车运往目的地。为了减少装货成本，可根据货区分布情况，统筹规划，合理调用设备，使临近货区的货物尽可能地组合在一个货车上。尽量避免场区内的不合理物流。

假设货场有P个货区，那么货区组合方案数等于2的P次幂，设其为m，一般为一个很大的数目。所谓货区组合方案，是指该组合方案中的各货区中的货物可以配装在同一个货车上。对于不同的组合方案，装货费用也不相同。例如包含一个货区的组合方案或包含邻近两个货区的组合方案的装货（平均）费用就比较低，而相距较远货区组成的方案或包含众多货区的组合方案的装货（平均）费用就比较高。我们可以按其装货费用的平均数由低到高把货区组合方案排列成一个序列，费用最低的组合方案 D_1 放在第一位，费用最高的组合方案 D_m 放在最后，即

$$D_1, D_2, \cdots, D_m \tag{6-13}$$

安排货车配装计划时，首先对第一种组合方案 D_1 中的诸货区内的货物进行配装，配装成车的货物从货区中消除。然后对第二种组合方案 D_2 中的货区内的货物安排配装计划，配装成车的货物从货区中消除，依此类推。

这种方法一般需要借助于计算机才能完成。对于每一种货区组合，计算机都要完成一套

复杂的搜索配车运算，为了减少运算量，可以根据实际需要选取一个有代表性的货区组合方案的子序列，供实际配车运算使用。

表 6-13 是某储运仓库选用的十种有代表性的序列，它由十种组合方案构成。

用货区分级组合法安排配装计划，无疑可以大大减少装货费用。对于大型货场，可以使装货费用减少 20% 以上。

表 6-13　某仓库的十种货区组合方案

方案序号	包含的货区(库)	费用系数
1	各单个货区(库)	平均 0.45
2	4 区,6 区	0.60
3	5 区,6 区	0.70
4	1 库,2 库	0.70
5	1 区,3 区,4 区	0.75
6	3 区,4 区,5 区,6 区	0.75
7	1 区,3 区,5 区	0.80
8	4 区,6 区,1 库,2 库	0.85
9	1 区,3 区,5 区,7 区,8 区	0.90
10	货场内的全部货区	1.00

为了说明分级组合法的步骤，这里举一个简单的例子。假定所有货物运往同一地点，待运货物的数量及存放货区见表 6-14。设某单位货车的额定载质量均为 50t。

表 6-14　待运货物重量及存放位置

货单号	01	02	03	04	05	06	07	08	09
重量/t	20	15	10	25	5	15	10	20	20
存放货区	1	4	5	6	7	1	4	5	5

首先考虑第一种组合方案，各货区分别单独进行组合，

1 区货物总量为 20 + 15 = 35，

4 区货物总量为 15 + 10 = 25，

6 区的货物总量为 25，

5 区货物总量为 10 + 20 + 20 = 50，

7 区货物总量为 5。

只有 5 区货物可以单独配装成车，其余各区货物量太少，不能单独组车。

然后，考虑第二种组合方案，即对 4 区和 6 区中的货物进行配装，这两区中的货物总量为 25 + 25 = 50，正好配成一个整装零担车。

继后考虑第三种组合方案，即对 5 区和 6 区中的货物进行配装，这两区中的货物已经在第一和第二种组合方案中消除，所以这两个区中的货物不能配装成车。

按此办法，依次考虑第四、第五、第六、第七、第八、第九、第十种货区组合方案，按分级组合法的配装方案列表见表 6-15。

表 6-15　按分级组合法的配装方案

车号	方案序号	货区及货物重量/t	费用系数
1	1	5 区 10,20,20	0.45
2	2	4 区 15,10;6 区 25	0.60
3	9	1 区 20,15;7 区 5	0.90

配车方案的平均装货费用系数为 0.65，可以理解为这种方案相当于装货费用上限的 65%。对于这种简单情况，人工也可以合理安排，使装货费用降低，然而当货物件数较多，比如说有几百件货物，分布在不同货区，并且是运往不同的目的地，用人工搭配，未必能考虑得那么周到。运用计算机并采用货区分级组合法，能做到合理搭配，使装货费用达到最低。

思　考　题

1. 装卸搬运的概念及意义。
2. 装卸搬运的合理化措施有哪些？
3. 载重量为 10t 的载货汽车，运输 4 种产品，其重量分别为 3t、4t、5t、6t，请用动态规划法解决如何装配才能充分利用货车的运载能力？

物品号	重量/t	价值系数
1	3	3
2	4	4
3	5	5
4	6	6

4. 用动态规划方法求解以下品种混装问题

货车额定载质量 $G_0=50$；第一类货物 2 件，$G_{11}=18$，$G_{12}=13$；第二类货物 1 件，$G_{21}=14$；第三类货物 3 件，$G_{31}=6$，$G_{32}=10$，$G_{33}=8$；第四类货物 2 件，$G_{41}=18$，$G_{42}=19$。

第7章　物流运输技术

【学习目标】

1. 理解运输的概念和地位。
2. 理解五种运输技术的地位、特点及运营特征。
3. 掌握集装箱、国际多式联运、大陆桥运输的概念。
4. 掌握运输线路的优化技术。

7.1　概　　述

7.1.1　运输的概念

运输是用设备和工具，将物品从一个地点向另一个地点运送的物流活动。其中包括集货、分配、搬运、中转、装入、卸下、分散等一系列操作。运输通常是指在不同地域范围内（如两个城市、两个工厂之间，或一个大企业内相距较远的两车间之间），以改变“物”的空间位置为目的的活动。对“物”进行空间位移，其和搬运的区别在于：运输是较大范围的活动，而搬运是在同一地域之内的活动。

7.1.2　运输和物流的关系

1. 运输与物流的联系

1）运输是物流系统的基础功能之一。物流系统是通过运输来完成对客户所需的原材料、半成品和成品的地理定位的。

2）运输合理化是物流系统合理化的关键。

2. 物流与运输的区别

1）物流是超出运输范畴的系统化管理。

2）物流不同于运输只注重实物的流动，它还同时关注着信息流和增值流的同步联动。信息流不仅通过电子或纸质媒介反映产品的运送、收取，更重要的是反映市场做出的物流质量的评价。增值流是指物流所创造的形态效用（通过生产、制造或组装过程实现商品的增值）、地点效用（原材料、半成品或成品从供方到需方的位置转移）和时间效用（商品或服务在客户需要的时间准确地送到）。

3）物流的出发点是以生产和流通企业的利益为中心，运输只是物流管理控制的必要环节，处于从属地位。有物流必然有运输，而再完善的运输也远不是物流。

4）物流的管理观念比运输更先进。现代物流对用户追求高质量无极限的服务，即在服务过程中，凡是用户不满意的地方都进行改进完善，凡是用户嫌麻烦的事情都尽量去做，一切以满足用户的需要为服务目标，主动开展物流市场调查、市场预测，并积极做好推销、宣传工作，而且在不断改进服务质量的附加工作中，寻求与发现新的服务项目或服务产品，为企业带来更多的商机和更高的回报。因此，从服务理念上来说，物流也突破了运输的服务理念，再高质量的运输也不可能具备服务的延伸性，因而获取的附加值也远大于运输的回报。

5）物流比运输更重视先进技术的应用。因为现代物流追求的是服务质量的不断提高，物流系统综合功能的不断完善，总成本的不断降低和服务的网络化、规模化，因此，建立GPS（全球卫星定位系统）对物流的全过程进行适时监控、适时货物跟踪和适时调度是很有必要的。为了与用户特别是与长期合作的主要用户保持密切联系，建立EDI（电子数据交换）联系系统也是现代物流向专业化方向发展的必备条件；而自动装卸机械、自动化立体仓库、自动堆垛机和先进适用的信息系统更是现代物流朝着专业化、一体化、规模化、网络化发展的必然趋势，这些是无论怎样完善的运输都无法相比的。

3. 交通运输在推进物流业发展中具有基础和主体作用

交通运输是物流的基础环节和依托载体，是物流业最重要的组成部分。现代物流在很大程度上由传统交通运输业发展演进而来，而现代物流的发展又给传统交通运输业带来重大变革，并将逐步融合，走向一体化。目前，我国物流业仍处于以传统交通运输为基础的初级发展阶段，运输结构、运输组织、运输装备等发展水平深刻影响着物流业发展的总体水平。交通运输在推进物流业发展中具有十分重要的基础和主体作用，必须顺应时代发展要求，立足交通运输行业，主动作为，着力推进物流业的健康发展。

4. 推进物流业发展是实现交通运输转型升级的战略选择

物流业的发展对传统交通运输业既是机遇也是挑战。当前，我国交通运输还存在许多矛盾和问题：基础设施网络衔接不畅，运输组织集约化程度不高，多式联运发展滞后，标准不统一，行业创新和可持续发展能力不强，对提升物流整体效率支撑不足。以现代物流发展需求为导向，着力解决发展中的突出问题和主要矛盾，是交通运输行业由传统向现代转型升级的必然选择，是发展现代交通运输业的重要切入点和主要着力点。适应现代物流发展需要，确立在现代物流体系中的地位和作用，推进物流业发展，进而实现自身的转型升级，是交通运输行业面临的非常现实而又紧迫的任务，是交通运输行业今后一个时期的重要战略选择。

7.2 运输合理化

所谓运输合理化，是从物流系统的总体目标出发，运用系统工程的原理和方法，使物品在运输过程中，充分利用各种运输方式，力求运距短、运力省、运费低、运输环节少，到达速度快，运输质量高、劳动消耗少，并充分有效地发挥各种运输工具的作用和运输能力，以实现物流系统效益最大化的目标。

物流过程的合理运输，就是从物流系统的总体目标出发，按照货物流通规律，运用系统理论和系统工程原理和方法，合理利用各种运输方式，选择合理的运输路线和运输工具，以最短的路径、最少的环节、最快的速度和最少的劳动消耗，组织好货物的运输与配送。运输合理化的重要作用如下。

1）合理组织货物运输，有利于加速社会再生产的进程，促进国民经济持续、稳定、协调地发展。按照市场经济的基本要求，组织货物的合理运输，可以使物质产品迅速地从生产地向消费地转移，加速资金的周转，促进社会再生产过程的顺利进行，保持国民经济稳定、健康地发展。

2）货物的合理运输，能节约运输费用，降低物流成本。运输费用是构成物流费用（成本）的主要部分。物流过程的合理运输，就是通过运输方式、运输工具和运输路线的选择，进行运输方案的优化，实现运输合理化。运输合理化必然会达到缩短运输里程，提高运输工具的运用效率，从而达到节约运输费用、降低物流成本的目的。

3）合理的运输，缩短了运输时间，加快了物流速度。运输时间的长短决定着物流速度的快慢。所以，货物运输时间是决定物流速度的重要因素。合理组织运输活动，可使被运输的货物在途时间尽可能缩短，实现到货及时的目的，因而可以降低库存商品的数量，实现加快物流速度的目标。因此，从宏观角度讲，物流速度加快，减少了商品的库存量，节约了资金占用，相应地提高了社会物质产品的使用效率，同时也利于促进社会化再生产过程。

4）运输合理化，可以节约运力，缓解运力紧张的状况，还能节约能源。运输合理化克服了许多不合理的运输现象，从而节约了运力，提高了货物的通过能力，起到合理利用运输能力的作用。同时，由于货物运输的合理性，降低了运输中的能源消耗，提高能源利用率。这些对于缓解我国日前运输和能源紧张情况具有重要作用。

7.2.1 合理运输五要素

由于运输是物流中最重要的功能要素之一，物流合理化在很大程度上依赖于运输合理化。运输合理化的影响因素很多，起决定性作用的有五方面的因素，称作合理运输的“五要素”。

1）运输距离。在运输时，运输时间、运输货损、运费、车辆或船舶周转等运输的若干技术经济指标，都与运距有一定比例关系，运距长短是运输是否合理的一个最基本因素。缩短运输距离从宏观、微观看都会带来好处。

2）运输环节。每增加一次运输，不但会增加起运的运费和总运费；而且必须要增加运输的附属活动，如装卸搬运、包装等，各项技术经济指标也会因此下降。所以，减少运输环节，尤其是同类运输工具的环节，对合理运输有促进作用。

3）运输工具。各种运输工具都有其使用的优势领域，对运输工具进行优化选择，按运输工具特点进行作业，最大程度发挥所用运输工具的作用，是运输合理化的重要一环。

4）运输时间。运输是物流过程中需要花费时间较多的环节，尤其是远程运输，在全部物流时间中，运输时间占绝大部分，所以，运输时间的缩短对整个流通时间的缩短有决定性的作用。此外，运输时间短，能够加速运输工具的周转，充分发挥运力的作用，有利于货主资金的周转，有利于运输线路通过能力的提高，对运输合理化有很大贡献。

5）运输费用。前文已言及运费在全部物流费中占很大比例，运费高低在很大程度上决定了整个物流系统的竞争能力。实际上，运输费用的降低，无论对货主企业来讲还是对物流经营企业来讲，都是运输合理化的一个重要目标。运费高低，也是判断各种合理化措施是否有效的最终依据之一。

从上述五方面考虑运输合理化，就能取得预想的结果。

7.2.2 不合理运输方式

不合理运输是在现有条件下可以达到的运输水平而未达到，从而造成了运力浪费、运输时间增加、运费超支等问题的运输形式。目前，我国存在的主要不合理运输形式有：

1. 返程或起程空驶

空车无货载行驶，可以说是不合理运输的最严重形式。在实际运输组织中，有时候必须调运空车，从管理上不能将其看成不合理运输。但是，因调运不当，货源计划不周，不采用运输社会化而形成的空驶，是不合理运输的表现。

造成空驶的不合理运输主要有以下几种原因。

1）能利用社会化的运输体系而不利用，却依靠自备车送货提货，这往往出现单程空车、单程空驶的不合理运输。

2）由于工作失误或计划不周，造成货源不实，车辆空去空回，形成双程空驶。

3）由于车辆过分专用，无法搭运回程货，只能单程空车、单程回空周转。

2. 对流运输

对流运输也称“相向运输”“交错运输”，指同一种货物，或彼此间可以互相代用而又不影响管理、技术及效益的货物，在同一线路上或平行线路上作相对方向的运送，而与对方运程的全部或一部分发生重叠交错的运输称对流运输。

对于已经制定了合理流向图的产品，一般必须按照合理流向的方向运输，如果与合理流向图指定的方向相反，也属于对流运输。

在判断对流运输时需要注意的是，有的对流运输是不很明显的隐蔽对流，例如不同时间的相向运输，从发生运输的那个时间看，并无出现对流，这样就可能做出错误的判断，所以要注意隐蔽的对流运输。

3. 迂回运输

迂回运输是舍近求远的一种运输，是指在不受交通条件制约的情况下，可以选择短距离进行运输，却选择路程较长的路线进行运输的一种不合理运输形式。

迂回运输有一定的复杂性，不能简单处理，只有当计划不周、地理不熟、组织不当而发生的迂回，才属于不合理运输。如果最短距离有交通阻塞、道路情况不好或有对噪声、排气等特殊限制而不能使用时发生的迂回，不能列为不合理运输。

4. 重复运输

本来可以直接将货物运到目的地，但是在未达目的地之处，或目的地之外的其他场所将货卸下，再重复装运送达目的地，这是重复运输的一种形式。另一种形式是，同品种货物在同一地点一面运进一面又向外运出。

重复运输的最大弊端是增加了非必要的中间环节，延缓了货物流动速度，增加费用的同时，又增加了货损。

5. 倒流运输

倒流运输是指货物从销地或中转地向产地或起运地回流的一种运输现象。

倒流运输的不合理程度要甚于对流运输，其原因在于，往返两程的运输都是不必要的，形成了双程的浪费。倒流运输也可以看成是隐蔽对流的一种特殊形式。

6. 过远运输

过远运输是指调运物资舍近求远，近处有资源不调而从远处调，这就造成可采取近程运输而未采取，拉长了货物运输距离的浪费现象。

过远运输占用运力时间长、运输工具周转慢、物品占压资金时间长，且远距离自然条件相差大，又易出现货损，增加了费用支出。

7. 运力选择不当

运力选择不当是指未选择各种运输工具优势而不正确地利用运输工具造成的不合理现象，常见有以下若干形式：

1）弃水走陆。在同时可以利用水运及陆运时，不利用成本较低的水运或水陆联运，而选择成本较高的铁路运输或汽车运输，使水运优势不能发挥。

2）铁路、大型船舶的过近运输。不是铁路及大型船舶的经济运行里程却利用这些运力进行运输的不合理做法。主要不合理之处在于火车及大型船舶起运及到达目的地的准备、装卸时间长，且机动灵活性不足，在过近距离中利用，发挥不了运速快的优势。相反，由于装卸时间长，反而会延长运输时间。另外，和小型运输设备比较，火车及大型船舶装卸难度大、费用也较高。

3）运输工具承载能力选择不当。不根据承运货物数量及质量选择，而盲目决定运输工具，造成过分超载、损坏车辆及货物不满载、浪费运力的现象。尤其是“大马拉小车”现象发生较多。由于装货量小，单位货物运输成本必然增加。

8. 托运方式选择不当

对于货主而言，可以选择最好托运方式而未选择，造成运力浪费及费用支出加大的一种不合理运输。例如，应选择整车未选择，反而采取零担托运；应当直达而选择了中转运输；应当中转运输而选择了直达运输等都属于这一类型的不合理运输。

9. 超载超限运输

超载超限运输是公路运输方式中经常出现的现象。包括两个方面：超载运输和超限运输。

超载运输是指汽车在装载时货物超过汽车的额定载质量；超限运输是指车货总重加轴载重超过了公路的限值（或承载能力）。超载超限运输不但会加剧公路的损坏，同时也会对人民的生命和财产安全造成一定的威胁。这是目前表现最突出的一种不合理运输方式。

上述的各种不合理运输形式都是在特定条件下表现出来的，在进行判断时必须注意各不合理运输形式的前提条件，否则就容易出现判断失误。如：同一种产品而品牌不同、价格不同，所发生的对流不能绝对看成不合理。而且，上述不合理运输形式的描述主要是从微观观察得出的结论，在实践中必须将其置于物流系统中作综合判断，才能够实现整个物流系统的最优化。

7.2.3 运输合理化的有效措施

人们通过长期的生产实践探索和创立了不少运输合理化的途径，在一定时期内、一定条件下取得了效果。

1. 提高运输工具实载率

实载率有两个含义，一是单车实际载重与运距之乘积和标定载重与行驶里程之乘积的比率，这在安排单车、单船运输时，是作为判断装载合理与否的重要指标；二是车船的统计指标，即一定时期内车船实际完成的货物周转量（以吨公里计）占车船载重吨位与行驶公里之乘积的百分比。在计算时，车船行驶的公里数，不但包括载货行驶，也包括空驶。提高实载率的意义在于：充分利用运输工具的额定能力，减少车船空驶和不满载行驶的时间，减少浪费，从而求得运输的合理化。

在国内外广泛开展的“配送”，其优势之一就是将多家需要的货物或一家需要的多种货物实行配装，以达到容积和载重的充分合理运用，比起以往自家提货或一家送货车辆大部空驶的状况，是运输合理化的一个进展。在铁路运输中，采用整车运输、合装整车、整车分卸及整车零卸等具体措施，都是提高实载率的有效措施。

2. 采取减少动力投入，增加运输能力

采取减少能源动力投入、增加运输能力，要点在于少投入、多产出。做到了这一点就能大大节约运费，降低单位货物的运输成本，达到合理化的目的。国内外这方面的主要措施有：

1）在机车能力允许情况下，多加挂车皮。在运输紧张时，采取加长列车、多挂车皮的办法，在不增加机车情况下能够有效地增加运输量。

2）水运拖排和拖带法。竹、木等物品的运输，利用竹、木本身浮力，不用运输工具载运，采取拖带法运输，可省去运输工具本身的动力消耗从而求得合理；将无动力驳船编成一定队形，用拖轮拖带行驶，可以使船舶载乘运输运量大大提高。

3）顶推法。将内河驳船编成一定队形，由机动船顶推前进。其优点是航行阻力小，顶推量大，速度较快，运输成本很低。

4）汽车挂车。汽车挂车的原理和船舶拖带、火车加挂基本相同，都是在充分利用动力能力的基础上，增加运输能力。

3. 发展社会化的运输体系

运输社会化实际上是实行专业分工，发展运输的大生产优势，打破一家一户自成运输体系的状况。一家一户的运输小生产，车辆自有，自我服务，运量需求有限，不能形成规模，难于自我调剂，因而经常容易出现空驶、运力选择不当、不能满载等浪费现象。实行运输社会化，物流运输业务外包给第三方物流（3PL)，可以统一安排运输工具，避免对流、倒流、空驶、运力不当等多种不合理形式。

4. 开展中短距离铁路公路分流，“以公代铁”的运输

在短程距离、经济里程范围内应用公路运输是正确的。而有些情况，虽然中程距离可能超出了公路的平均经济里程，但经过论证公路运输具有合理性，这时也可以利用公路在中程距离运输对铁路进行分流。

我国“以公代铁”在杂货、日用百货运输及煤炭运输中较为普遍，有时可达700~1000公里。山西煤炭外运经过认真的技术经济论证，用公路代替铁路运至天津、北京等地就是合理的。中程距离铁路公路分流，一方面解放了比较紧张的铁路运输，提高了铁路运输的通过能力，另一方面充分利用了公路在中短距离快速机动、“门到门”运输的优势。

5. 发展直达运输

直达运输是追求运输合理化的重要形式，其合理化的要点是通过减少中转、过载、换载，从而提高运输速度，减少装卸费用，降低中转货损。在生产资料、生活资料运输中，通过直达建立稳定的产销关系和运输系统，有利于提高运输的计划水平，考虑用最有效的技术来实现这种稳定运输，从而大大提高运输效率。

但直达运输的合理性也是在一定条件下才有所表现的，不能绝对认为直达一定优于中转。从运输批量和用户需求量来看，如一次运输批量和用户一次需求量都达到一整车以上时，直达可能更合理；而当运输批量较小、用户需求也较小时，中转可能更合理。

6. 配载运输

配载运输是提高运输工具实载率、充分利用运输工具载质量和容积、合理安排装载的货物及载运方法以求得合理化的一种运输形式。

配载运输往往是轻重商品的混合配载，在以重质量货物运输为主的情况下，同时搭载一些轻泡货物，如运输海运矿石、黄沙等重质量货物时，在上面捎运木材、毛竹等；铁路运矿石、钢材等重物上面搭运轻泡农副产品等。在基本不增加运力投入和基本不减少重质量货物运输的情况下，解决了轻泡货物的搭运，效果显著。

7. “四就”直拨运输

“四就”直拨运输包括就厂直拨、就车站直拨、就仓库直拨、就车船直拨的运输方式。“四就”直拨减少了中转运输环节和中转次数，提高了运输作业效率。

一般批量到站或到港的货物，先进批发仓库，再按程序销售给用户，容易出现不合理运输。“四就”直拨运输首先由管理机构先行筹划，然后就工厂、就车站或码头、就仓库、就车船将货物分拨给用户，而不需要再入库，其具体形式见表7-1。

表7-1 “四就”直拨的具体形式

“四就”直拨的主要形式	含　义	具体方式
就厂直拨	物流部门从工厂收购产品，在经厂验收后，不经过中间仓库和不必要的转运环节，直接调拨给销售部门或直接送到车站码头运往目的地的方式	厂际直拨 厂店直拨 厂批直拨 用工厂专用线、码头直拨
就车站直拨	物流部门对外地到达车站的货物，在交通运输部门允许占用货位的时间内，经交接验收后，直接分拨或送给各销售部门	直接运往市内各销售部门 直接运往外埠要货单位
就仓库直拨	在货物发货是越过逐级的层层调拨，省略不必要的中间环节，直接从仓库拨给销售部门	对需要储存保管的货物就仓库直拨 对需要更新库存的货物就仓库直拨 对常年生产、常年销售货物就仓库直拨 对季节生产、常年销售货物就仓库直拨
就车船直拨	就外地用车、船运入的货物，经交接验收后，不在车站或码头停放，不入库保管，随即通过其他运输工具换装直接运至销售部门	就火车直装汽车 就船直装火车或汽车 就大船过驳小船

8. 发展特殊运输技术和运输工具

如罐式汽车能解决粉状、液状物运输损耗大、安全性差等问题；袋鼠式车皮、大型半挂车能解决大型设备整体运输问题；“滚装船”能解决车载货的运输问题，集装箱船比一般船能容纳更多的箱体；集装箱高速直达车船能大大加快运输速度等。

9. 通过流通加工，使运输合理化

有不少产品，由于产品本身形态及特性问题，很难实现运输的合理化。如果进行适当加工，就能够有效解决合理运输问题，例如将造纸材料在产地预先加工成干纸浆，然后压缩体积运输，就能解决造纸材料运输不满载的问题；轻泡产品预先捆紧包装成规定尺寸，装车就容易提高装载量；水产品及肉类预先冷冻，就可提高车辆装载率并降低运输损耗。

7.3 运输技术

运输技术通常按运输设备及运输工具的不同，可分为公路运输技术、铁路运输技术、水路运输技术、航空运输技术和管道运输技术。

7.3.1 公路运输技术

由于汽车工业的发展和公路网的扩大，尤其是发展了大载质量的专用货车、集装箱运输、各种设备完善的长途客车以及高速公路等，使公路运输能充分发挥其机动灵活、迅速方便的优势，不仅在短途运输方面，而且在长途运输方面，也占有重要的地位。

1. 公路运输技术的含义和地位

公路运输技术是指借助汽车这一运载工具，沿着公路将旅客和货物运送到目的地的一种运输技术。公路运输在世界交通运输发展史上后来居上，在整个运输领域中占有重要的地位，并发挥着越来越重要的作用。公路运输既是一个独立的运输体系，也是铁路车站、港口和机场集散物资的重要手段。

目前，公路线长占全世界现代交通网的三分之二，约 2000 万 km，机动车总数已达 4 亿多辆，公路运输所完成的货运量占整个货运量的 80% 左右。公路运输在近距离（200km 或 300km 范围内）运输、小批量的运输以及水路运输、铁路运输难以到达地区的长距离运输中有着无比的优越性。截至 2013 年底，我国公路总里程达 435.62 万 km，高速公路里程达 10.44 万 km。全国等级公路里程 375.56 万 km，比上年末增加 14.60 万 km。等级公路占公路总里程 86.2%，提高 1.0 个百分点。其中，二级及以上公路里程 52.44 万 km，增加 2.25 万 km，占公路总里程 12.0%，提高 0.2 个百分点。全国拥有公路营运汽车 1504.73 万辆，其中载货汽车和载客汽车分别占 94.3% 和 5.7%。全国国道网机动车年平均日交通量为 14564 辆（当量标准小客车）。2013 年全国公路货运量为 354.9 亿 t，较 2012 年 322.13 亿 t 增长 10%。货运周转量为 67114.6 亿 t，较 2012 年 59826.08 亿 t 增长 12%。

公路交通系统是社会经济和综合运输系统中的一个子系统，社会经济和公路交通的发展水平在受到公路运输影响并制约的同时，社会经济水平和公路交通需求同样也决定着公路运输的发展进程。随着我国社会经济和科学技术的发展，公路作为国家经济建设和国防建设的基础设施，其地位及作用将越来越显著。公路交通是国民经济现代化的重要组成部分和必要条件，是物质生产活动和商品流通的支柱，是国民经济的命脉，也是一个国家经济繁荣、人民生活富裕、文化发达和国防巩固的重要前提。公路交通自身的优势决定了其在国民经济中的地位和作用。公路交通的优势，包括它的潜在优势随着社会主义商品经济的发展表现得越来越明显，它在国防、开发边疆、促进国民经济发展中的重要地位和作用也逐渐被人们所认识到。公路属于公共、半公共产品，其价值和使用价值主要体现在公路使用者获取的经济利益，是优良资产，是国民经济重要的基础设施，是交通基础设施的重要组成部分，对未来经济有重要影响，是社会长远发展的物质基础，甚至制约社会经济的发展，因为没有这种物质基础就会增加社会经济的运行成本。国际经济发展表明，经济、便捷、快速的公路交通和尽可能完备的应用基础设施，是综合运输体系中的一种重要运输方式，是衡量一个国家参与国际竞争能力的关键因素。

2. 公路运输的特点

与铁路、水路、航空和管道运输比较，公路运输优点在于时间上和空间上的自由性，具体表现如下。

1）可以提供“门到门”的物流运输服务。公路运输不受线路、车站、机场、港口的制约，陆地上只要汽车可以开进去的地方，都可上门提供服务，做到取货上门、送货到家，实现一次性直达运输，不需中途换装。

2）机动、灵活、适应性强。汽车的载质量可大可小，小的只有0.25t，大的有几十吨、上百吨，当使用牵引车拖（半）挂车时，载质量可达千吨，因而汽车运输对客、货批量的大小，具有很强的适应性。同时，公路运输受空间制约较少，因而公路运输既可自成体系，又可以作为其他运输的衔接方式；公路运输在时间上的自由度很大，通常可以按客户规定的时间提供运输服务。

3）原始投资少，经济效益高。公路易修建、建设期短、建设投资较低，公路运输企业投资少、周转快、回收期短、利润率高。据国外资料介绍，一般公路运输的投资每年可以周转1~2次，而铁路运输3~4年才周转一次。国内有些汽车运输企业的经验表明，若经营得好，一年左右即可收回购车成本。高速公路的投资虽高，但因其昼夜通车，交通量大幅提高，其高昂的造价可以在短期内得到补偿。高速公路建设期的费用，一般在7~8年后收回。

4）中短距离运输中的运送速度快：因汽车运输一般不需中转，使其在中（50~200km）、短（<50km）距离运输中的运送速度比较快。据国外资料统计，在中短距离运输中，汽车运输的平均运送速度是铁路运输的4~6倍、水路运输的10倍。

5）汽车运输的驾驶技术较易掌握，驾驶人员培训的时间短（3个月），费用低。

6）运输质量较高，公路运输装载环节少，货损货差较少。

公路运输与铁路、水路、航空和管道运输比较存在如下缺点。

1）运载量小。运输单位小，难于满足大批量运输的要求，一般汽车的载质量为几吨至几十吨，无法与火车或轮船的巨大载质量相比。

2）运费较高。汽车运输的单位运输成本较高；运行持续性较差，特别是长距离运输费用高。

3）安全性差。汽车是无轨道行驶，车种复杂，路况不良，受驾驶人个人意志影响大，交通事故多发，易造成人身、货物和车辆的损坏，安全性较差。

4）汽车在行驶过程中极易产生噪声和尾气污染，环境公害问题较多。

3. 公路货运组织形式

（1）多班运输　多班运输是指在昼夜时间内的车辆工作超过一个工作班以上的货运形式。多班运输增加车辆在路线上的工作时间，能相应地提高车辆的总生产率。

组织多班运输主要应解决好驾驶人的劳动组织和车辆的行车调度。劳动组织的首要任务是安排好驾驶人的劳动休息和学习时间，同时也应考虑定车、定人和车辆保修的安排。

在组织多班运输时，由于夜班比日班条件差，不论道路照明、事故处理、工作联系等方面都不如日班方便，因此除了工作时间长短有所不同外，在安排日夜班的运行作业计划时，一般应遵循以下原则：难运的安排在日班，好运的安排在夜班，例如零星的货运任务及循环运输等由于装卸地点较多、情况较复杂，所以应安排在日班完成，而大宗货运任务以及往复式的货运任务，由于任务比较稳定、变动少，涉及的装卸点也较少，因此适合于安排给夜班完成。

(2) 定点运输　定点运输是指按发货点固定车队、专门完成固定货运任务的运输组织形式。在组织定点运输时，除了根据任务固定车队外，还实行装卸工人设备固定与调度员固定在该点工作。实行定点运输，可以加速车辆周转，提高运输效率，提高装卸工作效率，提高服务质量，并有利于行车安全和节油。

定点运输的组织形式，既适用于装卸地点比较固定集中的货运任务，也适用于装卸地点集中而卸货地点分散的固定性货运任务。如某运输企业粮食专业运输车队，在采用定点运输前，每天每车只能运4次，在实行定点运输后，同样任务，每天每车能运送6~7次，运输生产率提高了50%~70%。

(3) 定时运输　定时运输是指运输车辆按运行作业计划中所拟定的行车时刻表来进行工作。汽车行车时刻表中规定了汽车从车场的开出时间、每运次到达和开出装卸地点的时间及装卸工作时间等。车辆按预先拟定的行车时刻表工作，加强了各环节工作的计划性，提高了工作效率。

要组织好定时运输，必须做好各项定额的制定工作，包括：车辆出车前的准备工作时间定额，车辆在不同路线上重、空载行驶时间定额，及装卸车工作时间定额等。同时还应合理确定驾驶人的休息和用餐等生活时间，加强车辆调度和日常工作管理以及装卸工作组织等。

(4) 甩挂运输　甩挂运输是指利用汽车列车甩挂挂车的方法进行的一种拖挂运输形式。在相同的运输组织条件下，汽车运输生产率的提高取决于汽车的载质量、平均技术速度和装卸停歇时间三个主要因素。实行汽车运输列车化，可以相应增加汽车每运次载质量，显著提高运输生产率。

采用甩挂运输时，需在装卸现场配备足够数量的周转挂车。在运行期间，装卸人员预先装（卸）好甩下的挂车，汽车列车到达装（卸）货地点先甩下挂车，装卸人员集中力量装（卸）主车货物，主车装（卸）货完毕即挂上预先装（卸）完货物的挂车。此时，整列汽车列车的装卸停歇时间减少为主车装卸停歇加甩挂时间，提高了车辆在路线上的工作车时利用率。周转挂车的装卸工作时间应小于汽车列车的运行间隔。

甩挂运输适用于在装卸能力不足、运输距离较短、装卸时间占列车运行时间比重较大的运输条件下采用。

(5) 零担货物运输　零担货物运输是指以定线定站式货运班车或客运班车捎带货物挂车的形式将沿线零担货物集中起来进行运输的货运形式。零担货物具有托运量小、流向分散、批数较多、品类繁杂的特点。零担货物以件包装货物居多，包装质量差别较大，有时几批甚至十几批货物才能配装成一辆零担车，因此零担货运组织工作要比整车货运复杂得多。零担货运的营运组织形式主要有直达零担车、中转零担车、沿途零担车三种。

直达零担车是在起运站将不同发货人托运至同一到站且性质适宜配装的各种零担货物，同车装运至到达地的运输组织形式。这种形式可加快零担货物的送达速度，缩短货物的在途时间，避免中转换装作业，节省中转费用。

中转零担车是指在起运站将不同发货人同一方向不同到站且性质适宜配装的各种零担货物，同车装运至规定的中转站，以便另行配装继续零担货物运输过程的运输组织形式。这种零担运输形式对运量零星、流向分散的零担货物运输很适用。

沿途零担车是指在起运站将各个发货人托运同一线路、不同到站且性质适宜配装的各种零担货物，同车装运至沿途各计划作业点，卸下或装上零担货物后继续行驶，直至终到站的运输组织形式。这种零担车运输形式在组织工作上较为复杂，车辆在途时间也较长，但它能满足沿途货主的零担货物运输需求。

7.3.2 铁路运输技术

1825年，英国在斯托克顿至达灵顿修建的第一条铁路投入公共客货运输，这标志着铁路时代的开始。由于铁路能够高速、大量地运输旅客和货物，为工农业的发展提供了新的、强有力的交通运输工具，几乎垄断了当时的陆上运输，因而极大地改变了陆上运输的面貌。从此，工业生产摆脱了对水上运输的依赖而深入内陆腹地，加速了工农业的发展。由于铁路运输在当时技术经济上处于优越的地位，因此19世纪工业发达的欧美各国都相继进入了铁路建设的高潮。以后，铁路建设的浪潮又扩展到亚洲、非洲和南美洲，使铁路运输几乎处于交通运输发展的垄断地位。

1. 铁路运输的含义和地位

铁路运输是从轨道运输发展起来的，是指利用机车、车辆等技术设备沿着铺设轨道运行的运输方式。铁路运输主要承担长距离、大数量货物运输，在没有水路运输条件的地区，几乎所有大批量货物都是依靠铁路来运输。铁路运输是在干线运输中起主力运输作用的运输方式。

2013年，我国铁路货运量39.5亿t较2012年39.4亿t基本持平。铁路货运量周转量29174.04亿t较2012年29125.92亿t基本持平。

2. 铁路运输的体系构成

1）运载工具。铁路机车与车辆。

2）装卸场所。车站、货站。

3）运输通道。铁路网。

4）管理系统。铁路运输管理系统。

3. 铁路运输的特点

铁路运输具有如下优点。

1）准时。铁路运输具有高度的导向性，只要行车设施无损坏，受其他交通机械及气候等因素的影响较小，可以独自地按照计划运行，可以做到准时。

2）运输能力大、运距长且运价低廉。铁路运输采用大功率机车牵引列车在轨道上运行，列车运行阻力小，运输单位大，能源消耗及劳动力消耗量低。运输系统整体价格相对低廉。铁路运输是陆路大宗货物、长距离运输的首选方式。

3）可以实现长距离、高速运输。

4）土地利用效率高。在陆路运输中，铁路运输与公路运输比较可以节省大量的土地，使土地资源达到最有效的利用。

5）环境公害问题较少。铁路运输的噪声和尾气污染都较公路运输小。

铁路运输系统具有资本密集、固定资产庞大、初始投资大、设备不易维修，且战时容易遭破坏等缺点。对于物流管理而言，其不足主要表现为：

1）不能提供“门到门”的物流运输服务。在一般情况下，铁路运输货物的始发地、目的地与铁路始发站、到达站是分离的（专用线单位除外），在这之间必须用汽车等运输机械转运，中转次数多、费时。

2）货物损失率较高。由于铁路货物运输的中转次数多、列车行驶的振动和货物装卸不当，而造成货物的损坏、遗失率高，导致部分客户不敢将高价值的商品交由铁路承运。

3）运输管理复杂、弹性小。由于大批量运输时必须把货物拼凑成整车运输，车辆编组、途中摘挂、脱钩的操作经常进行，难以做到货物随到随装运。而铁路运输一定要按计划进行，不可能做到自由调度，同时，列车只能在专用钢轨上运行，铁路线上某点发生故障时，将会影响全线的运输。这也是造成铁路运输经营垄断、缺乏竞争的原因。

近些年，公路运输在中、长距离运输中的快速发展给铁路运输带来了巨大压力，铁路运输必须持续改革运输技术与管理方法，改善服务，才能适应现代物流的运输需求。

4. 铁路货物运输组织形式

（1）整车运输　整车运输是指一批货物至少需要一辆车的运输。即一批货物的质量、体积或形状需要以一辆或一辆以上货车装运时，都应按整车托运。我国现有的货车标记载质量大多为50t和60t，容积在$100m^3$以上，达到这个质量或容积条件的货物应按整车运输。这些货物包括：需要冷藏、保温或加温运输的货物；规定限按整车办理的危险货物；易于污染其他货物的污秽品（例如未经过消毒处理或未使用密封不漏包装的牲骨、湿毛皮、粪便、炭黑等）；蜜蜂；不易计算件数的货物；未装容器的活动物（铁路局规定的在管内可按零担运输的除外）；到站无起重能力，而一件货物重量超过2t，体积超过$3m^3$或长度超过9m（经发站确认不致影响中转站和到站装卸作业的除外）的货物都必须按整车办理。

整车运输装载量大，运输费用较低、速度较快，且能承担的运输量也较大，是铁路运输的主要形式。

（2）零担运输　凡不足整车运输条件的货物，除可使用集装箱运输外，应按零担货物托运。零担货物单件体积不得小于$0.02m^3$（单件重量在10kg以上的除外）。零担货物托运每批件数不得超过300件。零担货物运输具有运量零星、批数较多、到站分散、品种繁多、性质复杂、包装条件不一和作业复杂等特点。

（3）集装箱运输及集装化运输　凡货容超过$3m^3$，总重量达2.5～5t或容积为1～$3m^3$，总重量未超过2.5t的货物均应采用集装箱运输；凡使用集装用具或自行包装、捆扎等方法，将散装的小件包装或不易使用装卸机械作业的货物，按规定集装成特定单元后进行运输的，都为集装化运输。

集装化运输具有节约包装材料，提高装卸作业效益，提高货车载重利用率和仓库容积利用率，提高运输质量和减少货物损失等优点。铁道运输部门规定凡具备采用集装化运输条件的货物，都必须采用集装化运输。

7.3.3　水路运输技术

水路运输既是一种古老的运输方式，又是一种现代化的运输方式。在出现铁路以前，水路运输同以人力、畜力为动力的陆地运输工具相比，无论运输能力、运输成本和方便程度等各方面，都处于优越的地位，因此人类早期的工业大多沿通航水道设厂。在历史上，水运的发展对工业布局的影响很大。在水路运输中，海上运输还具有其独特的地位。由于地理上远隔重洋的因素，海上运输几乎是不能被其他运输方式所替代。所有这些都使水路运输在运输业的早期发展阶段起主导作用。

1. 水路运输的含义和地位

水路运输又称船舶运输，它是利用船舶运载工具在水路上的运输，简称水运。它是由船舶、港口与航线组成的交通运输系统。

水路运输在全社会运输中占有极其重要的地位，2013 年末全国港口拥有生产用码头泊位 31760 个。其中，沿海港口生产用码头泊位 5675 个，增加 52 个；内河港口生产用码头泊位 26085 个，减少 154 个。全国港口拥有万吨级及以上泊位 2001 个，比上年末增加 115 个。其中，沿海港口万吨级及以上泊位 1607 个，增加 90 个；内河港口万吨级及以上泊位 394 个，增加 25 个。全国万吨级及以上泊位中，专业化泊位 1062 个，通用散货泊位 414 个，通用件杂货泊位 345 个，比 2012 年年末分别增加 65 个、35 个和 5 个。2013 年全国水运货运周转量 86520.73 亿 t，较 2012 年 74186.07 亿 t 增长 16.6%。水运货运量 49.2 亿 t，较 2012 年 45.57 亿 t 增长 7.9%。

水上运输业与国民经济中的其他产业不同，它本身具有的基础设施并不生产有形的产品，而是为产品在商业中的流通提供运输服务。这个特殊性使水上运输业不仅是服务部门，还是国民经济的基础产业，如水路运输中的航道，水域建筑物如堤坝、港池、锚地及港口设施等都表明了水路运输是国民经济的基础产业部门，这个基础产业具有资本密集、技术密集、劳动密集、信息密集的特征。

经济要发展，交通必先行，国际贸易要发展，水上运输必先行。这是因为国民经济贸易发展必然需要运输大量的原材料、成品和半成品。20 世纪 70 年代初，水路运输曾是我国对外开放和经济发展的瓶颈，由于港口设施的不足和落后，使大量外轮在港外排队等待，使我国蒙受了大量的经济损失，并影响了我国的国际声誉。日本是一个资源较为缺乏的国家，在它经济腾飞的前期，首先发展水上运输业，以优惠的政策鼓励发展造船业，以保护政策扶持本国船队的发展，使它在经济腾飞之时有充足的运力从世界各地进口优质的原材料从而制造优质的产品，进入世界市场。历史的经验和教训使我们深刻认识到水上运输业的先行地位。根据国际实证分析水上运输业能力的发展先行期一般为 3 ~5 年。

水路运输是增进人类全球性经济联系的纽带。水路运输通过越洋通海联河的运输，将世界各地连成了一片。在与现代全球性的社会、经济、贸易的联系中取得自己的地位。在航空仍不能解决大批量货物运输的现实情况下，量大价廉和较为便捷的海上运输仍将是联系全球性经济贸易的主要方式，承担着全球性、区域间的货物运输，成为为世界经济全球一体化和区域化服务的主要运输纽带。

水路运输对国民经济发展起促进作用。水路运输在运作过程中，不仅与造船业、建筑业、制造业及其他产业部门密切相关，还与金融业、保险业密切相连。它的发展为经济贸易起服务保障作用，促进了国民经济的发展；它的发展同样为国民经济有关行业创造了就业机会，为国民经济积累做出重要的贡献。

水路运输通过国际航运，对发展国家外向型经济发挥了基础性作用。水路运输系统中良好的港口基础设施和航运服务质量是吸引国际资本的重要条件，对国家经济的发展具有重要的门户作用。

2. 水路运输的特点

水路运输主要承担大数量、长距离的运输，是在干线运输中起主力作用的运输形式。在内河及沿海运输中，水运也常作为小型运输工具使用，担任补充及衔接大批量干线运输的任务。水路运输与公路、铁路和航空等运输比较有如下特点：

1）运输量大。随着造船技术的日益提高，船舶越造越大。在海上运输中，巨型油船已超过 70 万 t，第六代集装箱船的箱位量已超过 8000TUB，一般的杂货船也多在五六万吨以上。在内河运输中，美国最大顶推船队运载能力超过 6 万 t。我国顶推船队运载能力已达 3 万 t，相当于铁路列车的 6 ~ 10 倍。

2）运输成本低。尽管水运的站场费用高，但因其运载量大，运程较远，能耗低，劳动生产率高（通常一艘 20 万 t 的油船只需配备 20 名左右船员），而使其单位成本较低。海运的单位运输成本为铁路的 1/5，公路的 1/10，航空的 1/30。

3）通过能力强。水上运输是利用天然航道完成的。这些航道四通八达，将世界各地的港口联在一起，不像汽车、火车容易受道路或轨道的限制，如遇变化，可随时改选最有利的航线。因此，通过能力强已经成为水上运输的一大优势。

4）投资少。海上运输航道的开发几乎不需要支付费用，内河虽然有时需要花费一定费用以疏浚河道，但与修筑铁路相比费用要少得多。据初步测算，开发内河航道每 km 投资仅为旧线铁路改造的 1/5 或新线建设的 1/8，而且航道建设还可结合兴修水利和电站，发挥综合效益。

5）续航能力大。商船出航，所携带的燃料、粮食及淡水，可历时数十日，商船具有一定的独立生活的设施设备，其续航能力非其他运输方式可比。从物流的角度，可把它看作是一座流动的仓库，具有一定的储存功能。

6）航速低。船舶体积大，水流阻力高，风力影响大，因此航速一般较低。低速行驶所需克服的阻力小，能够节约燃料；航速增大所克服的阻力直线上升，例如航速从 5km/h 增加到 30km/h，所受的阻力将增大到 35 倍。一般船舶行驶速度只能达到 30km/h，冷藏船可达 40km/h。集装箱船可达 40 ~ 60km/h。

7）风险较大。水路运输受自然条件和气候的影响大，遇险概率大。每年全球海运约有 300 艘船舶遇险。

8）受季节影响较大，一年中中断运输的时间较长。

9）港口的装卸费用较高，不适宜短距离运输。

10）不能提供“门到门”的物流服务。因受航道和港口的限制，水路运输的可及性差，一般都要陆地运输系统的配合才能完成产品运输过程。

3. 水路运输的货运组织形式

1）班轮运输。班轮运输是指在固定的航线上，以既定的港口顺序，按照事先公布的船期表航行的水路运输方式。班轮运输约占海运量的 70% 以上。

2）租船运输。租船运输是指根据协议，租船人向船舶所有人租赁船舶用于货物运输，并按商定运价，向船舶所有人支付运费或租金的运输方式。

租船通常在租船市场上进行。在租船市场上，船东、租船人和船舶经纪人聚集在一起，互通情报，提供船舶和货源，进行租船活动。

3）驳船队运输。驳船队是内河货运的主要形式，又分为拖带运输、顶推运输等。

顶推与拖带是两种不同的行驶方式。拖带运输是拖船在前、依靠拖缆拖带驳船队前进；顶推运输是机动船在驳船队的后面，船队结成整体前进。

顶推运输方式与拖带运输相比，具有推进效率高、阻力小、航速高、操纵性能好等优点。另外，顶推船队的驳船可利用推船的设备改善工作条件与生活条件，在推行无人驳船、分节驳船，提高劳动生产率，降低运输成本等方面，顶推远远优于拖带。

当然，拖带运输也有顶推运输无法替代的优点。如拖带运输对驳船的强度要求较低；船队的集结、编队简单方便；抗风浪能力强；在狭窄、弯曲及浅水急流的航段上，无论是操纵稳定性能还是过滩能力都较顶推运输强。

7.3.4 航空运输技术

工业的发展和科学技术的进步，促使人们对时间的价值观念日益增强，而航空技术的巨大进展正能满足人们在这方面的需求。航空运输在速度上的优势，不仅使其在旅客运输方面，特别是长途旅客运输方面占有重要的地位，还使其在货运方面得到发展。

1. 航空运输的含义和地位

航空运输，简称空运，是使用飞机或其他航空器进行运输的一种形式，是一种较安全迅速的运输方式，特别适用于价值高和时间紧的物资运输。

截至2013年底，中国民航共有运输飞机2145架，平均日利用率为9.53个小时。我国境内民用航空（颁证）机场共有193座（不含香港、澳门和台湾地区），完成旅客吞吐量75430.9万人次，货邮吞吐量1258.5万t，飞机起降731.5万架次。一个以北京、上海、广州等枢纽机场为中心，以省会或重点城市机场为骨干，以及众多干、支线机场相配合的基本格局已经呈现。相关数据表明，我国机场每百万人次航空旅客吞吐量能产生经济效益18.1亿元和就业岗位5300多个。2013年，我国民用航空货运量达557.7万t，较2012年540.2万t增长3.2%。民用航空货运周转量达168.5亿t，较2012年162.2亿t增长3%。

航空运输是一个对国民经济贡献极大的行业。根据国际民航执行组织（ATAG）的测算，航空运输对经济的贡献率为GDP的8%。作为航空运输重要基础设施的机场，它不仅是航空运输的起点和终点，还是现代城市重要的交通枢纽，承担着重要的社会公共服务职能。它对城市发展的贡献不仅在于发挥强大的运输功能，还表现为拉动和推动区域社会经济的发展。具体来看，航空运输对区域经济社会的推动作用有以下几个方面：

第一，航空运输能够有效促进产业结构调整和社会就业。航空运输的快速发展，能够有效促进以现代服务业为主体的第三产业的快速发展，而第三产业的发展，既能加快区域产业结构的升级，实现经济转型，也能够有效促进社会就业与城市消费升级。

第二，航空运输可以改变区域经济的空间布局。围绕机场周边的土地开发，机场发展与城市功能相结合，工业、商业、物流业、高端服务业，以及居住区逐渐聚集和完善，使机场对区域经济的发展承担了重要的功能，对城市人口的地理分布、产业发展和布局都会产生重要影响。

第三，航空运输可以提高经济体系的运转效率。机场的投入使用与快速发展，将会加速形成区域内的立体交通网络，通过不同运输方式间的无缝隙连接，实现客货运输的一体化完整链条，提高区域经济社会体系的运转效率。

第四，航空运输可以保障区域经济的可持续发展。航空运输的域内聚集功能和域外辐射功能，使它既可以吸引更远地区的资金、技术、人才、信息等生产要素向区域内流入，也可以将区域内的经济能量向更远的地区扩散。

第五，航空运输的快速发展可以促进城市升级。航空运输的发展有助于加快区域旅游业的发展，加强本区域的对外合作与文化交流，促进人们思想观念的变化，提高当地人的生活品质，最终提升该区域在中国城市体系中的层级，实现城市结构转型。

航空运输是现代化交通运输方式之一，随着我国工农业生产和整个国民经济的发展，航空运输对于国民经济活动的关系也越来越密切，正在日益发挥它的独特作用。航空运输根据自己的特点和分工，和其他运输方式相互配合，相互补充，密切衔接，共同努力，就能迅速、及时、质量良好地把货物从生产地运到消费地。

2. 航空运输的特点

1）速度快，时间短，可以降低存货库存水平，加速企业资金周转，节约利息费用和仓储费用，同时能使企业适应市场行情瞬息万变的需要，提高企业竞争力。现代飞机巡航速度为800～900km/h，是汽车、火车等陆路运输的5～10倍，是水路运输的20～30倍，能提供速度最快的物流运输服务。企业利用航空运输可以降低存货库存水平，适应市场行情的瞬息万变。

2）安全准确，节省包装费用。空运管理制度完善，货物留空时间短而准，空运过程振动、冲击小，温度、湿度条件适宜，与外界没有接触，货物被损、失窃率低；安全准确。同时，空运还可以简化运输包装，节省包装费用。

3）不受地形限制，机动性大，适用范围广，用途广泛。飞机在空中飞行，直升机起降及飞行，受陆地地形因素限制很少，受线路限制的程度也比公路、铁路和水路运输小，可以将地面上任何距离的两个地方连接起来进行定期或不定期的航空货物运输。还可用于邮政、农业、渔业、林业、气象、旅游观光和军事。尤其对灾区的救援供应，对边远地区的急救等紧急任务，航空运输已成为必不可少的运输工具。

4）适于长距离小批量货物的运输。航空运费以kg为计算单位，轻货物6～7m^{3}折合1t，而海运运费按1m^{3}折合1t，所以少量货物的运输采用空运反而有利。

5）基本建设周期短、投资少。航空运输的基础设施主要有机场、导航设施和飞机，建设周期短、投资少，收效快，不需要在线路上花大量投资，且开航准备时间也短。据测算，在相距1000km的两个城市间建立交通线，修建铁路的投资是开辟航线的1.6倍；开辟航线只需2年，而修建铁路周期为5～7年；回收航线投资只需4年的时间，而铁路建设投资的回收约需33年。

6）航空运输具有运载量小、成本高和受气象条件限制等缺点，不适宜于大批量货物、大件货物、价值低廉货物的运输。

由于航空运输具有上述特点，航空运输特别适宜于长距离贵重物品、精密仪器、小批量货物、季节性强和时间紧迫货物、鲜活货物的运输。

3. 航空货物运输方式

（1）班机运输　班机运输是在固定的航线上定期开航的有固定始发站、经停站和到达站的飞机运输方式。通常使用客货混合型飞机，货舱容量较小，运价较贵，但因航期短，有利于客户安排鲜活商品或急需商品的运送。

（2）包机运输　包机运输指航空公司按照包机合同约定的条件和费率，将整架飞机租给一个或若干个包机人（包机人指发货人或航空货运代理公司），从一个或几个航空站装运货物至指定目的地。包机运输适合于大宗货物运输，费率低于班机运输，但时间比班机运输长。各国政府出于安全和维护本国航空公司利益的需要，常对从事包机业务的外国航空公司实行各种限制，因而目前包机业务并不盛行。

（3）集中托运　集中托运是航空货运代理公司将若干批单独发运的货物集中成一批向航空公司办理托运，填写一份总运单送至同一目的地，然后由其委托的当地代理人负责分发给各个实际收货人。集中托运可采用班机或包机运输方式。集中托运可提高服务质量，加速资金周转，降低运费，是航空货运代理的主要业务。

（4）联合运输方式　联合运输方式指包括空运在内的两种以上运输方式的联合运输。主要有“火车—飞机—汽车”（简称 TAT）、“火车—飞机”（简称 TA）和“汽车—飞机”（简称 TA）三种。我国空运出口货物经常采用陆空联运方式。即：用汽车、火车或船舶将货物运至香港，然后利用香港的优势，把货物经香港由飞机运达目的地或中转地机场，再通过当地代理，用汽车将货物运至目的地。一般 15 天左右可达欧洲，费用为正常班机运费的二分之一或三分之二。

（5）航空快递业务　航空快递业务是由快递公司与航空公司合作，向货主提供的快递服务。其业务包括：由快递公司派专人从发货人处提取货物后以最快航班将货物发出，飞抵目的地后，由专人接机提货，办妥进关手续后直接送达收货人，称为“桌到桌服务”，是一种最为快捷的运输方式，但费用较高，只适于各种急需物品和文件资料的传递。

7.3.5　管道运输技术

以连续运输形式出现的管道运输，虽然其运输货物的品种有限，但由于运输成本低、输送方便，因此发展很快，至今方兴未艾。

1. 管道运输的含义和地位

管道运输是利用管道设施等，通过一定压力差驱动货物（多为液体、气体、粉粒、颗粒状货物）沿着管道流向目的地的一种现代运输方式。

近年来，中国石油、天然气等管道运输发展迅猛，大口径、长距离的输油管道已经遍布东北、华北、华东、西南等广大地区，基本上形成了横贯东西、纵穿南北的管道运输网络。目前，我国油气管道建设进入了一个新的发展时期。随着西气东输、西部原油成品油管道等重点工程建成投产，一个西油东送、北油南运、西气东输、北气南下、海气登陆的油气供应格局正在形成。2013 年，世界管线长度为 3559186km，其中天然气输送管线占世界管线总量的 80.5%，而原油输送管线只占 8.4%。世界上成品油输送管线为 365686km，比原油输送管线长 1.2 倍。美国拥有管线数量最多，为 2225032km，占世界管线总量的 62.5%。美国天然气管线有 1984321km，占世界天然气管线总量的 69.3%。液化石油气（LPG）管线最长的国家是阿尔及利亚，有 3447km，其次为墨西哥为 2102km。2010 年中国管线长度为 75742km，2013 年增长到 86912km，增幅为 15%，占世界天然气管线总量的 3.0%。2010 年中国天然气管线长度为 38566km，2013 年增长到 48502km，增幅为 25.8%。2013 年俄罗斯天然气管线为 163872km，占世界天然气总量的 5.7%。

管道运输主要用于能源物资运输，包括原油、成品油、天然气、油田伴生气、煤浆等，其运量巨大，在美国接近于汽车运输的运量。近年来管道运输也被进一步研究用于解决散状物料、成件货物、集装物料的运输，以及发展容器式管道输送系统。

随着我国工业化进程的加快和能源结构优化的推进，我国油气管道建设正迎来一个大的发展机遇期。当前管道运输的发展趋势是：管道的口径不断增大，运输能力大幅度提高；管道的运距迅速增加；运输物资由石油、天然气、化工产品等流体逐渐扩展到煤炭、矿石等非流体。

2. 管道运输的特点

1）运量大。管道运输的运量与管径大小成正比。一条管径720mm的输油管道，每年输送原油2000万t以上，相当于一条铁路的运量；而一条管径1220mm的输油管道，每年输送原油可达1亿t以上。

2）永久占用土地少。运输管道总长的95%被埋入地下，其永久占用土地少。管道运输的土地占用仅为公路的3%、铁路的10%。在土地资源变得越来越稀缺的今天，在交通运输规划系统中应特别重视管道运输方案。

3）建设周期短，投资少。相同距离、运量的管道运输线，管道建设周期比铁路短1/3，费用比铁路低60%。

4）耗能低，运费低廉，效益好。管道运输连续不间断，不存在空载问题，因而运输效率高。理论分析和实践经验证明，管道口径越大，运输距离越远，运输量越大，运输成本就越低。就石油运输而言，管道运输、水路运输、铁路运输的运输成本之比为1:1:1.7。可见，在无水路的条件下，石油管道运输是最为节能的运输方式。

5）货损少。采用密封设备，在运输过程中能有效避免散失、丢失等损失。

6）不存在其他运输设备本身在运输过程中消耗动力所形成的无效运输问题。

7）受恶劣气候条件影响小，安全可靠，可长期稳定运行。

8）沿途无噪声，污染少，能较好地满足绿色物流的需要。

9）缺乏灵活性。管道作为装运货物的运输工具，是静止不动的，不能因货源减少而改变运行路线，装运的货物也比较单一。

基于上述特点，管道运输适宜于单向、定点、量大的流体状货物的连续运输。

3. 管道运输方式

（1）输油管道　可分为原油运输和成品油运输。

1）原油运输。原油运输多是自油田输送至炼油厂或原油转运的港口或铁路车站。其运输特点是输量大、运距长、收油点和交油点少，故特别适宜用管道运输。世界上的原油约有85%以上经管道输送。

2）成品油运输。成品油运输是将炼油厂生产的大宗成品油，输送到各大城镇附近的成品油库，然后由油罐车转运给加油站或用户。其运输批量多、交油点多，故在管道的起点段输油量大、管径大；经多处交油点分输后，输油量减少，管径也减小，形成成品油管道多级变径的特点。

（2）天然气管道　天然气从气田的各井口装置采出后，经由矿场集气网汇集到集气站，再由各集气站输送往天然气处理厂净化后，送入长距离输气管道，再送往城市或工矿企业的配气站；在配气站经过除尘、调压、计量和添味后，由配气管网输送给用户。

（3）固体货物运输管道

1）水力管道运输（又称固体料浆管道运输）是指把需要运送的粉末状或小块状的固体（一般是煤或矿石）浸在水里，依靠管内水流浮流运行。

管道沿线设有压力水泵站，维持管内水压、水速。管道起点设有调度室，控制整个管道运输。终点设有分离站，把所运货物从水中分离出来，并进行入库前的脱水、干燥处理。水力管道运输对固体货物损耗较大，管道磨损严重，一些不能与水接触的货物受到限制。

2）水力集装箱管道运输，与水力管道运输不同的是预先用装料机把货物装在用铝合金或塑料制成的圆柱形集装箱内，然后让集装箱在水流中运行。管道终点设有接收站，用卸料机把货物从箱内卸出，空箱从另一管道回路送回起点站。其优点是货物和能源消耗以及管道磨损都较小。

3）气力集装箱管道运输与水力管道运输的主要区别是用高压气流代替高压水流，推动集装箱在管内运行。由于气流压力较大，需要集装箱大小和管道直径配合适宜，运输速度可达 20 ~25km/h。管道两端设有调度室、装卸货站，用电子技术自动控制。气力集装箱管道运输除用来运输矿物、建筑材料外，一些国家还用来运送邮包、信件和垃圾。其主要缺点是动力消耗太大，集装箱耐压技术要求高。

4）真空管道气压集装箱运输，是在管道两端设立抽气、压气站，抽出集装箱前进方向一端的空气，在集装箱后面送入一定气压的空气，通过一吸一推，使集装箱运行。其对箱体和管壁的光滑度、吻合度要求较高，但动力消耗较小。

5）电力牵引集装箱管道运输指不用水流或气流推动箱体，靠电力传送带或缆索牵引集装箱在管内的水中漂浮前进。这种方法由于管道不承受压力，可用廉价材料制作管道。

7.3.6 运输方式的选择

1. 五种运输方式的营运特征比较

（1）比较的内容（或指标） 要正确选择运输方式，首先应对各种运输方式的特征有正确的认识。公路、铁路、水路、航空和管道运输各有优点和局限性。在此，仅从物流运输方式的角度选择运价、速度、灵活性、可靠性、可行性、能力和频率等 7 个方面内容指标进行营运特征比较。

（2）五种运输方式的特征比较 将 5 种运输方式的 7 种指标排序，并赋予特征值（权重），权重赋值 1~5，权重越小指标性能越好，比较结果见表 7-2。

5 种运输方式的营运特征各具特点，只有在熟知各种运输方式的营运特征的基础上，结合待运商品的特性、市场要求等因素，综合权衡才能做出正确的选择。

表 7-2 不同运输方式营运特征比较

比较指标 / 运输方式	运价	速度	灵活性	可靠性	可行性	能力	频率
公路运输	3	2	1	2	1	3	2
铁路运输	2	3	2	3	2	2	4
水路运输	1	4	4	4	4	1	5
航空运输	5	1	3	5	3	4	3
管道运输	4	5	5	1	5	5	1

2. 选择运输方式的基本原则

（1）安全性原则 安全第一，是一切生产活动必须遵循的原则，物流运输服务也不例外。要做到运输安全，首先应了解承运货物的特性，如质量、体积、贵重程度、内部结构以及其他理化性质（易碎、易燃、易爆、危险性等），然后再选择安全可靠的运输方式。

(2) 及时性原则　运输的及时性取决于运输速度和运输可靠性，能否准确及时到货是选择运输方式时应遵循的又一原则。运输速度的快慢和到货及时与否在影响货物周转速度的同时，也影响物流企业的形象，运输不及时会造成客户的损失，最终会导致物流企业的损失。因此，应根据承运货物的急需程度，选择合适的运输方式。

(3) 准确性原则　货物运输的准确性是指在运输过程中准时、准点、足额到货。货物运输的准确性，在很大程度上取决于运输的发送和接收环节，但与运输方式也有一定的关系，如汽车运输可做到“门到门”运输，中转环节少，不易发生差错事故；铁路运输受客观因素影响小，容易做到准时、准点到货。

(4) 经济性原则　运输费用是影响物流系统经济效益的主要因素之一，经济性原则是选择物流运输方式必须遵循的主要原则。

7.4　联合运输和集装箱运输

7.4.1　集装箱进出口运输

1. 集装箱运输概述

(1) 集装箱的概念

根据 GB/T 1992—2006《集装箱术语》的规定，集装箱（Freight Container）被定义为一种供货运输的设备，应满足以下条件：

1) 具有足够的强度和刚度，可长期反复使用；

2) 适于一种或多种运输方式载运，在途中运转时，箱内货物不需换装；

3) 具有便于快速装卸和搬运的装置，特别是从一种运输方式转移到另一种运输方式；

4) 便于货物的装满和卸空；

5) 具有 $1m^3$ 及其以上的容积；

6) 是一种按照确保安全的要求进行设计，并具有防御无关人员轻易进入的或运工具。

(2) 集装箱运输的优点　集装箱运输是指将一定数量的单件货物装入特制的标准规格的集装箱内，以集装箱作为运送单位所进行的运输。它是国际贸易中最重要的一种运输方式。与传统的货物运输相比较，它具有以下特点。

1) 提高了货运速度，加快了运输工具及货物资金的周转。集装箱运输是将一件件的杂货集中，成组装入一个特制的箱内，在整个运输过程中以这个箱子作为作业对象，并由专门设备工具装运，机械化程度高，速度快，效率高，中间作业环节少。

2) 减少货损、货差，提高货运质量。在全程运输过程中，货物置于箱内，从一种运输工具转运到另一种运输工具不需要换装，货损、货差、被盗的可能性大大减少，货运质量得以提高，保险费也较低。

3) 简化货物的包装，节约货物包装费用，减少运杂费用。

4) 车船周转加快，装卸费减少，劳动条件改善，运输成本降低。

5) 不受气候影响，实现了定点、定期运输及装卸作业。

(3) 集装箱的分类　在集装箱的发展过程中，因所装货物的性质和运输条件不同而出现了不同种类的集装箱，其中应用最广的是按用途对集装箱进行分类。

1）杂货集装箱（dry cargo container）。杂货集装箱亦称干货集装箱或通用集装箱，适用于除冷冻货、活动物、植物以外，不需要调节温度，且在尺寸、质量等方面均适用于装于箱内的所有货物，如日用百货、食品、机械、仪器、家用电器、医药及各种贵重物品等。在集装箱中，这种集装箱所占的比重最大，国际标准化组织建议的标准集装箱系列，指的都是这种集装箱。

2）保温集装箱（insulated container）。保温集装箱是一种箱壁都用导热率低的材料隔热，用于需要冷藏和保温的货物运输的集装箱。保温集装箱又可分为以下三种：

① 冷藏集装箱（refrigerated container）。适用于运输冷冻货物。

② 隔热集装箱（insulated produce container）。一种以干冰制冷、防止箱内温度上升、保持货物新鲜的集装箱，适用于载运水果、蔬菜等。

③ 通风集装箱（ventilated container）。这是一种在端壁上开有通风口的集装箱。适用于装运不需冷冻，但有呼吸作用的水果等。

3）特种集装箱（special container）。适用于装运特种货物，主要分成以下几种：

① 散货集装箱（solid balk container）。适用于装运大豆、大米、麦芽、面粉、饲料、以及水泥、化学制品等散装粉粒状货物。

② 罐状集装箱（tank container，liquid balk container）。适用于装运酒类、油类、化学品等液体货物。

③ 开顶集装箱（open top container）。适用于装运玻璃、钢铁制品、机械设备等高度较高的货物。

④ 框架集装箱（flat rack container）。适用于装运长大件、超重件、轻泡货、重型机械、钢材、钢管、裸装设备等重、大和形状不一的货物。

⑤ 汽车集装箱（car container）。专门用于载运汽车的集装箱。

⑥ 牲畜集装箱（live stock container）。用于运输活牲畜的集装箱。

⑦ 兽皮集装箱（hide container）。用于装运渗漏液体，专运生皮等汁液、有渗漏性的货物。

⑧ 平台集装箱（plate container）。专门用于装运超重、超长等货物。

（4）集装箱的标志

1）集装箱的标志。为了便于海关及其他相关方面对在国际流通的集装箱进行监督和管理，每一个集装箱均须在适当和明显部位涂刷以下永久性标志。

① 箱主代码。是表示集装箱所有人的代号，箱主代号用四个拉丁字母表示，前三位由箱主自己规定，第四个字母规定用 u（u 为国际标准中海运集装箱的代号）。如“cosu”表示此集装箱为中国远洋运输公司所有。国际流通中使用的集装箱，箱主代码应向国际集装箱局登记，登记时不得与登记在先的箱主代码重复。

② 序号和核对数字。是集装箱的箱号，用 6 位阿拉伯数字表示，如数字不足 6 位时，在数字前加“0”补足 6 位。

③ 国名代码。用三个拉丁字母表示，用以说明集装箱的登记国，如“RCX”即表示登记国为“中华人民共和国台湾省”。国籍代码可查。

④ 规格尺寸和箱型代码。规格尺寸用两位阿拉伯数字表示，用以说明集装箱的尺寸情况，如“20”即为 20ft 长、8ft 高的集装箱。箱型代码用两位阿拉伯数字表示，用以说明集

装箱的类型，如“30”即为冷藏集装箱。箱型代码可查。

⑤ 最大总量和箱重。最大总量用 MAX GROSS：XXXXX（kg）表示，是集装箱的自重与最大载货量之和，它是一个常数，任何类型的集装箱装载货物后，都不能超过这一质量。箱重用 TARE XXX（kg）表示，是指集装箱的空箱质量。

2）集装箱标志的识别

例如：Cosu 001234 [2] RCX2030 依照相关标志规定反映了如下集装箱情况。

① Cosu——箱主代号，表示中国远洋运输公司。

② 001234——顺序号、箱号。

③ [2]——核对数。

④ RCX——国籍代号，表示中国台湾省。

⑤ 20——尺寸代号，表示 20ft 长，8ft 高。

⑥ 30——类型代号，54 表示冷藏集装箱。

2. 集装箱货物的交接方式

集装箱货物的交接因货主托运货物的批量及选择的运输方式不同，货物的交接地点也有所不同。在具体的交接过程中会涉及三个交接地点，收、发货人的仓库（Door，简写 D），集装箱装卸作业区（即集装箱堆场，Container Yard 简写 CY），集装箱货运站（Container Freight Station 简写 CFS）。

（1）门到门交接（Door To Door） 门到门交接形式习惯上只有一个发货人、收货人，由承运人负责内陆运输，也就是说在发货人工厂或仓库接收货箱后，负责将货箱运至收货人的工厂或仓库，门到门交接的货物系整箱货。

（2）门到场交接（Door To CY） 门到场交接形式是在发货人的工厂或仓库接收货箱后，由承运人负责运至卸船港集装箱码头堆场交货，目的地的内陆运输则由收货人自己负责安排。

（3）门到站交接（Door To CFS） 门到站交接形式是在发货人的工厂或仓库接收货箱后，由承运人负责运至目的地集装箱货运站交货，即整箱接收、拼箱交付。

（4）场到门交接（CY To Door） 场到门交接系指在装船港集装箱码头堆场接收货箱，由承运人负责运至收货人工厂或仓库交货的交接方式，即整箱接收、整箱交付。

（5）场到场接货（CY To CY） 这是一种在装船港集装箱码头堆场接收货箱，并将其运至卸船港集装箱码头堆场的交接方式。

（6）场到站交接（CY To CFS） 这是一种在装船港集装箱码头堆场接收货箱，并将其运至目的地集装箱货运站的交接方式。

（7）站到门交接（CFS To Door） 这是一种在起运地集装箱货运站接收货箱后，并将其运至收货人工厂或仓库的交接方式。

（8）站到场交接（CFS To CY） 这是一种在起运地集装箱货运站接收货箱后，并将其运至卸船港集装箱码头堆场的交接方式。

（9）站到站交接（CFS To CFS） 托运人负责将货物运至海上承运人指定的装货港集装箱货运站按件交货；海上承运人在货港集装箱货运站按件接货并装箱，负责运抵卸货港集装箱货运站拆箱按件交货；收货人负责在卸货港集装箱货运站按件接货。

3. 集装箱运输航线

(1) 集装箱运输航线特点　从集装箱运输航线的产生和发展而言，集装箱运输航线主要有以下特点。

1）航行速度高。集装箱的装卸作业能够高效率地进行，而且很少受到气候的影响。这些都为保证船期的准确性提供了有利的条件，因此，绝大部分的集装箱运输航线都是班轮航线。

2）班期固定。由于集装箱船舶营运时的船期准，有条件将其班期固定下来，如每周两次或一次，而且能够固定于某一天，这给码头、箱管等集装箱运输单位的计划、调度等工作带来很大的便利。

3）挂港少。由于集装箱船舶是大型、高速的船舶，如果在它的营运时间里，有许多时间在港口停靠，那么这种运输方式就不能取得良好的经济效益，减少集装箱船舶的挂港数量，其出发点主要在于此。

4）装载量大。在各种条件相同的情况下，运输同样数量的货物，所需的集装箱船舶的数量远远少于普通件杂货船。

(2) 集装箱运输航线的类型　为了适应集装箱运输的需要，适应集装箱货源的分布，集装箱运输航线的类型也变得多样化，按照航线的距离长短可分为远程、中程、短程航线；按照航线的路线，可分为环球航线和钟摆航线；按照航线的作用不同，可分为干线运输、支线运输和陆桥运输。

1）干线运输。干线运输主要是指远距离和国际海上集装箱运输。这种航线的特点是：船舶大型化、高速化；具有相当稳定的货源；航线上的港口码头都配备有较为齐全的大型集装箱装卸运输机械和其他专门服务于集装箱运输的设施；航线距离较长，干线运输是构成全球范围的集装箱运输网的主要形式。

2）支线运输。支线运输又称为集散运输，这是一种短程运输方式，就是将原来分散在内河、沿海等地的非主枢纽港口的集装箱，用小型支线集装箱船舶运送到主枢纽港口集装箱专用码头，然后由干线集装箱船舶运往目的港口，采用这种集装箱运输的方式，至少有以下好处：不必在内河、沿海等地的港口码头设置专业的大型的集装箱装卸作业的机械设备和有关设施，节约了投资，同时保证了干线运输有充足的货源；减少了大型船舶的挂港次数，节省了运输的时间。现在，全球有亚洲区域和欧洲区域两大支线区域。

3）陆桥运输。陆桥运输是指将海运和陆运合为一个媒体，以陆运来连接两个不同海域的运输。如从东亚到欧洲的陆桥运输，就是集装箱从东亚港口装船后，先经海上（太平洋）运至美洲西海岸（太平洋岸），然后利用美洲大陆的铁路运到美洲东海岸（大西洋岸），再将集装箱装船运至欧洲港口。

陆桥运输的显著特点是缩短了运输距离，节省了运输时间，尽管会由于换装次数的增加，增加了一些装卸时间。开展陆桥运输，组织、管理水平应跟上，尤其是水陆和陆路之间的运输衔接要求相当周密。

(3) 国内外集装箱运输航线　世界第一条集装箱运输航线是由美国海陆公司在 1956 年 4 月开辟的纽约—休斯敦航线，这是一条美国国内航线。随着集装箱运输在美洲、欧洲的发展，它以其独特的船期准、班期固定、挂靠港少等特点迅速向世界各个地区渗透，集装箱运输航线也逐渐成为全球性国际航线。据统计，世界上重要集装箱航线已达 30 多条，国际集装箱船经营者协会近20年来已拥有了30多家会员公司，独立经营的航运公司及航运联营集团遍布全球。

目前，世界上规模最大的三条集装箱航线是远东—北美航线，远东—欧洲、地中海航线和北美—欧洲、地中海航线。这三条航线将当今世界人口最稠密、经济最发达的三个板块—北美、欧洲和远东联系起来。这三大航线的集装箱运量占了世界集装箱水路运量的一大半。

1）远东—北美航线。远东—北美航线实际上又可分为两条航线，即远东—北美西岸航线和远东—北美东岸、海湾航线。

① 远东—北美西岸航线。这条航线主要由远东—加利福尼亚航线和远东—西雅图、温哥华航线组成。它涉及的港口主要包括远东的高雄、釜山、上海、香港、东京、神户和横滨等以及北美西海岸的长滩、洛杉矶、西雅图、塔科马、奥克兰和温哥华等。涉及的国家和地区包括亚洲的中国、韩国、日本和中国的香港和台湾地区以及北美洲的美国和加拿大西部地区。这两个区域经济总量巨大，人口特别稠密，相互贸易量很大。近年来，随着中国经济总量的稳定增长，在这条航线上的集装箱运量越来越大。目前，仅上海港在这条航线上往来于美国两海岸的班轮航线就多达40多条。

② 远东—北美东岸航线。这条航线主要由远东—纽约航线等组成，涉及北美洲东海岸地区的纽约—新泽西港、查尔斯顿港和新奥尔良港等。这条航线将海湾地区也串了起来。在这条航线上，有的船运公司开展的是“钟摆式”航运，即不断往返于远东与北美东海岸之间；有的则是经营环球航线，即从东亚开始出发，东行线为太平洋→巴拿马运河→大西洋→地中海→苏伊士运河→印度洋→太平洋，西行线则反向而行。

2）远东—欧洲、地中海航线。远东—欧洲、地中海航线也被称为欧洲航线，它又可分为远东—欧洲航线和远东—地中海航线两条。

① 远东—欧洲航线。这条航线是世界上最古老的海运定期航线。这条航线在欧洲地区涉及的主要港口有荷兰的鹿特丹港，德国的汉堡港、不来梅港，比利时的安特卫普港，英国的费利克斯托港等。这条航线大量采用了大型高速集装箱船，组成了大型国际航运集团开展运输。这条航线将中国、日本、韩国和东南亚的许多国家与欧洲联系起来，贸易量与货运量十分庞大。与这条航线配合的，还有西伯利亚大陆桥、新欧亚大陆桥等欧亚之间的大陆桥集装箱多式联运。

② 远东—地中海航线。这条航线由远东，经过地中海，到达欧洲。与这条航线相关的欧洲港口主要有西班牙南部的阿尔赫西拉斯港、意大利的焦亚陶罗港和地中海中央马耳他南端的马尔萨什洛克港。

3）北美—欧洲、地中海航线。处于北美、欧洲、远东三大地域与经济板块另一极的，是北美—欧洲、地中海航线。北美—欧洲、地中海航线实际由三条航线组成，分别为北美东海岸、海湾—欧洲航线，北美东海岸、海湾—地中海航线和北美西海岸—欧洲、地中海航线。这一航线将世界上最发达与富庶的两个区域联系起来，船运公司之间在集装箱水路运输方面的竞争也最激烈。

4）其他集装箱航线与支线运输。除以上三大集装箱航线外，世界上还存在一些规模较小的其他航线和支线运输，如远东、北美、欧洲分别开辟的赴澳大利亚航线等。我国所处东亚地区是近年来集装箱运输发展最快的地区，目前拥有居于世界集装箱港口吞吐量前几位的港口，如香港、新加坡、上海、釜山和高雄等，均集中于这一地区。这一地区主要集装箱航线又可分为四个航区。

① 日本/韩国—中国台湾、中国香港—新加坡航区。

② 东亚—东南亚航区：主要从青岛、上海南下经香港、槟榔屿、巴生、新加坡到泰国曼谷。

③ 中国内地—中国香港/中国台湾/菲律宾航区：这一航区多为短程航线，均从我国大陆沿海港口出发，向南到达中国香港、马尼拉等，进行钟摆式运输。主要有上海—香港航线、天津—香港航线、天津新港—香港—马尼拉航线、黄埔—赤湾—马尼拉—高雄—香港航线等。

④ 东亚—东北亚航区：这一航区从我国沿海港口出发，到达日本、韩国、中国台湾等。主要有福州—厦门—横滨—神户—香港航线、上海—青岛—釜山—香港—基隆航线等。

5）干、支线交叉与中转港。由于集装箱船舶造价昂贵，投资巨大，其经营又以班轮运输为主，所以其水路运输的特征，必定是形成一些运量集中的干线，又形成一些主要的中转港。通过支线向中转港集聚货物，再由干线运往北美、欧洲；或由干线将货物运到中转港，再通过支线运往欧亚、澳大利亚、新西兰等。因此以一些主要中转港为结点，形成支线与干线交叉的集装箱水路运输网络。东亚地区集装箱吞吐量居前几位的港口，如香港、新加坡、高雄、神户和釜山，均是重要的集装箱中转港。中国香港依靠内地大量中转集装箱，多年来周转量一直雄踞世界集装箱港口吞吐量的首位；新加坡则通过干线中转，将集装箱转运到马来西亚、印度尼西亚、泰国和菲律宾等东南亚国家，多年来居世界集装箱港口吞吐量的第二位，其中转箱量占全球总吞吐量的70%以上；中东、南亚的集装箱则先集结到高雄，再转运至北美航线；而釜山则中转中国出口到美国的大量中转箱，近年来吞吐量稳定上升；神户历来是日本著名的中转港，除中转日本其他港口和韩国的货物外，还中转中国出口到北美、澳大利亚、新西兰的货物。

6）我国的集装箱内支线运输。我国内河水系发达，有优良的航道条件，在长江沿岸，已形成了颇具规模的南京、南通、张家港等集装箱港口，发展集装箱内支线运输前程广阔。我国的一些船舶公司和上海等大的集装箱港口已把视线聚焦于我国的内支线运输，长江等主要水系的内支线集装箱运输，将逐渐成为我国集装箱水路运输的组成部分。长江由于其优良的水道和航运条件，必将成为我国集装箱内河支线运输的主要水系。

7.4.2 国际多式联运

国际多式联运是指由多式联运经营人使用两种或两种以上的不同运输方式，将货物送至目的地的国际货物运输。国际多式联运运输不一定是以集装箱为运输单位，早在《国际铁路货约》《华沙公约》和《公路货运公约》中就已经存在多式联运的概念了，而当时并没有集装箱运输，但是，只有在集装箱运输方式发展起来后，才出现真正意义上的多式联运，正是因为多式联运和集装箱结合在一起的国际集装箱货物多式联运才使得两者都有了勃勃生机，所以，多式联运是以集装箱运输或集装箱货物为主体的，从某种意义上讲，多式联运就是集装箱多式联运。

1. 国际多式联运概述

（1）国际多式联运的定义与特征　国际多式联运是一种以实现货物整体运输的最优化效益为目标的联运组织形式。它通常是以集装箱为运输单元，将不同的运输方式有机地组合在一起构成连续的、综合性的一体化货物运输。通过一次托运，一次计费，一份单证，一次保险，由各运输区段的承运人共同完成货物的全程运输，即将货物的全程运输作为一个完整的单一运输过程来安排。然而，它与传统的单一运输方式又有很大的不同，根据 1980 年《联合国国际货物多式联运公约》以及 1997 年我国交通部和铁道部共同颁布的《国际集装箱多式联运管理规则》的定义，国际多式联运是指“按照多式联运合同，以至少两种不同的运输方式，由多式联运经营人将货物从一国境内接管货物的地点运至另一国境内指定地点交付的货物运输”。根据这一定义，结合国际上的实际做法，可以得出构成国际多式联运必须具备以下特征。

1）必须订立国际多式联运合同。国际多式联运中，由多式联运经营人与发货人订立多式联运合同。所谓国际多式联运合同是多式联运经营人凭其收取运费，使用两种以上不同的运输工具，负责完成或组织完成货物全程运输的合同。但该合同的成立必须具备如下条件。

① 至少使用两种以上不同的运输方式。

② 承担国际货物运输。

③ 接受货物运输，对合同中的货物负有运输、保管之责任。

④ 属于一种承揽、有偿的合同。

国际多式联运合同是多式联运经营人与托运人之间权利、义务、责任与豁免的合同关系和运输性质的确定，也是区别多式联运与一般货物运输方式的主要依据。

2）全程运输必须使用国际多式联运单据。国际多式联运虽由多种运输方式共同完成一票货物的全程运输，但由多式联运经营人签发的多式联运单据应满足不同运输方式的需要，该单据是证明多式联运合同，以及证明多式联运经营人接管货物并负责按照合同条款支付货物的凭证，然而，单一运输方式均采用了该运输方式下的单据，如海上运输采用海运提单；铁路、公路运输采用货运单；航空运输采用空运单。显然，这种仅适用于单一运输方式的单据是不能满足国际货物多式联运的要求的。

3）全程运输必须使用两种或两种以上不同的运输方式。国际多式联运必须使用两种以上不同的运输方式，因此，在一定程度上确定货物是否属多式联运，其中运输方式的组成是一个非常重要的因素。如航空运输长期以来依靠汽车接送货物运输，从形式上看，这种运输已构成两种运输方式，但这种汽车接送业务习惯上被视为航空运输业务的一个组成部分，只是航空运输的延伸，因而不属国际多式联运。

4）必须是国际的货物运输。国际多式联运方式所承运的货物必须是从一个国家的境内接管货物地点运至另一国境内指定交付地点的货物。因此，即使采用两种以上不同运输工具所完成的国内货物运输亦不属国际多式联运货物的范畴。

5）多式联运经营人对全程运输负责。在国际多式联运中，凡是有权签发多式联运单据，并对运输负有责任的人均可视为多式联运经营人，如货运代理人、无船承运人等。国际多式联运全过程涉及各种关系人，法律关系非常复杂。其中，有多式联运经营人和货物托运人之间的关系；多式联运经营人与发货人的受雇人、代理人之间的代理关系；承揽关系；侵权行为关系等；各关系人之间的权利、义务不尽相同。一旦确定了多式联运经营人和发货人之间的法律关系，在某种程度上也就明确了多式联运经营人与其他各关系人的法律关系。

由此可见，国际多式联运的主要特点是，由多式联运经营人对托运人签订一个运输合同，统一组织全程运输，货物运输全程实行一次托运，一单到底，一次收费，统一理赔和全程负责。它是一种以方便托运人和货主为目的的先进的货物运输组织形式。

（2）国际多式联运的优越性。国际多式联运是今后国际运输发展的方向，开展国际集装箱多式联运具有许多优越性，主要表现在以下几个方面。

1）手续简单统一，节省人力、物力和有关费用。在国际多式联运方式下，无论货物运输距离有多远，无论使用几种运输方式完成对货物的运输，也不论运输途中经多少次转换，所有一切运输事宜均由多式联运经营人负责办理。而托运人只需办理一次托运，订立一份运输合同，一次支付费用，一次保险，从而省去托运人办理托运手续的许多不便，同时，由于多式联运采用一份货运单证，统一计费，因而也可简化制单和结算手续，节省人力和物力。此外，一旦运输过程中发生货损、货差，由多式联运经营人对全程运输负责，从而也可简化理赔手续，减少理赔费用。

2）缩短货物运输时间，减少库存，降低货损、货差事故，提高货运质量。在国际多式联运方式下，各个运输环节和各种运输工具之间配合密切，衔接紧凑，货物所到之处中转迅速及时，大大减少货物的在途停留时间，从而从根本上保证了货物安全、迅速、准确、及时地运抵目的地，因而也相应地降低了货物的库存量和库存成本。同时，多式联运是以集装箱为运输单元进行直达运输，尽管货运途中需经多次转换，但由于使用专业机械装卸，且不涉及箱内货物，因而货损、货差事故大为减少，从而在很大程度上提高了货物的运输质量。

3）降低运输成本，节省各种支出。由于多式联运可实行“门到门”运输，因此对货主来说，在将货物交由第一承运人以后即可取得货运单证，并据以结汇，从而提前了结汇时间。这不仅有利于加速货物占用资金的周转，还可以减少利息的支出。此外，由于货物是在集装箱内进行运输的，因此从某种意义上来看，可相应地节省货物的包装、理货和保险等费用的支出。

4）提高运输管理水平，实现运输合理化。对于区段运输而言，由于各种运输方式的经营人各自为政，自成体系，因而其经营业务范围受到限制，货运量相应也有限。而一旦由不同的运输经营人共同参与多式联运，经营的范围可以扩展，同时可以最大限度地发挥其现有设备的作用，选择最佳运输线路组织合理化运输。

5）其他作用。从政府的角度来看，发展国际多式联运具有以下重要意义：有利于加强政府部门对整个货物运输链的监督与管理，保证本国在整个货物运输过程中获得较大的运费收入分配比例；有助于采用新的先进运输技术；减少外汇支出；改善本国基础设施的利用状况；通过国家的宏观调控与指导职能保证使用对环境破坏最小的运输方式，达到保护本国生态环境的目的。

2. 国际多式联运的运输组织形式

国际多式联运是采用两种或两种以上不同运输方式进行联运的运输组织形式。这里所指的至少两种运输方式可以是海陆、陆空、海空等。这与一般的海海、陆陆、空空等形式的联运有着本质的区别。后者虽也是联运，但仍是同一种运输工具之间的运输方式。众所周知，各种运输方式均有自身的优点与不足。一般来说，水路运输具有运量大、成本低的优点；公路运输则具有机动灵活，便于实现货物“门到门”运输的特点；铁路运输的主要优点是不受气候影响，可深入内陆和横贯内陆实现货物长距离的准时运输；而航空运输的主要优点是可实现货物的快速运输。由于国际多式联运严格规定必须采用两种和两种以上的运输方式进行联运，因此这种运输组织形式可综合利用各种运输方式的优点，充分体现社会化大生产、大交通的特点。

由于国际多式联运具有其他运输组织形式无可比拟的优越性，因而这种国际运输新技术已在世界各主要国家和地区得到广泛的推广应用。目前，有代表性的国家多式联运主要有远东/欧洲、远东/北美等海陆空联运输，其组织形式如下：

（1）海陆联运　海陆联运是国际多式联运的主要组织形式，也是远东/欧洲多式联运的主要组织形式之一，目前组织和经营远东/欧洲海陆联运业务的主要有班轮公会的三联集团、北荷、冠航和丹麦的马士基等国际航运公司，以及非班轮公会的中国远洋运输公司、台湾长荣航运公司和德国那亚航运公司等。这种组织形式以航运公司为主体，签发联运提单，与航线两端的内陆运输部门开展联运业务，与大陆桥运输展开竞争。

（2）陆桥运输　在国际多式联运中，陆桥运输起着非常重要的作用。它是远东/欧洲国际多式联运的主要形式。所谓陆桥运输是指采用集装箱专用列车或载货汽车，把横贯大陆的铁路或公路作为中间“桥梁”，使大陆两端的集装箱海运航线与专用列车或载货汽车连接起来的一种连贯运输方式。严格地讲，陆桥运输也是一种海陆联运形式。只是因为其在国际多式联运中的独特地位，故在此将其单独作为一种运输组织形式。

（3）海空联运　海空联运又被称为空桥运输。在运输组织方式上，空桥运输与陆桥运输有所不同：陆桥运输在整个货运过程中使用的是同一个集装箱，不用换装，而空桥运输的货物通常要在航空港换入航空集装箱，不过，两者的目标是一致的，即以低费率提供快捷、可靠的运输服务。

海空联运方式始于20世纪60年代，但到20世纪80年代才得以较大的发展。采用这种运输方式，运输时间比全程海运少，运输费用比全程空运便宜。20世纪60年代，将远东船运至美国西海岸的货物，再通过航空运至美国内陆地区或美国东海岸，从而出现了海空联运。当然，这种联运组织形式是以海运为主，只是最终交货运输区段由空运承担。1960年底，原苏联航空公司开辟了经由西伯利亚至欧洲航空线。1968年，加拿大航空公司参加了国际多式联运。20世纪80年代，出现了经由中国香港、新加坡、泰国等至欧洲航空线。目前，国际海空联运线主要有：

1）远东—欧洲。目前，远东与欧洲间的航线有的以温哥华、西雅图、洛杉矶为中转地，也有的以香港、曼谷、海参崴为中转地。此外还有的以旧金山、新加坡为中转地。

2）远东—中南美。近年来，远东至中南美的海空联运发展较快，因为此处港口和内陆运输不稳定，所以对海空运输的需求很大。该联运线以迈阿密、洛杉矶、温哥华为中转地。

3）远东—中近东、非洲、澳洲。这是以中国香港、曼谷为中转地至中近东、非洲的运输服务。在特殊情况下，还有经马赛至非洲、经曼谷至印度、经中国香港至澳大利亚等联运线，但这些线路货运量较小。

总的来讲，运输距离越远，采用海空联运的优越性就越大，因为与完全采用海运相比，其运输时间更短。与直接采用空运相比，其费率更低。因此，从远东出发将欧洲、中南美以及非洲作为海空联运的主要市场是合适的。

3. 国际多式联运货物的交接地点与方式

国际多式联运的交接地点与交接方式完全按照贸易合同或货主的要求而定，可以多种多样。但若以集装箱方法运输，其货物的交接地点，在国际上是有一般规则的。下面以陆海陆的“门到门”运输为例予以说明：

（1）整箱货的“门到门”运输（FCL/FCL—Full Container Load） 整箱货的“门到门”运输其运输过程为：发货人的“门”—装货港 CY—卸货港 CY—收货人的“门”。交接货物地点均在收发货人各自的仓库或工厂，集装箱由收货人自理。

（2）整箱货接收/拼箱货交货（FCL/LCL/—Less Than Container Load） 这种运输方式的运输过程为：发货人的“门”—装货港 CY—卸货港 CY—联运人的 CFS—收货人 A 或 B。

在这种运输方式中，接收货物的地点是在发货人的仓库或工厂，交货地点是在联运人的集装箱的货运站（CFS），整箱货在集装箱货运站拆箱后以散件方式由收货人自提。拆箱后将货物分别交出的工作称为拆除箱分拨业务（Distribution Service）。

（3）拼箱货接收/整箱货交货（LCL/FCL） 此运输方式的运输过程为：发货人 A 或 B—联运经营人 CFS—装货港 CY—卸货港 CY—收货人的“门”。

在这种运输方式中，接货地点在联运人的集装箱货运站，交货地点在收货人的仓库或工厂。

货物向集装箱货运站集中，一般由发货人自行安排，货物交到集装箱货运站后，由联运经营人接货并装箱，这时联运过程开始。即集装箱货运站到门（CFS TO DOOR）。在集装箱货运站进行的拼箱的业务称为拼箱集运业务（Consolidation Service）。

（4）拼箱货接收/拼箱货交货（LCL/LCL） 拼箱货交接运输方式的运输过程为：发货人 A 或 B—联运经营人 CFS—装货港 CY—卸货港 CY—联运经营人 CFS—收货人 A 或 B。

这种方式既包括拼箱集运业务，又包括拆箱分拨业务。

综上所述，按一般规则整箱货物是在发、收货人工厂、仓库接交货物，接交货物的条件一般为车上交货，即铁路的 FOR（Free On Rail）和汽车的 FOT（Free On Truck）（注：1990 年初则将 FOR/FOT 修改为 FCA，即 Free Carrie——货交承运人）。在此情况下，联运经营人不负责集装箱的装卸。拼箱货是在联运经营人的集装箱货运站接交货物，接交货物的条件一般为仓库交货，即联运经营人不管装卸车。弄清国际上集装箱运输货物交接方式很重要，它关系到联运的起止地点、责任的分界点和费用构成等的划分。

上述方式是国际习惯做法，但在实际业务中却往往会有例外。如虽是整箱运输业务，而发货人不具有处理集装箱的设备和能力，把装拆箱工作委托联运经营人在集装箱货运站办理。又如一般搬迁物资的拼箱货物，货主多要求送到家中等等。作为多式联运经营人均应按照货主要求提供各种服务，而不能要求货主必须服从联运经营人的规定。只是当货主的要求有别于国际一般规则时，在划分责任、计收费用时一定要注意依贸易合同条件的规定严格加以划分，明确规定各有关方应承担的费用。

7.4.3 大陆桥运输

1. 大陆桥运输概念

大陆桥运输（Land Bridge Transport）是指以集装箱为主要运输工具，以贯穿大陆上的铁路或公路运输系统作为中间桥梁，把大陆两端的海洋连接起来组成海—陆—海的运输方式。因其是以集装箱为主要运输工具，主要依托国际铁路系统来完成运输作业，故大陆桥运输又称为国际铁路集装箱运输。

大陆桥运输是国际多式联运的一种，与国际铁路联运的区别如下。

（1）运载货物不同 国际铁路联运是国际铁路组织，如国际货协等，运送货物主要是散装货、裸装货、托盘货，大、中、小集装箱，大陆桥运输的货物是大型国际标准集装箱。

（2）运输方式不同　国际铁路联运只是铁路运输，而大陆桥运输则包括海洋运输、铁路运输及公路运输。

2. 大陆桥运输的种类

大陆桥运输产生于20世纪50年代，是日本货运公司将货箱装船运至美国太平洋港口、再利用美国横贯东西的铁路将货箱运抵美国东海岸港口（大西洋沿岸）再装船运往欧洲。这条大陆桥运输线路由于经济效益差，逐渐停运，但却开始了海、陆运之间的竞争，带动了其后大陆桥的发展。

大陆桥运输在现阶段，主要有以下几种大陆桥。

（1）西伯利亚大陆桥（Siberian Landbridge Bridge，简称SLB）　西伯利亚大陆桥是指货物以国际标准规格集装箱为容器，由远东或日本海运至俄罗斯东部港口，跨越西伯利亚铁路，运至波罗的海沿岸港口，再以铁路、公路或海运将集装箱运往欧洲或中东、近东地区或相反方向。

西伯利亚大陆桥开始于20世纪70年代，1971年由原苏联对外贸易运输公司确立，该公司与国际铁路集装箱运输公司为这条大陆桥的主要经营者。经过多年的发展，这条大陆桥西端发展到了整个欧洲和伊朗、阿富汗等国，东端发展到了中国大陆、中国香港、韩国、中国台湾省等国家和地区，现全年货运量高达10万TEU，承担了日本出口欧洲杂货的1/3、欧洲出口亚洲杂货的1/5的运输量。货物种类主要有电器、化纤、服装、瓷器、医药、玩具、工具、劳保用品及塑料制品等。西伯利亚大陆桥往返欧亚之间的线路有三条。

1）西伯利亚铁路转到伊朗或东欧、西欧铁路再抵中东、近东各地或欧洲各地以及相反方向的运输线路，我国惯称铁—铁线。

2）西伯利亚铁路转原苏联公路，使用汽车运到欧洲各国目的地及相反方向的运输路线，我国惯称铁—海线。

3）西伯利亚铁路运至爱沙尼亚或拉脱维亚港口，转船运往西欧、北欧或巴尔干地区主要港口及相反方向的运输路线，我国惯称铁—卡线。

西伯利亚大陆桥运输特点如下。

1）运距短、时间快。以西伯利亚大陆桥铁路为干线，连接欧洲与远东之间，运距约为13000km，若海运经苏伊士运河，运距为21000km，若经非洲好望角，运距为27000km，如从我国天津运至赫尔辛基，海运运距为23200km，时间为60天。大陆桥运距为9485km，比海运减少了13715km，运输时间20多天，提前了40天左右。

2）费用少。费用包括运杂费和包装费用。从中国至欧洲内陆、伊朗、阿富汗的大陆桥运费比海运少。大陆桥运输可节省托盘和外包装材料，因此可以降低货物成本。

3）手续简便。大陆桥运输属于多式联运，因此托运人只需办理一次托运，凭一张运输单据，即可以从发货地直接装箱发运，完成全部手续。

4）结汇快。外运公司接受发货单位委托后，将货物装箱完毕施加铅封后，立即签发联运提单，发货单位即可凭联运提单向银行办理结汇。

（2）北美大陆桥　北美大陆桥指以从日本港口海运至美国或加拿大西部（太平洋沿岸）港口卸货，再用铁路将集装箱运至美、加东海岸（大西洋沿岸）港口，经海运运往欧洲或相反方向的运输线路。

(3) 中荷大陆桥（新欧亚大陆桥） 中荷大陆桥指以从中国连云港和日照经新疆阿拉山口西至荷兰鹿特丹及相反方向的运输线路。

(4) 小陆桥运输（Mini Land Bridge） 小陆桥运输指货物以国际标准规格集装箱为容器，从日本港口海运至美国、加拿大西部港口，再由铁路集装箱专列或汽车运至北美东海岸、美国南部或内地以及相反方向的运输。如日本横滨到美国纽约的货物，从日本横滨港装船后，越过太平洋，运到美国奥克兰，在奥克兰再用铁路运到纽约。

(5) 微型陆桥（Micro Land Bridge） 微型陆桥指以国际标准规格集装箱为容器，从日本港口运至美国西海岸港口，利用铁路或汽车从美国西海岸运至美国内陆城市的运输方式。它是从小陆桥派生出的一种运输方式，部分使用了小陆桥运输线路。因此，又称半陆桥运输。

(6) OCP 运输（Overland Commit Point） OCP 是美国内陆运输方式，意指“内陆地区”，是享受优惠费率通过陆运可抵达的地区。在地理位置上看，指洛基山脉以东地区，约占美国 2/3 面积。按照 OCP 运输条款规定，凡是使用美国西海岸航运公司的船舶，经过西海岸港口转往所述内陆地区的货物，均可享受比一般直达西海岸港口更为低廉的海运优惠费率和内陆运输优惠费率。条件是成交的贸易合同须注明采用 OCP 运输方式，并使用集装箱运输；目的港应为美国西海岸港口，并在提单的目的港注明 OCP 字样；在物品各栏和包装上标明 OCP 内陆地区名称。

采用 OCP 运输方式，出口商把货物运到指定的港口后，就被认为完成合同交货义务。以后则由进口商委托港口转运代理人持提单向船公司提货，并由其自行按 OCP 费率把货物卖到美国西海岸港口，但可以享受较低的优惠费率，节省运费支出；而对进口商来说，在内陆运输中也可享受OCP 优惠费率。

3. 我国大陆桥运输

我国在 1980 年由中国外运为国内外客户办理中国经蒙古或原苏联到伊朗和往返西北欧各国的大陆桥集装箱运输业务。现每年货运量已达到 10000 标准箱以上，全国除西藏、台湾、海南、广西外，其余各省均已开办了大陆桥运输业务，并且在上海、天津、北京、江苏、辽宁等省开办了拼箱货运业务。我国最大的货运代理企业——中国外运，在一些口岸和城市建立了铁路集装箱中转点见表 7-3，办理集装箱的装卸、发运、装箱和拆箱业务。

表 7-3 我国大陆桥运输铁路集装箱中转点

城市	中 转 点	城市	中 转 点
上海	何家湾	北京	丰台
天津	塘沽南	黑龙江	滨江西、香坊、王岗
辽宁	沈阳、辽阳、大连西	内蒙古	呼和浩特、二连、集宁、满洲里
河北	石家庄、唐山、秦皇岛	河南	海棠寺
山东	青岛、济南、青州、潍坊西、烟台、淄博、石臼所	山西	太原东
陕西	西安西、窑村	甘肃	兰州西
青海	西宁	安徽	合肥北、芜湖西
浙江	南星桥	江苏	镇江南、中华门、南京西、无锡、连云港
湖南	醴陵、长沙西	湖北	汉西、汉阳
四川	成都东、伏牛溪	贵州	贵阳东
新疆	乌鲁木齐北	吉林	孟家屯
福建	福州东	广东	黄埔

7.5　运输线路优化

7.5.1　直送式运输

直送式运输，是指由一个供应点对一个客户的专门送货。

从物流优化的角度看，直送式客户的基本条件是其需求量接近于或大于可用车辆的额定载质量，需专门派一辆或多辆车一次或多次送货。因此，直送情况下的运送追求的是多装快跑，选择最短运送线路，以节约时间、费用，提高运送效率。即直送问题的物流优化，主要是寻找物流网络中的最短线路问题。

目前解决最短线路问题的方法有很多，如位势法、“帚”型法、动态法等。现以位势法为例，介绍如何解决物流网络中的最短线路问题。已知物流网络如图 7-1，各结点分别表示为 A、B、C、D、E、F、G、H、I、J、K，各结点之间的距离如图 7-1 所示，试确定各结点间的最短线路。

寻找最短线路的方法步骤如下。

第一步，选择货物供应点为初始结点，并取其位势值为“零”，即 $V_i=0$。

第二步，考虑与 I 点直接相连的所有线路结点。其初始结点的位势值为 V_i，则其终止结点 J 的位势值 V_j 可按下式确定

$$V_j = V_i + L_{ij} \tag{7-1}$$

式中　L_{ij}——i 点与 j 点之间的距离。

第三步，从所得到的所有位势值中选出最小者，此值即为从初始结点到该点的最短距离，将其标在该结点旁的方框内，并用箭头标出该连线 i—j，以此表示从 i 点到 j 点的最短线路的走法。

第四步，重复以上步骤，直到物流网络中所有结点的位势值均达到最小为止。

最终，各结点的位势值表示从初始结点到该点的最短距离。带箭头的各条连线则组成了从初始结点到其余结点的最短线路。分别以各点为初始结点，重复上述步骤，即可得各结点之间的最短距离。

例 7-1　在物流网络图 7-1 中，试寻找从供应点 A 到客户 K 的最短线路。

解：根据以上步骤计算如下。

（1）选择货物供应点 A 为初始结点，并取其位势值为“零”，即取 $V_A=0$。

（2）由公式（7-1）确定与 A 点直接相连的所有线路结点的位势值。

$$V_B = V_A + L_{AB} = 0 + 6 = 6$$
$$V_E = V_A + L_{AE} = 0 + 5 = 5$$
$$V_F = V_A + L_{AF} = 0 + 11 = 11$$
$$V_H = V_A + L_{AH} = 0 + 8 = 8$$

（3）从所得的所有位势值中选择最小值 $V_E=5$，此值即为从初始结点到该点的最短距离。同时，将其标注在对应结点 E 旁边的方框内，并用箭头标出连线 $A-E$，此即为从 A 点到 E 点的最短线路走法。即

$$\min\{V_B, V_E, V_F, V_H\} = \min\{6,5,11,8\} = V_E = 5$$

（4）重复以上三步。选择 E 为初始结点。

（5）计算与 E 直接相连的 D、G、F 点的位势值（如果同一结点有多个位势值，则只保留最小者）。

$$V_D = V_E + L_{ED} = 5 + 2 = 7$$
$$V_G = V_E + L_{EG} = 5 + 14 = 19$$
$$V_F = V_E + L_{EF} = 5 + 4 = 9$$

（6）从所得的所有剩余位势值中选出最小者 $V_B = 6$，此值即为除 V_E 外的最小值，将其标注在对应的结点 B 旁边的方框内，并同时用箭头标出联线 $A-B$，此即为从 A 点到 B 点的最短线路走法。即

$$\min\{V_B, V_H, V_D, V_G, V_F\} = \min\{6, 8, 7, 19, 9\} = V_B = 6$$

（7）同理，重复（1）~（3）步。选择 B 点为初始结点。

（8）计算与 B 直接相连的 D、C 结点的位势值。它们的位势值分别为 16 和 17。

（9）从所得所有剩余位势值中选出最小者 $V_D = 7$，此值即为除 V_E、V_B 外的最小值，即

$$\min\{8, 7, 19, 9, 17\} = V_D = 7$$

将其标注在对应的结点 D 旁边的方框内，并同时用箭头标出联线 $E-D$，那么从 A 点到 D 点的最短线路走法即为 $A-E-D$。

继续计算，即可得最优路线如图 7-2 所示，由供应点 A 到客户 K 的最短距离为 24。

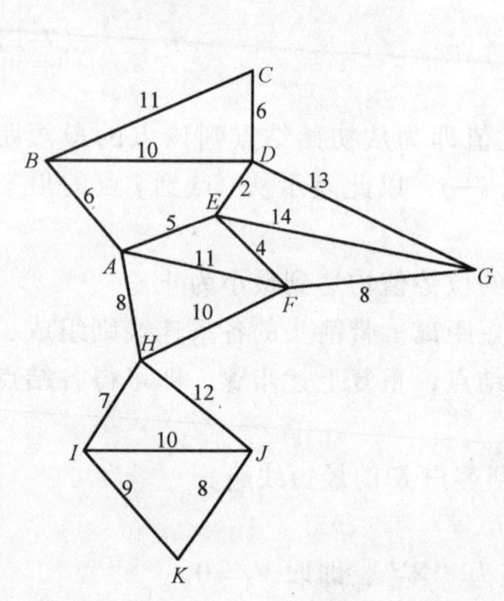

图 7-1　物流网络图

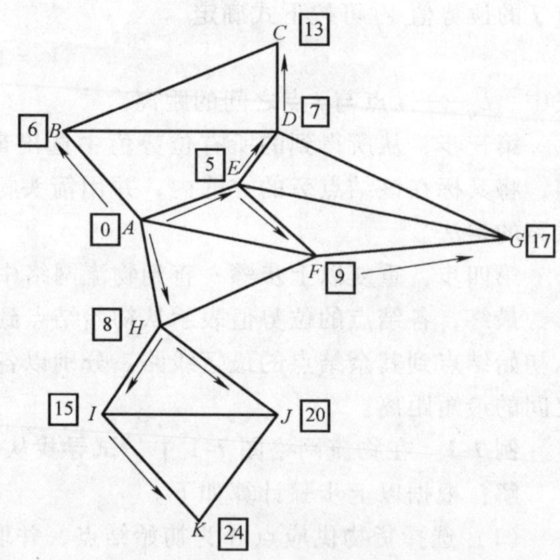

图 7-2　最优线路图

依照上述方法，将物流网络中的每一结点当作初始结点，并使其位势值为“零”，然后进行计算，可得所有结点之间的最短距离，如表 7-4。

表 7-4　结点之间的最短距离

物流网络节点	A	B	C	D	E	F	G	H	I	J	K
A	0	6	13	7	5	9	17	8	15	20	24
B	6	0	11	10	11	15	23	14	21	26	30
C	13	11	0	6	8	12	19	21	28	33	37

（续）

物流网络节点	A	B	C	D	E	F	G	H	I	J	K
D	7	10	6	0	2	6	13	15	22	27	31
E	5	11	8	2	0	4	12	13	20	25	29
F	9	15	12	6	4	0	8	10	17	22	26
G	17	23	19	13	12	8	0	15	22	27	31
H	8	14	21	15	13	10	15	0	7	12	16
I	15	21	28	22	20	17	22	7	0	10	9
J	20	26	33	27	25	22	27	12	10	0	8
K	24	30	37	31	29	26	31	16	9	8	0

7.5.2 分送式运输

分送式配送是指由一个供应点对多个客户的共同送货。基本条件是所有客户的需求量总和不大于一辆车的额定载质量。送货时，由这一辆车装着所有客户的货物，沿着一条精心选择的最佳线路依次将货物送到各个客户手中，这样既保证按时按量将用户需要的货物及时送到，又节约了车辆，节省了费用，缓解了交通紧张的压力，并减少了运输对环境造成的污染。

1. 节约法的基本规定

利用里程节约法确定配送线路的主要出发点是，根据配送方的运输能力及其到客户之间的距离和各客户之间的相对距离来制订使配送车辆总的周转量达到或接近最小的配送方案。

假设：

1）配送的是同一种或相类似的货物；

2）各用户的位置及需求量已知；

3）配送方有足够的运输能力；

利用节约法制订出的配送方案除了使总的周转量最小外，还应满足：

1）方案能满足所有用户的到货时间要求。

2）车辆不超载。

3）每辆车每天的总运行时间及里程满足规定的要求。

2. 节约法的基本思想

如图 7-3 所示，设 P_0 为配送中心，分别向用户 P_i 和 P_j 送货。P_0 到 P_i 和 P_j 的距离分别为 d_{0i} 和 d_{0j}，两个用户 P_i 和 P_j 之间的距离为 d_{ij}，送货方案只有两种，即配送中心 P_0 向用户 P_i 和 P_j 分别送货和配送中心 P_0 向用户 P_i 和 P_j 同时送货。比较两种配送方案：

方案 a 的配送线路为 $P_0 \to P_i \to P_0 \to P_j \to P_0$，配送距离为 $d_a = 2d_{0i} + 2d_{0j}$。

方案 b 的配送线路为 $P_0 \to P_i \to P_j \to P_0$，配送距离为 $d_b = d_{0i} + d_{0j} + d_{ij}$。

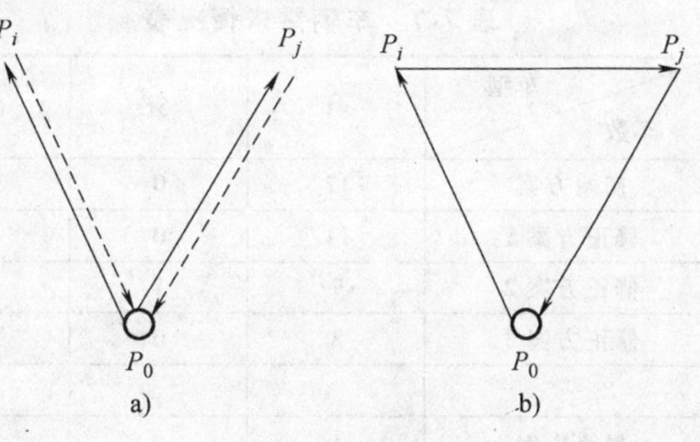

图 7-3 配送线路

显然，d_a 不等于 d_b，用 S_{ij}表示里程节约量，即方案 b 比方案 a 节约的配送里程为：

$$S_{ij}=d_{0i}+d_{0j}-d_{ij}$$

根据节约法的基本思想，如果一个配送中心 P_0 分别向 N 个客户 P_j（$j=1, 2, \cdots, N$）配送货物，在汽车载重能力允许的前提下，每辆汽车的配送线路上经过的客户个数越多，里程节约量越大，配送线路越合理。

例 7-2 设配送中心 P_0 向 12 个客户 P_j（$j=1, 2, \cdots, 12$）配送货物。各个客户的需求量为 q_j，从配送中心到客户的距离为 d_{0j}（$j=1, 2, \cdots, 12$），各客户之间的距离为 d_{ij}（$i=1\sim12$, $j=1\sim12$），具体数值见表 7-5 和表 7-6。配送中心有 4t、5t 和 6t 三种车辆可供调配。试制订最优的配送方案。

表 7-5 相关参数表

P_j	1	2	3	4	5	6	7	8	9	10	11	12
q_j	1.2	1.7	1.5	1.4	1.7	1.4	1.2	1.9	1.8	1.6	1.7	1.1
d_{0j}	9	14	21	23	22	25	32	36	38	42	50	52

表 7-6 各客户之间距离表

P_1											
5	P_2										
12	7	P_3									
22	17	10	P_4								
21	16	21	19	P_5							
24	23	30	28	9	P_6						
31	26	27	25	10	7	P_7					
35	30	37	33	16	11	10	P_8				
37	36	43	41	22	13	16	6	P_9			
41	36	31	29	20	17	10	6	12	P_{10}		
49	44	37	31	28	25	18	14	12	8	P_{11}	
51	46	39	29	30	27	20	16	20	10	10	P_{12}

解：第一步，选择初始配送方案（在无法确定最优配送线路时，先采用最简单方案，即向各个客户单独配送）。

（1）初始配送方案是由配送中心分别派专车向每个客户送货，如图 7-4 所示，由于 $q_j<$ 4t，因此所需车辆应为 12 台 4t 车，详见表 7-7。

表 7-7 车辆需求情况表

车型 车数	4t	5t	6t
初始方案	12	0	0
修正方案 1	11	0	0
修正方案 2	9	1	0
修正方案 3	8	0	1
…			
最终方案	1	0	3

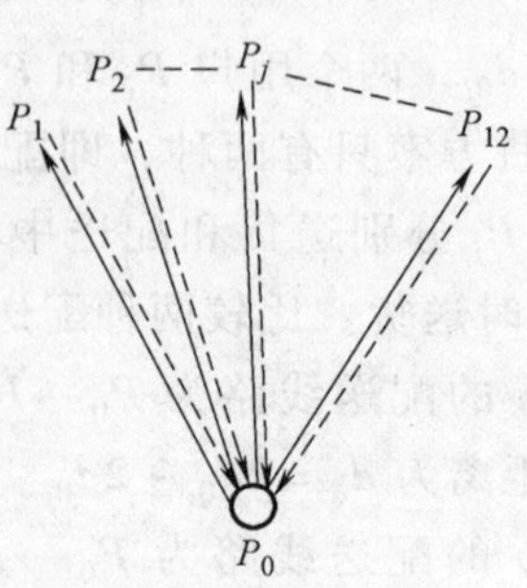

图 7-4 初始配送方案

（2）初始方案确定后，计算所有的里程节约量 S_{ij}，结果见表 7-8 中每个单元格中上角的数字，例如：$S_{1,2}=d_{0,1}+d_{0,2}-d_{1,2}=9+14-5=18$。

（3）初始方案的配送距离为：$S_0 = 2\sum_{i=1}^{N} d_{0j} = 728$

表 7-8　计算结果

q_j	d_{0j}												
1.2	9	P_1											
1.7	14	18 5	P_2										
1.5	21	18 12	28 7	P_3									
1.4	23	10 22	20 17	34 10	P_4								
1.7	22	10 21	20 16	22 21	26 19	P_5							
1.4	25	10 24	16 23	16 30	20 28	38 9	P_6						
1.2	32	10 31	20 26	26 27	30 25	44 10	50 7	P_7					
1.9	36	10 35	20 30	20 37	26 33	42 16	50 11	58 10	P_8				
1.8	38	10 37	16 36	16 43	20 41	38 22	50 13	54 16	68 6	P_9			
1.6	42	10 41	20 36	32 31	36 29	44 20	50 17	64 10	72 6	68 12	P_{10}		
1.7	50	10 49	20 44	34 37	42 31	44 28	50 25	64 18	72 14	76 12	84 8	P_{11}	
1.1	52	10 51	20 46	34 39	46 29	44 30	50 27	64 20	72 16	70 20	84 10	92 10	P_{12}

第二步，修正初始方案。

（1）在表 7-8 种选择最大的 S_{ij} 值，该最大值表明由 P_0 到 P_i 和 P_j 单独送货改为向 P_i 和 P_j 同时送货可最大程度地节约配送距离。此时，符合条件的 $\max S_{ij}=S_{11,12}=92$。

（2）计算客户 P_{11} 和 P_{12} 的总需求量为：

$q_{11}+q_{12}=1.7+1.1=2.8\text{t}$，可使用配送中心的 1 辆 4t 车。

（3）将原始方案中用 2 辆 4t 车分别向 P_{11} 和 P_{12} 单独送货改为仅用 1 辆 4t 车向 P_{11} 和 P_{12} 同时送货，那么修正方案 1 的配送路径为：

$P_0 \to P_{11} \to P_{12} \to P_0$ 或 $P_0 \to P_{12} \to P_{11} \to P_0$。

（4）配送线路由原来的 12 条减少到 11 条，所需车辆数见表 7-7。

（5）修正方案 1 的配送距离为：$S_1=S_0-92=728-92=636$。

（6）观察其他客户的需求量和配送中心的可供调配车辆情况，还可以在修正方案 1 的线路中加入其他客户继续配送。

第三步，进一步修正方案。

（1）继续在表 7-8 中寻找除 92（$S_{11,12}$）外最大的节约里程数，该最大值表明了将某客户加入到修正方案 1 中时，可再节约的最大配送距离。

此时，符合条件的 $\max S_{ij} = S_{10,11} = S_{10,12} = 84$。

（2）计算客户 P_{10}、P_{11} 和 P_{12} 的总需求量为：

$q_{10} + q_{11} + q_{12} = 1.6 + 1.7 + 1.1 = 4.4\text{t}$，可使用配送中心的 1 辆 5t 车。

（3）将修正方案 1 中用 2 辆 4t 车分别向 P_{10}，P_{11} 和 P_{12} 送货改为仅用 1 辆 5t 车向 P_{10}、P_{11} 和 P_{12} 同时送货，那么修正方案 2 的配送路径为：

$P_0 \to P_{10} \to P_{11} \to P_{12} \to P_0$ 或 $P_0 \to P_{11} \to P_{12} \to P_{10} \to P_0$。

$P_0 \to P_{10} \to P_{12} \to P_{11} \to P_0$ 或 $P_0 \to P_{12} \to P_{11} \to P_{10} \to P_0$。

（4）配送线路由原来的 11 条减少到 10 条，所需车辆数见表 7-7。

（5）修正方案 2 的配送距离为 $S_2 = S_1 - 84 = 636 - 84 = 552$。

（6）观察其他客户的需求量和配送中心的可供调配车辆情况，还可以在修正方案 2 的线路中加入其他客户继续配送。

第四步，再修正方案。

（1）继续在表 7-8 中寻找除 92（$S_{11,12}$）和 84（$S_{10,11}$、$S_{10,12}$）外最大的节约里程数（此最大值必须能够加入到修正方案 2 的线路中，且满足配送中心可供调配的车辆资源情况），该最大值表明了将某客户加入到修正方案 2 中时，可再节约的最大配送距离。

此时，符合条件的 $\max S_{ij} = S_{7,10} = S_{7,11} = S_{7,12} = 64$

（2）计算客户 P_7、P_{10}、P_{11} 和 P_{12} 的总需求量为：

$q_{10} + q_{10} + q_{11} + q_{12} = 1.2 + 1.6 + 1.7 + 1.1 = 5.6\text{t}$，可使用配送中心的 1 辆 6t 车。

（3）将修正方案 2 中用 1 辆 4t 车向客户 P_7 和 1 辆 5t 向 P_{10}、P_{11}、P_{12} 送货改为仅用 1 辆 6t 车向 P_7、P_{10}、P_{11} 和 P_{12} 同时送货，那么修正方案 3 的配送路径为：

$P_0 \to P_7 \to P_{10} \to P_{11} \to P_{12} \to P_0$ 或 $P_0 \to P_{10} \to P_{11} \to P_{12} \to P_7 \to P_0$；

$P_0 \to P_7 \to P_{10} \to P_{12} \to P_{11} \to P_0$ 或 $P_0 \to P_{10} \to P_{12} \to P_{11} \to P_7 \to P_0$；

$P_0 \to P_7 \to P_{11} \to P_{12} \to P_{10} \to P_0$ 或 $P_0 \to P_{11} \to P_{12} \to P_{10} \to P_7 \to P_0$；

$P_0 \to P_7 \to P_{12} \to P_{11} \to P_{10} \to P_0$ 或 $P_0 \to P_{12} \to P_{11} \to P_{10} \to P_7 \to P_0$。

（4）配送线路由原来的 10 条减少到 9 条，所需车辆数见表 7-7。

（5）修正方案 2 的配送距离为 $S_3 = S_2 - 64 = 552 - 64 = 488$。

（6）观察其他客户的需求量和配送中心的可供调配车辆情况，在修正方案 3 的线路中不能再加入其他客户继续配送。

那么，在表 7-8 中划去 P_7、P_{10}、P_{11} 和 P_{12} 所在的行和列，组成新的表格，再按照上面的步骤继续寻找最优配送方案。

最终的配送方案是：共存在 4 条配送路线，使用的配送车辆为 1 辆 4t 车和 3 辆 6t 车（见表 7-7），配送总距离为 290。这 4 条配送路线分别为：

第一条配送路线，向客户 P_7、P_{10}、P_{11} 和 P_{12} 同时送货，使用 1 辆 6t 车，配送路径为：

$P_0 \to P_7 \to P_{10} \to P_{11} \to P_{12} \to P_0$ 或 $P_0 \to P_{10} \to P_{11} \to P_{12} \to P_7 \to P_0$；或

$P_0 \to P_7 \to P_{10} \to P_{12} \to P_{11} \to P_0$ 或 $P_0 \to P_{10} \to P_{12} \to P_{11} \to P_7 \to P_0$；或

$P_0 \to P_7 \to P_{11} \to P_{12} \to P_{10} \to P_0$ 或 $P_0 \to P_{11} \to P_{12} \to P_{10} \to P_7 \to P_0$；或

$P_0 \to P_7 \to P_{12} \to P_{11} \to P_{10} \to P_0$ 或 $P_0 \to P_{12} \to P_{11} \to P_{10} \to P_7 \to P_0$。

第二条配送路线，向客户 P_6、P_8 和 P_9 同时送货，使用1辆6t车，配送路径为：

$P_0 \to P_6 \to P_8 \to P_9 \to P_0$ 或 $P_0 \to P_8 \to P_9 \to P_6 \to P_0$；或

$P_0 \to P_6 \to P_9 \to P_8 \to P_0$ 或 $P_0 \to P_9 \to P_8 \to P_6 \to P_0$。

第三条配送路线，向客户 P_1、P_2、P_3 和 P_4 同时送货，使用1辆6t车，配送路径为：

$P_0 \to P_1 \to P_2 \to P_3 \to P_4 \to P_0$ 或 $P_0 \to P_4 \to P_3 \to P_2 \to P_1 \to P_0$。

第四条配送路线，向客户 P_5 单独送货，使用1辆4t车，配送路径为：

$P_0 \to P_5 \to P_0$。

通过上述例题的求解过程不难发现，配送方案的修正过程通常非常复杂，而且工作量庞大，实际应用时需辅以计算机计算，使其简单易行。

7.5.3 配送式运输

配送式运输是指由多个供应点向多个客户的送货运输。它的宗旨是将货物从多个供应点分别送到多个客户手中，既满足客户对货物的配送需要，又满足各供应点存出货要求，并最终做到费用最省。

下面通过例题来说明这类运输问题的求解方法。

例7-3 设有某类物资要从供应点 A_1、A_2、A_3 供货给客户 B_1、B_2、B_3、B_4。各供应点的发货量、各客户的需求量以及从某 A_i（$i=1, 2, 3$）供给某 B_j（$j=1, 2, 3, 4$）1t货物所需运费见表7-9。问，应如何组织运送才能使总运费最少？

表 7-9　　（单位：t　运价表单位：元/t）

客户供应点	B_1	B_2	B_3	B_4	发货量	B_1	B_2	B_3	B_4
A_1					70	3	6	2	4
A_2					80	5	3	3	4
A_3					50	1	7	5	2
需求量	40	30	70	60					

解：第一步，利用西北角法编制初始方案。

（1）首先在表7-9中左上角的空格子里填入尽可能大的运量40。同时由于客户 B 的需求已经满足，故将 B_1 列用虚线划去，A_1 的发货量相应地改为30，见表7-10。

表 7-10　　（单位：t）

客户供应点	B_1	B_2	B_3	B_4	发货量
A_1	40				~~70~~ 30
A_2					80
A_3					50
需求量	~~40~~	30	70	60	

（2）在表7-10的基础上重复上述过程，可得初始方案，见表7-11。

表 7-11　　（单位：t）

客户供应点	B_1	B_2	B_3	B_4	发货量
A_1	40	30			~~70~~　30
A_2		0	70	10	~~80~~　10
A_3				50	50
需求量	40	30	70	~~60~~　50	

注：表 7-11 中由 A_2 运往 B_2 的运量为 0，表示不需 A_2 运送货物给 B_2，因为客户 B_2 的需求已经满足。

初始方案对应的总运费为

$$40\times3+30\times6+0\times3+70\times3+10\times4+50\times2=650\text{ 元}$$

第二步：用位势法检验初始方案是否为最优。

（1）首先构造位势表　把运价表中对应于表 7-11 中有调运量的运价圈起来，同时在右边添加一列，下面添加一行，并在所添加的行、列的格子中填入一些数字，这些数字使圈起来的任何一个运价数正好等于它所在行及所在列中新填入的数字之和，详见表 7-12。

表 7-12　　（单位：t）

客户供应点	B_1	B_2	B_3	B_4	发货量
A_1	③	⑥	2	4	0
A_2	5	③	③	④	-3
A_3	1	7	5	②	-5
需求量	3	6	6	7	

（2）求检验数　在初始方案中位于 A_i 行和 B_j 列的格子对应的检验数记为 λ_{ij}，则：

$$\lambda_{ij}=A_i\text{ 行的位势数}+B_j\text{ 列的位势数}-C_{ij}$$

其中 C_{ij} 为由 A_i 运往 B_j 的运价。

当所有 $\lambda_{ij}\leqslant0$ 时，对应的方案为最优方案。由此可得：$\lambda_{11}=0+3-3=0$；$\lambda_{12}=0+6-6=0$；$\lambda_{13}=0+6-2=4>0$；$\lambda_{14}=0+7-4=3>0$；等等。

由于 $\lambda_{13}=0+6-2=4>0$，说明初始方案不是最优方案，由此转入下一步。

第三步：利用“闭回路法”调整初始方案。

（1）在表 7-9 中做出以与 λ_{13} 对应的空格为起点的闭回路。见表 7-13，并求得调整量 ε。ε 等于该闭回路上由空格算起奇数次拐角点上的最小运量。

$$\varepsilon=\min\{30,70\}=30$$

表 7-13　　（单位：t）

客户供应点	B_1	B_2	B_3	B_4	发货量
A_1	40	30			70
A_2		0	70	10	80
A_3				50	50
需求量	40	30	70	60	

（2）在该闭回路上，偶数次拐角点上的运量都加上调整量 ε，奇数次拐角点上的运量都

减去调整量 ε，不在该闭回路拐角点上的其他各运量都不变。调整后的新的方案，如表7-14。

表 7-14 （单位：t）

客户供应点	B_1	B_2	B_3	B_4	发货量
A_1	40		30		70
A_2		30	40	10	80
A_3				50	50
需求量	40	30	70	60	

第四步：依照上述方法对方案进行检验、调整，直到所有的检验数都为正，得到最优方案为止。最优方案见表7-15。

表 7-15 （单位：t）

客户供应点	B_1	B_2	B_3	B_4	发货量
A_1			70		70
A_2		30	0	50	80
A_3	40			10	50
需求量	40	30	70	60	

最优方案所对应的总运费为

$$70\times2+30\times3+0\times3+50\times4+40\times1+10\times2=490\text{元。}$$

思考题

1. 运输在物流中的地位体现在哪些方面？
2. 什么是合理运输五要素？
3. 常见的不合理运输方式有哪些？
4. 运输合理化的有效措施有哪些？
5. 简述五种运输技术的含义、特点和常用的货运组织形式。
6. 选择运输方式的基本原则是什么？
7. 简述集装箱、国际多式联运、大陆桥运输的概念。
8. 集装箱运输航线有哪些类型？
9. 国际多式联运有哪些特征？
10. 在物流网络图7-1中，试寻找从供应点C到客户K的最短线路。

第8章 现代物流仓储技术

【学习目标】

1. 理解仓储的意义及其现代物流中的作用。
2. 理解仓储合理化的标志及基本要素，掌握合理化措施。
3. 了解仓库、货架的功能及分类，自动化立体仓库和典型货架。
4. 理解仓储系统的主要参数，了解仓库作业技术。
5. 理解 EOS 技术。
6. 理解库存分类管理方法及库存控制，熟悉库存成本的构成，掌握库存控制模型。

8.1 概 述

“仓”即仓库，为存放、保管、储存物品的建筑物和场地的总称，可以是房屋建筑、洞穴、大型容器或特定的场地等，具有存放和保护物品的功能。

“储”即储存、储备，表示收存以备使用，具有收存、保管、交付使用的意思。

仓储从字面上即可理解为：通过仓库对商品与物品的储存与保管。仓储是集中反映物资活动状况的综合场所，是连接生产、供应、销售的中转站，对促进生产提高效率起着重要的辅助作用。

仓储是一个非常广泛的概念，物流学所研究的就是包括储存、储备和库存在内的广义的仓储概念。和运输的概念相应，仓储在现代物流系统中是以改变“物”的时间状态为目的的活动，从而克服生产与需求之间的时间差异，起着缓冲、调节和平衡的作用，是物流系统要素之一。

8.1.1 仓储的意义

在现代物流系统中，仓储的意义主要表现在以下四个方面。

1. 保持商品物质实体的有用性

在社会生产与生活中，经常会出现商品的生产节奏与消费节奏不一致的情况，因此会存在有必要留待以后使用的商品。为了在商品生产与消费的时间差距内保证商品的有用性，就必须要借助于仓储，调解商品生产和消费在时间上的间隔，使在生产和消费的这一间隔时间内的商品流通不致中断，必须依靠流通储存来加以调节，这是仓储的最基本意义。

2. 提高运输效率，降低运输成本

随着经济的进一步发展，市场需求日益个性化、多样化，生产方式也逐渐向多品种、小批量的柔性生产方式转变，对现代物流提出了新的要求。多品种、小批量的物流意味着物流费成本上升，例如对运输来说，过多的小批量、零担运输必然导致高成本。通过仓储的集散作用，将运往同一地点的小批量的商品聚集成为较大的批量，然后再进行运输，到达目的地后，再分成小批量送到客户手中，这样虽然产生了储存的成本，但是可以更大限度地降低运输成本，提高运输效率。

3. 调节产品流通

克服商品生产和消费在空间地域上的矛盾。商品从生产地到消费地，在空间上存在一定的距离。因此，商品在完成生产过程以后，必须由生产地运往消费地。要完成商品在空间位置上的转移，就要有一部分商品停留在运输途中，从而形成了商品的在途储存。

4. 满足消费者的个性化需求，提高客户满意度

随着时代的发展，消费者的消费行为越来越向个性化的方向发展，为了更好地满足消费者的这种个性化消费的要求，我们可以利用商品的存储对商品进行二次加工，满足消费者的需求。对于企业来说，如果在商品生产出来之后，能尽快把商品运到目标消费区域的仓库中去，那么目标消费区域的消费者在对商品产生需求的时候，就能够尽快地得到这种商品，这样消费者的满意度就会提高。

8.1.2 现代物流中仓储的作用

1. 仓储是现代物流不可缺少的重要环节

从供应链的角度看，物流过程可以看作是由一系列的“供给”和“需求”组成，当供给和需求节奏不一致，也就是两个过程不能够很好地衔接，出现生产的产品不能即时消费或者存在需求却没有产品满足，在这个时候，就需要建立产品的储备，将不能即时消费的产品储存起来以备满足后来的需求。供给和需求之间既存在实物的“流动”，同时也存在实物的“静止”，静止状态即是将实物进行储存，实物处于静止是为了更好地衔接供给和需求这两个动态的过程。

2. 仓储能对货物进入下一个环节前的质量起保证作用

在货物仓储环节对产品质量进行检验，能够有效防止伪劣产品流入市场，保护了消费者权益，也在一定程度上保护了生产厂家的信誉。通过仓储来保证产品质量主要进行两个环节：一是在货物入库时进行质量检验，看货物是否符合仓储要求，严禁不合格产品混入库场，二是在货物的储存期间内，要尽量使产品不发生物理以及化学变化，尽量减少库存货物的损失。

3. 仓储是保证产品生产过程顺利进行的必要条件

货物的仓储过程不仅是商品流通过程顺利进行的必要保证，还是产品生产过程得以进行的保证。例如，在生产物流中我们经常会提到在制品的暂存、原材料的储存等，仓储同样是生产物流不可缺少的环节。

4. 仓储是降低商品成本的重要手段

虽然货物在仓库中进行储存时，是处于静止的状态，会带来时间成本和财务成本的增加。但从整体上而言，它不仅不会带来时间的损耗和财务成本的增加，相反它能够降低生产和运输成本。在商品市场需求不确定、难以预测的情况下，储备一定量的产品可有效防止缺货成本的产生，也在一定程度上保证了生产的节奏运行，使得生产计划能够很好实施，从而降低了生产成本；同时仓储可以将小批量、分散的产品运输任务集中以降低运输成本。因此，仓储虽然会增加新的成本，但它同时会减少其他方面的运作成本，最终达到商品成本降低。

5. 仓储能够为货物进入市场做好准备

仓储能够在货物进入市场前完成整理、包装、质检、分拣等程序，这样就可以缩短后续环节的工作时间，加快货物的流通速度；另外将产品在靠近顾客的地方进行储存能够有效防止缺货现象的发生，缩短了货物运送时间，从而进一步提高客户服务质量。

8.2 储存合理化

物流储存合理化就是在保证储存功能实现的前提下，用各种办法实现储存的经济性。储存的功能是对物品需要的满足，实现储存物品的“时间价值”，这就必须有一定的储存量。但是，储存的不合理又往往是对储存功能实现的过分强调，过分投入储存力量和其他储存劳动所造成的。所以保持一定的合理储存，在物流系统管理中，必须充分予以重视。

8.2.1 储存合理化的标志

储存合理化的标志包括：

(1) 质量标志　储存最重要的就是要保证在储存期间，物资的质量不会降低，只有这样，物资的使用价值才能得以体现，所以质量标志是储存合理化中最为重要的标志。

(2) 数量标志　在保证物资供应的前提下，储存应有一个合理的数量范围。储存数量的确定一般应用管理科学的方法，其中较为实用的是在消耗稳定、资源及运输可控的约束条件下，所形成的储存数量控制方法。

(3) 时间标志　在保证物资质量的前提下，必须寻求一个合理的储存时间。储存时间与储存数量有一定的关系，储存物资的数量大而消耗的速度慢，储存的时间必然会长，反之亦然。在实际应用中，常用周转速度指标来反映时间标志，如周转天数等。

(4) 结构标志　一些具备相关性的各种物资之间的数量比例关系也是储存合理化的一个标志，特别是对于那些相关性很强的物资来说，只要有一种物资耗尽，即使其他物资仍有一定数量，也会无法投入使用。因此，相关物资之间必须保证一定的比例。

(5) 分布标志　分类标志是指不同地区储存数量的比例关系。企业不同的市场区域对于商品的需求也是不同的，所以，不同的地区储存的商品数量也应该是不同的。

(6) 费用标志　根据仓储费、维护费、保管费、损失费及资金占用利息支出等财务指标，都能从实际费用上判断储存合理与否。

8.2.2 合理储存的基本要素

合理储存的基本要素主要包括：

(1) 选址点合理　仓库的位置，对于商品流通速度和流通费用有着直接的影响。仓库的布局要与工农业生产布局相适应，应尽可能与供货单位相靠近，这就是所谓“近厂近储”的原则，否则，就会造成工厂远距离送货的矛盾；商品供应外地的，仓库选址要考虑邻近的交通运输条件，力求接近车站码头以利商品发运，这就是所谓“近运近储”的原则。

(2) 储存量合理　储存量合理是指商品储存有合理的数量。在新的产品运到之前有一个正常的能保证供应的库存量。影响合理量的因素很多，首先决定于社会需求量，社会需求量越大，库存储备量就越多；其次是运输条件，运输条件好，运输时间短，则储存数量可以相应减少；最后是物流管理水平和技术装备条件，如进货渠道、中间环节等。

(3) 储存结构合理　储存结构合理，就是指对不同品种、规格的商品，根据消费的要求，在库存数量上，确定彼此之间有合理的比例关系，它反映了库存商品的齐备性、配套性、全面性和供应的保证性。储存结构主要是根据消费的需要和市场的需求变化等因素确定。

（4）储存时间合理　储存时间合理是指每类商品要有恰当的储备保管天数。要求储备天数不能太长也不能太短，储备天数过长就会延长资金占用。储备天数过短，就不能保证供应。储存时间主要应根据流通销售速度来确定，其他如运输时间、验收时间等也是应考虑的影响因素。此外，某些商品的储存时间，还受到该商品的性质和特点所决定。如一些物品储存时间过长，产品就会发生物理、化学等变化，造成其变质或损坏。

8.2.3　储存合理化的措施

1）在自建仓库和租用公共仓库之间作出合理选择，找到最优的解决方案。

2）注重应用合同仓储，也就是第三方仓储的应用。

3）对货物实施重点管理。一般，通过 ABC 分类管理方法来选择重点，再进一步确定重点管理方法。ABC 分类管理方法就是将库存物资按重要程度和占用资金的多少分为三个等级：A 类库存（特别重要的库存）、B 类库存（一般重要的库存）和 C 类库存（不重要的库存），然后针对不同等级进行管理和控制。

4）加速总的周转，提高单位产出。储存现代化的重点是将静态储存变为动态储存，加快周转速度。

5）采用有效的“先进先出”方式。保证每个储存物品的储存期不至过长，“先进先出”是一种有效的方式，也是储存管理的准则之一。

6）提高储存密度，提高仓库利用率。主要目的是减少储存设施的投资，提高单位存储面积的利用率，以降低成本、减少土地占用。

7）采用有效的储存定位系统。储存定位即被储物位置的确定，如果定位系统有效，能大大节约寻找、存放、取出的时间，节约不少物化劳动及活劳动，而且能防止差错，便于清点及实行订货点等的管理方式。

8）采用有效的监测清点方式。对储存物品数量和质量进行监测，及时准确地掌握实际储存情况，经常与账卡核对，这对仓储管理是必不可少的。因此采用有效的监测清点方式尤为重要，常用的仓储有效监测清点方式见表 8-1。

表 8-1　常用的仓储有效监测清点方式

监测清点方式	内　容	特　点
“五五化”堆码	储存物堆垛时，以“五”为基本计数单位，堆成总量为“五”的倍数的垛形	堆码后可过目成数，大大加快人们点数的速度，且准确率高
光电识别系统	在货位上设置光电识别装置，该装置对被存储物扫描，并将准确数目自动显示出来	不需要人工清点就能准确掌握库存的实有数量
电子计算机监控系统	在被存储物上采用计算机条码识别技术，使识别装置和计算机联结，每存取一件物品时，识别装置自动识别条码并将其输入计算机，计算机会自动做出存取记录	只需要通过计算机查询，即可了解物品的准确情况

9）根据商品的特性，采用现代化储存保养技术，保证储存商品的质量。

10）采用集装箱、集装袋、托盘等储运装备一体化的方式。

8.3 仓 库

仓储是现代物流的基本职能之一，处在生产和消费两大活动之间，在物流活动中起“蓄水池”作用。物流系统中，仓储活动的主体设施是仓库。简单来说，仓库是供储存物品之用的建筑。仓库在我国的历史源远流长，《诗经·小雅》中已有“乃求千斯仓”的记载。

8.3.1 仓库的定义

在我国，最初“仓”和“库”是两个概念，“仓”是指储藏粮食的地方，“库”是指储藏兵器的库房；后来人们将二者合一，凡是储存物品的场所均称为仓库。在日本，仓库被定义为：“仓库是指防止物品丢失、损伤的工作场地，或为防止物品丢失或损伤作业而提供的土地、水面等用于物品储藏保管的场所”。

在现代物流中，仓库是保管、储存物品的建筑物和场所的总称。包括露天堆场、半封闭货棚、全封闭的普通仓库和具有特殊保管条件的特种仓库。随着全球范围内经济活动的快速发展，现代仓库不仅仅为了储存，更多地考虑经营上的收益。仓库正迅速由储藏型向流通型转变，其功能已经由单纯的物资储存保管延伸为物资接收、分类、计量、包装、分拣、配送和存盘等多项功能的场所。

仓库主要由储存物品的库房、运输传送设施（如吊车、电梯、滑梯等)、出入库房的输送管道和设备以及消防设施、管理用房等组成。所以，仓库的合理化与现代化是储存合理化的前提条件。

8.3.2 仓库的功能

仓库是物流运营过程中的重要物流节点，是物流系统中的重要基础设施，承担着“蓄水池”的功能，它既要适应于各种货物的特性，又要有利于提高整个物流网络的效益。仓库应该具备如下功能。

1. 储存和保管功能

仓库具有一定的空间，用于储存物品，并根据储存物品的特性配备相应的设备，适应各种储存要求，以保持储存物品完好性。例如：储存挥发性溶剂的仓库，必须设有通风设备，以防止空气中挥发性物质含量过高而引起爆炸。贮存精密仪器的仓库，需防潮、防尘、恒温，因此，应设立空调、恒温等设备。在仓库作业时，还有一个基本要求，就是防止搬运和堆放时碰坏、压坏物品，从而要求搬运器具和操作方法的不断改进和完善，使仓库真正起到贮存和保管的作用。

2. 调节供需的功能

创造物质的时间效用是物流仓储技术的基本职能，是由物流系统中的仓库来完成的。现代化大生产的形式多种多样，从生产和消费的连续来看，每种产品都有不同的特点，有些产品的生产是均衡的，而消费是不均衡的，还有一些产品生产是不均衡的，而消费却是均衡不断地进行的。要使生产和消费协调起来，这就需要仓库起“蓄水池”的调节作用，通过科学的储存，能够提高物品调节水平。

3. 调节货物运输能力

各种方式运输工具的运输能力是不一样的。船舶的运输能力很大，海运船一般是万吨级，内河船舶也有几百 t 至几千 t 的；火车的运输能力较小，每节车皮能装运 30 ~ 60t，一列火车的运量一般为几千 t；汽车的运输能力很小，一般每辆车装 4 ~ 10t。因此，他们之间的运输衔接是很困难的。这种运输能力的差异，通过仓库进行调节，便于不同运输方式的衔接。

4. 流通配送加工的功能

现代仓库的功能已处在由保管型向流通型转变的过程之中，即仓库由贮存、保管货物的场所向流通、销售的中心转变。仓库不仅要有贮存、保管货物的设备，还要增加分拣、配套、捆绑、流通加工、信息处理等设置。这样，既扩大了仓库的经营范围，提高了物质的综合利用率，又方便了消费，提高了服务质量。

5. 信息传递功能

伴随着以上功能的改变，仓库对物资信息传递提出了新的要求，仓库的物资信息是企业信息系统的重要组成部分。在处理仓库活动有关的各项事务时，需要依靠计算机和互联网，通过电子数据交换（Electronic Data Interchange，EDI）和条形码技术来提高仓储物品信息的传输速度，及时而又准确地了解仓储信息，如仓库利用水平、进出库的频率、仓库的运输情况、顾客的需求以及仓库人员的配置等。

8.3.3 仓库的分类

从不同的角度对仓库进行分类，目前常见的分类方法有以下几种。

1. 按照仓库在社会再生产过程中所处位置不同分类

社会再生产过程一般由生产过程、流通过程以及再生产过程的不断循环所构成。因此，按照仓库在社会再生产过程中所处位置的不同，把仓库分为生产领域仓库和流通领域仓库。

（1）生产领域仓库　生产领域仓库即为处在生产领域的物资供应仓库，是工业企业设施的一部分，不是一个独立的经济单位，主要存放企业在生产过程中所需的原材料、燃料、半成品和零部件等。包括生产用物料储备仓库，半成品、在制品仓库，产成品仓库。

1）物料储备仓库称为企业自用仓库，用于储备生产准备和生产周转用的物料。物资在进入生产企业仓库后，就结束了流通阶段，进入了生产准备阶段。

2）半成品、在制品仓库是指在企业生产过程中，处于各生产阶段之间的半成品和在制品库。

3）产成品库是指存放生产企业的已经制成并经检验合格，进入销售阶段的产品和成品，但还未离开生产企业。

（2）流通领域仓库　流通领域仓库是指处在流通领域的物资仓库，在较大范围内，为保证连续地供应多个企业所需的物资及用于调整国民经济的不协调而建立的仓库。根据其在流通领域中的不同作用，又可分为包括物流企业的专业储运中转仓库、物资供应企业自用仓库及国家储备仓库（存放国家储备机构所掌握的储备物资的仓库）等。

2. 按照仓库的使用范围分类

根据仓库使用范围的不同，可以分为企业仓库、营业仓库和公用仓库。

（1）企业仓库　企业仓库是指由企业自己投资兴建，用于保管自己生产经营所需货物的仓库，这种仓库一般由企业自己进行管理。

（2）营业仓库　营业仓库是指面向全社会提供仓储服务、独立于其他企业的仓库。这类仓库一般专业从事仓储经营管理，以出租库房和仓储设备，提供装卸、包装、流通加工、送货等服务为经营目的，具有功能齐全、服务范围广、进出货频繁、吞吐量大、使用效率高等特点。

（3）公用仓库　公用仓库是指由国家或某一主管部门修建的，为社会物流业务服务的公用仓库，如车站货场仓库、港口码头仓库等。其特点是公共、公益性强，功能比较单一，仓库结构相对简单。

3. 按照仓库储存物品种类及设备条件分类

根据储存物品的种类及技术设备条件不同，仓库可以分为通用仓库、专用仓库和特种仓库三类。

（1）通用仓库　这类仓库设施一般，常温，自然通风，只能保管无特殊要求的货物，可同时储存多种物理、化学性质互不影响的货物。一般同时储存一类以上不同自然属性的物资，在物流系统中，大多数仓库属于此类仓库。

（2）专用仓库　专用仓库是指在一定时期内，只储存某些单项种类物资的仓库，如金属材料库、机电产品库等。

（3）特种仓库　特种仓库指用于储存具有特殊性能、要求特别保管条件货物的仓库。这类仓库必须配备特殊设备以满足货物储存的要求。常见的有冷藏仓库、恒温保湿仓库和危险品仓库等。

1）冷藏仓库安装有制冷装置和保温隔热性能，专门用来储藏需要进行冷藏储存的货物，一般多是农副产品、药品等对于储存温度有要求的物品。

2）恒温保湿仓库是能够调节温度并始终保持一定温度和湿度的仓库，用来储存对于储藏温度、湿度有要求的产品。

3）危险品仓库是对危险品有一定防护作用的仓库，用于存放有特殊要求的危险物品，如易燃、易爆、有毒的货物，此类物品的储存方面都有专门的条例要求。

（4）水上仓库　水上仓库是漂浮在水面上储藏货物的囤船、浮驳或其他水上建筑，或者划定水面保管木材的特定水域，以及沉浸在水下保管物资的水域。

4. 按照仓库建筑的结构分类

根据建筑结构的不同，可以把仓库分为简仓、单层仓库、多层仓库、立体仓库、露天堆场和罐式仓库。

（1）简仓　简仓是用于存放散装的小颗粒或粉末状货物的封闭式仓库，一般这种仓库被置于高架上，常用来存储粮食、水泥和化肥等。

（2）单层仓库　单层仓库是最常见、使用最广泛的一种仓库建筑类型，这种仓库一般只有一层，不设楼梯，有效高度不超过6m，它具有投资少，各种附属设备（例如通风设备、供水、供电等）的安装、使用和维护较方便，装卸、搬运货物方便等特点，适宜于人工操作。

（3）多层仓库　多层仓库是指两层及两层以上的仓库，一般占地面积较小，进出库货物需采用垂直运输及等机械化或半机械化作业，因此日常装卸搬运费用较高。

（4）立体仓库　又称为高架仓库，是单层仓库的一种，但同一般的单层仓库不同在于它利用高层货架来储存货物。在立体仓库中，由于货架一般比较高，所以货物的存取需要采用与之配套的机械化、自动化设备，并应用电子计算机对仓库进行管理和控制，一般自动化程度较高。

(5) 露天堆场　露天堆场是指露天堆放货物的场所，一般堆放大宗原材料，或者不怕受潮的货物。

(6) 罐式仓库　罐式仓库是指以罐体为储存库的大型容器型仓库，有球形、柱式等，主要用于储存石油、天然气和液体化工产品等。

5. 按照仓库的其他特性分类

按照仓库所处位置的不同，可以分为港口仓库、内陆仓库等。按照仓库的产权归属还可分为自建仓库和租用仓库。按照仓库使用建筑材料的不同，可以将仓库分为钢筋混凝土仓库、钢质仓库和砖石仓库等。

8.3.4　自动化立体仓库

自动化仓库（Automatic Warehouse）是指由电子计算机进行管理和控制，不需人工搬运作业而实现物资收发作业的仓库。立体仓库（Stereoscopic Warehouse）是指采用高层货架配以货箱或托盘储存货物，用巷道堆垛起重机及其他机械进行作业的仓库，一般是因为采用了几层、十几层乃至几十层的货架来储存单元货物，能充分利用空间储存货物，故常形象地将其称为“立体仓库”。两种仓库作业结合的仓库称为自动化立体仓库，又称立库、高层货架仓库、自动仓储系统（Automated Storage and Retrieval System，AS/RS）。

自动化立体仓库一般指采用高货架的自动仓库，它是采用高层立体货架储存物资，应用计算机系统管理和控制，用巷道堆垛机等起重、装卸、运输机械设备自动完成货物出库或入库作业的系统，主要通过高层货架充分利用空间存取货物，如图 8-1 所示。

图 8-1　自动化立体仓库

1. 自动化立体仓库的构成

自动化仓库技术是现代物流技术的核心，它集高架仓库及规划、管理、机械、电气于一体，是一门综合性的技术。自动化立体仓库是机械和电气、强电控制和弱电控制相结合的产物。它主要由货物储存系统、货物存取和传送系统、控制和管理系统等三大系统所组成，还有与之配套的供电系统、空调系统、消防报警系统、称重计量系统、信息通信系统等。

（1）货物储存系统　由高层货架及托盘组成，高层货架是用于存储货物的钢结构货架，目前主要有焊接式货架和组合式货架两种基本形式；托盘是用于承载货物的器具。

（2）货物存取和传送系统　承担货物存取、出入仓库的功能，由巷道堆垛机、输送机和装卸机械等组成。

（3）控制和管理系统　自动化立体仓库货架采用集成化物流管理计算机控制系统，并应用激光定位技术、红外通信、现场总线控制技术、条形码扫描和射频识别（Radio Frequency，RF）系统等先进技术。系统根据自动化立体仓库的不同情况，采取不同的控制方式。操作系统软件的设定需要客户提供各种不同数据，再加以分析然后制定。有的只对存取堆垛机、出入库输送机的单台 PLC 控制，机与机无联系；有的进行联网控制；更高级的采用集中控制、分离式控制和分布式控制，即由管理计算机、中央控制计算机和堆垛机、出入库输送机等直接控制的可编程式控制器组成控制系统。

另外，还需要能存储货物的库房及消防系统、照明系统、通风系统、动力系统等其他配套设施。

2. 自动化立体仓库的特点

自动化立体仓库发展迅速，主要是因为其突出的优点，在物流系统中具有重要的作用。

（1）大幅度提高仓库空间利用率　自动化立体仓库采用高层货架存储，提高了空间利用率，减少了占地面积。用人工存取货物的仓库，货架高约 2m；使用叉车的仓库高度约为 3 ~ 4m，但所需通道约 3m，若用来储存机电零件，单位面积储存量一般为 0.3 ~ 0.5t/m^3。而目前，世界上最高的立体仓库高度已达 50m，立体仓库单位面积的储存量可达 7.5t/m^3，是普通仓库的 5 ~ 15 倍。

（2）提高劳动生产率　自动化立体仓库使用机械和自动化设备自动存取，能较好地适应特殊场合的物品存储作业。同时，对信息的运行和处理速度快，提高了劳动生产率，改善了操作人员的工作环境，降低了劳动强度。

（3）加快储备资金周转　储存作为生产过程的中间环节，具有对原材料、在制品和成品的缓冲存储功能。在自动化系统的管理和控制下，能对物资进行科学管理，使物资存储过程中能合理利用各种资源，提高处理效率，适应多种存储要求。同时，自动化系统能够减少货物处理和信息处理过程中的差错，且便于清点和盘库，合理减少库存，实现科学储备，提高物资调节水平，加快储备资金周转，节约流动资金，从而提高仓库的管理水平。

（4）提高货物储存质量　采用高层货架储存并结合计算机管理，可以容易地实现先入先出，防止货物的自然老化、变质、生锈或发霉，且高架仓库的存储也利于防止货物装卸搬运过程中的破损和丢失。

（5）提高企业市场应变能力　自动化仓库的流通加工功能可以提高原材料利用率，方便用户，提高设备利用率。同时，通过该功能也能把生产与需要有机地结合起来，企业充分利用了已有资源，提高了企业对市场的应变能力，增加了企业效益。

（6）为企业的生产指挥和决策提供有效的依据　自动化仓库的信息系统可以与企业的生产信息系统集成，实现企业信息管理的自动化。企业的领导者也可根据库存信息制定相应的战略和计划，指挥、监测和调整企业的行动。

此外，自动化仓库系统适于建立仓库网络群，协调区域性甚至全国范围的物流，利于建立和推行国家商品物资仓储标准体系，促进业务的开展和客户的开发，提高企业的竞争力。

但是，自动化立体仓库也存在一些缺点，如结构复杂，配套设备多，软件系统、基建工程和设备投资高；货架安装精度要求高，施工周期长；对管理和技术人员要求高；一旦建成，系统的更新改造比较困难等。

3. 高架仓库的分类

（1）按照高层货架仓库的建筑形式分类　按照高架仓库的建筑形式可分为整体式和分离式两种。

1）整体式货架。货架既是储存货物的构件，又是建筑承重构件，它上部支撑屋盖，四面围上保温墙板就形成了仓库建筑物，如图 8-2 所示。

这种结构无论在材料消耗、施工量还是仓库空间利用方面，都是比较经济合理的。这种结构重量轻、整体性好，对抗振也特别有利。

2）分离式货架。在仓库建筑物内独立地建起货架，货架与建筑物是分开的，如图 8-3 所示。

这种形式适用于利用原有建筑物作为库房，当仓库高度在 12m 以下和地面载荷不大时，采用这种形式还是比较方便的。由于这种仓库可以先建库房后立货架，所以施工安装比较灵活方便。

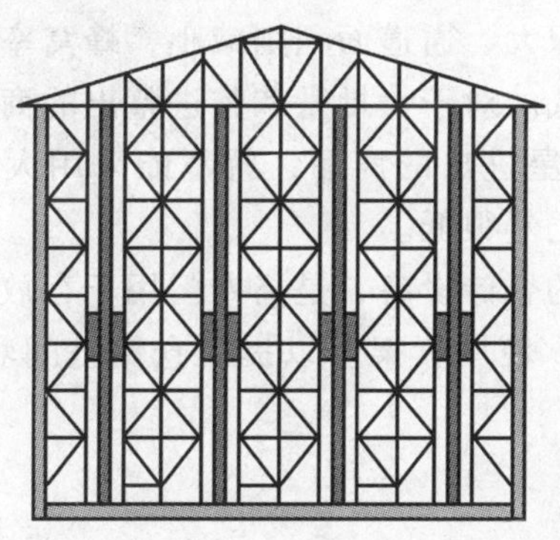

图 8-2　整体式货架

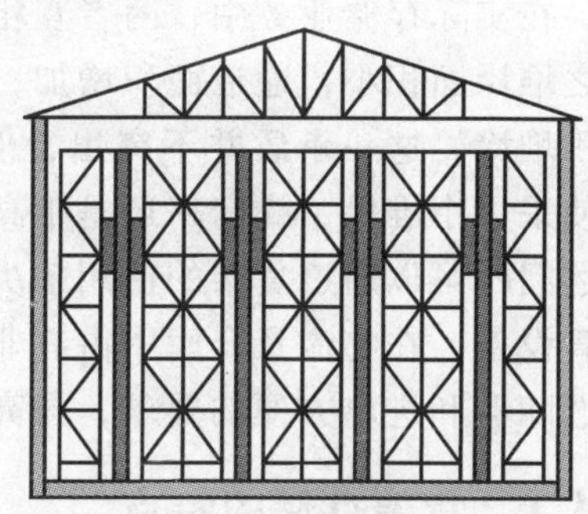

图 8-3　分离式货架

（2）按库房的高度分类　可分为高层、中层和低层三种。一般 12m 以上称为高层，5 ~ 12m 为中层，5m 以下为低层。

在立体库高度上，国外一般认为 10 ~ 20m 较佳，最高可达 40 ~ 45m。美国绝大多数仓库高度为 13.7 ~ 18.3m，18.3m 以上的只占 10%。为了减少建库投资，瑞典各公司倾向于建造 8m 高的高架库。日本由于多地震的原因，立体库一般比较矮，规模也比较小。

我国现行建筑设计防火规范将货架高度超过 7m 的机械化或自动化控制的高架库定义为高架仓库（即立体仓库）。

（3）按照库房容量分类　高层货架仓库的库容量一般以所能储存货物的单元托盘数表示。库容量在 5000 个托盘以上的为大型库，库容量在 2000 ~ 5000 个托盘的称为中型库，库容量在 2000 个托盘以下的为小型库。目前，高层货架仓库的最大库容量已超过 100000 个托盘。

（4）按照仓库存取方式分类　按照货物存取形式分为单元货架式仓库、移动货架式仓库和拣选货架式仓库。

1）单元货架式仓库。单元货架式仓库是常见的仓库形式。货物先放在托盘或集装箱等标准容器内，再装入单元货架的货位上。出入库都是以整个单元完成。

2）移动货架式仓库。移动货架式仓库是单元货架式仓库的一种，由电动货架组成，货架可以在轨道上行走，由控制装置控制货架合拢和分离。作业时货架分开，在巷道中可进行作业；不作业时可将货架合拢，只留一条作业巷道，从而提高空间的利用率。

3）拣选货架式仓库。物流作业时，货物常常以单元化方式入库和储存，但出库时并非整个单元一起出，而是根据出库提货单要求从货物单元中拣选一部分出库。根据拣选方式的不同，可分为“人到货前拣选”和“货到人处拣选”两种。

“人到货前拣选”是拣选人员乘拣选式堆垛机到货格前，从货格中拣选所需数量的货物出库。“货到人处拣选”是将存有所需货物的托盘或货箱由堆垛机送至拣选区，拣选人员按提货单的要求拣出所需货物，再将剩余的货物送回原地。

8.4 货架

仓库总的空间主要被储存货物、墙距、顶距、通道、堆垛中“蜂窝”和固定设备等几方面所占用。墙距、顶距和固定设备所占用的空间是无法减少的。因此，提高仓库利用率的主要途径：一是减少通道，即提高仓库的面积利用系数；二是减少蜂窝率，提高仓库高度利用系数。在实际存储业务中，两者互相矛盾。堆垛面积大，通道面积则减小，蜂窝率随之增加；反之堆垛面积小，通道面积增加，蜂窝率却可降低。对于大批量和整进整出的商品，采用大面积堆垛，这一矛盾并不突出，但对小批量和零星进出的商品，就不能采用大面积堆垛，即使采用小堆垛，蜂窝率还是很高，空间利用率仍然很低。

上述问题可以通过货架的使用解决。货架是主要的仓储设备，是指专门用于存放成件物品的保管设备，在物流及仓库中占有非常重要的地位。使用货架可以提高仓储空间利用率，满足拣选随意和进出方便的要求，提高仓储管理水平。

8.4.1 货架存储的特点

货架存储的优点如下。

1）充分利用仓库的高度，消灭或降低蜂窝率，提高仓库利用率。

2）任意货格都可任意存取，货物品类的可选拣率达100%。

3）货物不受上层堆叠重压，特别适宜于异型货物或怕压易碎商品。

4）便于机械化和自动化操作。

5）便于实行“定位储存”和计算机管理。

但货架存储系统也存在一些不足之处。

1）设备费用投资较高。

2）必须配备相应配套装卸搬运设施和托盘等集装单元器具。

3）货架设备相对固定，机动灵活性较差。

4）货架每排间必须留出通道，如使用叉车等装卸机具，通道较大，有时反而降低了仓库利用率。

8.4.2 货架分类

货架的种类很多，以满足各种不同的物品、储存单位、承载容器及存取方式的需求。从不同的角度对货架进行分类，常见的分类方法有以下几种。

1. 按货架的发展分类

1）传统式货架。包括层架、层格式货架、抽屉式货架和橱柜式货架等。

2）新型货架。包括旋转式货架、移动式货架、托盘货架、进车式货架、高层货架和重力式货架等。

2. 按货架的适用性分类

按货架的适用性分为通用货架和专用货架。

3. 按货架的制造材料分类

按货架的制造材料可分为铜货架、钢筋混凝土货架、钢与钢筋混凝土混合式货架、木制货架和钢木合制货架等。

4. 按货架的封闭程度分类

可分为敞开式货架、半封闭式货架和封闭式货架等。

5. 按结构特点分类

可分为层架、层格架、橱架和抽屉架等。

6. 按货架的可移动性分类

可分为固定式货架、移动式货架、旋转式货架、组合货架、可调式货架和流动储存货架等。

7. 按货架的构造分类

1）组合可拆卸式货架。以轻便、灵活、适用范围广为特点，多用于平面仓库和分离式自动仓库。

2）固定式货架。以牢固、承载大、刚性好为特点，多用于库架合一的自动仓库。

8. 按货架高度分类

1）低层货架。高度在5m以下。

2）中层货架。高度在5~15m。

3）高层货架。高度在15m以上。

9. 按货架质量分类

1）重型货架。每层货架载质量在500kg以上。

2）中型货架。每层货架（或搁板）载质量在150~500kg。

3）轻型货架。每层货架载质量在150kg以下。

8.4.3 典型货架

1. 托盘式货架

托盘式货架是目前使用最广泛、通用性最强的传统式货架，是以托盘为货物单元的方式来保管货物的货架，如图8-4所示。

图8-4 托盘式货架

托盘式货架沿仓库的宽度方向分成若干排，其间有一条巷道，供堆垛起重机、叉车或其他搬运机械运行，每排货架沿仓库纵长方向分为若干列，在垂直方向又分成若干层，从而形成大量货位，用托盘存储货物。目前最常用的是组合式货架，易于拆卸和移动，可按物品堆码的高度，任意调整横梁位置，又称做可调式托盘货架。

托盘式货架的特点如下。

1）可任意调整组合。

2）货架设施施工简单，费用经济。

3）出入库存取不受物品先后顺序的限制。

4）货架高度受限，一般在 6m 以下。

5）适用于叉车存取，货架撑脚需加装叉车防撞装置。

2. 贯通式货架

贯通式货架又称通廊式货架、驶入式货架，是一种不以通道分割，连续性的整体性货架。

贯通式货架采用托盘存取模式，在支撑导轨上，托盘直接存放在钢柱两边突出的构件上，本身起横梁的作用；托盘按深度方向存放，一个紧接着一个，实现高密度存储；当架子上没有放托盘时，形成若干通道，便于叉车等的出入；货物存取从货架同一侧进出，先存后取、后存先取，平衡重及前移式叉车可方便地驶入货架中间存取货物，无须占用多条通道，如图 8-5 所示。

贯通式货架的纵深以 3 ~5 列，堆高为四层最容易管理，适用于存放品种单一、大批量的货物。

与托盘式货架相比，贯通式货架具有以下特点。

1）存储效率高。贯通式货架仓库利用率可达到 80% 左右。

2）叉车只能从架子的正面驶入，很难实现先进先出。

3）不适合太长或太重的物品存放。

3. 悬臂式货架

悬臂式货架又称悬臂式长形料架，是边开式货架的一种，货架前伸的悬臂结构轻巧，可以在架两边存放货物，载重能力好，在存放不规则或是长度较为特殊的物料时，能大幅提高仓库的利用率和工作的效率。但不太便于机械化作业，存取货物作业强度大。一般适用于存放长物料、环型物料、板材和不规则货物，如图 8-6 所示。

图 8-5 贯通式货架

图 8-6 悬臂式货架

悬臂式货架是货架中重要的一种。悬臂可以是单面或双面，具有结构稳定、载重能力好、空间利用率高等特点。

4. 压入式货架

由托盘式货架演变而成，也叫后推式货架、推入式货架。货架采用轨道和托盘小车相结合的原理，轨道呈一定的坡度，依据“先进后出”的原则把货物放置在倾斜的轨道上，运载台车沿轨道运行，托盘放置在运载台车上依次被后推至货架内部，利用货物的自重，托盘货物被规定于单端存储，货物先进后出。货架总深度不宜过深，有效深度一般在6个托盘位以内，取货时第一个托盘提取后，下一个托盘自行滑至取货点，有效地利用单一通道进行存取。适用于大批量少品种的货物存储，尤其是货物中转区的存储管理，如图8-7所示。

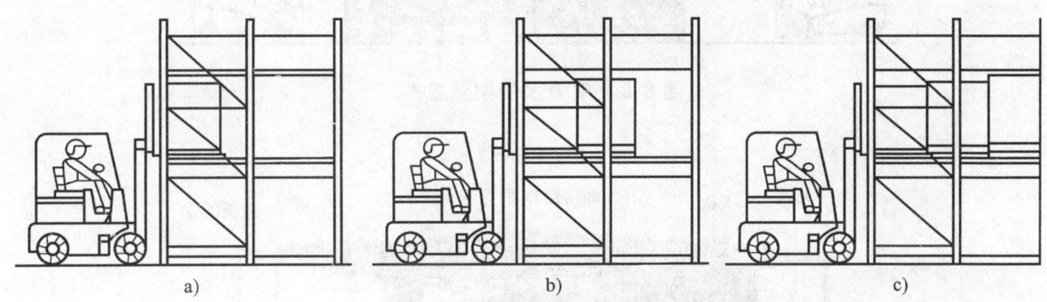

图8-7 压入式货架示意图

压入式货架具有以下特点。

1）安全性与运转效率较高。

2）储存密度增加，空间利用率高。

3）对叉车操作要求低，适用于一般叉车存取。

4）不适合承载太重物品。

5）可拣选性较差。

5. 重力式货架

重力式货架是指货架本身固定不动，货物单元在重力作用下可在货架上流动的货架，如图8-8所示。货架通过排列使每个通道都是存货通道，出货端比进货端低，制成一定坡度使货物单元滑动。货物单元从货架的一端进入，在自重的作用下，移动到另一端，从另一端取出库，从而完成进货、储存、出库的作业。适合于存储数量多、品种少，零进整出或整进整出的物品，一般用于配送中心的拣选作业等场所。

6. 移动式货架

移动式货架是将货架本身放置在嵌入地面或安装于地面之上的导轨上，货架底部装有轮子，沿导轨运行，通过链轮传动系统使每排货架轻松、平稳移动，如图8-9所示。

当不需要出入库作业时，各货架之间没有通路相隔，紧密排列；当需要存取货物时，移动货架，在相应的货架前开启通道供叉车出入。按照驱动方式不同可分为手动式和电动式。

移动式货架仅需设一个通道，可大大提高仓库面积利用率。广泛应用于办公室存放文档、图书馆存放档案文献、金融部门存放票据、工厂车间、仓库存放工具、物料等，尤其适

图 8-8　重力式货架示意图

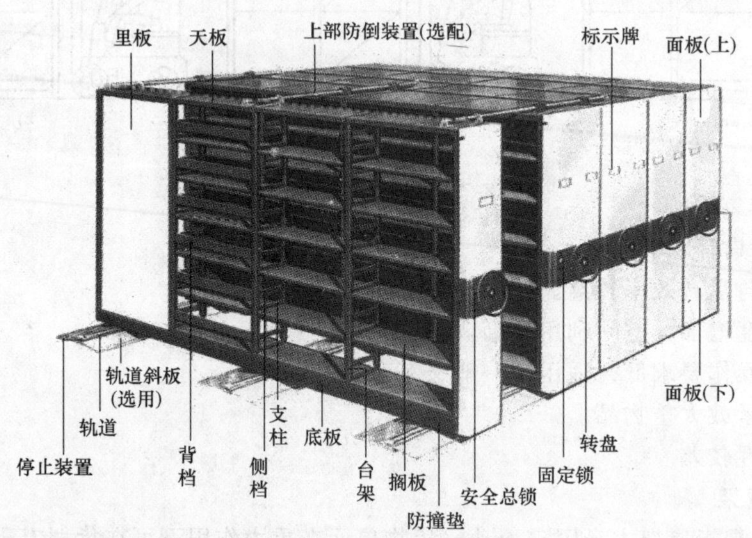

图 8-9　移动式货架示意图

用于环境条件要求高、投资大的仓库，如冷冻、气调库（减少投资）。

移动式货架和重力式货架大大节省了通道面积，一般统称为密集型货架。

7. 旋转式货架

传统的仓库是由人或机械到货格前取货，而旋转式货架是将货格里的货物移动到人或拣选机旁，再由人或拣选机取出所需货物。存取货物时，货架根据操作者通过微机或控制盘下达的货格指令，使货格以最近的距离自动旋转到拣货地点，以达到存取货物的目的。旋转式货架适用于电子零件、精密机件等少量多品种小物品的储存与管理。

旋转式货架按照其旋转方式可分为垂直旋转货架和水平旋转货架，如图 8-10 所示。

8. 阁楼式货架

阁楼式货架是将空间做双层设计，以达到充分利用仓库空间的目的，如图 8-11 所示。

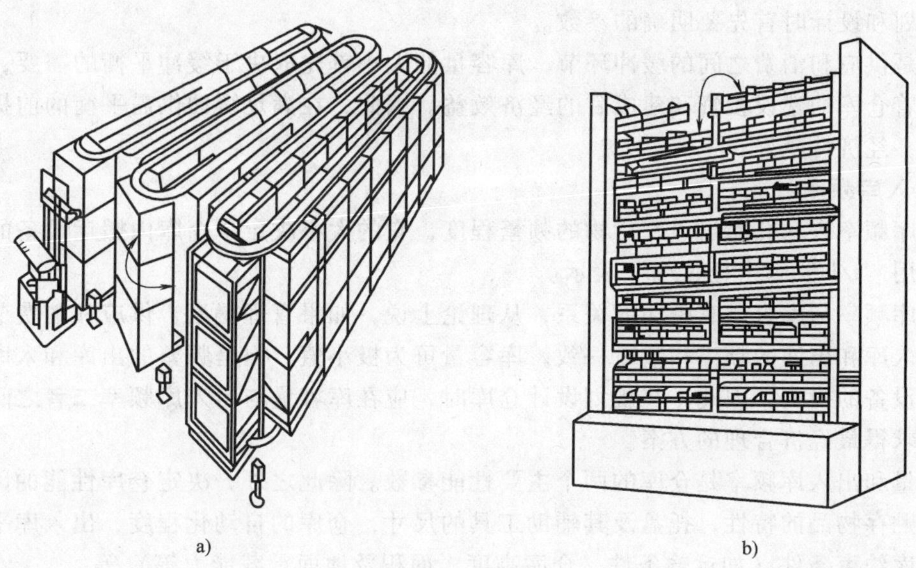

图 8-10　旋转式货架

a）水平旋转式　b）垂直旋转式

简单来说，就是利用钢梁和金属板将原有储区作为楼层间隔，每个楼层可放置不同种类的货架，而货架结构具有支撑上层楼板的作用。这种货架可以减小承重梁的跨距，降低建筑费用，提高仓库的空间利用率。

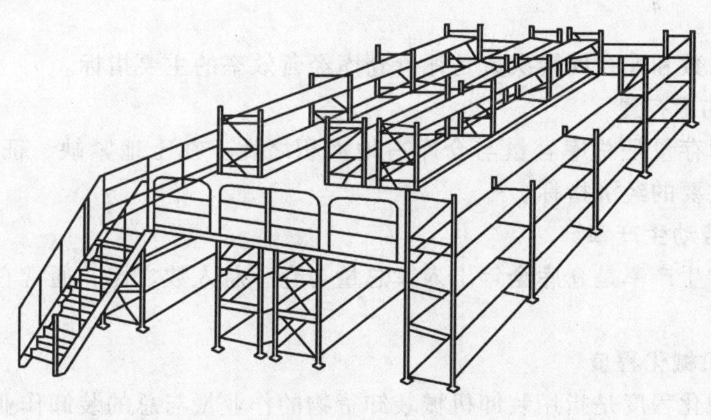

图 8-11　阁楼式货架

8.5　仓储作业管理

8.5.1　仓储系统的主要参数

1. 库容量

库容量是指仓库能容纳物品的数量，即仓库内除去必要的通道和间隙后所能堆放物品的最大数量。库容量可用“t”“m^3”或“货物单元”表示。库容量是仓库的主要参数之一，是仓库规划和设计时首先要明确的参数。

仓库是供应和消费之间的缓冲环节，库容量的大小首先取决于缓冲平衡的需要，同时又直接关系着仓库的建设投资和建成后的经济效益。因此，在满足缓冲供需平衡的前提下，库容量越小，经济性越好。

2. 出入库频率

出入库频率表示仓库出入库货物的频繁程度，它的大小决定了仓库内搬运设备的参数和数量，可用“t/h”或“托盘/h”表示。

出入库频率与库容量有密切的关系，从理论上说，如果管理得当，供应和消费节奏保持一致，即入库和出库的频率和数量一致，库容量可为极小值。但是频繁的出库和入库，需要增加搬运设备的投资，因此，在规划设计仓库时，应在库容量与出入库频率二者之间做恰当的选择以求得最经济合理的方案。

库容量和出入库频率是仓库的两个主要性能参数。除此之外，决定仓库性能的因素和参数还包括贮存物品的特性，托盘及其辅助工具的尺寸，仓库的自动化程度，出入库平均作业时间，仓库约束条件（如运输条件、仓库高度、面积及地面承载能力等）等。

3. 库容量利用系数

库容量利用系数是衡量仓库经营效率的主要指标之一，是实际库存容量与最大库存容量之比。由于这是一个随机变动的量，一般取它的平均值作为考核指标。

4. 库存周转次数

库存周转次数也是衡量仓库经营效率的主要指标之一，它等于年入库总量或年出库总量与年平均库存量之比。对于生产性和经营性的仓库，库存周转次数越大，说明资金周转越快，经济效益越好。

库容量利用系数和库存周转次数是评价仓库经营效率的主要指标。

5. 单位面积的库存量

单位面积的库存量是总库容量与仓库占地面积之比。在土地紧缺、征地费用高的情况下，这是一个很重要的经济指标。

6. 全员平均劳动生产率

全员平均劳动生产率是仓库全年出入库总量与仓库总人数之比，通常它取决于仓库作业的机械化程度。

7. 装卸作业机械化程度

装卸作业机械化程度是指用装卸机械装卸货物的作业量与总的装卸作业量之比。

8. 机械设备的利用系数

机械设备的利用系数是指机械设备的全年平均小时搬运量与额定小时搬运量之比，用来评估机械设备系统配置的合理性。

8.5.2 货物的存放形式

货物在仓库内的存放和堆码方式一般有自身堆码、托盘堆码和货架存放三种。

1. 自身堆码

自身堆码就是将同一种货物，按其形状、重量、数量和性能等特点，码垛成一个个货堆。在货堆与货堆之间留有供人员或搬运设备出入的通道。常见的堆码方法有重叠式堆码、纵横交错式堆码、压缝式堆码和通风式堆码等。一般根据货物的形状和性能等确定具体的堆放形式。

2. 托盘堆码

托盘堆码是将货物码放在托盘上，用叉车将托盘货物一层层堆码起来。对于一些怕压或者形状不规则的货物，可将货物装在货箱内或带立柱的托盘上。采用托盘堆码时，其堆码和出入库作业常采用叉车或其他堆垛机械完成，堆垛高度比自身堆码方式高，所以仓库容积利用率和机械化程度均比自身堆码有很大提高。

3. 货架存放

货架存放是指在仓库内设置货架，将货物或托盘放置在货架上。这种存放方式的优点主要体现在以下几个方面。

1）货物的重量由货架支承，相互之间不会产生挤压。

2）货物拣选性好，实现货物先进先出。

3）为仓库的机械化作业和计算机管理提供了必要条件。

8.5.3　仓储计量技术

现代仓储计量技术主要采用电子计量技术。电子计量技术是为确定物理量的大小，利用非电量的电测原理所进行的技术，包括电子测量仪器和传感器等测量器具，以及计量标准、程序和方法等。如：电子秤、流量计、电子点包装置等。

（1）电子秤　电子秤是对物资进行质量计量的电子称重设备，能够满足并解决现实生活中提出的“快速、准确、连续、自动”称量要求，同时有效地消除人为误差，使之更符合法制计量管理和工业生产过程控制的应用要求。

（2）液体物资计量装置　液体物资计量装置是指确定被测液体量值所必需的计量器具和辅助器具的组合体。由传感器、显示仪表、阀门和阀门控制器等部分组成，如图 8-12 所示。在不同的场合下，根据需要还要有选择地增加某些辅助设备，如消气器、整流器、温度计等。

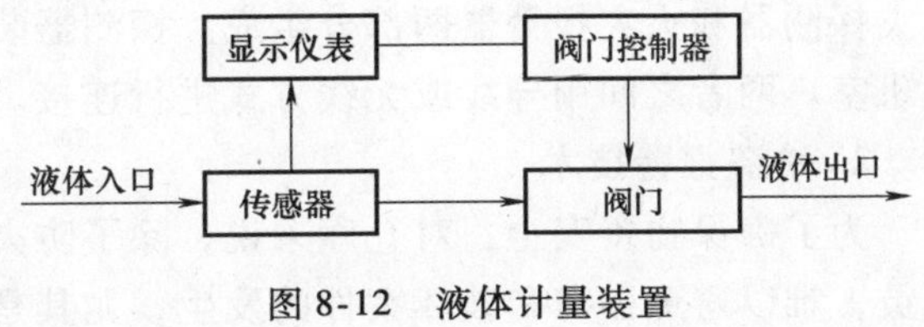

图 8-12　液体计量装置

（3）袋装物资计量装置　物资部门经销的产品中，有许多是袋装或其他包装而需要按件计数的产品，在进、出库时都要清点件数，为减少差错和减轻工作负担，计数工作可采用袋装物资计数装置（或称电子点包装置）进行。

8.5.4　仓库养护技术

仓库里温、湿度对储存商品的安全有着密切的关系。储存中的商品，要保持质量稳定，都需要有一个较适宜的温、湿度范围。因此，控制与调节仓库温、湿度，就成为当前条件下商品养护的一个重要措施。

不同商品的性能不同，库房的建筑结构、设备条件差异、气候不断变化等各种复杂因素使得仓库养护措施多样化。控制与调节仓库环境的方法很多，采取密封、通风与吸潮相结合的方法，是控制与调节库内温、湿度行之有效的方法。

1. 密封

仓库密封就是把整库、整垛或整件商品尽可能地密封起来，减少外界不良气候条件的影响，以达到商品安全储存的目的。对库房采用密封措施，就能保持库内温、湿度处于相对稳定状态，达到防潮、防热、防干裂、防冻、防溶化的目的，还可起到防霉、防火、防锈蚀、防老化等各方面的效果。密封措施是仓库环境管理工作的基础。

2. 通风

通风就是根据空气自然流动的规律，使库内、外的空气交换，以达到调节库内气温、湿度的目的。利用通风调节库内温、湿度，是简单易行的有效方法。

3. 吸潮

吸潮是与密封紧密配合，用以降低库内空气湿度的一种有效方法。在梅雨季节或阴雨天，当库内湿度过大，又无适当通风时机的情况下，在密封库里常采用吸潮的办法降低库内的湿度。吸潮方法常采用吸潮剂吸潮和机械吸潮两种。

8.5.5 仓储安全技术

仓库是物资的集聚地，又是仓储作业的劳动场所，具有较多的机械与设备。因此，按照科学方法，采取相应的技术措施，加强仓储安全，确保人员、设备和物资安全，这对避免人民的生命财产遭受损失，保证物资周转和供应工作的顺利进行有着重要意义。

1. 火灾自动报警技术

火灾具有很大的危害性，尤其是仓库火灾，能在短时间内毁灭大量物质财富，并威胁人们的生命安全。因此，仓库防火更具有重要意义。火灾自动报警技术，就是早期发现火情，以便及时补救，不使其蔓延成灾，或尽可能减少损失的有效手段。火灾自动报警装置一般由火灾探测器和火灾报警器两部分组成。探测器装在需要监视的现场，报警器装在有人看守的值班室。两者之间用导线或无线方式进行连接。

2. 防盗报警技术

为了确保物资安全，对仓库来说，除了防火以外，防盗窃和防破坏也很重要。单靠保安人员，难以避免盗窃和破坏案件的发生，尤其是在夜间，更是受到限制。因此，有必要借助现代科学技术手段，对贵重物资进行防盗监视，这就需要采用防盗报警技术与设备。

防盗报警系统主要是由防盗报警传感器和防盗报警控制器构成。前者设在保护现场，用来对监视目标进行探测，后者放在值班室，除了接收传感器送来的盗情信息，进行声、光报警外，还有其他功能。例如，报警部位指示，报警时间记忆，以及对报警设备本身故障进行监控等。

8.5.6 仓储管理系统

仓储管理系统（Warehouse Management System，简称 WMS）是一个实时的计算机软件系统，它能够按照运作的业务规则和运算法则对信息、资源、行为、存货和分销运作进行更完美的管理，使其最大化满足有效产出和精确性的要求。

1. 仓储管理系统的应用

仓储管理系统是仓储管理信息化的具体形式，它在我国的应用还处于起步阶段。目前在我国市场上呈现出二元结构：以跨国公司或国内少数先进企业为代表的高端市场，其应用

WMS 的比例较高，系统也相当集中在国外基本成熟的主流品牌；以国内企业为代表的中低端市场，主要应用国内开发的 WMS 产品。下面主要结合案例，从应用角度对国内企业的 WMS 概况做一个分析。

（1）基于典型的配送中心业务的应用系统　在销售物流（如连锁超市的配送中心）、供应物流（如生产企业的零配件配送中心）中都能见到这样的案例。如北京医药股份有限公司的现代物流中心，该系统有两个基本目标，一是落实国家有关医药物流的管理和控制标准 GSP 等，二是优化流程，提高效率。系统功能包括进货管理、库存管理、订单管理、拣选、复核、配送、RF 终端管理、商品与货位基本信息管理等功能模块；通过网络化和数字化方式，提高库内作业控制水平和任务编排。该系统把配送时间缩短了 50%，订单处理能力提高了一倍以上，取得了显著的社会效益，成为医药物流的一个样板。此类系统多用于制造业或分销业的供应链管理中，也是 WMS 中最常见的一类。

（2）以仓储作业技术的整合为主要目标的系统　此类系统主要解决各种自动化设备的信息系统之间整合与优化的问题。武钢第二热轧厂的生产物流信息系统即属于此类，该系统主要解决原材料库（钢坯）、半成品库（粗轧中厚板）与成品库（精轧薄板）之间的协调运行问题，否则将不能保持连续作业。该系统的难点在于物流系统与轧钢流水线的各自动化设备系统要无缝连接，使库存成为流水线的各流动环节，也使流水线成为库存操作的一个组成部分。各种专用设备均有自己的信息系统，WMS 不仅要整合设备系统，也要整合工艺流程系统，还要融入更大范围的企业整体信息化系统中去。此类系统涉及的流程相对规范、专业化，多出现在大型企业资源计划（Enterprise Resource Planning，ERP）系统之中，成为一个重要组成部分。

（3）以仓储业的经营决策为重点的应用系统　这类系统鲜明的特点是具有非常灵活的计费系统、准确及时的核算系统和功能完善的客户管理系统，为仓储业经营提供决策支持信息。华润物流有限公司的润发仓库管理系统就是这样的一个案例。此类系统多用于一些提供公共仓储服务的企业中，其流程管理、仓储作业的技术共性多、特性少，所以要求不高，适合对多数客户提供通用的服务。该公司采用了一套适合自身特点的 WMS 以后，减少了人工成本，提高了仓库利用率，增加了经济效益。

上述三类 WMS 只是从应用角度来做的一个简单分类。第一类 WMS 比较标准，但是并非所有企业就能一下子用起来；第二类是企业内部物流发展进程中经常会用到的，当生产企业或商贸企业在推进其信息化的时候，物流部分往往先从自动化开始，然后与企业的其他信息系统整合起来；第三类则是传统仓储企业向现代物流业过渡的进程中经常会见到的情况。WMS 的这些分类反映了我国物流需求还不很成熟的现状，所以各自有其用武之地。

2. 仓库管理系统的功能

WMS 按照常规和用户自行确定的优先原则，来优化仓库的空间利用和全部仓储作业。对上，它通过电子数据交换等电子媒介，与企业的计算机主机联网，由主机下达收货和订单的原始数据；对下，它通过无线网络、手提终端、条码系统和射频数据通信等信息技术与仓库的员工联系。上下相互作用，传达指令、反馈信息并更新数据库，同时，生成所需的条码标签和单据文件。

一个 WMS 的基本软件包支持仓储作业中的全部功能，从进货站台直到发货站台。

（1）收货　货到站台，收货员将到货数据由射频终端传到 WMS，WMS 随即生成相应的条码标签，粘贴（或喷印）在收货托盘（或货箱）上，经扫描，这批货物即被确认收到，由 WMS 指挥进库储存。

（2）储存　WMS 按最佳的储存方式，选择空货位，通过叉车上的射频终端，通知叉车司机，并指引最佳途径，抵达空货位，扫描货位条码，使货物接收正确无误。货物就位后，再扫描货物条码，WMS 即确认货物已储存在这一货位，可供以后订单发货。

（3）订单处理　订单到达仓库，WMS 按预定规则分组，区分先后，合理安排。例如交由 UPS 公司快运的，要下午 2 时前发货；需由公路长途运输的，要下午 5 时前发货；有些货物需特别护送等。WMS 按这些需要，确定安排如何最佳、及时地交付订单的货物。

（4）拣选　WMS 确定最佳的拣选方案，安排订单拣选任务。拣选人由射频终端指引到货位，显示拣选数量。经扫描货物和货位的条码，WMS 确认拣选正确，货物的存货量也同时减除。

（5）发货　WMS 制作包装清单和发货单，交付发运。称重设备和其他发货系统也能同时与 WMS 联合工作。

（6）站台直调　货到收货站台，如已有订单需要这批货，WMS 会指令叉车司机直接发货到站台，不再入库。

除此之外，WMS 还能提供更多的附加支持，包括：存货补充、循环盘存、班组工作实时监管等。更先进的 WMS 还能连接自动导向车、输送带、回转货架和高架自动储存系统等，而最近的新趋势则是与企业的其他管理系统相结合，例如：运输管理系统、订单管理系统和企业资源规划调度系统等，使之融入企业的整体管理系统之内。

使用 WMS 支持仓储作业中从进货站台直到发货站台的全部功能，会给仓库带来下列五个方面的明显效果。

1）减少生产停机时间。

2）避免错误拣货而导致生产延迟。

3）缩短拣货周期，实现对市场变化的快速响应。

4）跨仓库存货调度的全面实现。

5）优化人员、设施和设备的成本。

这些效果都为仓库带来巨大的经济效益。

3. 仓库管理系统的发展动向

从中外物流发展的动向来看，以下内容反映了仓储管理和 WMS 发展变化的趋势。

1）随着物流资源的整合，提出了在大型物流网络中，仓储管理的集中模式与分散模式的关系问题。在现实应用中，既有集中管理的仓库，也有分散管理的仓库。前者如国家储备粮系统，后者如连锁超市的配送中心。分散与集中各有其市场需求，但是近年来的研究表明，自然界多数复杂系统的构成，都是由简单系统采用“分布式”模式结合起来的。由此可以认为，集中总是相对的，分散却是绝对的。当我们构造大系统模型时，分布式系统才是基础。技术方案的思路也就变成了如何在分布式仓库网络基础上，解决那些需要集中管理的困难。IBM 推出的 SOA（Service Oriented Architecture）构架就是此类研究的一个典型代表。在此基础上 WMS 的基本结构、标准模块和数据交换接口标准等方面的研究正在深入。

2）以无线射频识别技术为代表的新技术正在深刻地影响着仓储管理和 WMS，甚至孕育着一场“物流革命”。由于种种原因，RFID 还不可能马上普及应用到所有的商品上，全世界也不会很快就采用统一的物品编码标准。但是在物流环节可以通过车辆、集装箱、托盘、货架等设备应用 RFID 技术，提高物流管理水平。事实上已经在不少 WMS 案例中采用了 RFID 技术。

3）准时制生产配送将越来越成为 WMS 服务的主要市场需求。随着市场的逐步成熟，仓储管理在流程中的整合作用越来越明显，传统仓库将向配送中心转化。JIT 生产方式的普遍化也将导致 JIT 配送需求的增长。WMS 的发展要基于需求的这个变化趋势。与此同时，配送需求的专业化市场细分也在深入，要求 WMS 更加支持 JIT 配送的专业化。

4）商业智能技术（Business Intelligence，BI）在 WMS 中的应用将越来越多。商业智能就是利用数据挖掘技术开发积累的数据信息，使之变成可以利用的知识。例如，利用库存数据分析市场变化规律，发现市场异常现象，研究仓库作业的优化方案等。信息的作用在于应用，在于支持决策。在低水平的应用中，往往是系统采集数据，人工进行决策。经过一定的积累，应该过渡到系统具有决策的功能，这标志着系统上了一个新的台阶。因此，WMS 中 BI 模块将成为一个越来越重要的组成部分，促进了 WMS 的建模理论和方法的研究，以及优化方法和算法的研究。

8.6 EOS 技术

8.6.1 EOS 概述

1. 概念

EOS（Electronic Ordering System，EOS）即电子订货系统，最早是连锁店经营企业为了追求分店与总店的相互补货业务及管理运行上的合理化而应用于商业的，是指企业间利用通信网络（VAN 或互联网）和终端设备以在线联结（ON-LINE）方式进行订货作业和订货信息交换的系统。

按照应用范围划分，可分为企业内的 EOS 系统（如连锁店经营中各个连锁分店与总部之间建立的 EOS 系统）、零售商与批发商之间的 EOS 系统以及零售商、批发商和生产商之间的 EOS 系统。EOS 系统的基本框架如图 8-13 所示。

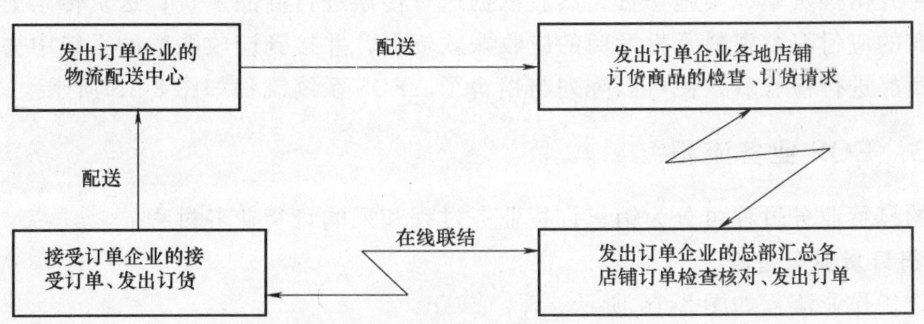

图 8-13　EOS 系统基本框架

零售市场或网点根据实际商品情况发出订货请求，企业总部汇总订单并向零售市场或网点发送订单核对、确认，总部确认信息后向供应商发出订货请求，供应商对订货信息确认后，向订货企业配送中心发出配送通知并安排配送，配送中心向各零售市场或网点发出配送通知并配送。

2. EOS 的组成

EOS 系统并非是单个的零售店与单个的批发商组成的系统，而是许多零售店和许多批发商通过计算机网络系统组成的大系统的整体动作方式，其结构如图 8-14 所示。

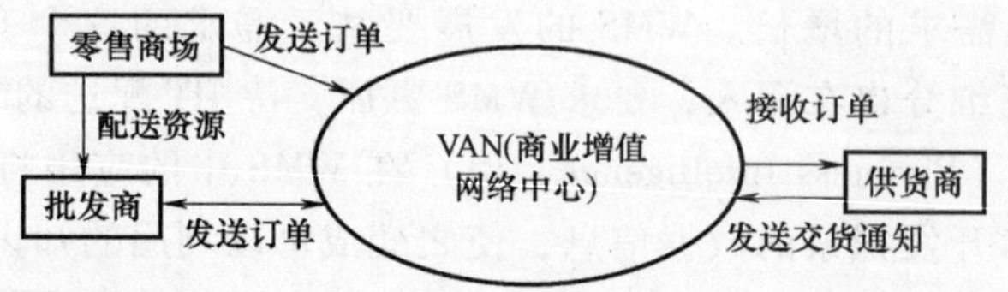

图 8-14　EOS 系统结构

1）供应商。商品的制造者或供应者。

2）零售商。商品的销售者或需求者。

3）网络。用于传输订货信息（订单、发货单、收货单、发票等）。

4）计算机系统。用于产生和处理订货信息。

3. EOS 的特点

1）商业企业内部计算机网络应用功能完善，能及时产生订货信息。

2）POS 与 EOS 高度结合，产生高质量的信息。

3）满足零售商和供应商之间的信息传递。

4）通过网络传输信息订货。

5）信息传递及时、准确。

6）EOS 是许多零售商和供应商之间的整体运作系统，而不是单个零售店和单个供应商之间的系统。

8.6.2　EOS 操作流程

EOS 系统基本上是在零售店的终端利用条码阅读器获取准备采购的商品条码，并在终端机上输入订货资料，利用电话线通过调制解调器传到批发商的计算机中；批发商开出提货传票，同时开出拣货单，实施拣货，然后依据送货传票进行商品发货；送货传票上的资料便成为零售商的应付账款资料及批发商的应收账款资料，并接到应收账款的系统中去；零售商对送到的商品进行检验后，便可以陈列与销售了。EOS 系统流程如图 8-15 所示。

8.6.3　EOS 业务流程

EOS 的订货业务过程可分为销售订货业务过程和采购订货业务过程。

1. 销售订货业务过程

销售订货作业流程如图 8-16 所示。

将基本的批发、订货作业过程中的业务往来划分成以下几个步骤。

1）各批发、零售市场或社会网点根据自己的销售情况，确定所需货物的品种、数量，按照同体系市场，根据实际网络情况，补货需求通过增值网络中心或通过实时网络系统发送给总公司业务部门；不同体系商场或社会网点通过商业网络中心发出 EOS 订货需求。

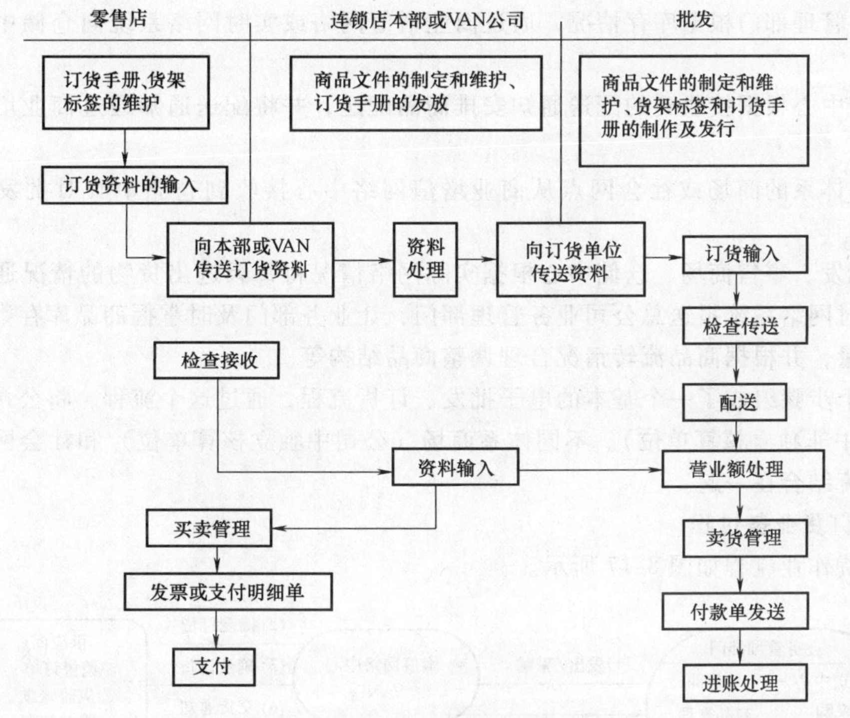

图 8-15　EOS 系统流程

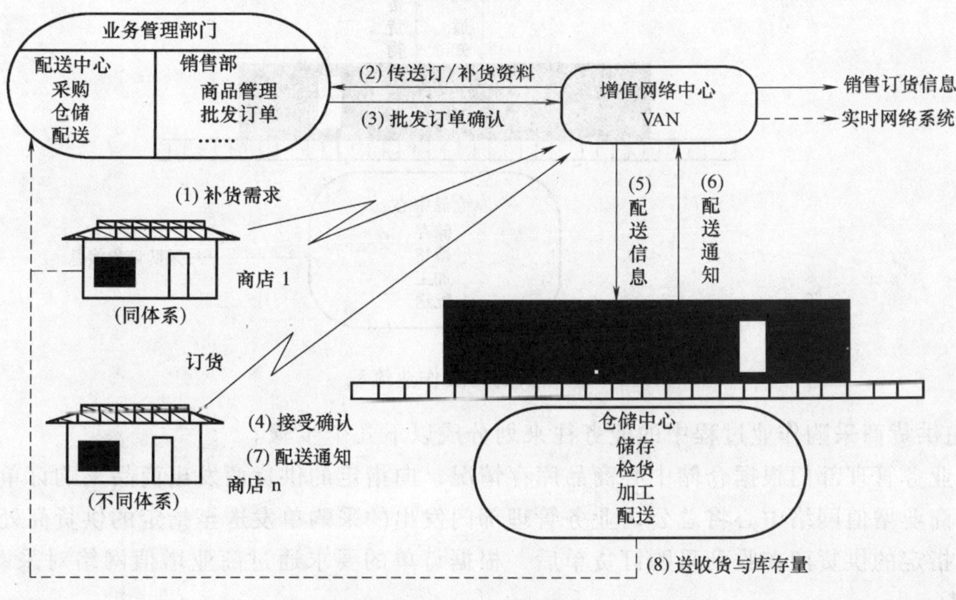

图 8-16　销售订货作业流程

2）商业增值网络中心将收到的补货、订货需求资料发送至总公司业务管理部门。

3）业务管理部门对收到的数据汇总处理后，通过商业增值网络中心向不同体系的商场或社会网点发送批发订单确认。

4）不同体系的商场或社会网点从商业增值网络中心接收到批发订单确认信息。

5）业务管理部门根据库存情况，通过商业增值网络或实时网络系统向仓储中心发出配送通知。

6）仓储中心根据接收到的配送通知安排商品配送，并将配送通知通过商业增值网络传送到客户。

7）不同体系的商场或社会网点从商业增值网络中心接收到仓储中心对批发订单配送通知。

8）各批发、零售商场、仓储中心根据实际网络情况将每天进出货物的情况通过增值网络中心或实时网络系统报送总公司业务管理部门，让业务部门及时掌握商品库存数量，以及合理库存数量，并根据商品流转情况合理调整商品结构等。

上述8个步骤组成了一个基本的电子批发、订货流程，通过这个流程，将公司与同体系商场（公司中非独立核算单位）、不同体系商场（公司中独立核算单位）和社会网点之间的商流、信息流结合在一起。

2. 采购订货业务过程

采购订货作业流程如图8-17所示。

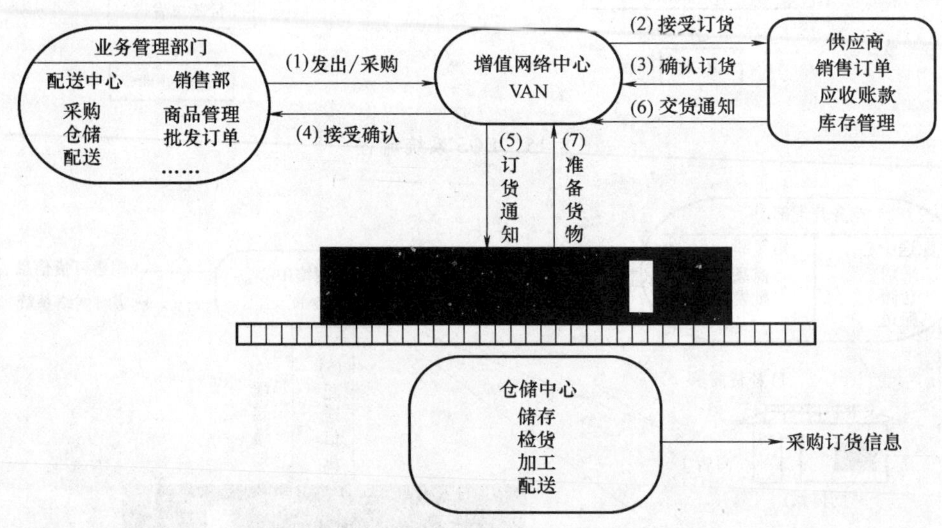

图8-17 采购订货作业流程

将向供货商采购作业过程中的业务往来划分成以下几个步骤。

1）业务管理部门根据仓储中心商品库存情况，向指定的供货商发出商品采购订单。

2）商业增值网络中心将总公司业务管理部门发出的采购单发送至指定的供货商处。

3）指定的供货商在收到采购订货单后，根据订单的要求通过商业增值网络对采购订单加以确认。

4）商业增值网络中心将供货商发来的采购订单确认发送至业务管理部门。

5）业务管理部门根据供货商发来的采购订单确认，向仓储中心发送订货信息，以便仓储中心安排检验和仓储空间。

6）供货商根据采购单的要求，安排发运货物，并在向总公司交运货物之前，通过商业增值网络中心向仓储中心发送交货通知。

7）仓储中心根据供货商发来的交货通知安排商品检验并安排仓库、库位或根据配送要求备货。

上述7个步骤组成了一个基本的采购订货流程，通过这个流程，将公司与供货商之间的商流、信息流结合在一起。

8.6.4 EOS与物流管理

1. 物流作业过程

物流的作业过程如图8-18所示。可将供货商发运作业过程划分成以下几个步骤。

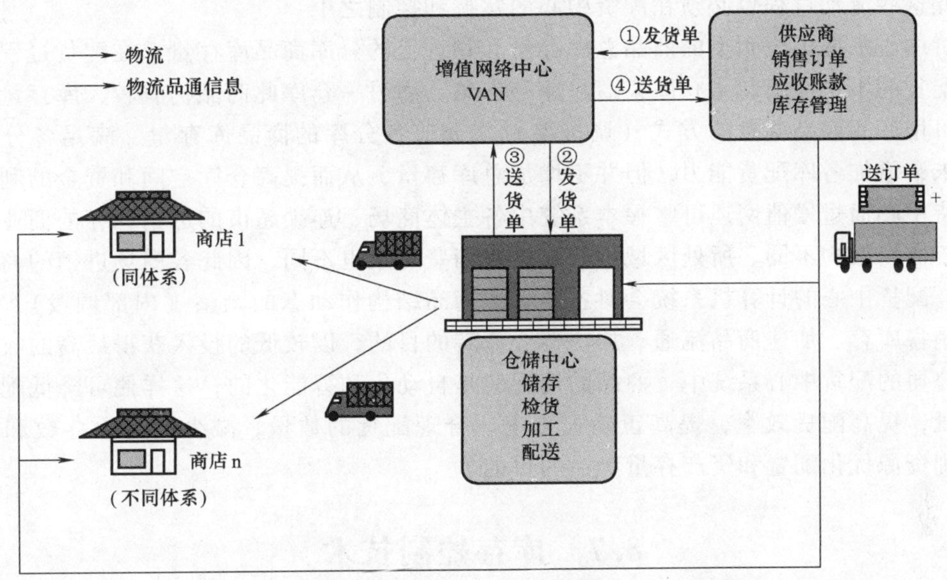

图8-18　物流作业流程

1）供货商根据采购合同要求将发货单通过商业增值网络中心发给仓储中心。

2）仓储中心对接收到商业增值网络中心传来的发货单进行综合处理，或要求供货商发货至仓储中心或发送至各批发、零售商场。

3）仓储中心将送货要求发送给供货商。

4）供货商根据接收到的送货要求进行综合处理，然后将货物送至指定地点。

上述4个步骤完成了一个基本的物流作业流程，将物流与信息流牢牢地结合在了一起。

2. 仓储作业过程

公司向供应商发出订购单，供应商接单后按订购单上商品和数量组织货品，并按订购单指定地点送货。下面分析供应商把商品送到某仓库后的商品流动全过程。

商品送到某仓库后，一般卸在指定的进货区，在进货区对新进入的商品办理商品验收手续，验收合格的商品办入库手续，填写收、验、入库单（包含商品名、数量、存放位置等信息），然后送入指定的正品存放区的库位中，这时总库存量增加。对验收不合格的商品，填写退货单，并登录在册，另行暂时存放，适时退还供货商调换合格商品。调换回的商品同样有收、验、入库的过程。

当仓库收到配货中心配货清单后，按清单要求备货，验证正确后出库待送。按销货单配货发送，配送信息要及时反馈给配货中心，这时配货中心的总库存量减少。商品送交客户后，也有商品验收过程。当客户发现商品包装破损、商品保质期已到、送交的商品与要求的商品不符等情况时，客户会退货（退库单），客户退货后配货中心要补货给客户。对退回的商品暂存待处理区，经检验后做处理，如完好的商品送回正品存放区（移转单），对质量和包装有问题的商品退回给供应商（退货单），过期和损坏的商品作报废处理（报废单）等。

在库存的管理中也会发生某些商品因储运、移位而受损伤，有些商品因周期长出现保质期即将到期等情况，这时应及时对这些商品进行转移处理，移至待处理区（移转单），然后进行相应的退货、报废、削价等处理，商品在此流动过程中也会使仓库的总库存量发生变化。因此这些流动过程也必须在配货中心的掌握和控制之中。

配货中心掌握了逻辑上的商品总库存量和物理上的分库商品库存量，在配货过程中如果发现因配货的不平衡引起某仓库某商品库存告急，而另一仓库此商品仍有较大库存量时，配货中心可用库间商品调拨的方式（调拨单）来调节各分库的商品库存量，满足各分库对商品的需求，增加各库配货能力，但并不增加总库存量，从而提高仓库空间和资金的利用率。

配货中心通过增值网还可掌握本系统中各主体商场、连锁超市的进销调存的商业动态信息。由于商场架构不同、所处区域不同，面对消费对象也不同，因此各商场进销的商品结构也不同。配货中心的计算机系统会对各商场的商品结构作动态的调整（内部调拨），从而达到降低销售库存、加速商品流通、加快资金流转的目的，以较低的投入获得最高的收益。

在公司的配货中心系统中，商品的选配应是自动化和智能化的，这样便可降低配货过程的工作量，提高配货效率，提高正确配货率、合理配货的数量，减少商品库存数和库存资金，达到资源优化配置和资产存量盘活的目的。

8.7　库存控制技术

库存存在于企业经营过程的各个环节之间，同时库存可以调节各个环节之间由于供求品种及数量的不一致而发生的变化，把采购、生产和销售等企业经营的各个环节连接起来。

在物流实际运作中，不同部门对库存数量的要求不同。例如，对于实际生产部门，由于不同产品或零件交替生产的周期长，为使成本降低及便于安排劳力，故要使在制品库存增加；而由于库存占用资金，库存管理部门则希望保持最低的库存水平以减少资金占用，节约成本；但销售部门则强调保证供应，希望维持较高的库存水平，避免发生缺货现象，以提高顾客满意度；采购部门则为了降低单位购买价格，通过一次采购大量的物资来实现最低的单位购买价格，这样必然会增大库存量；运输部门一般倾向于大批量运送，利用运量折扣来降低单位运输成本，但这样会导致库存数量的波动较大。总之，库存管理部门和其他部门的目标及要求存在冲突，为了实现最佳库存管理，需要协调和整合各个部门的活动。

因此，在产品销售、流动资金和订货方面经常发生不协调、不一致的情况。到底库存量应是多少，在何处存储，需统筹加以研究和控制，于是形成了“库存控制技术”。

库存控制技术就是要权衡上述各方面，合理地控制库存量，使总费用最低。迄今为止，已有很多库存控制技术，其中最常使用的有固定订货量、固定订货周期和一次性订货三种。无论哪种库存控制技术，归根结底主要解决以下三个主要问题。

1）确定库存检查周期。

2）确定订货量。

3）确定订货点（何时订货）。

8.7.1 库存控制概述

库存是指仓库中处于暂时停滞状态、用于未来的、有经济价值的物资。库存是仓储最基本的功能，除了进行商品储存保管外，它还具有整合需求和供给，保持物流系统中各项活动顺畅进行的功能。

1. 库存分类

（1）周转库存　也叫经常库存，是指为满足客户的日常需求而建立的库存。周转库存的目的是为了衔接供需，缓冲供需在时间上的不对应，保障供需双方的活动都能顺利进行。这种库存的补充是按照一定的数量界限（批量订货）或时间间隔（订货周期）反复进行的。

（2）安全库存　也叫缓冲库存，是指为了防止由于不确定因素（如突发性大量订货、厂商交货期延期等）而准备的缓冲库存。

（3）运输库存　它是处于相邻两个工作地之间或是相邻两级销售组织之间的库存，包括处在运输过程中的库存，以及停放在两地之间的库存；其库存量取决于输送时间和在此期间的需求率。

（4）预期库存　由于需求或采购的季节性特点，必须在淡季为旺季的销售，或是在收获季节为全年生产储备的库存称为预期库存。预期库存的设立除了季节性原因外，还出于为生产保持均衡的考虑。所以决定预期库存的因素，除了脱销的机会成本外，还应考虑生产不均衡时的额外成本（如生产设备和工人闲置时必须支出的固定成本，以及加班的额外支出费用等）。

2. 库存的问题

库存从其作用分析，具有调节供需矛盾、消除生产与消费之间时间差的功能，创造商品的“时间效用”功能，降低物流成本等功能。

虽然库存在企业生产经营中具有重要作用，但现代物流管理却把“零库存”作为追求的目标。主要原因是不合理的库存往往会掩盖企业生产管理中的问题。

1）库存可能被用来掩盖经常性的产品或零部件的制造质量问题。

2）库存可能被用来掩盖工人的缺勤问题、技能训练差问题、劳动纪律松弛和现场管理混乱问题。

3）库存可能被用来掩盖供应商或外协厂家的原材料质量问题、外协件质量问题、交货不及时问题。

4）存货可能被用来掩盖或弥补作业计划安排不当问题、生产控制制度不健全问题、需求预测不准问题、产品成套性差等问题。

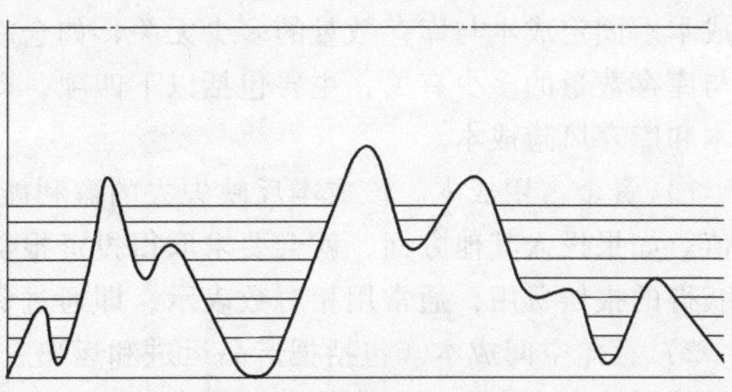

图 8-19　库存问题示意图

此外，如产品设计不当问题、工程改动问题、生产过程组织不适当等问题，多可以通过库存予以暂时解决。由此不难理解，为什么准时制生产方式（JIT）要以“零库存”为不断努力的目标。就是要通过不断降低库存水平，使上述种种管理不善的问题暴露出来，然后予以解决。只有解决了上述问题，排除了问题的根源，才能够不断地使库存水平降低。这就好像一条充满暗礁的河流，只有降低河水水位，才会使那些潜藏的暗礁暴露出来，而降低库存水平以暴露管理问题，恰似“水落石出”，如图 8-19 所示。

3. 库存控制

（1）概念　库存控制是指在保障供应的前提下，使库存物品的数量最合理时所采取的有效措施。

库存量不是越多越好，也不是越少越好。库存控制的内容包括确定产品的储存数量和储存结构、进货批量与进货周期等。

库存控制的目标主要体现在库存成本最低、库存保证程度最高、不允许缺货等方面。

（2）库存控制系统　库存控制系统是以控制库存为共同目的的相关方法、手段、技术、管理及操作过程的集合。库存控制系统主要完成库存商品分级分类、订购数量和订购点的确定、库存跟踪管理及库存盘点等作业。一个有效的系统要达到以下几个目的。

1）保证获得足够的货物和物料。

2）鉴别出超期储存物品，畅销物品和滞销物品。

3）向管理部门提供准确，简明和适时的报告。

4）花最低的成本金额。

8.7.2　库存成本

1. 含义

库存成本是指维持库存和不维持库存所花费的代价。也就是和库存系统的经营活动有关的成本，是输入到任何库存控制模型的基本经济参数，主要由以下几部分组成。

（1）购入成本　购入成本指单位购入价格，包括购价和运费。

（2）订货成本　订货成本是指向外部供应商发出采购订单的成本，包括提出请购单、分析供应商、填写采购订货单、来料验收、跟踪订货以及完成交易所必需的各项业务费用。

假定每次订货的成本是固定的，则每年的总订货成本受到一年中订货次数的影响，也就是受到每次订货规模的影响。随着订货次数的减少（即订货规模的扩大），年总订货成本会下降。

（3）储存成本　也叫持有成本，是指为保持库存而发生的成本，可分为固定成本和变动成本。固定成本与库存数量的多少无关，如仓库折旧、仓库职工的固定月工资等；变动成本与库存数量的多少有关，主要包括以下四项，即资金占用成本、存储空间成本、库存服务成本和库存风险成本。

1）资金占用成本。该成本反映失去的盈利能力或机会成本，反映的是存货资金的隐含价值。如果投入其他方面，就会要求取得投资报偿。因此，资金占用成本即是计算这部分尚未获得的报偿费用，通常用相对数表示，即通过资金成本率指标来表示。

2）存储空间成本。包括把产品运进和运出仓库所发生的搬运成本，以及诸如租金、取暖和照明等仓库成本，即实物存储与搬运成本。该成本仅随库存水平的提高或降低而增加或减少。通过对比使用公用仓库和私人仓库来说明存储空间成本的变化，如果使用的是公共仓库，有关搬运及储存的所有成本将直接随库存的数量而变化，进行库存决策时必须考虑这部分成本；如果使用自有仓库，大部分的存储空间成本是固定的（如建筑物折旧），这样其成本和库存的持有成本无关。因此，对储存空间成本应该考虑固定成本和变动成本两部分。

3）库存服务成本。主要指保险和税收带来的成本，依产品的价值和类型不同而不同。库存多，税收成本就高，这对公司确定具体的储存产品的地点是一个重点的参考因素。

4）库存风险成本。它反映了存货的现金价值下降的可能性。例如，库存的商品存放了一段时间就可能过时，因此价值要贬值。同样，一旦到了销售季节的中期或过季，时装的价值也要迅速贬值，新鲜水果和蔬菜一旦不新鲜了，这种情况也能发生。

（4）缺货成本　也叫亏空成本，是指由于库存供应中断所造成的损失。包括延期交货成本、当前利润损失（潜在销售量的损失）和未来利润损失以及企业采用紧急采购来解决库存的中断而承担的紧急额外采购成本等。

2. 库存成本曲线

库存成本是可变动成本，与平均存货数量或存货平均值成正比。因此，订货成本和储存成本随着订货次数或订货规模的变化而呈反方向变化，如图 8-20 所示。

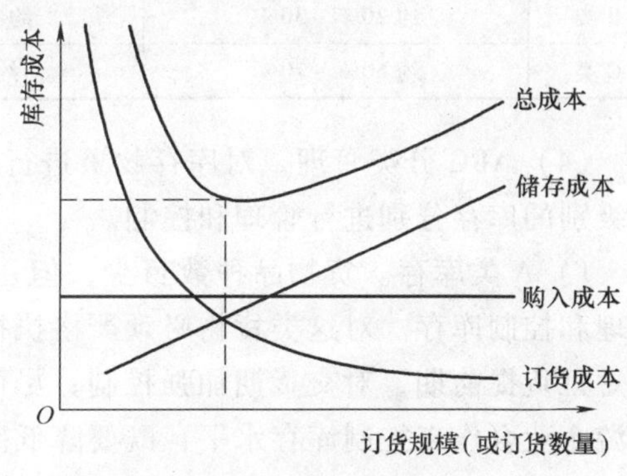

图 8-20　库存成本曲线

在开始阶段，随着订货量增加，订货成本下降比储存成本增加得快，即订货成本的边际节约额大于储存成本的边际增加额，使得总成本下降。当订货批量增加到某一点时，订货成本的边际节约额等于储存成本的边际增加额，此时总成本最小。此后，随着订货批量的不断增加，订货成本的边际节约额比储存成本的边际增加额要小，导致总成本不断增加。因此，由订货成本和储存成本组成的总成本曲线呈 U 形变化。

8.7.3　库存管理的基本方法

库存控制的主要任务是通过适量的库存达到合理的供应，实现总成本最低。库存管理要遵循“经济性原则”，管理成本不能超过由此带来的库存成本节约。常用的库存管理方法有 ABC 分类管理法和 CVA（Critical Value Analysis）分类管理法。

1. ABC 分类管理法

ABC 分类管理法，又称为重点管理法或主次因素分析法，是由意大利经济学家维尔弗雷多·帕累托首创的。1879 年，帕累托在研究个人收入的分布状态时，发现少数人的收入占全部人收入的大部分，而多数人的收入却只占一小部分，他将这一关系用图表示出来，就是著名的帕累托图。该分析方法的核心思想是在决定一个事物的众多因素中分清主次，识别出少数的但对事物起决定作用的关键因素和多数的但对事物影响较少的次要因素。

（1）基本思想　一般来说，库存物资种类繁多、数量巨大，每种物资的价格不同，而且库存数量也不同，有的物资品种数量不多但价值很大，有的物资品种数量多但价值不高。而由于企业的各方面资源有限，不能对所有库存物资都同样重视和管理。为了使有限的时间、资金、人力和物力等企业资源能得到更有效的利用，应对库存物资进行分类，将管理的重点放在重要的库存物资上，即按照库存物资重要程度的不同，进行不同的分类管理和控制。

(2) 基本原理　将库存物资按品种和占用资金的多少分为特别重要的库存（A类库存）、一般重要的库存（B类库存）、不重要的库存（C类库存）三个等级，然后针对不同等级的物资分别进行管理和控制。

(3) ABC分类　通常依据库存物资所占库存资金总额的比例和所占总库存物资品种数目的比例这两个指标来进行分类，见表8-2。

表8-2　ABC分类

类　别	库存品种/库存品种总数	资金金额/库存资金总额	特　点
A类	约5%~20%	约60%~80%	品种数目少，资金占用大
B类	约20%~30%	约10%~15%	介于A、C之间
C类	约60%~70%	约15%以下	品种数目大，资金占用少

(4) ABC分类管理　对库存物资进行ABC分类之后，便可以根据企业的经营策略对不同级别的库存分别进行管理和控制。

1）A类库存。货物品种数目少，但占用库存资金多，称为“重要的少数”，需要重点管理和控制库存。对这类货物必须严格执行盘点，以提高库存精度；与供应商协调，尽可能缩短订货提前期，对交货期加强控制；尽可能在不影响需求下减少库存量，加强与供应链上下游企业合作来控制库存水平，既要降低库存，又要防止缺货，加快库存周转。

2）B类库存。这类库存货物属于一般很重要的货物，管理强度介于A类和C类之间。通常的做法是将若干货物合并一起订购，一般进行正常的例行管理和控制。

3）C类库存。货物品种多，但占库存资金少，是属于“不重要的大多数”，一般采取简单的管理和控制策略。例如，采用大量采购、大量库存、减少该类库存的管理人员和设施，将库存检查时间间隔设置较长。

(5) ABC分类管理的实施步骤　ABC分类管理是库存管理中常用的分析方法，其应用的一般步骤见图8-21。

ABC分类管理法具有压缩库存总量、释放占压资金、库存合理化与节约管理投入等优点，将工作重点放在管理重要的少数库存品上，既加强了管理，又节约了成本。但这种管理方法忽视了C类和B类库存品对企业的影响，某些C类和B类库存品的缺乏，会对企业生产造成严重影响，甚至会导致整个装配线的停工待料。

2. CVA管理法

因为ABC分类管理法中的C类物资往往容易被忽视，有时会导致整个生产系统停工。与ABC分类管理法相比，CVA管理法目的性更强。

CVA管理法的基本思想：把库存物资按照其关键性分为4个等级。

1）最高优先级。这类物资是生产经营的关键性物资，不允许缺货。

2）较高优先级。指生产经营中的基础物资，允许偶尔缺货。

3）中等优先级。多属于生产经营中比较重要的物资，允许合理范围内缺货。

4）较低优先级。生产经营中需用这些物资，但可替代性高，允许缺货。

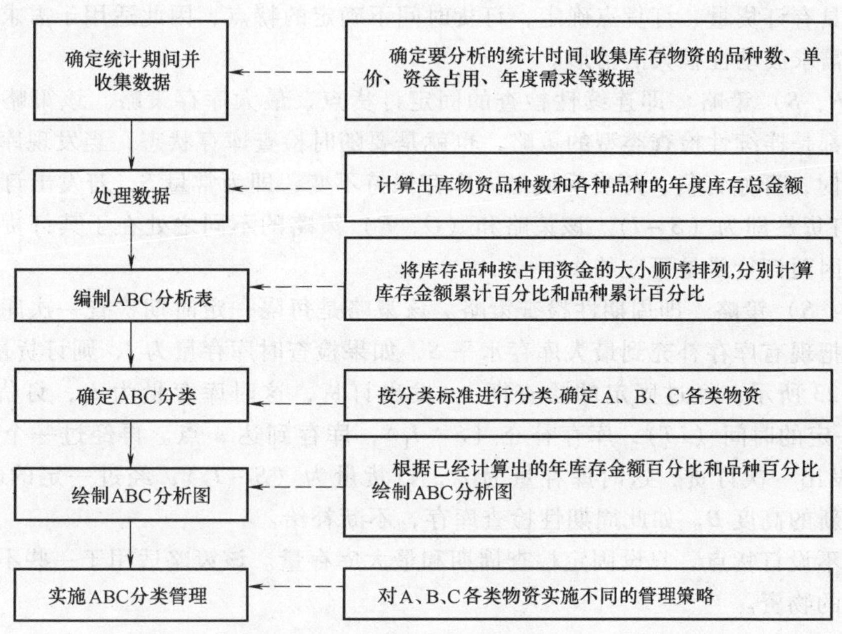

图 8-21 ABC 分类管理实施步骤

8.7.4 库存管理策略

订货点法又称订购点法，始于 20 世纪 30 年代，是指对于某种物料或产品，由于生产或销售的原因而逐渐减少，当库存量降低到某一预先设定的点时，即开始发出订货单来补充库存，直至库存量降低到安全库存时，发出的订单所定购的物料（产品）刚好到达仓库，补充前一时期的消耗，此订货的数值点，即称为订货点。从订货单发出到所订货物收到这一段时间称为订货提前期。订货提前期的长短取决于办理订货手续的时间、供方备货时间和办理运输计划与托运时间、承运单位装车、运输时间和卸货、转运、验收入库所需时间的总和。

订货点法库存管理的策略很多，最基本的策略有 4 种，在 4 种基本的库存策略的基础上，又延伸出很多种库存策略，重点介绍 4 种基本的库存策略。

(1) (Q, R) 策略　即连续性检查的固定订货量、固定订货点策略。该策略的基本思想是：对库存进行连续性检查，当库存降低到订货点水平 R 时，即发出一个订货，每次的订货量保持不变，为固定值 Q，其示意图如图 8-22 所示。

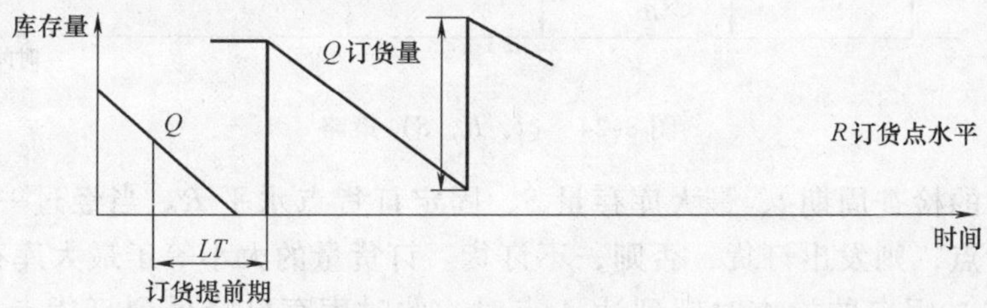

图 8-22 (Q, R) 策略

该策略具有订货量、订货点确定，订货时间不确定的特点，因此适用于需求量大、缺货费用较高、需求波动性很大的情形。

（2）（R，S）策略　即连续性检查的固定订货点、最大库存策略。该策略和（Q，R）策略一样，都是连续性检查类型的策略，也就是要随时检查库存状态，当发现库存降低到订货点水平 R 时，开始订货，订货后使最大库存保持不变，即为常量 S，若发出订单时库存量为 I，则其订货量即为（$S-I$）。该策略和（Q，R）策略的不同之处在于其订货量是按实际库存而定，因而订货量是可变的。

（3）（t，S）策略　即周期性检查策略。该策略是每隔一定时期检查一次库存，并发出一次订货，把现有库存补充到最大库存水平 S，如果检查时库存量为 I，则订货量为 $S-I$。

如图 8-23 所示，经过固定的检查期 t，发出订货，这时库存量为 I_1，订货量为（$S-I_1$）。经过一定的时间（LT），库存补充（$S-I_1$），库存到达 A 点。再经过一个固定的检查时期 t，又发出一次订货，这时库存量为 I_2，订货量为（$S-I_2$），经过一定的时间（LT），库存又达到新的高度 B。如此周期性检查库存，不断补给。

该策略不设订货点，只设固定检查周期和最大库存量。该策略适用于一些不很重要的或使用量不大的物资。

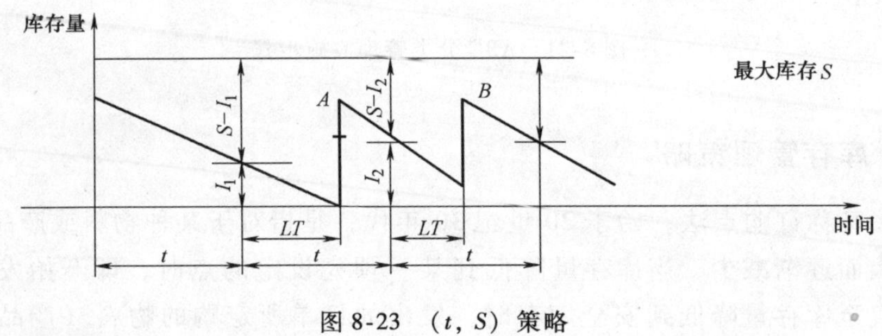

图 8-23　（t，S）策略

（4）（t，R，S）策略　该策略是（t，S）策略和（R，S）策略的综合，故称为综合库存策略，如图 8-24 所示。

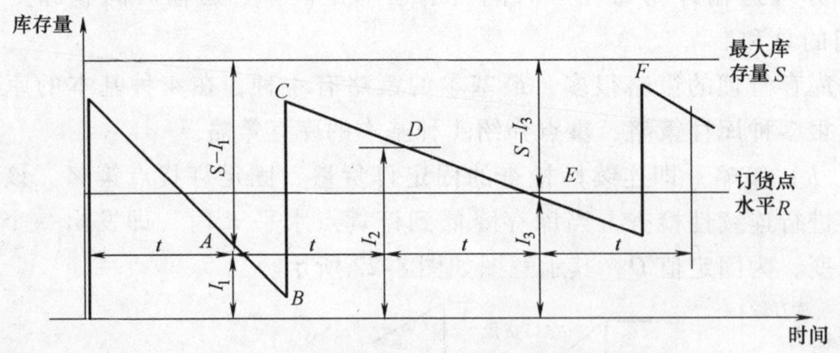

图 8-24　（t，R，S）策略

有一个固定的检查周期 t、最大库存量 S、固定订货点水平 R。当经过一定的周期 t 后，若库存低于订货点，则发出订货，否则，不订货。订货量的大小等于最大库存量减去检查时的库存量。当经过固定的检查时期到达 A 点时，此时库存已降低到订货点水平线 R 之下，因而应发出一次订货，订货量等于最大库存量 S 与当时的库存量 I_1 的差（$S-I_1$）。经过一

定的订货提前期后在 B 点订货到达，库存补充到 C 点，在第二个检查期到来时，此时库存位置在 D，比订货点水平位置线高，无需订货。第三个检查期到来时，库存点在 E，等于订货点，又发出一次订货，订货量为（$S-I_3$），如此周期进行下去，实现周期性库存补给。

上述4种基本的库存管理策略对比见表8-3。

表8-3　4种基本库存管理策略对比

项目	(Q,R)策略	(R,S)策略	(t,S)策略	(t,R,S)策略
性质	连续性	连续性	周期性	周期性
订货点 R	存在	存在	无	存在
订货量 Q	不变	$S-I$	$S-I$	$S-I$
适用情况	需求大、缺货费用高的物资		需求较小的物资	

8.7.5　常见库存控制模型

1. 经济订货批量模型

经济订货批量（EOQ，即 Economic Order Quantity）模型是固定订货批量模型的一种，经济批量模型就是通过平衡订货成本和储存成本，确定一个最佳的订货数量来实现总库存成本最低的方法。根据需要和订货提前期等条件是否确定可分为：确定条件下的模型、概率统计条件下的模型。本书所研究的为确定条件下的模型，因此需要有一些基本的假定条件：

1）只涉及一种商品。

2）年需求量已知。

3）一年之中的需求发生平滑，即需求比例为常数（需求率固定）。

4）订货提前期不变。

5）各批量单独运送接收。

6）没有数量无折扣。

则库存的总费用为库存总费用 = 订货成本 + 存储成本 + 货物成本

即库存总费用公式为：

$$T_C=\frac{D}{Q}\times C_R+\frac{Q}{2}\times H+DC \tag{8-1}$$

式中　T_C——表示一定时期物资库存总费用；

D——表示一定时期库存物资的需求总量；

C——表示物资的单位购买成本或生产成本；

C_R——表示单位物资每次的订货成本；

H——表示一定时期单位物资的储存成本；

Q——表示每次订货的数量。

（1）订货量　对式（8-1）中的 Q 进行微分求导，并令导数后的方程式得零，可得最佳订货量，即经济批量的基本公式

$$Q^*=EOQ=\sqrt{2DC_R/H} \tag{8-2}$$

式中　Q^*——经济订货批量。

则全年订货次数为：

$$N=D/Q \tag{8-3}$$

每次订货的时间间隔：

$$T=365/N \tag{8-4}$$

(2) 订货点　该模型中假设需求与交货提前期是固定的，而且不允许缺货。因此，订货点就是提前期内的需求，即

$$R = LTd \tag{8-5}$$

式中　R——提前期内的需求量；

LT——交货提前期；

d——物资的需求率。

例 8-1　长城公司是生产某机械器具的制造企业，依计划每年需采购 A 零件 10000 个，每次订货成本是 100 元，每个 A 零件每年的保管仓储成本是 8 元。求 A 零件的经济订货批量，每年的订货次数和每次订货之间的间隔时间。

解：将已知数据代入上述公式中，计算可得

经济订货批量 $Q^* = EOQ = \sqrt{2DC_R/H} = \sqrt{2 \times 10000 \times 100/8} = 500$（个）；

每年的订货次数 $N = D/Q^* = 10000/500 = 20$（次/年）；

每次订货的时间间隔 $T = 365/N = 365/20 = 18.25$（天）。

在基本经济批量模型中，作为参数的每次订货成本和单位商品的年储存成本往往难以精确地加以估算。因此需要分析各个参数的变化对总库存成本的影响程度，即需要进行灵敏度分析。如果每个参数的变化对结果的影响很大，则需要对该参数进行非常精确的估算，这样才能计算出正确的经济批量。

上述模型是建立在许多假定基础上的简单模型，如果考虑到实际情况的复杂性，需要对该模型进行修正。下面分别就数量折扣、缺货情况下的购买延后两种情况对该模型进行修正。

2. 数量折扣条件下的经济批量模型

在物资采购与供应过程中，供应商为了鼓励采购方多订货，吸引用户一次购买更多的商品，通常会采取某些激励措施诱导采购方订货。其中最常用的措施是按批量大小进行价格折扣，即往往规定对于购买数量达到或超过某一数量标准时给予用户价格上的优惠，给予一定订货价格优惠，如图 8-25 所示。这个事先规定的数量标准成为折扣点。

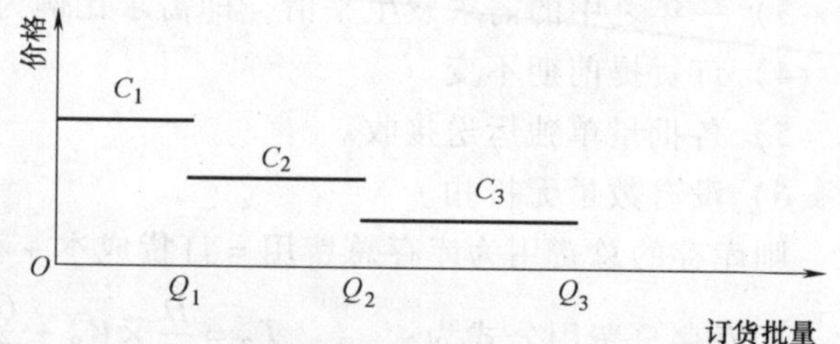

图 8-25　数量折扣条件下订货的价格曲线示意图

由于价格随着批量的变化而改变，这样存储成本、订货成本随着价格和数量的变化而变化，因此必须对经济批量模型进行必要的修正。

(1) 有数量折扣的确定条件下，储存成本以价格百分比形式表达，经济批量计算步骤如下：

第一步，计算不同区间价格内的经济订货批量

$$Q^* = EOQ = \sqrt{\frac{2DC_R}{H_i}} = \sqrt{\frac{2DC_R}{C_iF_i}} \quad (i = 1, 2, 3, \cdots, n) \tag{8-6}$$

式中　F——储存费率。

第二步，对不同区间价格内的 Q^* 进行比较取舍。例如已知一个区间内的有关数据如表 8-4 所示。

表 8-4 已知一个区间内的有关数据

经济批量	订货量	单价
$Q^* = \sqrt{2DC_R/H}$	a≤订货量≤b	P

若 $Q^* < a$，则区间内的经济批量 $Q^* = a$；

若 a≤订货量≤b，则该区间内的经济批量 $Q^* = \sqrt{2DC_R/H}$；

若 $Q^* > b$，则该区间内没有经济批量。

第三步，计算各区间内对应经济批量的库存总费用 $T_C(Q_i^*)$ 并进行比较，总费用最小的点对应的数量作为订货批量，得出最佳订货决策。

例 8-2 某公司准备向某供应商采购一批商品，需求量为 30000 件，每次订货费为 2500 元，年保管费率为 20%。为激励采购，供应商采用了一定的价格优惠条件，如表 8-5 所示，试选择合适的订货批量。

表 8-5 采购价格表

序号	订货量 Q/件	单位价格 P/百元
1	9001 以上	0.13
2	7001 ~ 9000	0.15
3	5001 ~ 7000	0.17
4	3001 ~ 5000	0.19
5	1 ~ 3000	0.21

解：1）求出各个区段的经济订货批量。

根据题意，将已知数据 $D = 30000$，$C_R = 2500$，$F_i = 20\%$，C_i 为单位价格代入式（8-6）计算，可得各个区段的经济订货批量：

$Q_1^* = 5976$，$Q_2^* = 6283$，$Q_3^* = 6642$，$Q_4^* = 7071$，$Q_5^* = 7596$；

2）对不同区间价格内的 Q^* 进行比较取舍。

由于 $Q_1^* > 3000$，$Q_2^* > 5000$，所以这两个区间没有经济批量；$5001 < Q_3^* < 7000$，$7001 < Q_4^* < 9000$，故 Q_3^* 和 Q_4^* 分别是这两个区间的经济批量；$Q_5^* < 9000$，所以 9001 是这个区间的经济批量。

3）根据式（8-1）计算三个区间经济批量对应的总库存成本，并进行比较，最小的对应的订货数量为经济批量。

$$T_C(Q_3^*) = \frac{D}{Q_3^*} \times C_R + \frac{Q_3^*}{2} \times H_3 + DC_3$$

$$= \frac{30000}{6642} \times 25 + \frac{6642}{2} \times 0.17 \times 20\% + 30000 \times 0.17 = 5326(\text{百元})$$

$$T_C(Q_4^*) = \frac{D}{Q_4^*} \times C_R + \frac{Q_4^*}{2} \times H_4 + DC_4$$

$$= \frac{30000}{7071} \times 25 + \frac{7071}{2} \times 0.15 \times 20\% + 30000 \times 0.15 = 4712(\text{百元})$$

$$T_C(Q_5^*) = \frac{D}{Q_5^*} \times C_R + \frac{Q_5^*}{2} \times H_5 + DC_5$$

$$= \frac{30000}{9001} \times 25 + \frac{9001}{2} \times 0.13 \times 20\% + 30000 \times 0.13 = 4100(\text{百元})$$

因为 $T_C(Q_5^*)$ 最小，所以采取 $Q_5^*=9001$ 作为最佳订货量。

（2）有数量折扣的确定条件下，储存成本为常数，经济批量的计算步骤如下。

第一步，计算通常的经济批量 Q^*。

第二步，因为各范围不能重叠，在每个单位价格所对应的可行范围内只能有一个经济批量，标出上步经济批量所对应的范围。

a）若所得经济批量在最低价格范围内，所得经济批量即为最优。

b）若在其他范围内，则以各单位价格所对应的可行数量范围的最小值作为经济批量计算经济批量总库存成本 T_C。比较它们，其中总成本最小值对应的数量便是经济批量。

例 8-3 某配送中心每年为一大型医院配送大约 816 箱液体清洁剂。订货成本是 12 元，库存成本是每年每箱 4 元。新价目表表明，少于 50 箱的购入成本为每箱 20 元，50 ~ 79 箱的是每箱 18 元，80 ~ 99 箱的是每箱 17 元，更大的订货则是每箱 16 元。请确定经济批量与总成本。

解： 1）求出各个区段的经济订货批量。

根据题意，将已知数据 $D=816$，$C_R=12$，$H=4$ 代入式（8-2）计算，可得通常的经济订货批量：$Q^*=EOQ=\sqrt{2DC_R/H}=70$（箱）

2）由于 70 落在 50 ~ 79 的范围之内，应以 18 元的单位价格购买。根据式（8-1），以 70 箱经济批量来计算一年 816 箱的总成本为

$$T_{C70}=\frac{D}{Q}\times C_R+\frac{Q}{2}\times H+DC=\frac{816}{70}\times 12+\frac{70}{2}\times 4+816\times 18=14968(\text{元})$$

由于存在更低的成本范围，应该再检查一下是否还有比该经济批量成本更低的订货方式存在。因此，分别检查单价 17 元和 16 元时的总成本。

为了以 17 元每箱的价格购买，至少需要每批 80 箱，则计算其总成本为

$$T_{C80}=\frac{D}{Q}\times C_R+\frac{Q}{2}\times H+DC=\frac{816}{80}\times 12+\frac{80}{2}\times 4+816\times 17=14154(\text{元})$$

为了以 16 元每箱的价格购买，至少需要每批 100 箱，则计算其总成本为

$$T_{C100}=\frac{D}{Q}\times C_R+\frac{Q}{2}\times H+DC=\frac{816}{100}\times 12+\frac{100}{2}\times 4+816\times 16=13354(\text{元})$$

因为 T_{C100} 最小，所以 100 箱作为整个可行范围的经济订货量，总成本为 13354 元。

思 考 题

1. 仓储在物流中的作用和意义有哪些？
2. 储存合理化的主要标志及实施要点是什么？
3. 简述仓库的分类和功能。
4. 自动化立体仓库的特点和分类有哪些？
5. 分析典型货架的结构及特点。
6. 仓储系统的主要参数有哪些？
7. 分析 EOS 技术与物流管理的关系。
8. 分析 ABC 分类管理法的实施步骤。
9. 分析库存管理策略的基本思想及适用范围。

第9章　现代流通加工技术

【学习目标】

1. 掌握流通加工的概念和作用。
2. 了解流通加工在物流中的地位。
3. 掌握流通加工技术的类型。
4. 了解不合理的流通加工形式和流通加工合理组织。

9.1　概　　述

9.1.1　流通加工的概念

流通加工是现代社会化分工和专业化生产的新形式，也是物流过程中不可缺少的核心服务，是流通中的一种特殊形式。

1. 概念

流通加工是指在物品从生产领域向消费领域流动的过程中，为了促进销售、维护产品质量和提高物流效率，对物品进行加工，使物品发生物理、化学或形状的变化。总的来讲，流通加工在流通过程中，仍然和流通总体一样起“桥梁和纽带”作用。但流通加工与以货币为媒介的商品流通有较大的区别。流通加工是生产加工在流通领域中的延伸，也可以看成流通领域为了更好地服务，在职能方面的延伸。在国家标准《物流术语》(GB/T 18354—2006)中，对流通加工的定义是：“物品在生产地到使用地的过程中，根据需要施加包装、分割、计量、分拣、刷标志、拴标签、组装等简单作业的总称。”流通加工在生产、流通及销售领域的位置如图9-1所示。

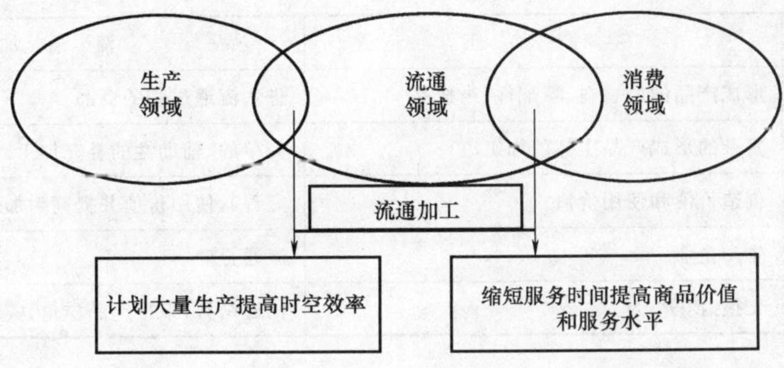

图9-1　流通加工在生产、流通及销售领域的位置

2. 流通加工和商品流通

商品流通是以货币为媒介的商品交换，其重要职能是将生产及消费（或再生产）联系起来，起到“桥梁和纽带”的作用，完成商品所有权实物形态的转移。所以，流通与流通

对象关系，一般不是通过改变其形态而创造价值，而是通过保持流通对象的已有形态，完成空间的转移，实现其“时间效用”以及“场所效用”。

流通加工则与此有较大的区别，它在流通中和流通总体一样起着“桥梁和纽带”的作用。但是，它却不是通过“保护”流通对象的原有形态而实现这一作用的。它和生产一样，是通过改变或者完善流通对象的原有形态来实现这一作用的。

3. 流通加工和生产加工

流通加工和一般的生产型加工在加工组织、加工方法和生产管理方面并无显著区别，但在加工对象、加工程度方面差别较大，其主要差别点如下。

1）流通加工的对象是进入流通过程的商品，其具有商品的属性，以此来区别多环节生产加工的环节。流通加工的对象是商品，但生产加工的对象不是最终产品，而是原材料、零配件或者半成品。

2）流通加工程度大多情况下是简单加工，不是复杂加工。一般情况下，如果必须进行复杂加工才能形成人们需要的商品，那么这种复杂加工应专设生产加工过程。生产过程应该完成大部分加工活动，而流通加工是对生产加工的一种辅助及补充。需要指出的是，流通加工不是对生产加工的取消或者代替。

3）从价值的观点看，生产加工的目的在于创造价值以及使用价值，而流通加工则在于完善其使用价值，并在不做过多改变的情况下提高其价值。

4）流通加工的组织者是从事流通工作的人，能密切结合流通的需要进行相关加工活动。从加工单位看，流通加工是由商业或物资流通企业完成的，而生产加工则是由生产企业完成的。

5）商品生产是为消费而生产的，流通加工的一个重要目的，是为了消费（或者再生产）所进行的加工，这一点与商品生产是相同的。但是流通加工有时候也是以自身流通为目的的，纯粹是为了流通创造条件。这与直接为消费进行的加工，从目的的角度看是有区别的，这又是流通加工与一般生产加工的不同之处。

流通加工与一般生产加工的区别见表9-1。

表9-1 流通加工与一般生产加工的区别

	生产加工	流通加工
加工对象	形成产品的原材料、零配件、半成品	进入流通过程的商品
加工程度	复杂的形成产品主体的加工	简单的、辅助性的补充加工
附加价值	创造价值和使用价值	完善其使用价值并提高附加价值
加工责任人	生产企业	流通企业
加工目的	交换、消费	促进销售、维护产品质量、实现物流高效率

9.1.2 流通加工的作用

（1）提高原材料利用率　通过流通加工环节进行集中下料，通常是将生产厂运来的简单规格的产品，按使用部门的要求进行下料。例如将钢板进行切裁；将木材加工成各种长度以及大小的板或者方等。集中下料可以小材大用、优材优用和合理套裁，有良好的技术经济效果。

(2) 进行初级加工，方便用户　用量小或者临时需要的使用单位，可能缺乏进行高效率初级加工的能力，依靠流通加工可使使用单位省去进行初级加工的投资、设备以及人力从而搞活供应，方便了用户。目前发展较快的初级加工有：将水泥加工成生混凝土、将原木或板方材加工成门窗以及冲制异型零件、钢板预处理、打孔和整形等加工。

(3) 提高加工效率及设备利用率　由于建立集中加工点，可以采用技术先进、效率高、加工量大的专门机具与设备。这样做提高了加工质量、设备利用率和加工效率，降低了加工费用及原材料成本。如一般的使用单位在对钢板下料时，通常采用气割的方法，不但出材率低，而且热加工容易改变钢的组织结构，加工质量也不好。集中加工后可置备高效率的剪切设备，在一定程度上能防止上述缺点。

(4) 充分发挥各种输送手段的最高效率　流通加工环节将实物的流通分为两个阶段，即从生产厂到流通加工为第一阶段，其输送距离长，从流通加工到消费环节为第二阶段，其输送距离短。第一阶段是在数量有限的生产厂与流通加工点之间进行的定点、直达、大批量的远距离输送，可利用船舶或者火车等输送手段。第二阶段则是利用汽车与其他小型车辆来输送经过流通加工后的多规格、小批量或者多用户的产品。这样可以充分发挥各种运输手段的效率，加快输送的速度，节省时间、运力和运费。

(5) 改变功能，提高收益　在流通过程中，进行改变产品某些功能的简单加工，其目的还在于提高产品销售的经济效益。例如，内地的许多制成品（如玩具、轻工纺织产品或者工艺美术品等）进行简单的装潢加工，仅改变产品外观功能，就可使产品售价提高 20% 以上。

所以，在物流领域中，流通加工可以成为高附加价值的活动。这种高附加价值的形成，主要是通过满足用户的需求，提高服务功能而取得的，是贯彻物流战略思想的表现，是一种低投入、高产出的加工形式。

9.1.3 流通加工在物流中的地位

(1) 流通加工有效完善了流通　流通加工在实现时间和场所两个重要效用方面的确不能和运输与储存相比，因此，不能认定流通加工是物流的主要功能要素。流通加工的普遍性也不能与运输、储存相比，流通加工不是所有物流中必然出现的。但这绝不代表流通加工不重要，实际上它是不可轻视的，是起着补充、完善、提高和增强作用的功能要素。它能起到运输和储存等其他功能要素无法起到的作用。因此，流通加工的地位可以定义为提高物流水平，促进流通向现代化发展不可缺少的形态。

(2) 流通加工是物流的重要利润源泉　流通加工是一种低投入高产出的加工方式，往往以简单加工解决大问题。实践证明，有的流通加工通过改变包装，使商品的档次跃升进而充分实现其价值，有的流通加工则将产品利用率提高 20% ~ 50%，这是采取一般方法提高生产率难以达到的。根据近些年的实践，仅流通加工向流通企业提供利润一点，其成效就不逊于从运输与储存中挖掘的利润，是物流的重要利润源。

(3) 流通加工在国民经济中也是重要的加工形式　在整个国民经济的组织和运行方面，流通加工是一种重要的加工形态，对推动国民经济的发展、完善国民经济的产业结构和生产分工具有一定的意义。

9.2 流通加工技术

流通加工技术主要指对各种流通加工对象所采用的各种工艺流程设计和处理方式。流通加工的类型不同，其流通加工采用的技术就不同，下面首先介绍流通加工的类型。

9.2.1 流通加工的类型

（1）为弥补生产领域加工不足的深加工　许多产品在生产领域的加工，通常只能到一定的程度。这主要是由于许多因素限制了生产领域不能完全实现终极加工。例如，钢铁厂的大规模生产只能按标准的规格生产，以保证产品有较强的通用性，使生产有较高的效率和效益；而如果将木材在产地完成成材加工，制成木制品，往往会造成运输的极大困难，因此原生产领域只能将其加工到圆木或板方材这个程度。进一步的下料、切裁和处理等加工则由流通加工来完成。这种流通加工实际上是生产的延续，是生产加工的进一步深化，其对弥补生产领域加工不足有着重要意义。

（2）为满足需求多样化进行的服务性加工　从需求角度看，需求存在着多样化和变化两个特点。为满足这种要求，通常是用户自己来设置加工环节。例如，生产消费型用户的再生产，往往是从原材料初级处理开始的。就用户来说，现代生产的要求是生产型用户尽量减少生产流程，集中精力从事复杂的、技术性较强的劳动，而不是将大量初级加工包揽下来。这种初级加工常带有服务性，由流通加工完成。生产型用户就可以缩短自己的生产流程，使其生产技术密集程度提高。而对一般消费者，则可以省去烦琐的预处置工作，集中精力从事较高级的、能直接满足需求的劳动。

（3）为保护产品所进行的加工　在物流过程中，直到用户投入使用前，都存在着对产品的保护问题。即防止产品在运输、装卸、储存、搬运以及包装等过程中遭到损失，使其使用价值能够顺利实现。和前两种加工不同，这种加工并不改变进入流通领域的“物”的外形及其性质。这种加工主要采取稳固、冷冻、改装或者涂油等方式。

（4）为提高物流效率，方便物流的加工　一些产品本身的形态使其难以进行物流操作。如鲜鱼的装卸和储存操作困难；大型设备的搬运和装卸均较为困难；气体物运输困难等。进行流通加工，可以使物流各环节易于操作，如鲜鱼冷冻、大型设备解体以及气体液化等。这种加工往往需要改变“物”的物理状态，但并不发生化学特性改变，并最终能恢复到原物理状态。

（5）为促进销售的流通加工　流通加工可以从多方面起到促进销售的作用。如将大包装或散装物，分装成适合零售的小包装的分装加工；将原以保护产品为主的运输包装，换成促进销售为主的装潢性包装，起到吸引消费者和指导消费的作用；将零配件组装成用具或车辆以便于直接销售；将蔬菜、肉类洗净切块以满足消费者需求等。这种流通加工可能是不改变“物”的本体，而只进行简单改装的加工，也有很多是组装和分块等深加工。

（6）为提高加工效率的流通加工　很多生产企业的初级加工由于数量有限，其加工效率不高，难以投入先进科学技术。流通加工以集中加工的形式，解决了单一企业加工效率不高的弊端。以一家流通加工企业替代若干生产企业的初级加工工序，促进了生产水平发展。

（7）为提高原材料利用率的流通加工　流通加工利用其综合性强、用户多的特点，可以实行合理规划、合理套裁、集中下料的办法，这就能够有效提高原材料利用率、减少损失浪费。

（8）衔接不同运输方式，使物流合理化的流通加工　在干线运输及支线运输的结点，设置流通加工环节，可以有效解决大批量、低成本和长距离干线运输多品种、少批量、多批次末端运输和集货运输之间的衔接问题。在流通加工点与大生产企业间形成大批量、定点运输的渠道，又以流通加工中心为核心，组织对多用户的配送。也可在流通加工点将运输包装转换为销售包装，从而有效衔接不同目的的运输方式。

（9）以提高经济效益，追求企业利润为目的的流通加工　流通加工的一系列优点，使其可以形成一种“利润中心”的经营形态。这种流通加工是经营的一环，在满足生产和消费要求的基础上取得利润，同时在市场和利润引导下使流通加工在各种领域中都能有效地发展。

（10）生产—流通一体化的流通加工形式　依靠生产企业与流通企业的联合，或者生产企业涉足流通，抑或流通企业涉足生产，形成的对生产与流通加工进行合理分工、合理规划、合理组织、统筹进行生产与流通加工的安排，这就是生产—流通一体化的流通加工形式。这种形式可以促成产品结构及产业结构的调整，充分发挥企业集团的经济技术优势，是目前流通加工领域的新形式。

9.2.2　几种代表物品的流通加工技术

1. 木材的流通加工

木材是一种容重轻的物资。在运输时容积大，往往使车船满装却不能满载。同时，装车、捆扎也比较困难。因此需要对木材进行磨制、压缩以及裁锯等加工。

（1）磨制木屑、压缩输送。这是一种为了实现流通的加工。从林区外送的原木中相当一部分为造纸材。美国采取在林木生产地就地将原木磨成木屑，然后采取压缩方法使之成为容重大、容易装运的形态，再运至靠近消费地的造纸厂，取得的效果较好。根据美国的经验，采取这种方法比直接运送原木能够节约一半的运费。

（2）集中开木下料。在流通加工点将原木锯裁成各种规格锯材，同时将碎木、碎屑集中加工成各种规格板，甚至还可以进行打眼和凿孔等初级加工。以往用户直接使用原木不仅加工复杂、加工场地大、加工设备多，更严重的是资源浪费大，木材平均利用率不到50%，平均出材率不到40%。实行集中下料按用户要求供应规格料，可以使原木利用率提高到95%，出材率提高到72%左右，具有相当大的经济效果。

2. 水泥的流通加工

在需要长途运入水泥的地区，变运送成品水泥为运进熟料这种半成品。在该地区的流通加工点磨细，并根据当地资源及需要情况，掺入混合材料和外加剂，制成不同品种及标号的水泥提供给当地用户。这是水泥流通加工的重要形式之一。

在需要经过长距离输送供应时，以熟料形态替代粉状水泥有许多优点：

1）可以降低运费、节省运力。运输普通水泥与矿渣水泥平均约有30%以上的运力是消费在矿渣及其他各种加入物上。如果在能够使用地区对熟料进行粉碎加工，可以根据当地的资源条件选择合适混合材料的种类，这样就可以节约消耗在混合材料上的运力和运费。

2）可以按照当地的实际需要大量掺和混合材料。我国大、中型水泥厂生产的水泥，平均标号在逐年提高。但是我国目前使用水泥的部门大都需要较低标号的水泥。而大部分施工部门缺少在现场加工混合材料降低水泥标号的技术力量和设备。所以，被迫使用标号高的水泥，造成很大的浪费。

如果以熟料作为长距离输送的形态，在使用地区进行加工粉碎，就可以按照实际需要生产各种标号的水泥，尤其是低标号水泥，减少水泥长距离输送量。

3）容易以较低的成本实现大批量、高效率的输送。从国家的整体利益来看，铁路运输这种运力利用率比较低的输送方式不是发展方向。若采用输送熟料的流通加工形式，可以充分利用站、场和仓库现有的装卸设备，还可以利用普通车装运，较散装水泥方式具有更好的技术经济效果，更适合于我国国情。

4）可以降低水泥的输送损失。水泥的水硬性在充分磨细之后才能表现出来，而未磨细的熟料其抗潮湿的稳定性较强。所以，输送熟料基本可以防止由于受潮而造成的损失。另外，颗粒状的熟料也易于散失。

5）能更好地衔接产需，方便用户。从物资管理的角度，长距离输送是定点直达的渠道，这对于加强计划性、简化手续、保证供应等方面都是有利的。

采用长途送熟料的方式，水泥厂便可以和有限的熟料粉碎工厂形成固定的直达渠道，能够实现经济效益较优的物流。水泥的用户也可以在本地区直接向当地熟料粉碎厂订货。因此更容易沟通产需关系，有明显的优越性。

3. 钢板剪板及下料加工

热轧钢板、钢带以及热轧厚钢板等板材最大交货长度可达 7 ~ 12m。对于使用钢板的用户，大、中型企业由于消耗批量大，故可设专门的剪板以及下料加工设备，按生产需要进行剪板和下料加工。但对于使用量不大的企业以及多数中、小型企业，单独设置剪板和下料的设备有设备闲置时间长、人员浪费大、不容易采用先进方法的弊病，钢板的剪板以及下料加工能够有效地解决上述问题。

剪板加工是在固定的地点设置剪板机，进行下料加工或设置各种切割设备，将大规格钢板裁小，或者切裁成毛坯，以降低销售起点，便利用户。

目前集中下料加工专设于流通部门的很少见，主要是大型企业、公司或者集中安装设备进行此项工作。

4. 煤炭及其他燃料的流通加工

（1）除矸加工　除矸加工是提高煤炭纯度为目的的一种加工形式。一般煤炭中混入的矸石有一定的发热量，混入一些矸石也是经济的。但有时是不允许煤炭混入矸石的，在运力十分紧张地区则要求充分利用运力，多运纯物质少运矸石，此时采用除矸的流通加工来排除矸石。

（2）为管道输送煤浆进行的煤浆加工　煤炭的运输方式主要是采用运输工具载运，其运输中损失较大，容易发生火灾。采用管道运输则是近代兴起的一种先进技术。目前，某些发达国家已投入运行，有些企业内部也采用了这种方法进行燃料输送。

在流通的起始环节就将煤炭磨成细粉，其便有了一定的流动性，再用水将其调和成浆状，则具备了流动性，使其像其他流体一样进行管道输送，这种方式不和现有运输系统争夺运力，输送连续、稳定而且速度快，是一种经济的运输方式。

（3）配煤加工　在使用地区设置集中加工点，将各种煤以及其他发热物质，按不同配方进行掺配，生产出各种不同发热量的燃料，称作配煤加工。这种方式可以按需要的发热量生产和供应燃料，防止热能的浪费和“大材小用”的情况，也可以防止发热量过小，不能满足使用要求的情况。

工业用煤经过配煤加工，可以起到便于计量控制和稳定生产过程的作用，在经济和技术上均具有价值。

（4）天然气和石油气等气体的液化加工　由于气体的输送和保存都较为困难，天然气以及石油气往往只能就地使用。但如果当地资源充足使用不完，通常就地烧掉造成了浪费和污染。两气的输送可以采用管道的方式，但因为投资大、输送距离有限，也受到了一定制约。在产出地将天然气或者石油气压缩到临界压力之上，使其由气体变成液体，便可用容器装运，使用时机动性较强，是目前采用较多的方式。

5. 生鲜食品的流通加工

（1）冷冻加工　为解决鲜肉和鲜鱼在流通中保鲜以及搬运、装卸的问题，常采取低温冻结方式进行加工。这种方式也用于某些流体商品和药品。

（2）分选加工　农副产品规格、质量离散情况通常较大。为获得一定规格的产品，采取人工或者机械分选的方式加工称分选加工。广泛用于谷物、瓜类、果类和棉毛原料等。

（3）精制加工　农、牧、副、渔等产品的精制加工是在产地或者销售地设置加工点，去除无用的部分，甚至可以进行切分、洗净和分装等加工。这种加工不但方便了购买者，而且可以对加工的淘汰物综合利用。如鱼类的精制加工所剔除的内脏可以制成某些药物或者饲料，鱼鳞则可以制成高级黏合剂，头尾可以制成鱼粉等；蔬菜加工的剩余物可以制饲料和肥料等。

（4）分装加工　许多生鲜食品零售起点小，为保证高效输送出厂，包装通常较大，也有一些是采用集装运输方式来运达销售地区。而为便于销售，在销售地区按所要求的零售起点进行新的包装，即大包装改小、散装改小包装、运输包装改销售包装，这种方式称分装加工。

6. 机械产品及零配件的流通加工

多年来，自行车以及机电设置储运困难较大，其主要原因是不易进行包装。如进行防护包装，其包装成本过大，且运输装载较困难，装载效率较低，流通损失较严重。但这些货物有一个共同特点，即其装配较简单，装配技术要求低。其主要功能已在生产中形成，装配后无需复杂检测及调试。所以，为解决储运的问题，降低储运的费用，采用半成品（部件）高容量包装出厂，而在消费地拆箱组装的方式。组装一般由流通部门所设置的流通加工点进行，组装之后随即销售，这种流通加工方式近年来在我国广泛采用。

9.2.3　流通加工合理化

流通加工合理化的含义是实现流通加工的最优配置，也就是对是否设置流通加工环节、在什么地方设置、选择什么类型的加工、采用什么样的技术装备等问题做出正确抉择。这样做不仅要求避免不合理的流通加工形式，而且要做到最优。

1. 不合理的流通加工形式

（1）流通加工地点设置的不合理　流通加工地点设置，即布局状况是决定整个流通加工是否有效的重要因素之一。一般来讲，为衔接单品种的大批量生产与多样化需求的流通加工，加工地点需设置在需求地区，才可能实现大批量的干线运输和多品种末端配送的物流优势。如果将流通加工地设置在生产地区，一方面，为满足用户多样化的需求，可能出现多品种、小批量的产品由产地向需求地的长距离运输；另一方面，在生产地也增加了一个加工环节，同时会增加近距离运输、保管和装卸等一系列物流活动。因此，在这种情况下，需由原生产单位完成这种加工，无须设置专门的流通加工环节。

此外，一般来讲，为了方便物流的流通加工环节，应该将其设置在产出地，且设置在进入社会物流之前。如果将其设置在物流之后，即设置在消费地，不但不能解决物流问题，又在流通中增加了中转环节，也是不合理的。

即使是产地或者需求地设置流通加工的选择是正确的，还有流通加工在小地域范围内的正确选址问题。如果处理不好，仍会出现不合理的情况。比如说交通不便，流通加工与生产企业或者用户之间的距离较远，加工点周围的社会环境条件不好等。

(2) 流通加工方式选择不当　流通加工方式包括流通加工对象、流通加工技术、流通加工工艺和流通加工程度等。流通加工方式的确定是与生产加工的合理分工密切相关的。若分工不合理，把本来应该由生产加工完成的作业交给流通加工来完成，或把本来应该由流通加工完成的作业地交给生产过程去完成，都会造成不合理的情况。

流通加工不是对生产加工的替代，而是一种补充与完善。因此，一般来讲，如果工艺复杂、技术装备要求高，或者加工可以由生产过程延续或者轻易解决的，都不宜再设置流通加工环节。如果流通加工方式选择的不当，可能会出现与生产夺利的后果。

(3) 流通加工作用不大，形成多余环节　有的流通加工过于简单，或对生产与消费的作用不大，有时甚至由于流通加工的盲目性，同样未能解决品种、规格和包装等问题，反而增加了作业环节，这也是流通加工不合理的表现形式之一。

(4) 流通加工成本过高，效益不好　流通加工的一个重要优势就是其具有较大的投入产出比，因此能够有效地起到补充和完善的作用。如果流通加工的成本过高，则不能实现以较低投入实现更高的使用价值的目的，可能会影响它的经济效益。

2. 流通加工合理组织

实现流通加工合理组织主要考虑的几方面如下。

(1) 加工和配送结合　这是将流通加工设置在配送点当中，一方面按配送的要求进行加工，另一方面加工又是配送业务流程中分货、拣货和配货中的一环，加工后的产品直接投入配货作业，这样就无需单独设置一个加工的中间环节，使其有别于独立的生产，而使流通加工和中转流通结合。与此同时，由于配送之前有加工，可以使配送的服务水平大大提高。这是当前对流通加工做合理选择的重要形式之一，在煤炭、水泥等产品的流通中已表现出了较大的优势。

(2) 加工和配套结合　在对配套要求较高的流通当中，配套的主体来自生产单位，但完全配套有时无法完全依靠现有的生产单位进行适当的流通加工，来有效促成配套，以及提高流通桥梁与纽带的作用。

(3) 加工和合理运输结合　前文已经提及过流通加工能有效衔接干线运输和支线运输，促进两种运输的合理化。利用流通加工，在支线运输转干线运输或者在干线运输转支线运输，本来就是必须停顿的环节，不进行一般的支转干或者干转支，而是按干线或者支线运输合理的要求进行适当加工，从而提高运输以及运输转载水平。

（4）加工和合理商流相结合 通过加工有效促进销售，使商流合理化，也是流通加工合理化考虑的方向之一。加工和配送的结合，通过加工能够提高配送水平、强化销售，是加工与合理商流相结合的一个成功例证。

此外，通过简单地改变包装加工，形成方便的购买规格，通过组装加工来解除用户使用前进行的组装和调试的困难，都是有效促进商流的例子。

（5）加工和节约相结合 节约能源、节约设备、节约人力以及节约耗费是流通加工合理化重要的考虑因素之一，也是目前我国设置流通加工，考虑其合理化的普遍形式。

综上所述，流通加工合理化的最终判断，是要看其能否实现社会与企业本身的两个效益，能否取得最优效益。流通加工企业，与一般生产企业的一个重要不同之处，就是流通加工企业更应该树立社会效益为第一观念，只有在以补充和完善为己任的前提下，才有生存价值。如果只追求企业本身的微观效益，不进行适当地加工，甚至和生产企业争利，这就违背了流通加工的初衷，或其本身已不再属于流通加工范畴。

思考题

1. 什么是流通加工？流通加工在物流中的地位是什么？
2. 流通加工的作用有哪些？
3. 流通加工的类型有哪些？
4. 流通加工合理化的含义是什么？不合理的流通加工形式有哪些？
5. 如何实现流通加工合理组织？

第10章 现代物流配送技术

【学习目标】

1. 了解配送的内涵及配送作业的基本形式。
2. 掌握配送中心和物流中心的定义及两者的区别。
3. 掌握配送中心选址的决策方法。
4. 了解配送中心系统规划的基本程序。
5. 了解第三方物流的内涵及特征。

10.1 配送概述

10.1.1 配送的内涵及特点

1. 配送的概念

国家标准 GB/T 18354—2006《物流术语》中对配送的定义为：在经济合理区域范围内，根据用户要求，对物品进行分拣、加工、包装、分割、组配等作业，并按时送达指定地点的物流活动。

配送是物品位移的一种形式，它与运输既有区别又有联系。通常认为，配送是近距离、小批量、品种较复杂，按用户需要搭配品种和数量的服务体系。

2. 配送的内涵

（1）配送提供的是物流服务，因此配送的前提是满足顾客对物流服务的需求　在买方占主导的市场条件下，顾客的需求是灵活多变的，消费特点是多品种、小批量的，因此从这个意义上说，配送活动绝不是简单的送货活动，而应该是建立在市场营销策划基础上的企业经营活动，是多项物流活动的统一体。有的学者提出这样的观点：配送就好像是一种“小物流”，相对于大的物流系统在程度有些降低，在范围上有所缩小。如果从这个层面来看，配送活动所包含的物流功能，应比我国《物流术语》提出的功能还要多而全面。

（2）配送是“配”与“送”的有机结合　所谓“合理地配”是指在送货活动之前必须依据顾客需求对其进行合理的组织与计划。只有“有组织有计划”地“配”才能实现现代物流管理中所谓的“低成本、快速度”地“送”，进而有效满足顾客的需求。

（3）配送是在积极合理区域范围内的送货　配送不宜在大范围内实施，通常仅局限在一个城市或地区范围内进行。

3. 配送的要素

（1）集货　集货，即将分散的或小批量的物品集中起来，以便进行运输，配送的作业。集货是配送的重要环节，为了满足特定客户的配送要求，有时需要把从几家甚至数十家供应商处预订的物品集中，并将要求的物品分配到指定容器和场所。集货是配送的准备工作或基础工作，配送的优势之一，就是可以集中客户进行一定规模的集货。

（2）分拣　分拣是将物品按品种、出入库先后顺序进行分门别类堆放的作业。分拣是配送不同于其他物流形式的功能要素，也是配送成败的一项重要支持性工作。它是完善送货、支持送货准备性工作，是不同配送企业在送货时进行竞争和提高自身经济效益的必然延伸。所以，也可以说分拣是送货向高级形式发展的必然要求。有了分拣，就会大大提高送货服务水平。

（3）配货　配货是使用各种拣选取设备和传输装置，将存放的物品，按客户要求分拣出来，配备齐全，送入指定发货地点。

（4）配装　在单个客户配送数量不能达到车辆的有效运载负荷时，就存在如何集中不同客户的配送货物，进行搭配装载以充分利用运能、运力的问题，这就需要配装。跟一般送货不同之处在于，通过配装送货可以大大提高送货水平及降低送货成本，所以配装也是配送系统中有现代特点的功能要素，也是现代配送不同于以往送货的重要区别之一。

（5）配送运输　配送运输是较短距离、较小规模、额度较高的运输形式，一般使用汽车做运输工具。配送运输的路线选择问题是一般干线运输所没有的，干线运输的干线是唯一的运输线，而配送运输由于配送客户多，一般城市交通路线又较复杂，如何组合成最佳路线，如何使配装和路线有效搭配等，是配送运输的特点，同时也是难度较大的工作。

（6）送达服务　送达服务是配送独具的特殊性。将配好的货运输到客户还不算配送工作的结束，这是因为送达货和客户订货往往还会出现不协调，使配送失败。因此，要成功实现运到之货的移交，并有效方便地办理相关手续并完成结算，还应讲究卸货地点、卸货方式等。

（7）配送加工　配送加工是流通加工的一种，但配送加工有它不同于流通加工的特点，即配送加工是按照配送客户的要求所进行的流通加工，其加工目的较为单一。配送加工这一功能要素不具有普遍性，但所起的作用很重要，通过配送加工可以大大提高客户的满意程度。

配送的作业效果必须通过具体的工艺流程来实现。配送的一般作业流程如图 10-1 所示。

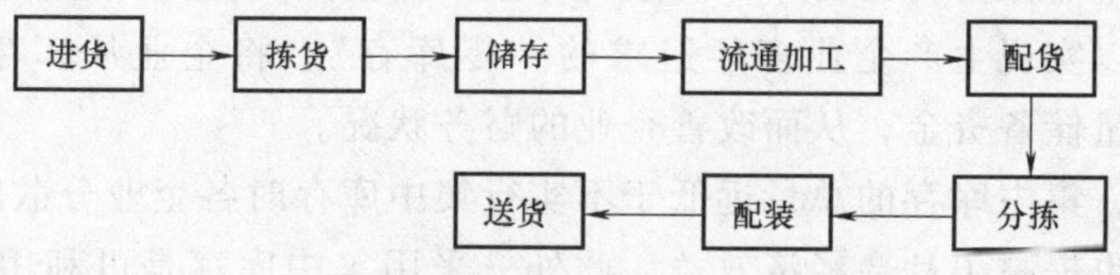

图 10-1　配送的一般作业流程

4. 配送的特点

1）和送货概念的区别在于，不是一般概念的送货，也不是生产企业推销产品时直接从事的销售性送货，而是从物流据点至用户的一种特殊送货形式。从送货功能看，其特殊性表现如下。

① 从事送货的是专职流通企业，而不是生产企业。

② 配送是“中转”型送货，而一般送货尤其从工厂至用户的送货往往是直达型。

③ 一般送货是生产什么，有什么送什么，配送则是需要什么送什么。

2）和输送、运输概念的区别在于，配送不是单纯的运输或输送，而是与其他活动共同构成的有机体。配送中所包含的那一部分运输活动在整个输送过程中是处于“二次输送”“支线输送”“末端输送”的位置，其起止点是物流据点至用户，这也是不同于一般输送的特点。

3）和一般概念的供应或供给的区别在于，不是广义概念的组织物资订货、签约、结算、进货及对物资处理分配的供应，而是以供给者送货到户的形式进行供应。从服务方式来讲，是一种“门到门”的服务，可以将货物从物流据点一直送到用户的仓库、营业所、车间乃至生产线的起点。

4）和运送、发放、投送概念的区别在于，这是在全面配货基础上，充分按照要求，包括种类、种类措施、数量、时间等方面的要求所进行的运送。因此，除了各种“运”“送”活动外，还要从事大量分货、配货、配装等工作，是“配”和“送”的有机结合形式。

10.1.2 配送的意义和作用

1. 完善了输送及整个物流系统

第二次世界大战之后，由于大吨位、高效率运输力量的出现，使干线运输无论在铁路、海运抑或公路方面都达到了较高水平，长距离、大批量的运输实现了低成本化。但是，在所有的干线运输之后，往往都要辅以支线或小搬运，这种支线运输及小搬运成了物流过程的一个薄弱环节。这个环节有和干线运输不同的许多特点，如要求灵活性、适应性、服务性，致使运力往往利用不合理、成本过高等问题难以解决。采用配送方式，从范围上讲将支线运输及小搬运统一起来，加上上述各种优点使输送过程得以优化和完善。

2. 提高了末端物流的效益

采用配送方式，通过将各种商品用户集中一起进行一次发货，代替分别向不同用户小批量发货来达到经济地发货，使末端物流经济效益显著提高。

3. 通过集中库存使企业实现低库存或零库存

实现了高水平的配送之后，尤其是采取准时配送方式之后，生产企业可以完全依靠配送中心的准时配送而不需保持自己的库存。或者，生产企业只需保持少量保险储备而不必留有经常储备，这就可以实现生产企业多年追求的“零库存”，将企业从库存的包袱中解脱出来，同时解放出大量储备资金，从而改善企业的财务状况。

实行集中库存，集中库存的总量远低于不实行集中库存时各企业分散库存之总量。同时增加了调节能力，也提高了社会经济效益。此外，采用集中库存是可利用规模经济的优势，使单位存货成本下降。

4. 简化事务，方便用户

采用配送方式，用户只需向一处订购，或和一个进货单位联系就可订购到以往需去许多地方才能订到的货物，只需组织对一个配送单位的接货便可代替现有的高频率接货，因而大大减轻了用户工作量和负担，也节省了事务开支。

5. 提高供应保证程度

用生产企业自己保持库存，维持生产，供应保证程度很难提高（受到库存费用的制约），采取配送方式，配送中心可以比任何单位企业的储备量更大，因而对每个企业而言，中断供应、影响生产的风险便相对缩小，使用户免去短缺之忧。

10.1.3 基本配送作业形式

根据组织方式、对象特性和内容等的不同，配送作业可以分为多种基本形式。

1. 按配送商品的种类和数量分类

(1) 少品种或单品种、大批量配送　一般来讲，对于工业企业需要量较大的商品，由于单独一个品种或几个品种就可达到较大输送量，可以实行整车运输，这种情况下就可以由专业性很强的配送中心实行配送，往往不需要再与其他商品进行搭配。由于配送量大，可使车辆满载并使用大吨位车辆。这种情况下，由于配送中心的内部设置、组织、计划等工作较为简单，因此配送成本较低。

(2) 多品种、少批量、多批次配送　多品种少批量配送是根据用户的要求，将所需的各种物品（每种物品的需要量不大）配备齐全，凑整装车后由配送据点送达用户。

(3) 成套、配套配送　成套、配套配送是指根据企业的生产需要，尤其是装配型企业的生产需要，把生产每一台件所需要的全部零部件配齐，按照生产节奏定时送达生产企业，生产企业即可将此成套零部件送入生产线以装配产品。这种配送方式中，配送企业承担了生产企业大部分的供应工作，使生产企业可以专注于生产，与多品种、少批量的配送效果相同。

2. 按配送时间和数量分类

(1) 定量配送　定量配送是指每次按固定的数量（包括商品的品种）在指定的时间范围内进行配送。该方式计划性强，每次配送的品种、数量固定，备货工作简单。

(2) 定时配送　定时配送指按规定时间和时间间隔进行配送。定时配送的时间，由配送的供给与需求双方通过协议确认。每次配送的品种及数量可预先在协议中确定，实行计划配送；也可以在配送之前以商定的联络方式（如电话、传真、计算机网络等）通知配送品种及数量。

(3) 定时定量配送　定时定量配送指按照规定的时间和规定的商品品种及数量进行配送。兼有定时、定量两种方式的优点，是一种精密的配送服务方式。这种方式要求有较高的服务质量水平，组织工作难度很大，通常针对固定客户进行这项服务。由于适合采用的对象不多，很难实行共同配送等配送方式，因而成本较高，在用户有特殊要求时采用，不是一种普遍适用的方式。

(4) 定时定量定点配送　定时定量定点是指按照确定的周期、确定的商品品种和数量、确定的客户进行配送。这种配送方式一般事先由配送中心与客户签订协议，双方严格协议执行，有利于保证重点需要和降低企业库存，主要适用于重点企业和重点项目。

(5) 定时定线配送　定时定线配送是指在规定的运行路线上制定到达时间表，按运行时间表进行配送，用户可在规定地点和时间接货，可按规定路线及时间提出配送要求。

(6) 即时配送　即时配送是指完全按照用户突然提出的时间、数量方面的配送要求，随即进行配送的方式。采用这种方式，客户可以将安全储备降低为零，以即时配送代替安全储备，实现零库存经营。适合一些零星商品、临时需要的商品或急需商品的配送。

3. 按经营形式分类

(1) 销售配送　这种配送方式是指配送企业是销售型企业，或者是指销售企业作为销售战略一环所进行的促销型配送。一般来讲，这种配送的对象是不固定的，用户也往往是不固定的，配送对象和用户往往是根据对市场的占有情况而定。其配送的经营状况也取决于市场状况，因此，这种形式的配送随机性较强，而计划性较差。各种类型的商店配送一般多属于销售配送。

（2）供应配送　企业为了自己的供应需要所采取的配送形式。往往是针对特定的用户，用配送方式满足特定用户的供应需求的配送方式。这种方式配送的对象是确定的，用户的需求是确定的，用户的服务要求也是确定的，所以，这种配送可以形成较强的计划性、较为稳定的渠道，有利于提高配送的科学性和强化管理。

（3）销售—供应一体化配送　销售—供应一体化配送是指对于基本固定的用户和基本确定的配送产品，销售企业可以在自己销售的同时，承担用户有计划供应者的职能，既是销售者同时又成为用户的供应代理人，起到用户供应代理人的作用。

（4）代存代供配送　代存代供配送是指客户将属于自己的货物委托配送企业代存、代供，有时还委托代订，然后组织对本身的配送。

4. 按配送专业化程度分类

（1）综合配送　配送的商品种类较多，且来源渠道不同，但在一个配送据点中组织不同专业领域的产品向用户配送，因此综合性强。同时，由于综合性配送的特点，决定了它可以减少用户为组织所需全部商品进货的负担，只需和少数配送企业联系，便可以解决多种需求的配送。因此，这是对用户服务较强的配送形式。

（2）专业配送　专业配送指按产品性状不同适当划分专业领域的配送方式。这种配送方式由于自身的特点，可以优化配送设施，合理配备配送机械、车辆，并能制定适用合理的工艺流程，以提高配送效率。诸如金属材料配送，燃料煤、水泥、生鲜食品等的配送都属于专业配送。

（3）共同配送（Joint Distribution）　由多个企业联合组织实施的配送活动。分为以货主为主体的共同配送和以物流业者为主体的共同配送两种类型。

5. 按加工程度不同分类

（1）加工配送　这种配送是与流通加工相结合，在配送据点设置流通加工，或是流通加工与配送据点组建一体实施配送业务。流通加工与配送的结合，可以使流通加工更具有针对性，并且配送企业不但可以依靠送货服务、销售经营取得收益，还可以通过流通加工增值取得收益。

（2）集疏配送　只改变产品数量组成形式，而不改变产品本身的物理、化学性质并与干线运输相配合的配送方式，如大批量进货后小批量多批次发货，或零星集货后形成一定批量再送货等。

10.1.4　配送合理化

1. 配送合理化的判断标志

对于配送合理化与否的判断，是配送决策系统的重要内容。目前国内外尚无一定的技术经济指标体系和判断方法，一般可概括为以下几个方面。

（1）库存标志　库存是判断物流配送合理与否的重要标志。其具体指标有以下两个：一是库存总量；二是库存周转。

1）库存总量。在一个配送系统中，库存是从分散于各个用户转移给配送中心施行一定程度的集中库存。在实行集中库存后，配送中心库存数量加上各用户在库存数量之和应低于实行配送前各用户库存量之和。此外，某个用户库存量上升而总量下降，也属于一种不合理现象。

2）库存周转方面。库存周转应该总是快于原来各企业库存周转。此外，各用户实行配送前后的库存周转比较，也是判断合理与否的标志。

为取得共同比较标准，以上库存标志都以库存储备资金计算，而不以实际物资数量计算。

(2) 资金标志　总的来讲，实行配送应有利于资金占用降低及资金运用的科学化。具体判断标志如下：

1）资金总量。即用于资源筹措所占用的流动资金总量，随储备总量的下降及供应方式的改变必然有一个较大的降低。

2）资金周转。从资金运用来讲，由于整个节奏加快，资金充分发挥作用。同样数量资金，过去需要较长时期才能满足一定供应要求，配送之后，在较短时期内就能达到此目的。所以，资金周转是否加快，已成为衡量配送合理与否的标志。

3）资金投向的改变。资金分散投入还是集中投入，是资金调控能力的重要反映。实行配送后，资金必然从分散投入改为集中投入，以便能增强调控能力。

(3) 成本与效益标志　总效益、宏观效益、微观效益、资源筹措成本都是判断配送合理化的重要标志。对于不同的配送方式，可以有不同的判断侧重点。例如，配送企业、用户都是各自独立的以利润为中心的企业，则不但要看配送的总效益，而且还要看对社会的宏观效益及两个企业的微观效益，不顾及任何一方，都必然出现不合理。又例如，如果配送是由用户集团自己组织的，配送主要强调保证能力和服务性，那么，效益主要从总效益、宏观效益和用户集团企业的微观效益来判断，不必过多顾及配送企业的微观效益。

由于总效益及宏观效益难以计量，在实际判断时，常以按国家政策进行经营，完成国家税收及配送企业及用户的微观效益来判断。

对于配送企业而言，企业利润反映配送合理化程度。对于用户企业而言，在保证供应水平或提高供应水平前提下，供应成本的降低，反映了配送的合理化程度。

(4) 供应保证标志　配送的重要一点是必须提高对用户的供应保证能力。供应保证能力可从以下几个方面判断。

1）缺货次数。实行配送后，客户因到货不及时影响生产经营的次数必须下降才合理。

2）配送企业集中库存量。对每一个用户来讲，其数量所形成的保证供应能力高于配送前单个企业保证程度。

3）即时配送的能力及速度。即时配送的能力及速度是用户出现特殊情况的特殊供应保障方式，这一能力必须高于未实行配送前用户紧急进货能力及速度才算合理。

特别需要强调一点，物流配送必须追求供应保证能力的高可靠性。但是如果供应保证能力过高，超过了实际的需要，属于不合理，所以应追求供应保证能力的合理化。

(5) 社会运力节约标志　运力使用的合理化是依靠送货运力的规划和整个配送系统的合理流程及与社会运输系统合理衔接实现的。送货运力的规划可以简化判断如下：社会车辆总数减少，而承运量增加；社会车辆空驶减少；一家一户自营运输减少，社会化运输增加。

(6) 物流合理化标志　物流配送必须有利于物流合理化。要看物流配送是否合理化可以从以下几方面判断：是否降低了物流费用；是否减少了物流损失；是否加快了物流速度；是否发挥了各种物流方式的最优效果；是否有效衔接了干线运输与末端运输；是否不增加实际的物流中转次数；是否采用了先进的技术手段。

物流合理化问题是物流配送要解决的大问题，也是衡量物流配送本身的重要标志。

2. 不合理配送的表现形式

对于配送合理与否，不能简单判定，也很难有一个绝对的标准。例如，企业效益是配送的重要衡量标志，但是，在决策时常常考虑各个因素，有时要做赔本买卖。所以，配送的决策是全面、综合决策，在决策时要避免由于不合理配送出现所造成的损失，但有时某些不合理现象是伴生的，要追求大的合理，就可能派生小的不合理，所以，虽然这里只单独论述不合理配送的表现形式，但要防止绝对化。

（1）资源筹措的不合理　配送是利用较大批量筹措资源，通过筹措资源达到规模效益来降低资源筹措成本，使配送资源筹措成本低于用户自己筹措资源成本，从而取得优势。如果不是集中多个用户需要进行批量筹措资源，而仅仅是为某一、两户代购代筹，是不合理的。资源筹措不合理还有其他表现形式，如配送量计划不准、资源筹措过多或过少、在资源筹措时不考虑建立与资源供应者之间长期稳定的供需关系等。

（2）库存决策不合理　配送应充分利用集中库存总量低于各用户分散库存总量，从而大大节约社会财富，同时降低用户实际平均分摊库存负担。因此，配送企业必须依靠科学管理来实现一个低总量的库存，否则就会出现库存转移，而未取得库存总量降低的效果。

配送企业库存决策不合理还表现在储存量不足，不能保证随机需求，失去了应有的市场。

（3）价格不合理　总的来讲，配送的价格应低于不实行配送时，用户自己进货时产品购买价格加上自己提货、运输、进货之成本总和，这样才会使用户有利可图。如果配送价格普遍高于用户自己进货价格，损伤了用户利益，就是一种不合理表现。价格过低，使配送企业处于无利或亏损状态下运行，会损伤销售者，也是不合理的。

（4）配送与直达的决策不合理　一般的配送总是增加了环节，但是这个环节的增加，可降低用户平均库存水平，不但抵消了增加环节的支出，而且能取得剩余效益。但是如果用户使用批量大，可以直接通过社会物流系统均衡批量进货，较之通过配送中转送货则可能更节约费用，所以，在这种情况下，不直接进货而通过配送，就属于不合理范畴。

（5）送货中不合理运输　配送与用户自提比较，尤其对于多个小用户来讲，可以集中配装一车送几家，大大节省运力和运费。如果不能利用这一优势，仍然是一户一送，而车辆达不到满载，则就属于不合理。此外，不合理运输若干表现形式，在配送中都可能出现，会使配送变得不合理。

（6）经营观念的不合理　在配送实施中，有许多是经营观念不合理，使配送优势无从发挥，相反却损坏了配送的形象。这是开展配送时尤其需要注意克服的不合理现象。例如，配送企业利用配送手段，向用户转嫁资金、库存困难；在库存过大时，强迫用户接货，以缓解自己库存压力；在资金紧张时，长期占用用户资金；在资源紧张时，将用户委托资源挪作他用获利等，不能实现保证服务、降低成本的资源筹措。

3. 配送合理化的措施

随着经济的发展和社会的进步，物流配送中心在物流配送中的主导作用越来越明显。要实现配送合理化，配送中心可采取以下做法。

（1）推行专业性独立配送或综合配送　专业性独立配送是指根据产品的性质将其分类，由各专业经销组织分别、独立进行配送。其优点是可以充分发挥各专业组织的优势，便于用户根据自身的利益选择配送企业，从而有利于形成竞争机制。这类配送主要适宜于生产资料配送、食品配送、服装配送等。

专业综合配送是指将若干种相关的产品汇集在一起，由某一个专业组织进行配送。这是一种向用户提供比较全面服务的配送方式，可以很快备齐用户所需的各种物资，从而减轻用户的进货负担。

（2）推行加工配送　通过加工和配送结合，在充分利用本来应有的中转，而不增加新的中转的情况下求得配送合理化。同时，加工借助于配送，加工目的更明确，和用户联系更紧密，更避免了盲目性。这两者有机结合，投入不增加太多却可追求两个优势、两个效益，是配送合理化的重要经验。

（3）推行共同配送　共同配送是指对某一地区的用户进行配送不是由一个企业独自完成，而是由若干个配送企业联合在一起共同去完成。共同配送是在核心组织（配送中心）的同一计划、同一调度下展开的。通过共同配送，可以以最近的路程、最低的配送成本去完成配送，从而达到配送合理化效果。

（4）推行送取结合　配送企业与用户建立稳定、密切的协作关系，它不仅是用户的供应代理人，还是用户的储存据点，甚至变成用户的产品代销人。在配送时，将用户所需的物资送到，再将该用户生产的产品用同一车辆运回，这种产品也成了配送中心的配送产品之一，或者作为代存代储，免去了生产企业的库存包袱。这种送取结合，使运力充分利用，也使配送企业功能有更大的发挥，从而趋向合理化。

（5）推行准时配送　准时配送是配送合理化重要内容。配送做到了准时，用户才有资源把握，可以放心地实施低库存或零库存，可以有效地安排接货的人力、物力，以追求最高效率的工作。另外，保证供应能力，也取决于准时供应。从国外的经验看，准时供应配送系统是现在许多配送企业追求配送合理化的重要手段。

（6）推行即时配送　作为计划配送的应急手段，即时配送是最终解决用户企业担心断供之忧、大幅度提高供应保证能力的重要手段。即时配送是配送企业快速反应能力的具体化，是配送企业能力的体现。

即时配送成本较高，但它是整个配送合理化的重要保证手段。此外，用户实行零库存，即时配送也是重要手段保证。

10.1.5　配送的产生与发展

1. 配送的产生

配送（或配送方式）是随着生产的不断发展而逐步发展起来的。第二次世界大战以后，为了满足人们日益增长的物质需求，西方工业发达国家逐步开始发展配送中心，加速库存物资的周转，更新了仓库的固有观念。

现代配送的雏形最早出现于20世纪60年代初期，在这个时期，物流运动中的一般性送货方式开始向备货、送货一体化方向转化。从形态上看，初期的物流只是一种粗放型、单一型的活动。这时的配送活动范围很小，规模也不大。在这个阶段，企业开始配送活动的主要目的是为了促进产品销售和提高其市场占有率。因此，配送主要是以促销手段的职能来发挥其作用的。

20 世纪 60 年代中期，在一些发达国家，随着经济发展速度的逐渐加快，以及由此带来的货物运输量的急剧增加和商品市场竞争的日趋激烈，配送得到最初的发展。在这个时期，欧美一些国家的实业界相继调整了仓库结构，组建或设立了配送组织或配送中心，普遍开展了货物配装、配载及送货上门服务。不但配送的货物种类日渐增多，除了种类繁多的服装、食品、药品、旅游用品等日用工业品外，还包括不少生产资料产品，而且配送服务的范围在不断扩大。例如，在美国，已经开展了州际间的配送。在日本，配送的范围则由城市扩大到了区域。从配送的形式和配送组织上看，试行了“共同配送”，并且建立起了配送体系。

配送作为一种新型的物流运动，首先是在变革和发展仓库业的基础上开展起来的。从某种意义上说，配送也是仓储业功能的扩大和强化。传统仓库和仓储业足以储存和保管货物（包括生产资料和生活资料）为其职能而设置和形成的，其基本功能是保持储存货物的使用价值，以此为生产的连续运转和生产的正常进行提供物资保障。然而当生产力已经高速发展、生产方式已经发生变革（也即专业化、社会化大生产已经成为社会生产的主要形式）之后，仓储企业如果再单纯地只储存和保管物资，就很难进一步发展。对于生产者（或生产企业）来说，处在社会化大生产和市场竞争的条件下，生产节奏的逐步加快，社会分工的不断细化，以及竞争的日趋激烈，迫切要求缩短流通时间和减少库存资金的占用量。与此同时，也急需社会上的流通组织提供系列化、一体化和多项目的后勤服务。正是在这样的形势下，许多经济发达国家的仓储业相对调整了内部结构、扩大业务范围，转变经营方式。其中不少老式仓库演化成了商品流通中心，其功能由货物“静态储存转变为动态储存”，其业务活动由原来的单纯保管、储存货物改变成了向社会提供多种类的后勤服务，并且将货物的保管、储存、加工、分类、拣选、输送等连成了一个整体。从服务方式上看，变革以后的仓库可以做到主动为客户提供“门到门”的服务（即可以把货物从仓库一直运送到用户的仓库、车间生产线或营业场所），至此配送随即形成和得以推广。

总之，配送的产生既是社会化分工进一步细化的结果，又是社会化大生产发展到一定阶段的客观要求。

2. 配送的发展

20 世纪 80 年代以后，随着经济迅速发展和社会的不断进步，配送也随之发展很快，而且以高科技为支撑手段，形成了系列化、多功能的供货活动。具体表现在以下几个方面。

1）配送区域进一步扩大。近几年，实施配送的国家已不再限于发达国家，许多次发达国家和发展中国家也按照流通社会化的要求实行了配送制，并积极开展配送。就发达国家而言，20 世纪 80 年代以后，配送的活动范围已经扩大到了省际、国际和洲际。例如，以商贸业立国的荷兰，配送的范围已扩大到了欧盟诸国。

2）配送的发展极为迅速。无论是配送的规模、数量，还是配送的方式方法都得到了迅猛的发展。首先，配送中心数量和规模的增加。例如，在日本，全国各大城市建立了多个流通中心，仅东京就建立了 5 个流通中心。同时，由于经济发展带来的货物急剧增加；消费向小批量、多品种转化；销售行业竞争激烈，传统的做法被淘汰，销售企业向大型化、综合化方向发展，使得配送数量的增加也非常迅速。而且，配送的品种也是全方位面向社会，涉及方方面面的货物种类。其次，随着配送货物数量增加，配送中心除了自己直接配送外，还采取转承包的配送策略。而且，在配送实践中，除了存在独立配送、直达配送等一般性的配送形式外，又出现了“共同配送”“即时配送”等配送方式。配送方式得到了进一步的发展。

3）配送技术水平不断提高、手段日益先进。这是成熟阶段配送活动的一个重要特征。进入20世纪80年代以后，各种先进技术特别是计算机的应用，使物资配送基本上实现了自动化，发达国家普遍采用诸如自动分拣、光电识别、条码等先进技术，并建立了配套的体系，配备了先进的设备，如无人搬运车、分拣机等，使配送的准确性和效率大大提高，有的工序由于采用先进技术和先进设备，工作效率提高了5~10倍。

4）配送的集约化程度明显提高。20世纪80年代以后，随着市场竞争日趋激烈以及企业兼并速度明显加快，配送企业的数量在逐渐减少。但是，总体的实力和经营规模却在增长，配送的集约化程度不断提高。

5）配送服务质量提高。在激烈的市场竞争中，配送企业必须保持高质量的服务，否则就可能倒闭。配送服务质量可以归纳为准确和快速，即不出现差错并且供货周期短，保证物流在时间和速度两个方面的要求。

3. 发达国家的配送

（1）发达国家对配送的认识　发达国家对配送的认识并非完全一致，在表述上有所区别，但有一个非常重要的共识，配送就是送货。美国配送的英语原词是 Delivery，是送货的意思，强调的是将货送达。日本对配送的权威解释，应该是日本工业标准（Japanese Industrial Standard，简称 JIS）的解释：“将货物从物流结点送交收货人”，送货含义明确无误，配送主体是送货。

现代经济中的送货当然比历史上送货有所发展，这种发展是竞争的产物，受利润和占领市场驱使，想方设法使送货行为优化，于是在实践中出现了送货时车辆合理调配、路线规划选择、送货前配货、配装等。

在发达国家对配送的解释中并不强调配，而仅强调送达，原因是在买方市场的国家中“配”是完善“送”的经济行为，是进行竞争和提高自身经济效益的必然延伸，是在竞争中优化形式，既然是一种必然行为，就没有再强调的必要了。

对于配送稍作详尽一些的解释，反映了发达国家对配送范围、性质、作用等认识。1991年版日本的《物流手册》这样描述它的范围：“相对城市之间和物流据点之间的运输而言，将面向城市内和区域范围内需要者的运输，称之为‘配送’。”很明显，日本人对配送的一个重要认识，是配送局限在一个区域（城市）范围内，而且从性质来看，配送是一种运输形式，关于这一点书中又有进一步描述：“生产厂到配送中心之间的物品空间移动称为‘运输’，从配送中心到顾客之间的物品空间移动叫‘配送’。”

（2）发达国家的配送发展及现状　一般的送货形态在西方国家已有相当长的历史，可以说是随市场而诞生的一种必然市场行为。尤其是伴随资本主义经济的生产过剩，在买方市场情况下，必然采取各种各样推销手段，送货最初便是作为一种不得已的推销手段出现的。仅将其作为推销手段而不认识到作为企业发展的战略手段，在有些国家持续了很长时间，甚至出现经济发展的高峰期仍然如此，很多企业直到70年代仍然将送货看成“无法回避、令人讨厌、费力低效的活动，甚至有碍企业的发展”，正是反映了这种现实。

从历史上曾采用的一般送货，发展到以高技术方式支持的、作为企业发展战略手段的配送，许多国家到80年代才真正认识到这一点。国外一篇文章提到，“在过去10年里，这种态度和认识有极大转变。企业界普遍认识到配送是企业经营活动主要组成部分，它能给企业创造出更多盈利，是企业增强自身竞争能力的手段”。这种认识的转变有着深厚的社会根源：

一是科学技术的进步和生产力发展，可以为经济界提供省力且高效的管理方式与技术装备方式，将“无法回避、令人讨厌且费力低效的活动转变为刻意追求、容易接受且省力高效的活动”。

二是生产领域劳动生产率的提高，越发使人看出流通和物流过程中的潜力，不少实践证明，包括配送在内的物流领域开发，可以取得很高的经济效益，因此就不再“有碍于企业的发展”。

三是生产力发展大大促进了社会分工，服务性生产大大发展。服务性社会的出现，使人们增强了配送的主动服务性质，配送成为企业“增强自身竞争能力的手段”。

在观念发生变化的同时，配送方式和手段也有很大发展，突出反映在以下几方面：

1）配送共同化的进展。初期送货，是以单独企业为主体，为满足用户配送要求，出现了配送企业车辆利用率低，不同配送企业之间交错运输、交通紧张、事故频繁等许多方面不合理。例如日本于20世纪60年代开始的“共同配送”，是在各个公司效率低而且难以解决的情况下才被采用，如果在本公司就能建立合理化配送系统，也就没有必要考虑共同配送了。但近来配送的发展，已上升到从大范围考虑合理化，致力于推行整个城市所有企业的共同配送。

2）配送计划化的进展。初期配送，强调即时较多，即完全按顾客要求办事，而并不是按顾客的合理要求办事。制定合理计划而不是完全按顾客要求那样进行配送，是高水平的计划配送的一大进展。计划有效地促进了配送合理化，由于可采用大量发货减少收费，也受到用户的欢迎。

3）配送区域的扩大。近些年，配送已突破了一个城市范围，在更大范围中找到了优势。美国已开展了洲际配送，日本不少配送是在全国范围或很大区域范围内进行的，如日本东京的三味株式会社的全国性配送系统、日本Asica配送系统、日本资生堂配送系统等都是全国性的配送系统。

4）直达配送的进展。不经过物流基地中转，在有足够批量且不增加用户库存情况下，配送在“直达”领域中也找到了优势，因而突破了配送的原来概念，有了新的发展，对于生产资料而言，直达配送有更广泛的应用。

5）计算机管理配送的进展。随配送规模的扩大和计算机的微型化，计算机管理配送取得很大进展，这个进展突出表现在以下三个方面：一是信息传递与处理，甚至建立了EDI系统；二是计算机辅助决策，如辅助进货决策、辅助配货决策、辅助选址决策等，美国IBM公司率先建立了配送车辆计划和配送路线的计算机软件；三是计算机与其他自动化装置的操作控制，如无人搬运车、配送中心的自动分拣系统等。

有一篇名为《日本制造业行业配送系统变革》的文章中认为，配送领域“技术条件的核心，就是信息系统和建立在该系统上的分拣系统”。

6）配送劳动手段的进展。配送劳动手段作为支撑配送的生产力要素是进展很大的领域。到20世纪80年代，发达国家的配送已普遍采用了计算机系统、自动搬运系统、大规模分拣、光电识别、条形码技术等。

(3) 美国配送的发展　配送在整个生产流通领域中显得越来越重要，是在人们发现提高劳动生产率不再那么容易之时，后来经实践证明，通过调整流通领域的商品流量来降低成本，其潜力要比继续往生产领域加压要大得多，而配送就是调整物流的一种活动。

美国“20世纪财团”曾组织了一次调查，表明以商品零售价格为基数进行计算，流通费用所占的比例达59%，其中大部分为物流费。流通结构分散和物流费用不断上升，严重阻碍了生产发展和企业利润率的提高。因此，美国企业界把第二次世界大战期间“军事后勤”的概念引用到企业管理中，许多公司减少了老式仓库，成立配送中心，统一了装卸、搬运等物流作业标准。不少公司设立了新的流通机构，将独立、分散的物流运动也统一、集中，推出了新型的送货方式。这不仅降低了流通费用，还节约了劳动消耗。

商品配送的合理化、高效性是配送制的一种理想状态。发达国家自20世纪60年代起，开始重视对商品配送整个流程进行优化组合和高效配置，并采取了一系列措施。美国企业的具体做法如下。

1）将老式的仓库改为配送中心。

2）引进计算机管理网络，对装卸、搬运、保管实行标准化操作，提高作业效率。

3）由连锁店共同组建配送中心，促进连锁店效益的增长。

配送中心通过购销功能，可以疏通流通渠道，协调产需矛盾；合理化的配送可以消除重复运输，提高运输工具的利用率；而集中库存则能减少仓库基建费用，压缩社会库存，较少仓储费用和资金占压；引进网络技术将加快物流速度，提高流通效率；这种通过统一进货、统一配送的联动操作，不仅可以避免库存分散，还能降低企业的整体库存水平，从而降低连锁企业的物流总成本，缩短补货时间，进一步也能为消费者提供更好的服务。看得出来，美国人提高配送效率的关键技术除了对流程的改革之外，就是利用先进的技术。

(4) 日本配送的发展　日本在第二次世界大战之后经济迅速恢复和发展，但随之也出现了流通落后的问题，严重阻碍了生产进一步发展，分散的物流使流通机构庞杂。当时，日本曾做过的一项调查表明，由于社会上自备车辆多、道路拥挤及停车时间长，使企业收集和发送货物的效率明显下降。但是如果减少企业自备车辆就意味着企业运输能力的减少。为了保证企业生产和销售的顺利开展，需要依赖社会的运输力和仓储力。但这不是单个企业单独能够解决的。因此，日本政府在筹划建立物流中心和“物流团地”（节点）的同时，还积极推行了“共同配送制度”。经过不断的变革，一种被日本实业界称之为“配送”的物流体制便应运而生。

10.2　配送中心

10.2.1　配送中心概述

1. 定义

配送活动是在物流发展的客观过程中产生并不断发展的，这一活动过程随着物流活动的深入和物流服务社会化程度的提高而提高。配送中心是从事货物配备（集货、加工、分货、分拣、配货）和组织对用户的送货，以高水平实现销售或供应的现代流通设施。

标准 GB/T 18354—2006《物流术语》中将配送中心定义为：从事配送业务的物流场所和组织，应基本符合下列条件：

1）主要为特定的用户要求。

2）配送功能健全。

3）完善的信息网络。

4）辐射范围小。

5）多品种、小批量。

6）以配送为主，储存为辅。

2. 配送中心的作业流程

配送中心的种类很多，因此内部的结构和运作方式也不相同。一般来讲，配送中心的业务流程包括收货、验货、分类整理、储存、流通加工、配货、发货等。

配送中心的一般作业流程如图 10-2 所示。

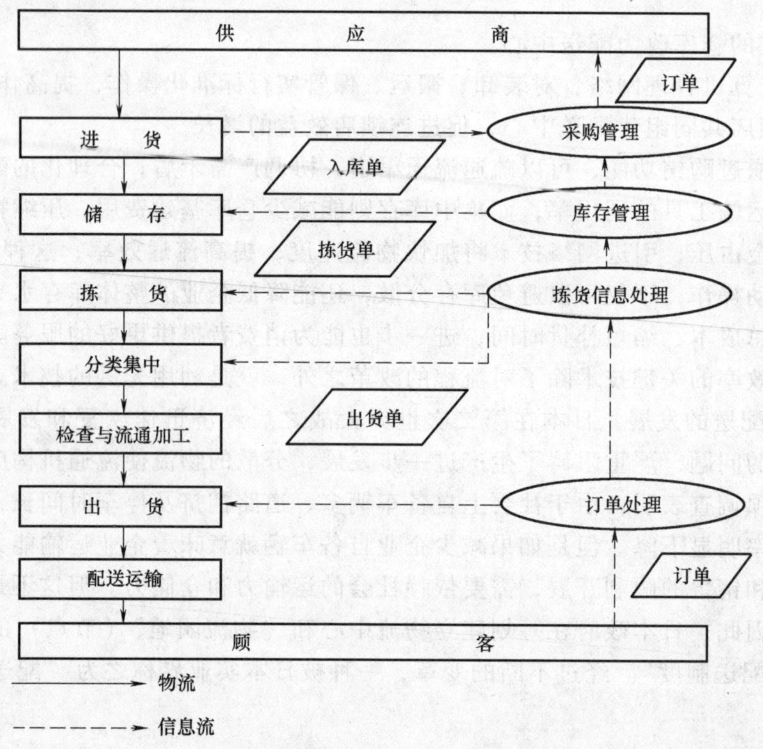

图 10-2 配送中心的一般作业流程

（1）订单处理 在配送中心规划建设、开展配送活动之前，必须根据订单信息，对顾客分布、商品特性及品种数量、送货频率等资料进行分析，以此确定所要配送的货物的种类、数量和时间等。订单处理是配送中心组织、调度的前提和依据，是其他各项作业的基础。

（2）进货

1）订货。配送中心收到和汇总用户的订单以后，首先要确定配送商品的种类和数量，然后查询现有存货数量是否满足配送需要。

2）接货。供应商根据配送中心的订单要求组织供货，配送中心组织人力、物力接收货物。

3）验收。验收的内容包括品类、数量、质量、包装。验收合格的商品即办理有关登账、录入信息及货物入库手续，组织货物入库。

（3）储存　储存作业主要是给配送提供货源保证。在储存阶段主要任务是保证商品在储存期间质量完好，数量准确。

（4）分拣　即拣货人员根据客户订单要求，从储存的货物中拣出用户所需商品的活动。

（5）流通加工　加工作业不仅是一种增值性经济活动，还完善了配送中心服务功能。

（6）配装出货　为了充分利用运输车辆的容积和载重能力，提高运输效率，可以将不同用户的货物组合配装在同一辆载货车上，因此，在出货之前还需要完成组配或配装作业。

（7）送货　通常，配送中心都使用自备的车辆进行送货作业，有时也借助于社会上专业运输组织的力量，联合进行送货作业。

3. 配送中心的分类

（1）按照配送中心的内部特性分类

1）储存型配送中心。有很强储存功能的配送中心，一般来讲，在买方市场下，企业成品销售需要有较大库存支持，其配送中心可能有较强储存功能；在卖方市场下，企业原材料，零部件供应需要有较大库存支持，这种供应配送中心也有较强的储存功能。大范围配送的配送中心，都需要有较大库存，一般是储存型配送中心。

我国目前拟建的一些配送中心，都采用集中库存形式，库存量较大，多为储存型。瑞士GIBA—GEIGY公司的配送中心拥有世界上规模居于前列的储存库，可储存4万个托盘；美国赫马克配送中心拥有一个有163000个货位的储存区，可见存储能力之大。

2）流通型配送中心。没有长期储存功能，仅以暂存或随进随出方式进行配货、送货的配送中心。这种配送中心的典型方式是，大量货物整进并按一定批量零出，采用大型分货机，进货时直接进入分货机传送带，分送到各用户货位或直接分送到配送汽车上，货物在配送中心里仅做少许停滞。日本的阪神配送中心只有暂存，大量储存则依靠一个大型补给仓库。

3）加工配送中心。配送中心具有加工职能，根据用户的需要或者市场竞争的需要，对配送货物进行加工之后进行配送的配送中心。在这种配送中心内，有分装、包装、初级加工、集中下料、组装产品等加工活动。

世界著名连锁服务店肯德基和麦当劳的配送中心，就是属于这种类型的配送中心。在工业、建筑领域，混凝土搅拌的配送中心也是属于这种类型的配送中心。

（2）按照配送中心承担的流通职能分类

1）供应配送中心。配送中心执行供应的职能，专门为某个或某些用户（例如连锁店、联合公司）组织供应的配送中心。例如，为大型连锁超级市场组织供应的配送中心，代替零件加工厂送货的零件配送中心，使零件加工厂对装配厂的供应合理化。供应型配送中心的主要特点是，配送的用户有限并且稳定，用户的配送要求范围也比较确定，属于企业型用户。因此，配送中心集中库存的品种比较固定，配送中心的进货渠道也比较稳固，同时，可以采用效率比较高的分货式工艺。

2）销售配送中心。配送中心执行销售的职能，以销售经营为目的，以配送为手段的配送中心。销售配送中心大体有两种类型：一种是生产企业为本身产品直接销售给消费者的配送中心，在国外，这种类型的配送中心很多；另一种是流通企业作为本身经营的一种方式，建立配送中心以扩大销售，我国目前拟建的配送中心大多属于这种类型，国外的例证也很多。

销售型配送中心的用户一般是不确定的，而且用户的数量很大，每一个用户购买的数量又较少，属于消费者型用户。这种配送中心很难像供应型配送中心一样，实行计划配送。销售型配送中心集中库存的库存结构也比较复杂，一般采用分拣式配送工艺，销售型配送中心往往采用共同配送方法才能够取得比较好的经营效果。

(3) 按配送区域的范围分类

1）城市配送中心。以城市范围为配送范围的配送中心，由于城市范围一般处于汽车运输的经济里程，这种配送中心可直接配送到最终用户，且采用汽车进行配送。所以，这种配送中心往往和零售经营相结合，由于运距短，反应能力强，因而从事多品种、少批量、多用户的配送较有优势。

2）区域配送中心。以较强的辐射能力和库存准备，向省（州）际、全国乃至国际范围的用户配送的配送中心。这种配送中心配送规模较大，配送批量也较大，而且，往往是配送给下一级的城市配送中心，也配送给营业所、商店、批发商和企业用户。

(4) 按配送的专业程度划分

1）专业配送中心。专业配送中心大体上有两个含义，一是配送对象、配送技术是属于某一专业范畴，在某一专业范畴有一定的综合性，综合这一专业的多种物资进行配送，例如多数制造业的销售配送中心；二是以配送为专业化职能。

2）柔性配送中心。在某种程度上和第二种专业配送中心对立的配送中心，这种配送中心不向固定化、专业化方向发展，而向能随时变化，对用户要求有很强适应性，不固定供需关系，不断向发展配送用户和改变配送用户的方向发展。

3）综合配送中心。

4. 配送中心的功能

1）采购功能。配送中心必须首先采购所要供应配送的商品，才能及时准确无误地为其用户即生产企业或商业企业供应物资。配送中心应根据市场的供求变化情况，制定并及时调整统一的、周全的采购计划，并由专门的人员与部门组织实施。

2）存储保管功能。储存一是为了解决季节性货物生产计划与销售季节性的时间差问题；二是为了解决生产与消费之间的平衡问题，保证正常配送的需要，满足用户的随机需求，在配送中心不仅应保持一定量的商品储备，还要进行储存商品保管保养工作，以保证储备商品的数量，确保质量完好。

3）配组功能。由于每个用户企业对商品的品种、规格、型号、数量、质量送达时间和地点等的要求不同，配送中心就必须按用户的要求对商品进行分拣和配组。配送中心的这一功能是其与传统的仓储企业的明显区别之一。这也是配送中心最重要的特征之一，可以说，没有配组功能，就无所谓配送中心。

4）分拣功能。作为物流节点的配送中心，其为数众多的客户差别很大。不但各自的性质不同，而且经营规模也相差径庭。因此，在订货或进货时，不同的用户对于货物的种类、规格、数量会提出不同的要求。针对这种情况，为了有效地进行配送，即为了同时向不同的用户配送多种货物，配送中心必须采取适当的方式对组织来的货物进行分拣，并且在此基础上，按照配送计划分装和配装货物。这样，在商品流通实践中，配送中心就又增加了分拣货物的功能，发挥分拣中心的作用。

5）分装功能。从配送中心的角度来看，它往往希望采用大批量的进货来降低进货价格和进货费用；但是用户企业为了降低库存、加快资金周转、减少资金占用，则往往要采用小批量进货的方法。为了满足用户的要求，即用户的小批量、多批次进货，配送中心就必须进行分装。

6）集散功能。货物由几个公司集中到配送中心里，再进行发运或向几个公司发运。也就是将分散在各个生产企业的产品集中到一起，然后经过分拣、配装向多家用户发运，也可以将其他公司的货物放入该配送中心来处理、发运，以提高卡车的满载率，降低费用成本。

7）流通加工功能。配送过程中，为解决生产中大批量、少规格和消费中的小批量、多样化要求的矛盾，按照用户对货物的不同要求对商品进行分装、配装等加工活动。

8）送货功能。将配好的货物按到达地点或到达路线进行送货。运输车辆可以租用社会运输力量或自己的专业运输车队。

9）物流信息、汇总及传递功能。它为管理者提出更加准确、及时的配送信息，也是用户与配送中心联系的渠道。

10）衔接功能。在生产过程中，半成品、原材料等从各地运来，需要仓库储存，生产过程中的各道工序的物资需进行配送。

11）服务功能。以顾客需要为导向，为满足顾客需要而开展配送服务。

此外，配送中心还有如加工功能、运输功能、信息功能、管理功能等功能。每个配送中心一般都具有这些功能，根据对其中某一功能的重视程度不同，决定着该配送中心的性质，而且它的选址、房室构造、规模和设施等也随之变化。

10.2.2 物流中心概述

1. 含义

物流中心一词是政府部门、许多行业、企业在不同层次物流系统化中应用得十分频繁，而不同部门、行业、企业的人们对其理解又不尽一致的重要概念。概括起来，对物流中心的理解可以归纳为以下几种表述。

1）物流中心是从国民经济系统要求出发，所建立的以城市为依托、开放型的物品储存、运输、包装、装卸等综合性的物流业务基础设施。这种物流中心通常由集团化组织经营，一般称之为社会物流中心。

2）物流中心是为了实现物流系统化、效率化，在社会物流中心下所设置的货物配送中心。这种物流中心从供应者手中受理大量的多种类型货物，进行分类、包装、保管、流通加工、信息处理，并按众多用户要求完成配货、送货等作业。

3）物流中心是组织、衔接、调节、管理物流活动的较大的物流据点。由于物流据点的种类很多，但大都可以看作以仓库为基础，在各物流环节方面提供延伸服务的依托。为了与传统的静态管理的仓库概念相区别，将涉及物流动态管理的新型物流据点称之为物流中心。这种含义下的物流中心数目较多，分布也较广。

4）物流中心是以交通运输枢纽为依托，建立起来的经营社会物流业务的货物集散场所。由于货运枢纽是一些货运站场构成的联网运作体系，实际上也是构成社会物流网络的节点，当它们具有实现订货、咨询、取货、包装、仓储、装卸、中转、配载、送货等物流服务的基础设施、移动设备、通信设备、控制设备，以及相应的组织结构和经营方式时、就具备成为物流中心的条件。这类物流中心也是构筑区域物流系统的重要组成部分。

5）国际物流中心是指以国际货运枢纽（如国际港口）为依托、建立起来的经营开放型的物品储存、包装、装卸、运输等物流作业活动的大型集散场所。国际物流中心必须做到物流、商流和信息流的有机统一。

综上所述，一般可以将物流中心理解为处于枢纽或重要地位的、具有较完整物流环节，并能将物流集散、信息和控制等功能实现一体化运作的物流据点。将物流中心的概念放在物流系统化或物流网络体系中考察才更有理论和实践意义，物流系统是分为若干层次的，依物流系统化的对象、范围、要求和运作主体不同，应用其概念的侧重点也就有所不同。此外，社会、经济、地理、体制及其他因素，都可能对物流中心的组织设计、组建与运作产生影响，因而，对物流中心作进一步分析是很有必要的。处于枢纽或重要地位的、具有较完整物流环节，并能将物流集散、信息和控制等功能实现一体化运作的物流据点。

2. 物流中心的功能

从理论上说，物流中心可以具备如下一些基本功能。

1）运输功能。物流中心需要自己拥有或租赁一定规模的运输工具，具有竞争优势的物流中心不只是一个点，而是一个覆盖全国的网络。因此，物流中心首先应该负责为客户选择满足客户需要的运输方式，然后具体组织网络内部的运输作业，在规定的时间内将客户的商品运抵目的地。除了在交货点交货需要客户配合外，整个运输过程，包括最后的市内配送都应由物流中心负责组织，以尽可能方便客户。

2）储存功能。物流中心需要有仓储设施，但客户需要的不是在物流中心储存商品，而是要通过仓储环节保证市场分销活动的开展，同时尽可能降低库存占压的资金，减少储存成本。因此，公共型物流中心需要配备高效率的分拣、传送、储存、分拣设备。

3）装卸搬运功能。这是为了加快商品在物流中心的流通速度必须具备的功能。公共型的物流中心应该配备专业化的装载、卸载、提升、运送、码垛等装卸搬运机械，以提高装卸搬运作业效率，减少作业对商品造成的损毁。

4）包装功能。物流中心的包装作业目的不是要改变商品的销售包装，而在于通过对销售包装进行组合、拼配、加固，形成适于物流和配送的组合包装单元。

5）流通加工功能。主要目的是方便生产或销售，公共物流中心常常与固定的制造商或分销商进行长期合作，为制造商或分销商完成一定的加工作业。物流中心必须具备的基本加工职能，如贴标签、制作并粘贴条形码等。

6）物流信息处理功能。由于物流中心现在已经离不开计算机，因此将在各个物流环节的各种物流作业中产生的物流信息进行实时采集、分析、传递，并向货主提供各种作业明细信息及咨询信息，这对现代物流中心是相当重要的。

从一些发达国家的物流中心具体实际来看，物流中心还具有以下增值性功能。

1）结算功能。物流中心的结算功能是物流中心对物流功能的一种延伸。物流中心的结算不仅仅物流费用的结算，在从事代理、配送的情况下，物流中心还要替货主向收货人结算货款等。

2）需求预测功能。自用型物流中心经常负责根据物流中心商品进货、出货信息来预测未来一段时间内的商品进出库量，进而预测市场对商品的需求。

3）物流系统设计咨询功能。公共型物流中心要充当货主的物流专家，因而必须为货主设计物流系统，代替货主选择和评价运输商、仓储商及其他物流服务供应商。国内有些专业物流公司正在进行这项尝试，这是一项增加价值、增加公共物流中心竞争力的服务。

4）物流教育与培训功能。物流中心的运作需要货主的支持与理解，通过向货主提供物流培训服务，可以培养货主与物流中心经营管理者的认同感，可以提高货主的物流管理水平，可以将物流中心经营管理者的要求传达给货主，也便于确立物流作业标准。

以上两类功能中，前6项基本功能需要经验和实力，后4项需要智慧和远见。功能是靠设计而来的，每个物流中心的功能集合都不会完全一样，有的物流中心可能只提供6项基本功能中的部分功能，但这些功能特别强大，这是完全可以的。

随着信息技术在世界范围的普遍应用，物流成为制约商品流通的真正瓶颈，现代物流中心应该更多地考虑如何提供增值性物流服务，这些增值性物流服务是物流中心基本功能的合理延伸，其作用主要是加快物流过程、降低物流成本、提高物流作业效率等。提供增值性服务是现代物流中心赢得竞争优势的必要条件。

3. 物流中心的类型

不同类型的物流据点在物流链管理中的主要功能或侧重点亦有所差别，诸如集货、散货、中转、加工、配送等，由于物流中心分布的地理位置及经济环境特征，这种主要功能差别带有区域经济发展要求的特点。

总结现有的物流设施，典型的物流中心主要有以下几类：

（1）集货中心　集货中心是将分散生产的零件、生产品、物品集中成大批量货物的物流据点。这样的物流中心通常多分布在小企业群、农业区、果业区、牧业区等地域。集货中心的主要功能如下。

1）集中货物，将分散的产品、物品集中成批量货物。

2）初级加工，进行分拣、分级、除杂、剪裁、冷藏、冷冻等作业。

3）运输包装，包装适应大批量、高速度、高效率、低成本的运输要求。

4）集装作业，采用托盘系列、集装箱等进行货物集装作业，提高物流过程的连贯性。

5）货物仓储，进行季节性存储保管作业等。

（2）送货中心　将大批量运抵的货物换装成小批量货物并送到用户手中的物流据点。送货中心运进的多是集装的、散装的、大批量、大型包装的货物，运出的是经分装加工转换成小包装的货物。此类物流中心多分布在产品使用地、消费地或车站、码头、机场所在地。其主要功能如下。

1）分装货物，大包装货物换装成小包装货物。

2）分送货物，送货至零售商、用户。

3）货物仓储等。

（3）转运中心　转运中心是实现不同运输方式或同种运输方式联合（接力）运输的物流设施，通常称为多式联运站、集装箱中转站、货运中转站等。转运中心多分布在综合运网的节点处、枢纽站等地域。这类物流中心的主要功能是：

1）货物中转，不同运输设备间货物装卸中转。

2）货物集散与配载，集零为整、化整为零，针对不同目的地进行配载作业。

3）货物仓储及其他服务等。

（4）加工中心　加工中心将运抵的货物经过流通加工后运送到用户或使用地点。这类物流据点侧重于对原料、材料、产品等的流通加工需要，配有专用设备和生产设施。这类物流中心多分布在原料、产品产地或消费地。经过流通加工后的货物再通过使用专用车辆、专用设备（装置）以及相应的专用设施进行作业，如冷藏车、冷藏仓库、煤浆输送管道、煤浆加压设施、水泥散装车、预制现场等，可以提高物流质量、效率并降低物流成本。

（5）配送中心　将取货、集货、包装、仓库、装卸、分货、配货、加工、信息服务、送货等多种服务功能融为一体的物流据点，称为配送中心（城市集配中心）。配送中心是物流功能较为完善的一类物流中心，应分布于城市边缘且交通方便的地带。

（6）物资中心　物资中心是依托于各类物资、商品交易市场，进行集货、储存、包装、装卸、配货、送货、信息咨询、货运代理等服务的物资商品集散场所。目前，此类物流中心的电子信息技术应用水平还很低。

对第三方物流经营者而言，以货运枢纽站场、货运站为依托建立区域物流中心、城市集配中心，是借助原货运业优势展开延伸服务的基本方式。将原单一功能的集货、送货、中转、贸易中心因地制宜地加以完善，使其成为具有衔接干线运输，能进行城市、厂区配送作业等多功能的物流中心，也是较有利的选择。

10.2.3　物流中心与配送中心的区别

物流中心、配送中心是两种不同规模层次的物流结点。主要区别体现在以下几个方面。

1）功能上。物流中心的功能健全，具有一定的存储能力和调节功能。而配送中心的功能较为单一，以配送功能为主，存储功能为辅。

2）服务的对象。物流中心通常面向全社会提供第三方物流服务，而配送中心一般为特定用户服务。

3）在供应链的位置。物流中心在配送中心的上游，而配送中心在物流中心的下游。

4）辐射范围。物流中心规模较大，辐射范围大，而配送中心规模较小，辐射范围小。

5）从流通货物来看，物流中心在某个领域综合性、专业性较强，具有这个领域的专业性，即少品种、大批量、少供应商。配送中心则主要面向城市生活或某一类型生产企业，即多品种、小批量、多供应商。

10.2.4　配送中心的选址

有关配送中心位置的选择，将显著影响实际营运的效率与成本，以及日后仓储规模的扩充与发展。因此企业在决定配送中心设置的位置方案时，必须谨慎参考相关因素，并按适当步骤进行。

1. 选址的决策

选址包括两个方面的含义，即地理区域的选择和具体地址的选择。

1）地理区域的选择。配送中心的选址首先要选择合适的地理区域，对各地理区域进行审慎评估，选择一个适当范围为考虑的区域，如华南地区、华北地区等，同时还须配合配送中心物品特性、服务范围及企业的运营策略而定。

2）具体地址的选择。地理区域确定后，还需确定具体的建设地点，如果是制造商型的配送中心，应以接近上游生产厂或进口港为宜；如果是日常消费品的配送，宜接近居民生活社区。一般以进货与出货产品类型特征及交通运输的复杂度，来选择接近上游点或下游点。

2. 配送中心选址的基本条件

配送中心选址问题除了要了解选址原则、选址的影响因素外，还应掌握选址的基本条件。

（1）选址的基本条件　选址时，首先要明确建立配送中心的必要性、目的及方针，明确研究的范围。根据下面的基本条件，可以大大缩小选址的范围。

1）需要条件。包括作为配送中心的服务对象——顾客的现在分布情况及未来分布情况的预测，货物作业量的增长率及配送区域的范围。

2）运输条件。应靠近铁路货运站、港口和公共货车终点站等运输据点，同时，也应靠近运输业者的办公地点。

3）配送服务的条件。包括向顾客报告到货时间、发送频度，根据供货时间计算从顾客到配送中心的距离和服务范围。

4）用地条件。指利用配送中心现有的土地还是需要重新取得土地使用权。如果是后者，要确定地价有多贵，地价允许范围内的用地分布情况如何。

5）法规制度。根据用地区域的法规制定，了解有哪些地区不允许建设仓库和配送中心。

6）管理与信息职能条件。配送中心是否靠近公司的营业、管理和计算机等部门。

7）流通职能条件。商流职能与快递职能是否要分开，配送中心是否也附有流通加工的职能，如果需要，从保证职工人数和通勤的方便出发，考虑是否限定配送中心的选址范围。

8）其他。不同的物流类别，有不同的需要。如为了保持货物质量需配备冷冻、保温设施、防止公害设施或危险品保管等设施，对选址都有特殊要求。

（2）选址必备资料的整理　选址方法一般是通过对运输费用、配送费用及物流设施费用等成本进行计算，寻求费用最小的方案。因此，求解最优解时，必须对业务量和生产成本进行正确的分析和判断。

1）业务量。选址时应掌握的业务量如下。

① 工厂至配送中心间的运输量。

② 向顾客配送的货物数量。

③ 配送中心的保管数量。

④ 配送路线的业务量等现状值以及预测值。

由于这些数量在不同时期、不同周、不同月、不同季节等期间内均有种种波动，因此，要对所采用的数据水平进行研究。另外，除了对现状的各项数值进行分析外，还必须确定设施使用后的预测数值。

2）费用。选址时应掌握的费用如下。

① 工厂至配送中心间的运输费。

② 配送中心至顾客配送费。

③ 与设施、土地有关的费用及人工费、业务费等。

由于①和②两项费用随着业务量和运送距离的变化而变动，所以，必须对每 t · km 的费用进行分析（成本分析）。③项包括可变费用和固定费用，最好根据可变费用和固定费用之和进行成本分析。

3）其他。用缩尺地图表示顾客的位置、现有设施的配置方位及工厂的位置，并整理各候选地址的配送路线及距离等资料。对必备的车辆数、作业人员数，装卸方式、装卸机械费用等要与成本分析结合起来确定。

3. 配送中心的选址决策

物流网络中的设施选址是指物流网络系统中的一些关键节点，如工厂、仓库、销售网点等的选址，其选址决策包括确定各类设施的数量、设施的地理定位、设施的规模。

选址方法一般是通过成本计算，将运输费用、配送费用及物流设施费用模型化，采用约束条件及目标函数建立数学公式，从中寻求费用最小的方案。

（1）单一配送中心的选址　单一配送中心是最简单的配送中心，对众多配送点只设置一个配送中心组织货物配送，最常用的选址方法是重心法。重心法是一种静态的选址方法，将运输成本作为唯一的选址决策因素。给定供给点与需求点的坐标，以及节点之间的运输量，则单设施选址应当使得运输总成本最小，即

$$\mathrm{Min}TC = \sum_i V_i R_i d_i \tag{10-1}$$

其中　TC——运输总成本；

V_i——节点 i 的运输总量；

R_i——待选址设施到节点 i 的运输费率；

d_i——待选址设施到节点 i 的距离。

设施选址的坐标通过下面一组方程来确定

$$X = \frac{\sum_i V_i R_i X_i / d_i}{\sum_i V_i R_i / d_i} \tag{10-2}$$

$$Y = \frac{\sum_i V_i R_i Y_i / d_i}{\sum_i V_i R_i / d_i} \tag{10-3}$$

式中，（X，Y）为待选址设施的坐标，（X_i，Y_i）为已知的供给点与需求点的坐标。

距离 d_i的计算公式：　$d_i = k[(X_i - X)^2 + (Y_i - Y)^2]^{1/2}$　(10-4)

式中，k 是坐标单位与实际空间距离的比例尺（如 1 = 10km，则 $k = 10$）。

求解步骤如下。

1）确定已知的供给点与需求点的坐标、运输量及线性运输费率。

2）忽略距离 d_i，根据重心公式求得待选址设施的初始坐标（X_0，Y_0）。

$$X_0 = \frac{\sum_i V_i R_i X_i}{\sum_i V_i R_i} \tag{10-5}$$

$$Y_0 = \frac{\sum_i V_i R_i Y_i}{\sum_i V_i R_i} \tag{10-6}$$

3）根据第 2 步求得的（X_0，Y_0）代入式（10-4）计算出 d_i，其中比例系数 k 暂不考虑。

4）将 d_i 代入公式（10-2）和公式（10-3），求出修正的（X，Y）。

5）根据修正的（X，Y）重新计算 d_i。

6）重复第 4 步与第 5 步，直到（X，Y）的变动符合要求的精度。

7）最后，根据求得的最佳选址计算运输总成本。

例 10-1　某企业的两个工厂 P_1，P_2 分别生产 A、B 两种产品，供应三个市场 M_1，M_2，M_3，已知的条件如图 10-3 及表 10-1 所示。现需设置一个中转仓库，A、B 两种产品通过该仓库间接向三个市场供货。请使用重心法求出仓库的最优选址。

表 10-1　已知条件

序号	节点	产品	运输总量	运输费率/元	位置(X_i,Y_i)
1	P_1	A	2000	0.05	(3,8)
2	P_2	B	3000	0.05	(8,2)
3	M_1	A&B	2500	0.075	(2,5)
4	M_2	A&B	1000	0.075	(6,4)
5	M_3	A&B	1500	0.075	(8,8)

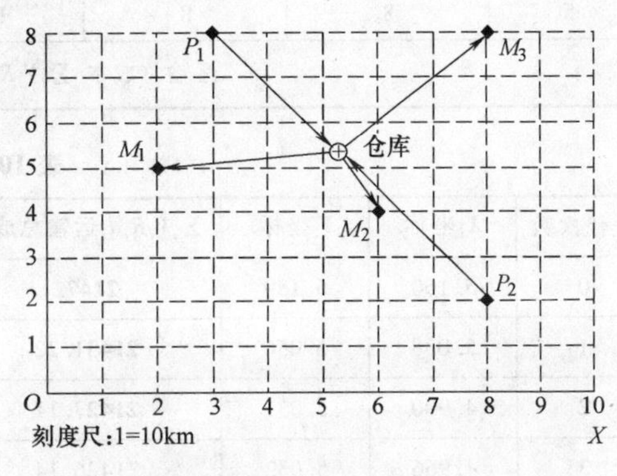

图 10-3　布局

解：1）确定已知条件；根据题意，将已知条件列表见表 10-2。

表　10-2

i	X_i	Y_i	V_i	R_i	V_iR_i	$V_iR_iX_i$	$V_iR_iY_i$
1	3	8	2000	0.05	100.00	300.00	800.00
2	8	2	3000	0.05	150.00	1200.00	300.00
3	2	5	2500	0.075	187.50	375.00	937.50
4	6	4	1000	0.075	75.00	450.00	300.00
5	8	8	1500	0.075	112.50	900.00	900.00
总　计					625.00	3225.00	3237.50

2）根据重心公式求出仓库的初始选址。将上面的数据代入式（10-5）和（10-6）求得

$$X_0=\frac{3225.00}{625.00}=5.16$$

$$Y_0=\frac{3237.50}{625.00}=5.18$$

相应的运输成本计算如表 10-3 所示。

3）将（X_0，Y_0）代入式（10-4）求 d_i，计算结果见表 10-3。

根据公式（10-1）求 TC，计算结果见表 10-3。

4）将 d_i 带入公式（10-5）和（10-6），对待选库房地址（X，Y）进行迭代修正。

5）根据修正的（X，Y），重新计算 d_i。

6）重复计算上两步，进行迭代修正，直到得到满意解，计算结果见表10-4。

7）根据最佳选址确定运输总成本，计算结果见表10-4。

表10-3　计算结果

i	X_i	Y_i	V_i	R_i	d_i/km	$V_iR_id_i$
1	3	8	2000	0.05	35.52	3552
2	8	2	3000	0.05	42.64	6396
3	2	5	2500	0.075	31.65	5935
4	6	4	1000	0.075	14.48	1086
5	8	8	1500	0.075	40.02	4503
运输总成本 $\sum_i V_iR_id_i$（元）						21472

表10-4　计算结果

迭代次数	X_i坐标	Y_i坐标	$\sum_i V_iR_id_i$运输总成本	迭代次数	X_i坐标	Y_i坐标	$\sum_i V_iR_id_i$运输总成本
0	5.160	5.180	21472	5	4.940	5.042	21425.44
1	5.038	5.056	21431.22	……	……	……	……
2	4.990	5.031	21427.11	……	……	……	……
3	4.966	5.032	21426.14	……	……	……	……
4	4.951	5.037	21425.69	100	4.910	5.058	21425.14

单一配送中心选址的常用假设

1）需求量往往被聚集在一定数量的点上，每一个点代表分散在一定区域内的众多顾客的需求总量。

2）忽略了不同地点选址可能产生的固定资产构建、劳动力、库存等成本差异。

3）运输费率的线性假设。

4）直线运输假设。现实条件下，节点之间的直线距离与实际发生的行走路线之间存在差异，修正这种差异的方法是将两点之间的直线距离乘上一个修正系数。市内运输的修正系数可以取1.41，长途公路运输的修正系数可取1.21，长途铁路运输的修正系数可取1.24，这些修正系数都是经验值，在实际案例中应根据交通状况灵活调整。

5）静态选址假设。往往不考虑未来的收益与成本变化。

（2）多个配送中心的选址　多个配送中心的选址与单一配送中心选址相比，更具现实意义，也更为复杂。以经常发生的仓库选址为例，需要解决的问题有：需设置的仓库的数量、容量及位置，每个仓库服务的顾客群，各仓库的产品供给源，每种产品的库存配置与运输。

1）Kuehn-Hamburger（奎汉·哈姆勃兹）模型。这是多个配送中心地址选定的典型方法。该方法是一种启发式的方法，即简单地先求出初次解，然后经过反复计算修改这个解，使之逐步达到近似最佳解的方法。Kuehn-Hamburger模型是按图10-4流程，采用下列公式确定目标函数和约束条件的。

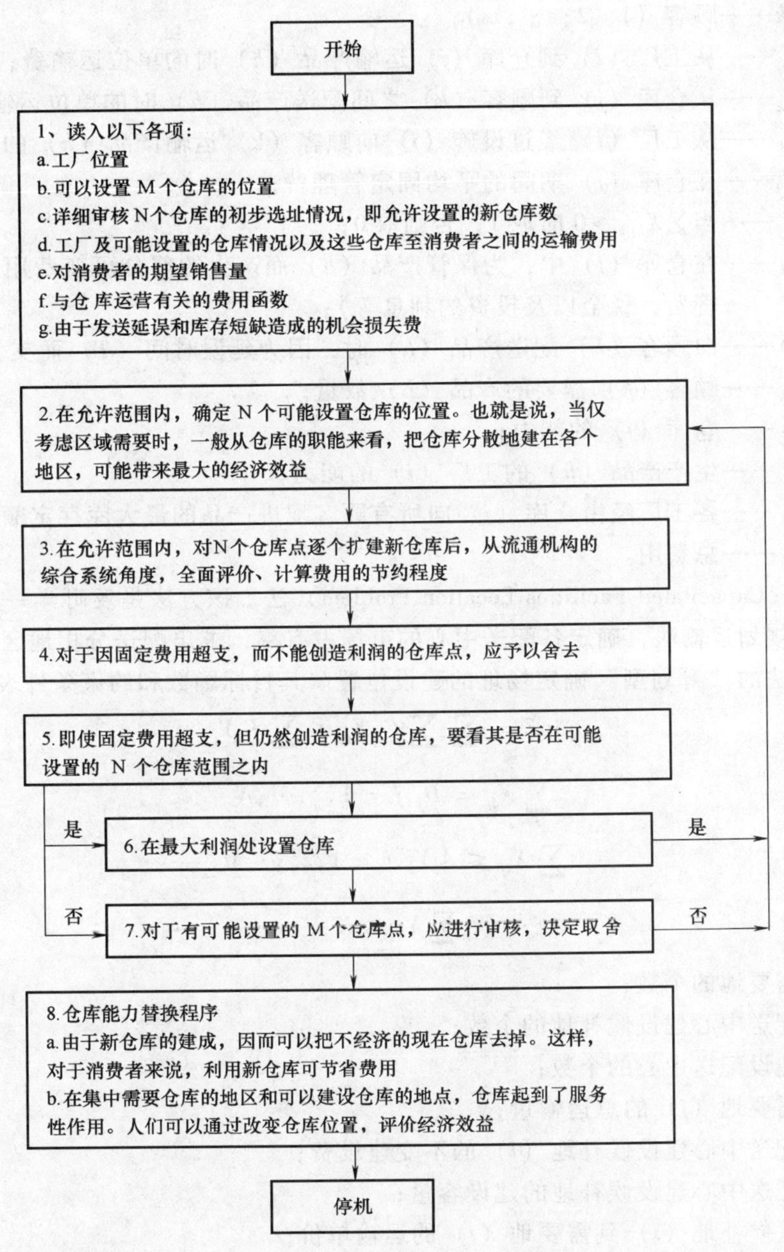

图 10-4 Kuehn-Hamburger 模型流程

$$\min f(x) = \sum_{hijk}(A_{hij} + B_{hjk})X_{hijk} + \sum_{j}F_jZ_j + \sum_{hj}S_{hj}(\sum_{ik}X_{hijk}) + \sum_{hk}D_{hk}(T_{hk})$$

$$\sum_{ij}X_{hijk} = Q_{hk}$$

$$\sum_{jk}X_{hijk} \leqslant Y_{hi}$$

$$I_j(\sum_{hik}X_{hijk}) \leqslant W_j \tag{10-7}$$

式中 h——产品（1，2，…，p）；

i——工厂（1，2，…，q）；

j——仓库（1，2，…，r）；

k——顾客（1，2，…，s）；

A_{hij}——从工厂（i）到仓库（j）运输产品（h）时的单位运输费；

B_{hjk}——从仓库（j）到顾客（k）之间配送产品（h）时的单位运输费；

X_{hijk}——从工厂（i）经过设施（j）向顾客（k）运输产品（h）的数量。

F_j——在仓库（j）期间的平均固定管理费；

Z_j——当$\sum X_{hijk}>0$时取1，否则取0；

$S_{hj}(\sum_{ik}X_{hijk})$——在仓库（$j$）中，为保管产品（$h$）而产生的部分可变费用（管理费、保管费、税金以及投资的利息等）；

$D_{hk}(T_{hk})$——向顾客（k）配送产品（h）时，因为延误时间（T）而支付的损失费；

Q_{hk}——顾客（k）需要的产品（h）数量；

W_j——仓库（j）的能力；

Y_{hi}——生产产品（h）的工厂（i）的能力；

$I_j\sum_{hik}X_{hijk}$——各工厂经由仓库（j）向所有顾客配进产品的最大库存定额；

$f(x)$——总费用。

2）CFLP（Capacitated Facilities Location Problem）法。该方法是反町洋一先生创造的方法，即用线性规划运输法，确定各配送中心的市场占有率，求出配送分担地区的重心，再用混合整数计划法的“筹划型”确定场址的建设位置。其目标函数和约束条件表示如下。

$$\min Z=\sum_i\sum_j C_{ij}X_{ij}+\sum_i F_iY_i$$

$$\sum_i X_{ij}=D_j, j=1,2,\cdots,N \tag{10-8}$$

$$\sum_i X_{ij}\leqslant A_iY_i, i=1,2,\cdots,M$$

$$\sum_i Y_i\leqslant K$$

式中　N——需要地的个数；

M——配送中心建设候补地的个数；

K——建设配送中心的个数；

D_j——需要地（j）的总运输量；

F_i——配送中心建设候补地（i）的不变建设费；

A_i——配送中心建设候补地的建设容量；

C_{ij}——从候补地（i）到需要地（j）的运输单价；

X_{ij}——从配送中心到需要地（j）的运输量；

Y_i——假定在候补地（i）建设配送中心时为1，否则为0；

Z——综合费用。

（3）零售或服务设施选址　零售点和服务中心通常是物流网络最末端的存储点，如百货店、超市、银行、储蓄所、紧急医疗中心、废物回收站、消防队和警署等。这类设施的选址分析不像工厂和仓库选址那么重视成本因素，而是更加关注对销售额影响较大的一些因素，如靠近竞争者、人口构成、客流模式、停车的便利性、靠近良好的运输路线等。由此可见，前面介绍的一些数学方法很难直接用于这类设施的选址问题。此外，由于物流部门往往并不直接负责对这类设施的选址决策，因此仅介绍两种常用的选址方法。

1）加权评分法。零售或服务设施选址的许多重要决策因素难以精确量化，因此难以对各种选址方案作对比分析。常用的处理方法是加权评分法。表10-5列出了零售/服务设施选址的主要决策因素，将这些因素的权重乘以选址方案在该因素上的得分，得到该方案在该因素上的加权得分，各因素加权得分加总得到该选址方案的最后评分，决策者可以根据加权评分判断备选方案的优劣。表10-6是加权评分法用于零售店选址的一个例子。

表10-5　零售/服务设施选址的主要决策因素

人口与购买力	零售结构	现有建筑物的情况
当地的人口构成	本地区竞争者的数量	出入口的情况
当地居民的收入水平	本地区零售店的数量和类型	法律和成本因素
交通	与临近商店的互补性	城市规划分区
车流量	是否靠近商业区	土地租借年限
行人流量	当地商家的联合促销	当地的税率
大量运输的可能性	店址特征	商店的运作与维护
是否靠近公路干线	泊车位数量	租借的限制性条款
道路堵塞程度	地块的大小与形状	当地商家的行规

表10-6　对一个零售店址的加权评分

(1)因素权重(1~10分)	选址因素	(2)因素得分(1~10分)	(3)=(1)x(2) 加权得分
8	与竞争店地址的靠近程度	5	40
5	经营场所的租借	3	15
8	泊车空间	10	80
7	与互补性商店的靠近程度	8	56
6	商店空间布置的新潮性	9	54
9	顾客到达商店的便利性	8	72
3	当时的税率	2	6
3	公共服务设施情况	4	12
8	与重要交通干线的靠近程度	7	56
加权总分		391	

2）空间—引力模型。基本思想：散布在城市中各个区域的顾客与各个零售店有一定的空间距离，假设各零售店的商品种类大致相同，则顾客选择某一家零售店购物是因为这家零售店对他的“吸引力”较大，这一点类似于牛顿的万有引力定律。空间—引力模型表述如下：

$$E_{ij}=P_{ij}C_i=\frac{S_j/T_{ij}^a}{\sum_j^n S_j/T_{ij}^a}C_i(j=1,2,\ldots,n) \qquad (10\text{-}9)$$

式中　E_{ij}——区域 i 的顾客对零售店 j 的购买量期望值；

P_{ij}——区域 i 的顾客到零售店 j 去购买商品的概率；

C_i——区域 i 的顾客的需求总量；

S_j——零售店 j 的规模；

T_{ij}——区域 i 到零售店 j 的交通时间；

a——经验参数；

n——零售店的个数（$j=1, 2, \ldots, n$）。

模型中零售店规模 S 涵盖了所有的吸引顾客前来购物的变量（如商店的知名度、商品库存的可得性、价格、足够的停车空间等）。

交通时间 T 涵盖了所有的阻碍顾客前来购物的因素（如顾客到商店的距离、交通便利程度等）。

模型的目的是计算各零售店/服务中心的市场份额，而新设施的选址决策就是要获得最大的市场份额。

例 10-2：如图 10-5 所示，在城市的某区域有一个购物中心 R_A，另有一即将开业的购物中心 R_B。三个主要的居民区 C_1，C_2，C_3，潜在购买量分别为 \$10000000，\$5000000，\$7000000。购物中心 R_A 营业面积为 500000m²，购物中心 R_B 营业面积为 1000000m²，经验参数 a 等于 2。试计算购物中心 R_A，R_B 的市场份额。

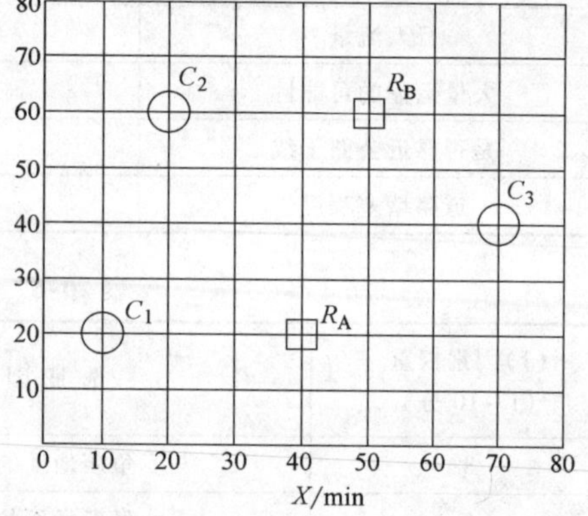

图 10-5　某城市购物中心与居民区分布

解：交通时间用居民区与购物中心之间的空间距离来代表，如 C_1 到 R_B 的交通时间表示为：

$$T_{1B} = [(X_1 - X_B)^2 + (Y_1 - Y_B)^2]^{1/2}$$

$$= [(10 - 50)^2 + (20 - 60)^2]^{1/2} = 56.6$$

购物中心 R_A，R_B 的市场份额计算如表 10-7 所示。

表 10-7　市场份额计算

顾客	从顾客 i 到地点 j 所需的时间		T_{ij}^2		S_j/T_{ij}^2		$P_{ij} = \frac{S_j/T_{ij}^a}{\sum_j^n S_j/T_{ij}^a}$		$E_{ij} = P_{ij}C_i$	
	A	B	A	B	A	B	A	B	A	B
C_1	30.0	56.6	900	3200	555	313	0.64	0.36	6.4	3.6
C_2	44.7	30.0	1998	900	250	1111	0.18	0.82	0.9	4.1
C_3	36.0	28.3	1300	800	385	1250	0.24	0.76	1.7	5.3
总销售额（百万元）									9.0	13.0

求得购物中心 R_A，R_B 的市场份额分别为 900 万元和 1300 万元。

10.2.5　配送中心的规划与布置

1. 配送中心内部区域结构

配送中心的种类很多，其规模大小各异，然而无论是哪一种类型的配送中心，其内部结构基本上都是相同的。一般是由卸货验收区、储存保管区、配货发运区、加工区、停车场、办公室等组成。为了充分发挥配送中心的功能，商品的出入库、分拣、加工、保管及停车场、库内通道等都必须具备适当的规模。配送中心的主体结构是储运场所及设施，根据配送中心的特定功能和基本作业环节，配送中心的内部工作区域可以分为以下几个部分，图 10-6 为配送中心实体分区示意图。

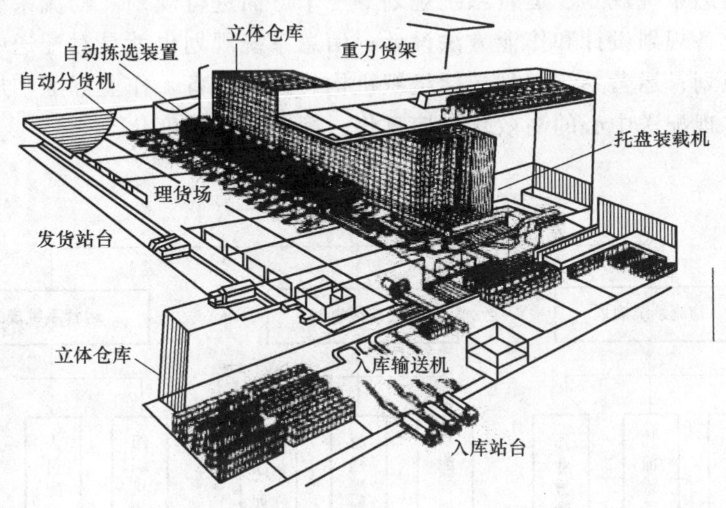

图 10-6　配送中心实体分区示意图

(1) 接货验收区　在这个区域里主要完成商品到达配送中心后的卸货、清点、检验、分类、入库等工作，通常设置在储存场所的外围，通过卸货站台与公路或铁路专用线、专用码头等直接相连，靠里侧还规划有暂存、分类及验收区域及相应的设施，接货区与验收区可以相邻配置。

(2) 储存区　储存区是专门用于存放商品的区域，在这一区域主要完成商品的储存保管和养护作业。商品在这一区域里存放的时间相对较长，储存区是一个相对静态的区域。储存区域所占面积的大小与配送中心的经济功能和运作特点有关，储存型配送中心一般储存区域较大，可以占到配送中心总面积的 50% 以上；而流通型配送中心的储存区域所占的面积则相对少一些。

(3) 理货区　理货区主要进行货物分拣出来后的配货与配装作业，并将配好的货暂时存放，为送货作准备。理货区域的面积大小也随配送中心的运作模式和基本功能而有较大的变化，通常流通型、转运型配送中心，或者多用户、多品种、少批量、多批次配送的配送中心，其分货、配货额繁重、作业量大，理货区的面积也相对较大。

(4) 发运区　发运区的作用主要是将准备好的货装入外运车辆发出，其结构与接货区类似，在许多收发货不太频繁的配送中心，发运区与接货区可以共用一个区域。

(5) 加工区　带有流通加工功能的配送中心，还设置有加工区域，在这个区域进行分装、切裁、混装、包装等流通加工作业。

(6) 办公区　包括处理营业事务和内部指挥管理的场所。办公区可以集中在配送中心的某一方位，也可以分散设置。

2. 配送中心系统规划的内容

配送中心是以组织配送式销售和供应，执行实物配送为主要机能的流通型物流结点。配送中心的建设是基于物流合理化和发展市场两个需要而发展的。所以配送中心就是从事货物配备（集货、加工、分货、分拣、配货）和组织对用户的送货，以高水平实现销售和供应服务的现代流通设施。

配送中心是一个系统工程，其系统规划包括许多方面的内容，见图 10-7 所示。应从物流系统规划、信息系统规划、运营系统规划等三个方面进行规划。物流系统规划包括设施布置设计、物流设备规划设计和作业方法设计；信息系统规划也就是对配送中心信息管理与决策支持系统的规划；运营系统规划包括组织机构、人员配备、作业标准和规范等的设计。通过系统规划，实现配送中心的高效化、信息化、标准化和制度化。

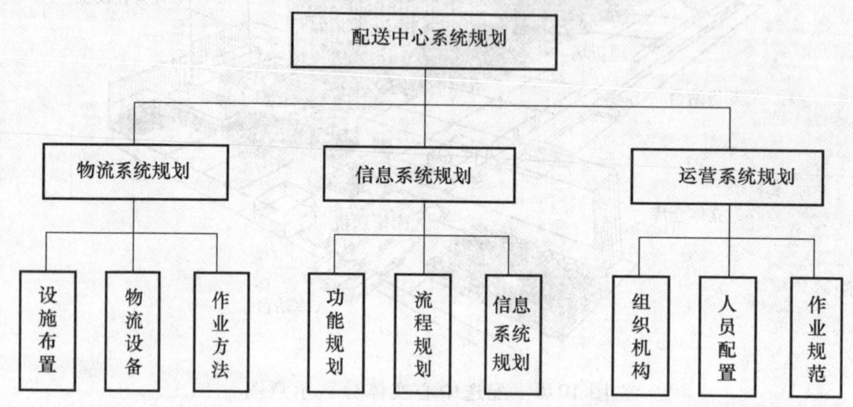

图 10-7　配送中心规划的基本内容

3. 配送中心系统规划程序

配送中心的系统规划程序见图 10-8 所示，可以分为五个主要阶段，包括如下内容：

（1）筹划准备阶段　在配送中心建设的筹划准备阶段，首先需要对配送中心的必要性和可行性进行分析和论证，有了初步结论后，就应该设立筹划小组进行具体规划。

配送中心的筹划准备阶段的主要任务包括三个方面。

1）确定建设配送中心的定位及目标。

2）配送中心的选址。

3）明确配送中心的背景条件。

筹划小组应根据企业经营决策的基本方针，确认配送中心建设的必要性、配送中心的定位，例如在物流网络中是采取集中型配送中心还是分散型配送中心、配送中心和生产工厂以及仓库的关系、配送中心的规模以及配送中心的服务水平基本标准，在此基础上确定配送中心地址，明确配送系统的背景条件，包括配送对象的地点和数量、配送商品的类型、库存标准、配送中心的作业内容等。还要考虑将来的发展，如 2 年至 5 年，甚至 10 年以后可能发生的变化，对于配送中心所处的环境以及法规方面的限制也应有所考虑。

本阶段也是项目的详细论证阶段，为以后的设计打下一个可靠的基础，这一阶段所进行的工作如果证明原先决策有误，可能导致项目终止，或有方向性的变更。因为本阶段要进行大量的调研，同时也需要对资料数据进行科学分析，因此，必须给以足够重视。

（2）总体规划阶段　在配送中心的总体规划阶段，需要对配送中心的基础资料进行详细的分析，确定配送中心的规划条件，在此基础上进行基本功能和流程的规划、区域布置规划和信息系统的规划，根据规划方案制定项目进度计划、投资预算和经济效益分析等。配送中心总体规划阶段的主要任务包括。

1）配送中心规划的基础资料分析。配送中心规划的基础资料分析，包括订单变动趋势

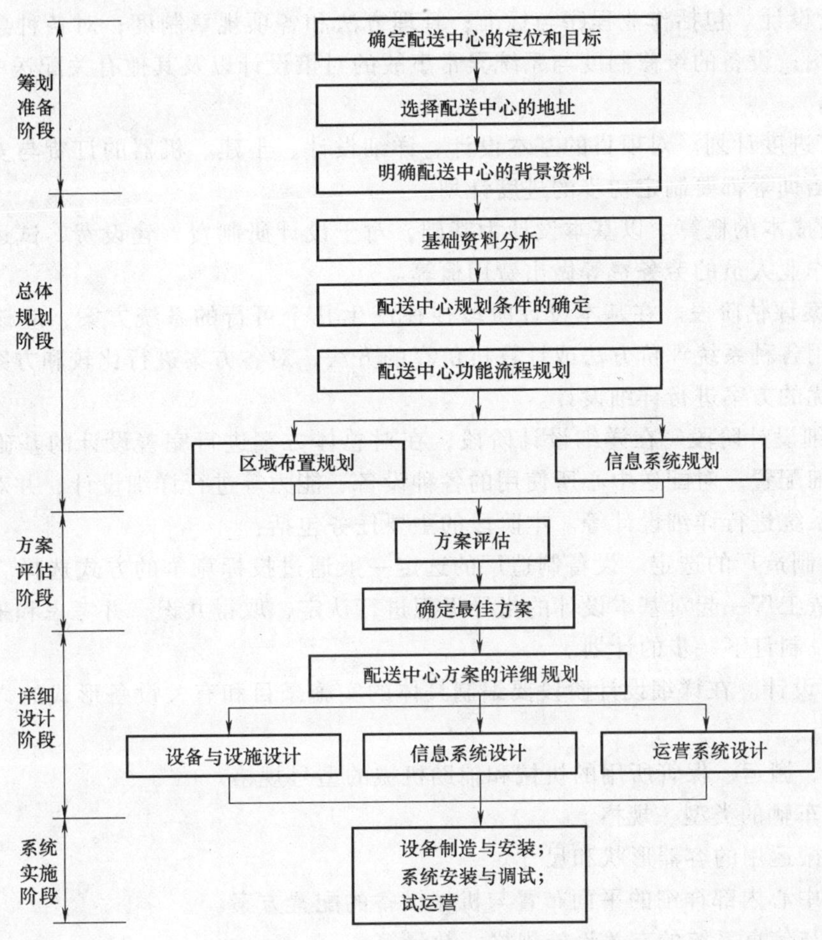

图 10-8　配送中心的系统规划程序

分析、物品特性与储运单位分析等，通过分析，可以确定配送中心的规划条件，为配送中心的规划提供设计依据。

2）配送中心的规划条件。配送中心的规划条件包括配送中心的运转能力、物流单位、自动化水平等。

3）配送中心的功能流程。根据配送中心的规划条件和基础资料的分析结果，确定将配送中心的功能和作业流程。如进货、保管、流通加工、拣取、分货、配货等作业按顺序做成流程图，而且初步设定各作业环节的相关作业方法。如进货环节是用铁路专用线或载货汽车进货，还是用人力或机械进行卸货，机械卸货又要考虑用传送带或叉车，再根据卸货点到仓库的距离，确定搬运作业方法。在库内和保管设施相适应的作业方法等，又如保管环节，是用巷道堆垛机或自动高架仓库还是普通货架以人力搬运车进行人工存取，或是采用高架叉车作业配合中高货架存放等。

4）配送中心的平面布置。确定各业务要素所需要的占地面积及其相互关系，考虑到物流量、搬运手段、货物状态等因素，制成位置相关图。在平面设计中还要考虑到将来可能发生的变化，要留有余地。

5）信息系统规划。包括配送中心信息系统的功能、流程和网络结构。

6）运营设计。包括作业程序与标准；管理方法和各项规章制度；对各种票据处理及各种作业指示图；设备的维修制度与系统异常事故的对策设计以及其他有关配送中心的业务规划与设计等。

7）制订进度计划。对项目的基本设计、详细设计、土建、机器的订货与安装、系统试运转、人员培训等都要制定初步的进度计划。

8）建设成本的概算。以基本设计为基础，对于设计研制费、建设费、试运转费、正式运转后所需作业人员的劳务费等做出费用概算。

（3）方案评估阶段。在基本设计阶段往往产生几个可行的系统方案，应该根据各方案的特点，采用各种系统评价方法或计算机仿真的方法，对各方案进行比较和方案评估，从中选择一个最优的方案进行详细设计。

（4）详细设计阶段　在详细设计阶段，在对总体方案进行完善设计的基础上，决定作业场所的详细配置，对配送中心所使用的各种设备、能力等进行详细设计，并对办公及信息系统、运营系统进行详细设计等。本阶段的主要任务包括：

1）设备制造厂的选定。设备制造厂的选定一般通过投标竞争的方式选择。选定制造厂后，应和制造工厂一起对基本设计的指导思想进行认定，取得共识，并考虑和采纳厂方的新方案和意见，制订下一步的计划。

2）详细设计。在详细设计阶段要编制具体的实施条目和有关设备形式的详细计划，主要有以下各点。

a）装卸、搬运、保管所用的机械和辅助机械的型号规格。

b）运输车辆的类型、规格。

c）装卸搬运用的容器形状和尺寸。

d）配送中心内部详细的平面布置与机械设备的配置方案。

e）办公与信息系统的有关设施规格、数量等。

f）信息系统的设计。

g）运营系统的设计。

h）大规模的配送中心是由许多参加单位共同进行系统规划与实施的。为了保证系统的统一性，要制定共同遵守的规则，如通信和信号的接口、控制方式等。

（5）系统实施阶段　为了保证系统的统一性和系统目标与功能的完整性，应对参与设计施工各方所设计的内容从性能、操作、安全性、可靠性、可维护性等方面进行评价和审查，在确定承包工厂前应深入现场，对该厂生产环境、质量管理体制以及外协件管理体制等进行考察，如发现问题应提出改善要求。在设备制造期间也需进行现场了解，对质量和交货日期等进行检查。

10.3 分拣系统

10.3.1 分拣系统概述

物品在从生产厂流向顾客的过程中，总是伴随着物品数量及其集合状态的变化。因此，为了准确地存储、运输和配送，常需要将集装化的货物单元解体并重新分类、集成为新的供货单元。分拣就是把很多货物按品种、不同的地点和单位及顾客的订货要求，迅速准确地从其储位拣取出来，按一定的方式进行分类、集中并分配到指定位置，等待配装送货。按照分拣手段的不同可分为人工分拣、机械分拣和自动分拣三大类。

人工分拣基本是靠人力搬运，把所需的货物分门别类地送到指定的地点，或利用最简单的器具和手推车等。这种分拣方式劳动强度大，效率最低。

机械分拣是以机械为主要输送工具，还要靠人工进行分拣，这种分拣方式用得最多的是输送机，也有的叫“输送机分拣”。即用设置在地面上的输送机传送货物，在各分拣位置配置的作业人员看到标签、色标、编号等分拣的标志，便进行分拣，再放到手边的简易传送带或场地。也有用“箱式托盘分拣”，即箱式托盘中装入待分拣的货物，用叉车等机械移动箱式托盘，用人力把货物放到分拣的位置，或再利用箱式托盘进行分配。这种分拣方式投资不多，可以减轻劳动强度，提高分拣效率。

自动分拣是从货物进入分拣系统送到指定的分配位置为止，都是按照人们的指令靠自动装置来完成的。这种装置是由接受分拣指示信息的控制装置、计算机网络、搬运装置（负责把到达分拣位置的货物搬运送到别处的装置）、分类装置（负责在分拣位置把货物进行分送的装置）、缓冲站（在分拣位置临时存放货物的储存装置）等构成。所以，除了用终端的键盘、鼠标或其他方式向控制装置输入分拣指示信息的作业外，由于全部采用自动控制作业，因此分拣处理能力较大分拣分类数量也较大。

分拣系统的组成总体分为三个部分：物流机械化系统、信息系统和管理组织系统。物流机械化系统和信息系统决定了分拣作业的结构框架，而系统的运作模式则由管理组织系统控制。传统的分拣系统的基本构成有三个元素，即分拣货架、集货点和分拣人员。将其中一个元素静止不动，再和其他两个元素组合，或将其中两个元素静止不动，与其他一个元素组合就给出六种不同的分拣方法，即“人到货”分拣方法、分布式的“人到货”分拣方法、“货到人”的分拣方法、闭环“货到人”分拣方法、活动的“人到货”分拣方法和分拣货架与集货点合一的分拣方法。各种分拣方法以及相应构成的分拣系统都是以人为中心，采用的是人工分拣方式。人工分拣不但效率低，费劳动力，而且拣错率很高。为了提高分拣效率和准确率，提高仓储的服务水平、缩短分拣时间，常采用自动化的分拣系统。

自动分拣系统的分拣作业与上述传统分拣系统有很大差别，可分为三大类：自动分拣机分拣、机器人分拣和自动分类输送机分拣。

（1）自动分拣机分拣系统　自动分拣机，一般称为盒装货物分拣机，是药品配送中心常用的一种自动化分拣设备。自动分拣机分拣系统如图 10-9 所示。这种分拣机有两排倾斜的放置盒状货物的货架，架上的货物用人工按品种、规格分别分列堆码；货架的下方是皮带输送机；根据集货容器上条码的扫描信息控制货架上每列货物的投放；投放的货物接装进集货容器，或落在皮带上后，再由皮带输送进入集货容器。

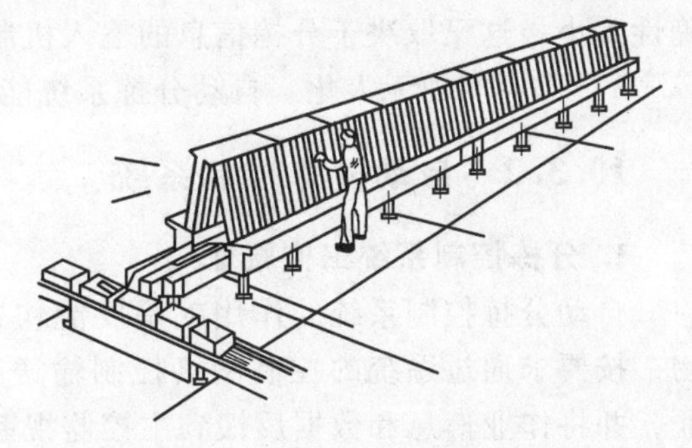

图 10-9　自动分拣机系统

采用自动分拣机分拣时可实现分拣工作的自动化，分拣精度好，分拣效率高，可同时完成多张订单所要求的分拣货物，但只适合子尺寸较小的圆柱状、盒状货物分拣，补货只能通过人工进行，准确率要求也高。由于货物从货架出口掉出需要时间，皮带机上集货容器之间的距离还要与所要求的货物的数量匹配。

（2）机器人分拣系统　与自动分拣机分拣相比，机器人分拣具有很高的柔性。如果机器人分拣所需的拣选货物的储位和数量等信息是通过配送中心的计算机信息系统提供的，则货物的存放地点不能随意变动，也不可能应用活动货架。为了保证机器人作业的效率，包装的样式要统一，尺寸误差也不能过大。但如果采用了 CCD（电子耦合器件），则机器人可通过传感系统了解货物储位和包装的变化，并向机器人控制系统发出指令，机器人就可自行变更预定的运动路线，系统可获得更大的灵活性。

（3）自动分类输送机分拣系统　自动分类输送机分拣系统的作业过程如下：物流中心每天接收成百上千家供应商或货主送来的成千上万种货物，在最短的时间内将这些货物卸下并按商品品种、货主、储位或发送地点进行快速准确的分类；将这些货物运送到指定地点（如指定的货架、加工区域、出货站台等）；同时，当供应商或货主通知物流中心按配送指示发货时，自动分拣系统在最短的时间内从庞大的高层货存架存储系统中，准确找到要出库的货物所在位置，并按所需数量出库，将从不同储位上取出的不同数量的货物按配送地点的不同运送到不同的理货区域或配送站台集中，以便装车配送。

自动分拣系统一般由识别及控制装置、分类装置输送装置组成，需要自动存取系统的支持，典型的自动分类输送机分拣系统如图 10-10 所示。

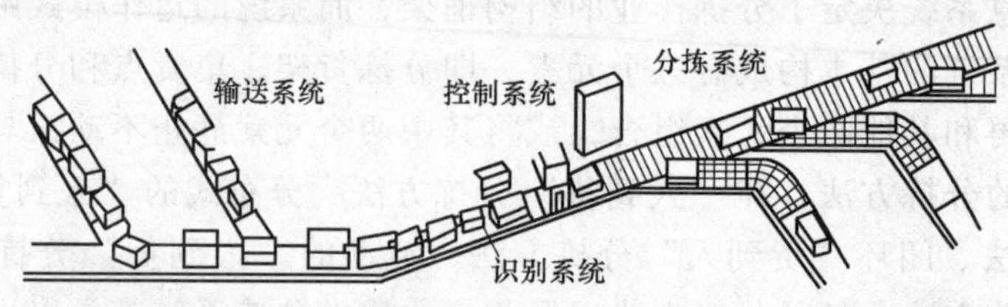

图 10-10　典型自动分类分拣系统

自动分类输送机分拣系统的主要特点如下。

1）能连续、大批量地分拣货物。采用了大生产中使用的流水线自动作业方式，而且自动分拣系统不受气候、时间、人的体力等的限制，可以连续运行。

2）分拣误差率极低。自动分拣系统的分拣误差率大小主要取决于所输入分拣信息的准确性大小，这又取决于分拣信息的输入机制。

3）作业实现无人化。自动分拣系统能最大限度地减少人员的使用，基本做到无人化。

10.3.2　自动分拣控制系统

1. 分拣控制系统工作原理

自动分拣控制系统的作用就是要能快速处理大量的分拣信息和指令，准确识别每件货物，按要求通过系统的控制网络控制输送系统和分拣装置及时、准确、协调地完成分拣作业，并将作业信息和数据反馈到主控监视系统。因此，分拣控制系统不仅仅是控制分拣装置准确动作，同时还要提取、处理分拣信息和指令，实时快速地与主控计算机和各装置控制器或 PLC 间进行双向数据通信，进而控制存取、输送、识别和分拣各系统高效、协调地工作。

操作人员向系统输入一个或一批分拣指令，主控系统处理后将其转换为对应货物的识别数码、分拣数量和分拣目的、位置等一系列分拣控制信息和指令输送给分拣控制器，并打印出相应的清单、文件和货物标签。当拣取的货物被输送并经过激光扫描或 RFID 等识别系统装置时，该货物的分拣信息被提取，并传送给分拣控制器。对照主控系统传送的信息和指令确认该货物的分拣要求，控制器由此产生控制指令传输给控制输送和分拣装置的 PLC，将货物准确输送到指定分拣道口并分拣到目标位置或集货点。一旦货物到达目的位置后，PLC 再将作业信息反演到分拣控制器对该项分拣作业及时调整更新，此过程反复自动进行直到该项分拣作业完成或人为终止。大量的待分拣货物在进入分拣系统前汇合到主输送线上，并被引导逐个通过自动识别装置。识别后，每件货物的分类信息和分拣指令传给分拣控制器，从而控制分拣装置将各自对应的货物分拣到位。

2. 分拣指令的输入和设定方式

自动分拣系统中流动的货物的分类信息可通过条形码扫描、色码扫描、键盘输入、重量检测、语音识别、高度检测及形状识别等方式或采用 RF 技术将分拣要求传给控制装置。在自动分拣系统中分拣信息转变成分拣指令的设定方式有如下几种。

1）人工键盘输入是由操作者一边看着货物上的标签或书写的代码，一边在计算机键盘上将此代码输入。键盘操作方式操作简单、费用低、限制条件少，但操作员必须精力集中，且劳动强度大，易出差错。

2）声音输入方式首先需将操作人员的声音预先输入控制器的计算机中，当货物经过设定装置时，操作员按预先规定的语言模式，将货物上的分拣代码依次读出。计算机将声音接受并转变成分拣信号，发出指令，传送到分拣系统的各执行机构。

3）光学识别输入方式要求在被拣货物上贴（印）上分拣条形码（一维条形码或二维条形码），通过激光扫描器或 CCD，自动识别条形码上的分拣信息，输送给控制器。

4）传感器输入方式主要是利用物品的特性，如质量、外形大小、颜色和视觉等进行信息传输。如果被拣货物能通过本身形状和颜色区别，可选择相适应的过程控制用的识别传感器。通过对传感器的应用，识别货物的物品特性，达到分拣货物的目的。常用的传感器主要是非接触式的传感器，如光电式传感器、超声波传感器、红外传感器等。

5）射频识别输入。射频识别（RFID）的标签附在货物上标签与识读器之间利用感应、无线电波或微波能量进行非接触的双向通信（识读距离可以从十几厘米到几十米），实现信息的识别和数据交换。使用 RFID 可使出错率降到零，但设备的价格较高。虽标签内容可修改，但标签所带信息量较小。

10.3.3 自动分拣作业

分拣作业就是将用户所订的货物从保管处取出，按用户分类集中、处理放置。随着货品经济的发展，用户需求向小批量、多品种方向的发展，配送中心配送货品的种类和数量将急剧增加，分拣作业在配送中心作业中所占的比例越来越大，是最耗费人力和时间的作业。所以分拣配货就成为配送中心的核心工序，也成为直接影响配送中心的作业效率和经营效益的重要因素。

1. 分拣作业方式分类

配送中心的分拣作业的方法，随着科学技术的发展也在不断地演变，分拣作业的种类也越来越多。从不同的角度对分拣作业方式进行分类：

1）按订单的组合分为按单分拣和批量分拣。按单分拣即按订单进行分拣，分拣完一个订单后，再分拣下一个订单；批量分拣方式是将数张订单加以合并，一次进行分拣，最后根据各个订单的要求再进行分货。

2）按人员组合可以分为单独分拣方式（1 人 1 件式）和接力分拣式（分区按单分拣）。单独分拣方式即 1 人持 1 张取货单进入分拣区分拣货物，直至将取货单中内容完成为止；接力分拣方式是将分拣区分为若干区，由若干名作业者分别操作，每个作业者只负责本区货物的分拣，携带一张订单的分拣小车依次在各区巡回，各区作业者按订单的要求分拣本区段存放的货物，一个区域分拣完移至下一区段，直至将订单中所列货物全部分拣完。

3）按运动方式分为人至货前分拣和货至人前分拣等。人至货前分拣即人（或人乘分拣车）到储存区寻找并取出所需要的货物；货至人前分拣是将货物移动到人或分拣机旁，由人或分拣机分拣出所需的货物。

4）按分拣信息可分为分拣单分拣、标签分拣、电子标签分拣和 RF 分拣等。

2. 分拣作业过程

分拣作业过程如图 10-11 所示，包含生成分拣资料、行走或搬运、拣取以及分类与集中几个环节。

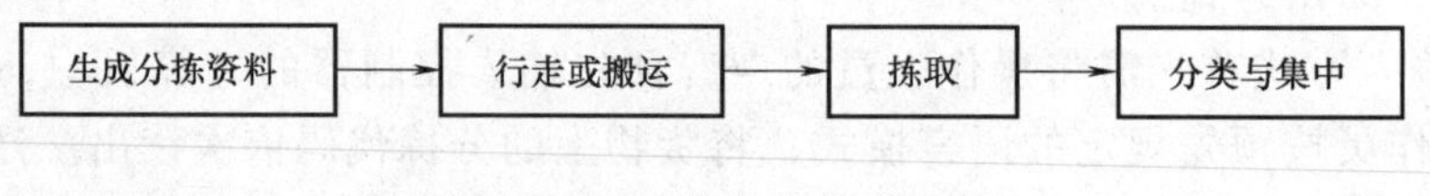

图 10-11　分拣作业过程

10.3.4　分拣信息

分拣信息是分拣作业的原动力，主要目的是指示分拣的进行，而分拣资料的源头来自客户的订单，为了使分拣人员在既定的拣货方式下正确而迅速地完成分拣作业，分拣信息成为分拣作业中重要的一环。利用分拣信息来支持分拣系统，除使用传统的单据传送信息外，还有一些自动传输的无纸化系统都已逐渐被导入。常见分拣信息传送方式有：传票分拣、分拣单分拣、电子标签辅助分拣、RF 辅助分拣、IC 卡分拣与自动分拣等方式。

（1）传票分拣　传票分拣是最原始的分拣方式，直接利用客户的订单或公司的交货单作为分拣指示。依据顾客的订货单分拣，分拣员一边看着订货单的品名，一边寻找顾客的定购单的品名，通常按照货位编号加以重新分拣。

（2）分拣单分拣　分拣单分拣是目前最常用的分拣方式，将原始的客户订单输入计算机后进行分拣信息处理，打印拣货单。分拣单的品名系按照货位编号重新编号，让分拣员来回一趟就可以拣足一张订单；分拣单上印有货位编号，分拣员按其地址寻找货品，使不识货品的新手也能分拣。拣货单一般根据货位的拣货顺序进行打印，拣货人员根据拣货单的顺序拣货；拣货时将货品放入搬运器具内，同时在拣货单上做记号，然后再执行下一货位的拣货。

（3）分拣标签　这种拣货方式由分拣标签取代了分拣单，分拣标签的数量与分拣量相等，在分拣的同时将标签贴在物品上以便确认数量。其原理为当接单之后经过计算机处理，依据货位的拣货顺序排列打印拣货标签，订购几箱（件）货品则标签就打印几张，标签张数与订购数一样，拣货人员根据拣货标签上的顺序拣货。拣货时将货品贴标之后放入拣货容器内，当标签贴完代表该项货品也已经完成拣货。标签拣货是一种防呆的拣货方式，主要应用于高单价货品的拣货；也可以应用于商店别拣货及货品别拣货，但货品别拣货的应用例较多，因为可以利用标签上的条码来自动分类，效率非常高。

(4) 电子标签辅助分拣　电子标签辅助分拣是一种计算机辅助的无纸化的拣货系统，其原理是在每一个货位安装数字显示器，利用计算机的控制将订单信息传输到数字显示器，拣货人员根据数字显示器所显示的数字拣货，拣完货之后按确认钮即完成拣货工作，也叫作电子标签拣货。

(5) RF 辅助分拣　RF 也是分拣作业的人（分拣员）机（计算机）界面，让计算机负责繁杂的分拣顺序规划与记忆，以减少“寻找货品”的时间。RF 通过无线式终端机，显示所有分拣信息。RF 拣货方式可以用于按单分拣和批量分拣方式中，因为成本低且作业弹性大，尤其适用于货品品项很多的场合，故常被应用在多品种少量订单的分拣上，与拣货台车搭配最为常见。

(6) IC 卡拣货　IC 卡拣货也是一种计算机辅助的拣货方式，其原理是利用计算机及条码扫描器之组合，将订单资料由计算机主机拷到 IC 卡上，拣货人员将 IC 卡插入计算机，根据计算机上所指示的货位，与拣货数量拣货，拣货完成之后按确认钮即完成拣货工作；拣货信息是利用 IC 卡传回计算机主机同时将料账扣除。

(7) 自动分拣　分拣的动作由自动的机械负责，电子信息输入后自动完成分拣作业，无需人工介入。自动分拣方式有 A 型分拣系统、旋转仓储系统、立体自动仓储系统等多种。自动分拣是无人分拣，设备成本较高，因此常被用在高价值、出货量大且频繁的 A 类货物上。该方式生产效率高，分拣错误率低。

10.3.5 分拣策略

分拣策略是影响分拣作业效率的重要因素，对不同的订单需求应采取不同的分拣策略。决定分拣策略的四个主要因素为分区、订单分割、订单分批及分类。

(1) 分区策略　分区就是将分拣作业场地作区域划分，按分区原则的不同，有以下四种分区方法。

1) 按货品特性分区。即根据货品原有的性质，将需要特别储存搬运或分离储存的货品进行区隔，以保证货品的品质在储存期间保持稳定。

2) 按分拣单位分区。将分拣作业区按分拣单位划分，如箱装分拣区、单品分拣区或是具有特殊货品特性的冷冻品分拣区等。其目的是使储存单位与分拣单位分类统一，以方便分拣与搬运单元化，使分拣作业单纯化。

3) 按分拣方式分区。可分为台车分拣区和输送机分拣区。

4) 按工作分区。在相同的分拣方式下，将分拣作业场地再作划分，由一个或一组固定的分拣人员负责分拣某区域内的货品。该策略的主要优点是分拣人员需要记忆的存货位置和移动距离减少，分拣时间缩短，还可以配合订单分割策略，运用多组分拣人员在短时间内共同完成订单的分拣，但要注意工作平衡问题。

接力式分拣就是工作分区的一种形式，只是其订单不作分割或不分割到各工作分区，分拣人员以接力的方式来完成所有的分拣动作。

以上的分拣分区可同时存在于一个配送中心内，或是单独存在。除接力式分拣外，在分区分拣完后，仍需将拣出的货物按订单加以汇总。

（2）订单分割策略　当订单上订购的货品项目较多，或是分拣系统要求及时快速处理时，为使其能在短时间内完成分拣处理，可将订单分成若干子订单交由不同分拣区域同时进行分拣作业。将订单按分拣区域进行分解的过程叫订单分割。

订单分割一般是与分拣分区相对应的，对于采用分拣分区的配送中心，其订单处理过程的第一步就是要按区域进行订单的分割，各个分拣区根据分割后的子订单进行分拣作业，各分拣区子订单分拣完成后，再进行订单的汇总。

（3）订单分批策略　订单分批是为了提高分拣作业效率而把多张订单集合成一批，进行批次分拣作业，其目的是缩短分拣时平均行走搬运的距离和时间。订单分批的基本方法如下：

1）总合计量分批。合计分拣作业前所有累积订单中每一货品项目的总量，再根据这一总量进行分拣以将分拣路径减至最短，同时储存区域的储存单位也可以单纯化，但需要有功能强大的分类系统来支持。适用于固定点之间的周期性配送，可以将所有的订单在中午前收集，下午进行合计量分批分拣单据的打印等信息处理，第二天一早进行分拣分类等工作。

2）时窗分批。当从订单到达至分拣完成出货所需的时间非常紧迫时，可利用此策略开启短暂而固定的时窗，如五分钟或十分钟，再将此时窗中所到达的订单做成一批，进行批量分拣。这一方式常与分区及订单分割联合运用，特别适合于到达时间短而平均的订单形态，同时订购量和品项数不宜太大。

3）固定订单量分批。订单分批按先到先处理的基本原则，当累计订单量到达设定的固定量时，再开始进行分拣作业。适合的订单形态与时窗分批类似，但这种订单分批的方式更注重维持较稳定的作业效率，而在处理的速度较前者慢。

4）智能型分批。智能型分批是将订单汇总后经过较复杂的计算机计算，将分拣路径相近的订单分成一批同时处理，可大量缩短分拣行走搬运距离。采用这种分批方式的配送中心通常将前一天的订单汇总后，经计算机处理在当天下班前产生次日的分拣单据，因此对紧急插单作业处理较为困难。

除以上分批方式外，还有其他方式，如按配送的地区、路线分批，按配送的数量、车趟次、金额分批，或按货物内容种类特性分批等。

（4）分类　当采用批量分拣作业方式时，分拣完后还必须进行分类，因此需要相配合的分类策略。分类方式大概可以分成两类。

1）分拣时分类。在分拣的同时将货品按各订单分类，这种分类方式常与固定量分批或智能型分批方式联用，因此需使用计算机辅助台车作为分拣设备，才能加快分拣速度，同时避免错误发生。较适用于少量多样的场合，且由于分拣台车不可能太大，所以每批次的客户订单量不宜过大。

2）分拣后集中分类。分批按合计量分拣后再集中分类。一般有两种分类方法，一是以人工作业为主，将货品总量搬运到空地上进行分发，而每批次的订单量及货品数量不宜过大，以免超出人员负荷；另一种方法是利用分类输送机系统进行集中分类，是较自动化的作业方式。当订单分割越细，分批批量品项越多时，常使用后一种方式。

以上四大类分拣策略因素可单独或联合运用，也可以不采用任何策略，直接按按单分拣。

10.4 第三方物流

10.4.1 第三方物流产生

随着世界经济的快速发展和经济全球化的不断深入，企业物流外包已成为商业领域的一大趋势之一。社会化的物流需求成为物流资源配置非常重要的动力，其结果就是物流活动的社会化。第三方物流是现代物流社会化和专业化的先进形式。

1950年以来，商业物流得到了美国管理界、企业界人士的重视。1973年由于石油危机的影响以及物流能带来降低成本的功效，物流得到全球的重视。1975年左右，美国出现了"第三方物流"公司，专门为企业负责其内部物流功能。作为物流业的新兴领域，第三方物流逐渐发展成为现代物流业的主体，在全球物流市场上占据很大份额，成为现代物流业发展水平的标志和代表。

第三方物流（Third Party Logistics，TPL或3PL），在国外也称契约物流（Contract Logistics）、外包物流（Outsourcing Logistics）、代理物流，是20世纪80年代中期才在发达国家出现的概念。第三方物流是社会化分工和现代物流发展的方向。作为社会化大生产和网络经济的产物，第三方物流在国外物流市场已经占据了相当大的比例，具有广阔的发展前景。

TPL服务有多种类型，比较典型的分类是将TPL分为五个类别：一是单一服务（Single Services），仅提供搬运、运输或仓储之中的一种服务；二是独立服务（Separated Services），提供运输与仓储二选一的服务；三是集成服务（Integrated Services），提供运输与仓储集成的服务；四是综合服务（Combined Services），在供给、仓储、运输功能以外还提供额外的服务，如商业经营和策划服务；五是组合服务（Complex Combined Services），提供由不同服务所构成的集合，如计划、供给、装卸、仓库管理、仓储、经营、信息及运输等。

第三方物流是由物流业务的供方和需方之外的第三方去承担的物流，通过与第一方和第二方的合作来提供其专业化的物流服务。第三方物流不拥有商品，不参与商品的买卖，只是在物流渠道中由专业物流企业以合同的形式在一定期限内向用户提供系列化、个性化、信息化的全部或部分物流代理和服务。

10.4.2 第三方物流的概念及特征

1. 第三方物流的定义

首先提出"第三方物流"概念的是美国物流管理委员会，它在1988年所做的一次用户服务调查中第一次使用了"第三方服务商"的概念。1989年发表的其后续研究成果中对用户服务活动所进行的新的探讨，更是使这一概念受到了极大的重视。然而，美国物流管理委员会并未给出第三方物流的确切定义。迄今为止，国外关于第三方物流的文章也未给这一术语以统一的界定，而只是假设读者对这一论题有一定的理解。

由于第三方物流概念传入我国只有几年时间，国内各界对其理解更是莫衷一是。2001年，由我国首家全国性物流行业协会——中国物流与采购联合会组织有关专家编写的国家标准《物流术语》颁布实施，该标准首次对物流的相关概念进行了规范，并于2006年进行修订。国家标准《物流术语》GB/T 18354—2006中对第三方物流进行定义，第三方物流是指独立于供需双方，为客户提供专项或全面的物流系统设计或系统运营的物流服务模式。

第三方物流是通过契约形式来规范物流经营者与物流消费者之间的关系。物流经营者根据契约规定的要求，提供多功能直至全方位的一体化物流服务，并依据契约来管理提供的所有物流服务活动及其过程。不同的物流消费者存在不同的物流服务要求，第三方物流需要根据不同物流消费者在企业形象、业务流程、产品特征、客户需求特征、竞争需要等方面的不同要求，提供针对性强的个性化物流服务和增值服务。

第三方物流应具有系统的物流功能，这是第三方物流产生和发展的基本要求。第三方物流需要建立现代管理系统才能满足运行和发展的基本要求。信息技术是第三方物流发展的基础。物流服务过程中，信息技术发展实现了信息实时共享，促进了物流管理的科学化，大大地提高了物流效率和物流效益。第三方物流经营者不仅可以自己构筑信息网络和物流网络，还可以共享物流消费者的网络资源。从事第三方物流的物流经营者也因为市场竞争、物流资源、物流能力的影响，需要形成核心业务，不断强化所提供物流服务的个性和特色，以增强物流市场竞争能力。第三方物流提供的是专业化的物流服务，从物流设计、物流操作过程、物流技术工具、物流设施到物流管理必须体现专门化和专业化。

2. 第三方物流的类型

专业化、社会化的第三方物流的承担者是物流公司。第三方物流常有以下两种分类方法。

按照物流公司完成的物流业务范围的大小和所承担的物流功能，可将物流公司分为综合性物流公司和功能性物流公司。功能性物流公司，也叫作单一物流公司，仅仅承担和完成某一项或几项物流功能。按照其主要从事的物流功能，可将其进一步分为运输公司、仓储公司、流通加工公司等。而综合性物流公司能够完成和承担多项甚至所有的物流功能。综合性物流公司一般规模较大、资金雄厚并且有良好的物流服务信誉。

按照物流公司是自行完成和承担物流业务，还是委托他人进行操作，可将物流公司分为物流自理公司和物流代理公司。物流自理公司就是平常人们所说的物流公司，它可进一步按照业务范围进行划分。物流代理公司同样可以按照物流业务代理的范围，分成综合性物流代理公司和功能性物流代理公司。功能性物流代理公司，包括运输代理公司（即货代公司）、仓储代理公司（仓代公司）和流通加工代理公司等。

3. 第三方物流的特征

（1）契约化服务　第三方物流最典型的特征是以外包合同构建物流企业与客户的业务关系，合同履行完毕，双方的该次合作关系即告结束。首先，第三方物流是通过合同形式规范物流经营者与消费者之间关系，完全依照合同所规定的内容承担相应的物流业务。其次，第三方物流发展物流联盟也是通过合同的形式来明确各参加者之间权责利相互关系的。

（2）专业化服务　第三方物流企业是其所在领域的物流专家，从物流设计、物流操作过程、物流技术工具、物流设施到物流管理必须体现专门化和专业水平，为客户提供专业化的服务以及创造更高的价值。

（3）个性化服务　根据不同物流消费者在企业形象、业务流程、产品特征、竞争需要等方面的不同要求，提供针对性强的个性化物流服务和增值服务。另外，第三方物流企业也因为市场竞争、物流资源、物流能力的影响需要形成核心业务，不断强化所提供物流服务的个性化和特色化，以增强物流市场竞争能力。

（4）规模化服务　专业化的第三方物流企业通过对不同客户业务的整合，同时为多个客户提供服务，形成规模化服务效应，通过提高各环节能力的利用率降低成本，使企业能从分离费用结构中获益。

10.4.3 第三方物流的发展

1. 我国第三方物流的发展现状

第三方物流能够使企业在一定程度上摆脱物流的束缚，而将精力集中于其核心业务。根据美国田纳西州大学的一份研究报告，（在美国）大多数企业在使用第三方物流服务后可以获得的好处包括：作业成本可降低62%，服务水平可提高62%，核心业务可集中56%，雇员可减少50%。因而，第三方物流受到了企业的广泛欢迎。在欧洲与美国，第三方物流已经形成了相当的规模。专家认为，物流市场中第三方物流服务提供者的数量已经成为该物流市场成熟与否的标志。通常认为，只有当第三方物流占整个物流市场的50%以上时，这个物流市场才是成熟的。对我国第三方物流市场的研究，以上数据可以作为我国物流发展水平的一个参考。

根据中国仓储协会的调查结果，我国现有的物流供给能力略大于我国目前的物流需求水平。该调查同时表明，经过这几年的发展，我国的第三方物流取得了长足的进步。

（1）我国第三方物流的基本状况

1）第三方物流企业的分类。按第三方物流企业来源构成分类，可以把第三方物流企业分为以下几类：

① 从传统仓储、运输、货代等企业基础上改型而来的第三方物流企业。目前这类物流企业占主导地位，占据了较大的市场份额。

② 从工商企业原有物流服务职能剥离出来的第三方物流企业。传统工商企业对网络的控制方式是企业自建的物流系统，所有的物流资源属于企业拥有。随着提高企业核心竞争力理念的普及，部分企业将原属第三产业的物流以外包的形式剥离，由原企业子公司逐步独立并社会化。

③ 不同企业、部门之间物流资源互补式联营而来的第三方物流企业。

④ 新创办的第三方物流公司。近年来，随着我国的经济发展，我国出现了大量新创立的现代物流企业，这些公司多为民营企业或中外合资公司。

按第三方物流企业的资本归属分类，可以分为外资物流企业和中外合资物流企业、民营物流企业和国有物流企业。

按第三方物流企业物流服务功能的主要特征分类，可以分为运输型物流企业、仓储型物流企业以及综合服务型物流企业。

按第三方物流企业资源占有多少分类，可以分为资产基础型第三方物流企业和非资产型第三方物流企业。

2）第三方物流企业的规模。我国第三方物流近年来发展迅速。根据国家发展和改革委员会与南开大学现代物流研究中心对我国工商企业物流业务外包总体情况的调查，近年来我国开展物流外包业务的工商企业比例逐年上升，2010年达到63.3%，比2006年增加了20.7个百分点。2010年我国工商企业外包物流业务量占企业总物流量的比例为69.4%。

虽然近年来我国第三方物流取得了较大发展，但由于起步较晚，我国第三方物流市场整体规模依然较小，与发达国家仍存在较大差距。欧洲目前使用第三方物流服务的比例约为

76%，美国约为58%，且其需求仍在增长。

我国第三方物流企业规模较小、数量多，提供增值服务的能力有限。相关研究表明，我国第三方物流供应商的收益85%来自仓储、运输等基础性服务，而物流金融、物流信息服务等增值服务的收益只占15%。

（2）我国第三方物流发展中的问题

1）核心竞争力缺失。由于我国第三方物流行业发展的时间较短，企业的规模也普遍较小，营销手段较为落后，表现在需求分析的欠缺、目标客户定位不准确、缺乏拓展市场的策略和手段。我国第三方物流企业无论在硬件的构建还是软件的支持上都与现代电子商务要求提供的高效率、低成本的现代物流服务存在较大差距，在物流信息及客户信息的收集、加工、整理、运用的能力，本企业内部的精细化组织，管理层的管理能力、统筹策划能力与物流的专门知识等方面均有待提升。

2）管理水平较低。目前我国第三方物流企业仍与美国、日本等发达国家的物流企业存在较大差距，其中一个重要原因是对物流服务的理解不深，观念较为落后，仍将“物流”理解为“运输”的代名词。同时，我国大多数第三方物流企业存在着品牌意识淡漠、品牌建设缺乏、品牌宣传力度欠缺、已有品牌知名度不高、市场推广投入不足等一系列问题。

3）信息技术落后。我国第三方物流市场从某种意义上讲还十分分散，主要原因有以下两点：一是目标客户的分散，致使许多物流公司在全国各地建立了许多物流办事点，“有点无网”的局面造成物流企业无法实现与客户的充分沟通，削弱了相互间的交流与合作，致使企业客源不足、产能过剩，造成对资源的严重浪费；二是信息技术落后，营销渠道不畅，现代信息技术尚未在国内物流行业中得到普遍推广，不仅阻碍了物流企业的运营效率，也不利于国内物流企业口碑的提高。

4）专业人才匮乏。目前我国尚未形成以培育知识型物流人才和促进物流科技创新为核心的物流教育体系。截至目前，我国专门开设物流专业的高等院校并不多，即便是开设了物流专业的高等院校，物流的专业性课程实践性也不是很强，专业针对性不够，由此造成我国物流行业专业人才的严重匮乏。

（3）中国第三方物流的发展前景　从市场需求看，我国目前是全球最富有经济活力的国家之一，是全球最大的消费市场，许多跨国企业正在将更多的业务转向中国，并通过外包物流来降低供应链成本，如在北京、上海、天津、广州、深圳、沈阳、武汉等中心城市，IBM、联想、三星等众多跨国企业已经进入了我国第三方物流服务市场。近几年在我国第三方物流市场，已出现中远集团、中外运集团、中海物流等一批既有规模又有效益且能够有效提供第三方物流服务的企业集团。它们熟知国内的物流市场特点，建有遍布全国的网络系统，运营成本较低，具有一些国外企业不能比拟的优势。

2014年9月12日，国务院印发《物流业发展中长期规划（2014—2020年）》（简称《规划》），提出到2020年，要基本建立布局合理、技术先进、便捷高效、绿色环保、安全有序的现代物流服务体系。同时，要以着力降低物流成本、提升物流企业规模化集约化水平、加强物流基础设施网络建设为发展重点，大力提升物流社会化、专业化水平，进一步加强物流信息化建设，推进物流技术装备现代化，加强物流标准化建设，推进区域物流协调发展，积极推动国际物流发展，大力发展绿色物流，并提出了12项重点工程。

《规划》提出大力发展第三方物流，鼓励分离外包物流业务，支持物流企业发挥专业化、精益化服务优势，积极为社会提供公共物流服务，这些发展导向将会加快推进物流业的资产重组，给社会物流的发展带来机遇。

2. 第三方物流的发展模式

在最近的二十几年里，制造企业里具有单一的仓储运输职能的材料部、运输部、配送部以及各种运输公司、仓储公司、货运代理和报关行等部门，借助于先进的信息技术，广泛的横纵联合，很多都脱胎换骨逐渐成为为客户提供增值服务的第三方物流公司。

国外的第三方物流公司大都起源于五种形式，各自经历了不同的发展历程，形成了独有的优势，以不同的方式服务于不同的客户。

这五种模式是企业内部物流模式、配送模式、运输企业模式、货运代理和报关行模式，以及冷冻仓储模式。

(1) 企业内部物流模式　大企业通常都设有材料部、运输部、配送部或物流部，负责企业原材料采购和成品交付的运输，以及原材料、半成品、成品的库存管理。有些企业可能拥有自己的车队，有些企业则使用自有的运输公司。当现代物流管理理论刚刚出现时，这些企业就给予充分关注。随着信息技术的发展，它们建立了发达的配送网络和信息系统，以远远高于行业水平的配送速度，成为行业的物流先锋。这些企业看到了自己的物流优势，于是将其物流部与母公司分割，成为一个独立的第三方物流公司。

位于多伦多的 Progistix-Solution Inc. 就是一个典型的例子。它是加拿大最大的第三方物流公司之一。它的前身是贝尔加拿大公司的物流部，负责贝尔零配件的配送，通过与加东、加中、加西三个快递公司的伙伴关系，将它们纳入自己的信息网络。贝尔保证它的现场技术服务人员在电话下订单后的 30 分钟内收到所需要的零配件。贝尔意识到将自己的物流专长服务于其他公司的潜能，于是在 1995 年将其物流部分割出来，成立了 Progistix-Solution Inc.，提供零件配送服务。施乐加拿大公司就是其客户之一。

(2) 配送模式　配送模式的企业其实最早起源于运输公司，但由于引入了物流管理的理论，所以较早蜕出其初期的运输外壳，进化成为一个提供配送服务的物流管理公司。它的专长在于拥有成熟的技术、先进的信息系统、专业的物流管理队伍。当它进入新的市场，或获得新的物流外包合同时，它往往只是注入自己的专业队伍和信息系统，在客户企业的固有设施和硬件设备的平台上进行配送运作。它会为每一个客户企业成立一个子公司来专门为其服务。

天美百达（Tibbett Britten）公司就是这一模式的佼佼者。它于 1958 年在英国创建，主要从事一些运输服务。1984 年是它的转折点，开始转型成为以管理见长的配送公司，为客户提供运输、仓储、配送以及存货管理。当 1989 年天美百达进入加拿大市场时，它已经是一个相当成熟的物流管理公司了。沃尔玛加拿大公司的三个配送中心就是由天美百达的子公司供应链管理公司（SCM Inc.）运作。SCM 负责部分由供应商到配送中心的进向运输、配送中心到所有沃尔玛店的出向运输和配送中心内部流程操作。

(3) 运输企业模式　这种模式的企业大都是一些历史悠久的大型传统运输公司，经过多年发展，有着非常成熟的运输技术、广阔的运输网络，又对客户的物流需求有深入的了解。它们自然而然地随着客户物流需求的提高而相应地增加了相关物流服务的设施和技术。虽然运输仍旧占其主导地位，但提供物流服务却逐渐成为其保持老客户、吸引新客户的策略之一，同时为公司增加一个新的利润来源。在过去，运输企业只是提供将货物由一地运送到另一地的单一模式的运输服务。客户要想完成一项完整的交付，必须通过使用几家不同模式的运输公司和仓储公司才能完成。现在有少数运输企业领先一步，通过收购或投资仓储配送企业和其他模式的运输企业而成为一个完全的第三方物流公司。

快递公司 UPS 于2000 年收购了总部位于加拿大安大略省的 Livingston 公司，这是 UPS 在该年内的第 5 宗收购。Livingston 在加拿大拥有 22 个配送中心，在美国拥有 6 个专门服务医药企业客户的配送中心。这宗收购使 UPS 立即获得了横跨加拿大的配送网络，先进的配送技术，具有物流管理技术专长的团队和强大的客户群。

1997 年马士基（Maersk）收购了在美国与加拿大都有设施的 Hudd 配送公司，从而成为沃尔玛加拿大公司的另一个第三方物流供应商。它负责将进口货物从亚洲港口海运到加拿大温哥华港，储存在 Hudd 的仓库，分拣后再发送到沃尔玛加拿大的三个配送中心。如果马士基只是一个单纯的海运公司，不能提供“港口到门”的全程服务，沃尔玛的这笔合同也许就落入了其他公司。

（4）货运代理和报关行模式　货运代理和报关行通常没有运输设备，只是作为一个中介为客户提供更优惠的费率以及报关服务。但是当一家货运代理公司发展成为一个跨国大公司时，它雄厚的资本足以支持它在从货运代理公司转型到第三方物流公司所需大笔收购费用。

Kuehne Nagel 是这样的一家具有 110 年历史的端士货运代理公司，它在全球 96 个国家设立了 600 个分支机构。当客户对全程物流需求逐步扩大时，为顺应这一趋势，KN 在 2000 年与新加坡的 Semb 物流公司建立了联盟关系，2001 年收购了美国的 USCO 物流公司。Semb 在中国、印度、印尼、日本，USCO 在美国、加拿大、墨西哥都设有仓储和配送设施。这一系列动作使 KN 获得了在亚洲和北美为客户提供包括运输、仓储、配送的全程物流服务的能力。KN 的转型努力很快就获得了回报。2002 年，通信巨头加拿大北电网络（ Notel）将其全球的物流运作外包给 KN，并将其在全球 18 个国家的原有物流职员都转入 KN 新成立的子公司。它为北电网络在全球市场上提供进出口流程、运输、仓储配送和存货管理。

当美国的制造企业打算将其产品打入加拿大市场时，由于其在美国的配送中心很难覆盖加拿大的客户群，并保证及时交付，许多企业选择了位于多伦多 N Logistics 为其提供物流服务，来完成加拿大市场的产品配送。

（5）冷冻仓储模式　大部分仓储企业在物流市场的发展中被运输企业收购，成为运输企业在提供全程物流服务中的一个环节。然而冷冻仓储企业却可以逆市而上，成为冷冻供应链中的主导者，与上下游运输公司联手为客户提供全程冷链物流服务。

随着现代生活节奏的加快，人们花在厨房里的时间越来越少，各种半成品冷冻食品应运而生。目前在北美超市里一半的冷冻食品品种在 10 年前根本就不存在。采购冷冻车并不困难，然而要建立一个冷冻配送中心和一个具有冷链物流专长的管理队伍却不是一件容易的事。在这样的背景下，冷冻仓储企业迅速主导市场，转型成为第三方冷链物流公司。

总部位于加拿大安大略省的 Trenton Cold Storage Inc. 成立于 1902 年，过去只是一个传统冷冻仓储企业，近年来迅速崛起成为第三方冷链物流的新星。TCS 承担了沃尔玛加拿大冷冻食品的物流服务，负责将货物从供应商运入其冷冻配送中心，进行拣选后装车发送到每一家沃尔玛店。

第三方物流公司虽各自经历了不同的发展历程，但都是紧跟市场的脉搏，随着市场的变化而不断调整自己的策略。它们以自己的管理专长，或独有的设施，或雄厚的资本为基础，通过收购和建立联盟发展出全面的物流功能。

3. 第三方物流与供应链

供应链管理不但在降低成本方面卓有成效，而且建立了对顾客需求快速响应的模式。如今，顾客对整条供应链的期望指标是反应速度、成本、质量和柔性的综合能力，这也就是第三方物流需求者所要求的第三方物流服务标准。

(1) 服务导向　服务导向是指企业及员工把顾客的利益放在首位，通过优质的服务来满足顾客的需要，发展企业与顾客之间的合作关系。服务导向的概念原来只用于营销管理领域，但近年来的实践证明，它同样可适用于物流业。

第三方物流提供商可通过提供个性化的物流服务来实现顾客的价值。第三方物流需求方的业务流程通常各不相同，物流、信息流也随价值流动而流动的，价格、技术、质量能使第三方物流提供商具有竞争力，但不足以把其产品或服务与竞争者相区别。为了吸引顾客，就必须要实现服务导向，通过提供个性化的服务，增加产品的附加值。这要求第三方物流服务按照顾客的流程来制定服务方案，提高顾客价值的实现。

顾客价值是衡量一个企业对于其顾客的贡献大小的指标，这一指标是根据企业提供的全部物品、服务以及无形影响来衡量的。第三方物流服务的顾客价值强调整条供应链的效率和成本权衡，要求第三方物流供应商提供一站式的流程管理和高附加值服务，并且提供 IT 解决方案以及简单的价格结算方案。而第三方物流供应商拥有的则是物流经验、服务能力，新的物流服务软件包，以及伙伴和战略联盟关系。

对于第三方物流企业来说，尤为关键的是理解顾客的文化和环境，建立有效的客户关系。在关注客户关系中，第三方物流供应商的主要精力应该集中在主要业绩因素和主要关系因素两个方面。主要业绩因素是从物流服务的质量角度对第三方物流供应商提出的要求，而主要关系因素则衡量了第三方物流供应商和客户之间的关系。

(2) 信息技术的应用　美国物流管理委员会在 1998 年意识到信息技术对物流的影响，提出将信息融入物流的定义中去，因而现代物流观念普遍认为物流不仅包含企业之间有形物质资源的转移（包括时间、空间和形态的转移），还包含信息资源的采集、传递与加工。

现代第三方物流的功能是设计、执行以及管理客户供应链中的物流需求，依据信息和物流专业知识，以最低的成本提供客户需要的物流管理和服务。信息技术是第三方物流服务的技术保障，第三方物流供应商用信息技术和现代管理理论提升第三方物流服务水平。不仅如此，信息技术也可以成为第三方物流供应商和客户之间关系的黏合剂。

信息技术应用于第三方物流，首先表现在实现物流服务的信息化、网络化。第三方物流供应商应用实现货物跟踪的条码技术、网络技术、移动通信技术，实现信息快速交换的 EDI 技术，实现车辆跟踪的 GPS 技术，实现资金快速支付的 EFT 技术和实现网上交易的电子商务技术等对物流实行全程控制，提供单点查询功能，并且简化交易流程和结算流程。而当企业之间的竞争逐渐转化为供应链之间的竞争时，第三方物流有时候担负制造商对外窗口的功能，它可以利用接近顾客信息源这一便利条件为制造商提供更多的高附加值服务，尤其是在有关顾客和竞争者的信息搜集、挖掘和分析上，第三方物流将会发挥越来越重要的作用。

(3) 发展合作联盟　不同的行业，物流运作的标准不同，由于某些行业资产专用性较高，相关物流服务的进入壁垒也比较高。从国际上一些著名的第三方物流公司来看，任何一家单独的第三方物流供应商都不可能成为所有行业或者所有职能中最强的供应商。

第三方物流不但可以在物流服务项目上竞争，而且可以在实现物流服务能力上竞争。从供应链的角度来看，供应链管理绩效很大程度取决于供应链资源整合的效果。根据系统理论，供应链局部最优不能保证系统最优。供应链资源整合就是将分散在不同企业、部门的资源，按照供应链预期目标的要求进行剥离、重组、转换或联合，其目的就是使现有的资源相互配合与协调，使之达到整体最优。供应链整合问题可以从不同角度去认识，从形式上看是企业间的整合，从内容上看是过程的整合，从效率上看是资源的整合。有效的整合资源不仅能帮助企业取得预期的效果，还为竞争对手的模仿制造了障碍。

供应链管理需要集成物流提供商，但和制造企业集中核心能力一样，第三方物流企业不可能完全利用自有资源实现所有物流功能，它也需要采用业务外包或虚拟经营方式，即联合外部组织利用现代技术和经济关系提供客户所需的全部或部分物流服务的运作模式。第三方物流供应商可以通过购并和战略联盟，与其他经营者结成物流联盟（Logistics Alliance），采取长期联合与合作的方针，从整体最优的系统观点出发，为整条供应链提供一站式的服务，内容包括物流战略和系统规划、设计、运营和管理。从长期的发展来看，第三方物流经营者只有以高水平的集成物流服务和供应链资源整合能力，才能够巩固第三方物流的地位，只拥有资源而不具有整合能力的经营者只可能成为资源整合的对象。

10.4.4 电子商务时代的第三方物流

1. 电子商务下第三方物流的主要模式

在电子商务平台的支持下，物流形式呈现日益多样化的趋势，传统物流形式和原始物流形式也混杂其中。电子商务下的现代物流形式很多，第三方物流形式也不少，但就其本质而划分，其主要模式有以下三种：

（1）集货配送型物流模式　此种物流模式，适合于对成品或半成品货物进行规模化配送，必备条件是有电子商务平台支持，有自动化立体库为货物集散平台，有现代化运输工具。

此种物流模式的优点是与物流上家具有相互关联性，物流下家可互相相对独立，灵活度强，准确度高，效益好。但这种模式不能配送散货，物流有盲区。

（2）散货配送型物流模式　此种模式适合于对原材料或半成品物资进行规模化配送，必备条件是有电子商务平台支持，有自动化立体库作为货物集散平台，有现代化专业运输工具。

此种物流模式的优点是，物流上家对物流下家的依存度小，下家相对集中，有利益分享，配送半径较大，配送规模较大，效益显著。但这种模式不能配送成品，物流也有盲区。

（3）综合配送型物流模式　此种模式适合于成品、半成品、原材料等所有物资的规模化配送，必备条件是有电子商务平台的可靠支持，有自动化综合性的立体库为货物集散平台，有现代化的各种运输工具。

此种物流模式的优点是占有上述两种物流模式的优点，对应的是商品流通的全过程，配送半径最大，配送规模也最大，灵活度最强，准确度最高。虽然一次性投资较大，但现代化程度高，员工素质要求高，效益最为显著。

事实上，基于互联网及时、准确的信息传递保证了物流系统高度集约化管理的信息需求，保证了物流网络各点和总部之间的信息能够充分共享，使顾客能够实时地看到运输计划和仓储计划的执行情况，了解货物在库和在途情况，预估货物的销售和库存，从而组织新一轮的采购、生产或消费，使第三方物流的经营人在最短的时间内获得顾客的采购或供应信息。所以说，第三方物流的模式并不是最关键的，而第三方物流模式与电子商务的联网支持程度才是最关键的。

2. 电子商务下第三方物流公司的管理模式

(1) 供应链管理模式　电子商务的发展带来顾客需求不断升级，市场竞争日趋剧烈，国内外都在推行随需求不断升级的快速反应的供给、物流和销售三大体系，形成了一个庞大的供应链管理体系，即对商品、信息、资金在由供应商、制造商、分销商和顾客组成的网络中流动的管理。实施供应链管理对中国国内的第三方物流公司是一个巨大的挑战。

供应链对代理配送公司即第三方物流公司来说是一个中心环节。第三方物流公司要管理的就是其作为“中间者”介入到顾客的供应链。与传统物流公司一样，管理是构建在一个相互作用、互为先后的流程中的，并以服务的配套化为导向，所不同的只是地位由供应者变成中介者。使用供应链管理模式，可提高企业的效率。

(2) 电子化管理模式　全球电子商务发展把第三方物流推向技术化、科技化、信息化。现在全球通行的电子化管理模式是完全的、高效的电子管理系统（TEEMS）模式。TEEMS模式完全避免了单从某些方面去解决公司问题而永远解决不了公司问题的状态。其第一阶段为“分销业务计划与决策分析系统”；第二阶段为“分销体系与资源运营管理系统”。

从根本意义来说，TEEMS 是咨询、方案与服务的保证。TEEMS 构造了一个易于扩展的系统架构，从而真正满足了物资流通应用系统不断发展的实际需求。

(3) 系统化管理模式　完善的物流系统是企业的核心竞争力。物流系统化管理的目标是：提供优质服务；物流各环节高效率地运作；大力发展现代化的立体实施和物流设备，节约空间；优化物流网点的布局，规模适当；合理控制库存量。

(4) 后勤管理模式　对第三方物流公司来讲，物流工作成为公司正常运作的有力支持。通过物流工作的协调作用，第三方物流公司能合理安排代理配送业务活动过程中的各个环节。随着电子商务的发展，顾客的需求不断升级，物流工作也必须做出相应调整以占领市场份额。

(5) 全过程管理模式　全过程控制是物流管理的核心问题。供应商必须全面、准确、动态地把握散布在国内外各个中转仓库、经销商、零销商以及汽车、火车、轮船等各种运输环节中产品的流动状况，并以此为根据随时发出调度指令，制定生产和销售计划，调整市场策略。对于大型商业机构而言，没有全过程的物流管理就根本谈不上建立有效的分销网络和供应配送体系。

3. 电子商务环境下第三方物流企业的前景和策略

近年来，我国的第三方物流得到了长足发展。第三方物流企业主要是一些原来的国家大型仓储运输企业和中外合资、独资企业，如中国储运总公司、中外运公司、大通、敦豪、天地快运、EMS、宝隆洋行等。这些企业涵盖了港口、仓储、管道运输、水运、铁路运输、汽车运输、客运等物流业的各个领域。目前，我国已建成由铁路、公路、水路、航空和管道 5 种运输方式组成的综合运输体系。

尽管第三方物流前景乐观，但是，在我国，第三方物流企业基本上是以旧有的物资流通企业为主体。这些企业的实际状况不容乐观，主要表现为：一是没有建立起较为完善的现代企业制度；二是经营意识、作风与市场要求相距甚远；三是企业管理水平较低；四是规模较小、综合化程度较低；五是利用现代技术程度低。

在电子商务环境下，我国从事第三方物流服务的企业应努力学习西方先进的物流管理技术和管理方法，结合我国自己的实际情况，建立适应我国市场状况的现代物流。

1）构建企业核心能力。企业核心能力是指企业开发独特产品、发展独特技术和发明独特营销手段的能力。第三方物流企业要在竞争中立于不败之地，必须要有自己的核心竞争能力。构建核心能力主要应从如下几个方面入手：知识技能的积累、技术体系的完善、组织管理体系的建设、信息体系的培育、企业文化的建设等。

2）进行资产重组，建立区域联盟。实现资产重组可以使企业成为真正的市场主体，增强其活力；建立区域联盟可以将各自独特的企业资源整合为一体，实现互补和共享，同时还能使优势企业形成规模化经营，降低其运作成本。

3）先进信息技术和物流技术的充分应用。进入网络经济时代，信息化是第三方物流企业成长的必然要求。信息是物流系统不可或缺的组成部分，诸如条形码（BC）、全面质量管理（TQM）、电子数据交换（EDI）、管理信息系统（ MIS）、射频技术（RF）、地理信息系统（GIS）和全球定位系统（GPS）等信息技术在大型第三方物流企业中已得到充分应用。至于弹性制造系统（FMS）、计算机集成制造系统（CIMS）、制造资源系统（MRP）、企业资源计划（ERP）以及供应链管理等物流理论和技术对于第三方物流企业也同等重要。先进技术的应用是第三方物流企业在残酷的市场竞争中获得优势的有力手段。

4）与物流劳务的供需双方形成紧密的战略合作伙伴关系。在西方，工业或商业企业与物流企业长期结盟形成较稳固的战略伙伴关系已相当普遍。在日本，这种物流配送方式几乎占到社会总物流量的80%。我国企业应尽快建立这种战略联盟参与竞争，最好是强强联盟，这样才比较容易确立竞争优势。

5）跟踪市场节奏，及时调整企业经营战略。在当今市场变化越来越快的形势下，对物流的需求出现了一些新特征。电子商务巨大的发展前景，给物流企业指明了发展方向。可以预见，能否抓住服务于电子商务的经济增长点，将是物流企业在未来的竞争中能否取得优势的关键。

6）培养综合型人才，提高服务水准。目前，我国既懂技术又懂管理的复合型人才极其缺乏，国内的第三方物流企业应经过有计划的吸收、改善、淘汰，建设具有综合素质的员工队伍。

随着社会分工的不断细化和专业化程度的不断提高，第三方物流服务在中国将大有作为，而借助于电子商务的发展，第三方物流服务将在发展形势、速度和范围上有更大的突破。

10.4.5 第三方物流市场分析

1. 第三方物流的价值

第三方物流之所以在许多国家得以迅速发展，其根本原因就在于它可以利用自身所具有的独特作用与价值，通过规模化、专业化的服务，为企业在降低成本、完善服务、分担风险、增强竞争力等诸多方面带来更多的利益，从而帮助企业获得更大的竞争优势。

(1) 第三方物流的成本价值　降低成本是大多数企业将物流业务外包给第三方物流服务商的主要原因。第三方物流的成本价值主要在于减少了企业的物流设施设备等固定资产投资，降低了企业的仓储、运输、配送等费用，以及减少了企业的物流管理相关费用等几个方面。

(2) 第三方物流的服务价值　降低成本是企业物流外包的主要原因，但不是唯一原因。因为在激烈的市场竞争中，高水平的顾客服务已成为企业竞争的关键因素。在某些情况下，服务甚至比成本更重要。企业的物流管理与控制，应该在成本与服务水平之间寻求一种均衡。专业化的第三方物流能够帮助企业提高顾客响应能力，从而提高顾客服务水平和质量，保证企业目标的实现。

(3) 第三方物流的风险分散价值　降低经营风险也是企业外包的原因之一。企业自营物流通常会面临两大风险：一是投资风险，企业购置物流设施、设备和信息系统的投资是相当大的，如果缺乏相应的物流管理能力，造成企业物流资源的闲置浪费；二是存货风险，企业由于自身配送、管理能力有限，为了能对顾客订货及时做出反应，往往采取高水平库存的策略，挤占大量资金，从而造成巨大的资金风险。使用第三方物流服务则能降低上述两方面的风险。

(4) 第三方物流的竞争力提升价值　企业对提高自身核心竞争力和供应链层面竞争的关注同样是第三方物流产生和发展的推动力。在专业化分工越来越细的时代，实力再强的企业也不可能面面俱到。将有限的资源用于自身最具竞争力的领域，打造自己的核心竞争力已成为很多企业的共识。

(5) 第三方物流的社会效益　第三方物流不仅能为企业创造更多的价值，还为社会带来良好的效益。第三方物流通过整合利用社会存量资源，缓解城市交通压力，减少环境污染，促进经济的可持续发展。

2. 企业选择第三方物流服务的一般决策过程

第三方物流的价值是相对的，并不是所有企业在任何情况下使用第三方物流服务都可以获得更大的利益。企业通常需要将自营物流与使用第三方物流加以比较，做出选择。

(1) 企业物流运作模式选择　企业物流运作是选择自营还是外包主要取决于两个因素：一是自营物流的可行性，即企业物流运作的能力与对物流服务需求的匹配度；二是自营物流的必要性，即物流服务是否是影响企业核心竞争力的关键因素。如果对上述问题的回答都是肯定的，那么企业应该在其竞争与发展战略中将物流服务作为核心竞争力予以开发，即选择自营物流模式。反之，企业则可以考虑利用第三方物流服务。此时，企业通常需要从经济性、风险性、适应性等几个方面进一步将自营物流和使用第三方物流的利益加以比较。

(2) 第三方物流服务商选择　如果企业在经过上述比较后决定使用第三方物流，接下来就要选择第三方物流服务商。

假如企业只是与第三方物流服务商进行短期合作，则下列因素构成了企业选择服务商的主要依据。

① 服务商的服务水平，如每吨公里成本和准时送货率。

② 服务商的品牌与信誉。

③ 服务商的网络覆盖率。

假如企业打算与第三方物流服务商建立长期的合作伙伴关系，则在考察上述因素的同时还要考虑以下几个因素。

① 服务商的战略定位与本企业战略是否匹配。

② 服务商在技术上是否具备创新能力以满足企业未来发展的需要。

③ 服务商的服务范围是否能够满足企业未来业务扩展的需要。

④ 服务商的资本实力能否维持其未来的持续增长。

⑤ 服务商的结构是否具备适应物流整合时代发展所需要的可变性。

企业在就上述诸因素对服务商进行充分考察的基础上，可选出符合企业要求的第三方物流服务商，并与第三方物流服务商签订外包合同。

10.4.6 第三方物流企业管理

1. 第三方物流企业

GB/T 18354—2006《物流术语》中对物流企业的定义：物流企业是指从事物流基本功能范围内的物流业务设计及系统运作，具有与自身业务相适应的信息管理系统，实行独立核算、独立承担民事责任的经济组织。现代意义上的第三方物流是一个新兴的行业，大多数第三方物流企业是以传统的“类物流”业为起点，依托仓储业、运输业（空运、海运、陆运）、公司、公司物流部等不同背景发展演变而来的物流服务提供者。

2. 第三方物流企业的发展战略

第三方物流企业应根据自身资源的实际情况恰当选择能够适应市场环境，并为企业带来竞争优势的正确的企业战略，主要有以下几个方面。

（1）成本领先战略　成本领先战略是指当企业和竞争对手提供相同的产品和服务时，只有设法使产品和服务的成本长期低于竞争对手，才能在市场竞争中最终取胜。对于第三方物流企业而言，必须通过建立一个高效的物流操作平台来分摊管理和信息系统成本，物流操作平台一般由稳定的业务量、稳定实用的物流信息系统、广泛覆盖业务区域的网络几部分构成。

（2）集中化战略　集中化战略即依据自身的优势及所处的外部环境，确定一个或几个重点领域，集中企业资源，打开业务突破口。

（3）差异化战略　差异化战略是指企业在客户广泛重视的某些方面力求在行业内独树一帜，使自己的产品和服务与竞争者的产品和服务区分开，取得有利的竞争地位。对于第三方物流企业，实现差异化有两种截然不同的途径：一是通过培养核心业务，走专业化的道路；二是通过扩展服务内容，走全面化的道路。

3. 第三方物流企业的经营策略

为实现企业的总体发展战略，提升自身的竞争力，第三方物流企业可采取下述七种策略。

1）为大客户提供高水平的服务。一般，企业80%营业收入来自20%的大客户。因此，必须为大客户设立有项目经验的项目经理，充分了解客户的需求和发展战略，与重要客户保持及时的不同层次的沟通。

2）建立强大有效的物流跟踪系统，这是物流操作的基础。强大有效的物流系统可以及时提供客户的信息，同时与客户系统实现无缝链接，可以提高客户的运作和决策效率。

3）建立准确的财务报表系统，它是物流运作的关键。提供给客户的财务报表应无假账、借账，绩效报表要真实反映业务水平。

4）借助高科技为客户提供全面高附加值的服务。物流运作要规范化、标准化、系统化，为客户提供从原材料计划到产成品的储存、分拨、配送、加工、包装、金融结算、信息处理的一体化服务。

5）提升企业的形象。企业要认识到自己与生产企业是战略伙伴。应该处处为其着想，制定出以客户为导向，低成本、高效率的物流方案，为客户在竞争中取胜创造条件。

6）树立共赢策略。第三方物流企业的利润不是来源于运费、仓储费用等直接收入，而是源于与企业一起在物流领域创造新的价值。为企业节约的物流成本越多，利润就越大。

7）提高物流水平，培养熟悉不同行业的物流专业人才。物流运作水平的提高，依赖一批高素质的人才队伍。要在和国外生产企业及物流企业的合作中锻炼，引进先进的物流技术，培养专门物流人才，保持物流企业持续稳定地发展，为企业提供优质的服务。

思考题

1. 配送的概念及作用是什么？
2. 常用的配送作业形式如何分类？
3. 请简述配送中心的概念、类别及其功能。
4. 请简述物流中心的含义及其功能。
5. 请简述物流中心与配送中心的区别。
6. 请简述配送合理化的判断标志。
7. 请简述不合理配送的表现形式及配送合理化措施。
8. 请简述第三方物流的概念及特征。
9. 请简述电子商务时代第三方物流的管理模式及特点。

参考文献

[1] 程国全. 物流技术与装备 [M]. 北京：高等教育出版社，2013.
[2] 周全申. 现代物流技术与装备 [M]. 北京：中国物资出版社，2009.
[3] 倪志伟. 现代物流技术 [M]. 北京：中国物资出版社，2007.
[4] 张晓川. 现代仓储物流技术与装备 [M]. 北京：化学工业出版社，2013.
[5] 王雷震. 物流管理概论 [M]. 北京：机械工业出版社，2012.
[6] 郭士正，卢震. 供应链与物流管理 [M]. 北京：机械工业出版社，2012.
[7] 汝宜红，宋伯慧. 配送管理 [M]. 2 版. 北京：机械工业出版社，2013.
[8] 邓红星，韩锐，武慧荣. 物流技术 [M]. 哈尔滨：东北林业大学出版社，2010.
[9] 朴惠淑. 物流标准与物流标准化 [M]. 大连：大连海事大学出版社，2014.
[10] 李安渝. 现代物流标准化 [M]. 北京：中国质检出版社，中国标准出版社，2012.
[11] 姜宏. 物流运输技术与实务 [M]. 北京：人民交通出版社，2001 .
[12] 邓爱民，张国方. 物流工程 [M]. 北京：机械工业出版社，2002.
[13] 柯颖. 物流管理 [M]. 北京：机械工业出版社，2013.
[14] 霍红，牟维哲. 物流管理学 [M]. 2 版. 北京：科学出版社，2014.
[15] 田源. 物流管理概论 [M]. 2 版. 北京：机械工业出版社，2011.
[16] 王雷震. 物流管理概论 [M]. 北京：机械工业出版社，2012.
[17] 夏火松. 物流管理信息系统 [M]. 2 版. 北京：科学出版社，2012.
[18] 王振军. 交通运输系统工程 [M]. 南京：东南大学出版社，2008.
[19] 邱荣祖. 公路交通运输系统工程 [M]. 厦门：厦门大学出版社，2001.
[20] 刘舒燕. 交通运输系统工程 [M]. 3 版. 北京：人民交通出版社，2012.
[21] 田振中. 物流系统工程 [M]. 北京：清华大学出版社，2012.
[22] 崔忠付. 我国物流信息化的发展现状与趋势 [J]. 物流技术，2014 (12).